甲午战争史料整理与研究丛书

甲午战争
研究资料目录汇编（1894—2024）

刘家峰　张晓宇　主编

山东人民出版社·济南

国家一级出版社 全国百佳图书出版单位

图书在版编目（CIP）数据

甲午战争研究资料目录汇编：1894—2024 / 刘家峰，张晓宇主编 .-- 济南：山东人民出版社，2024. 11.
（甲午战争史料整理与研究）.--ISBN 978-7-209-15240-2

Ⅰ . Z88：K256.306

中国国家版本馆CIP数据核字第2024YH1640号

甲午战争研究资料目录汇编（1894—2024）
JIAWU ZHANZHENG YANJIU ZILIAO MULU HUIBIAN（1894—2024）

刘家峰　张晓宇　主编

主管单位　山东出版传媒股份有限公司
出版发行　山东人民出版社
出 版 人　胡长青
社　　址　济南市市中区舜耕路517号
邮　　编　250003
电　　话　总编室（0531）82098914
　　　　　市场部（0531）82098027
网　　址　http://www.sd-book.com.cn
印　　装　济南新先锋彩印有限公司
经　　销　新华书店

规　　格　16开（169mm×239mm）
印　　张　32.75
字　　数　450千字
版　　次　2024年11月第1版
印　　次　2024年11月第1次
ISBN 978-7-209-15240-2
定　　价　86.00元
　　　　　如有印装质量问题，请与出版社总编室联系调换。

甲午战争史料整理与研究丛书
编委会

本书编写组

主　　编　刘家峰　张晓宇

参编人员　许存健　郑泽民　张圣东　薛　戈

　　　　　谭学超　魏晨光　田小龙　鞠雪霞

　　　　　石非凡　薛晓萍

编写说明

1. 本书分研究综述、档案资料、史料汇编、图像类资料、日记/传记/回忆录、报刊、研究著作、研究论文、学位论文等,同时附有书目及工具书、相关专题网站链接。

2. 本书介绍了海内外档案馆关于甲午战争的相关史料分布情况,采集国内外多年来对于甲午战争研究的重要成果,涵盖了中文、日文、韩文、英文、法文、俄文、德文、西班牙文等诸多史料和研究成果目录。中文研究著作和论文部分,尽量搜集至2024年。外文研究目录,大部分搜集至2023年左右。

3. 在编撰过程中,编写组参考了王仲孚先生主编的《甲午战争中文论著索引》(1994年出版)和中国甲午战争博物馆、北京图书馆阅览部编的《中日甲午战争研究论著索引(1894—1993)》(1994年出版)等索引,并在此基础上尽量补全1994年以来的相关研究成果目录。

4. 限于课题组成员的学识,本书所收录史料和研究目录难免挂一漏万,还请方家补充、指正。

目录
Contents

一

研究综述

近十年中国甲午战争研究综述（2014—2023）

刘家峰　郑泽民　许存健[*]

【内容提要】　近十年来，中国学术界对于甲午战争史的研究取得了显著进展，主要体现在以下几个方面：

1. 史料研究进一步深化与拓展。无论是各国官方历史档案、官员私人书信，还是民间报纸舆论等资料，都有系统整理和研究。

2. 考古与文献研究共同推进，互为补充。北洋水师沉舰水下考古工作在最近几年取得重要成果。新成立的中国甲午战争博物院·山东大学国家革命文物协同研究中心，其工作包括了水下考古与历史研究。

3. 研究视野不断拓宽，特别是社会舆论的作用成为研究焦点，无论是中日两国抑或韩国、朝鲜、欧美各国对甲午战争的相关媒体报道都引发了学术讨论。

4. 学界对于甲午战争所带来的深远影响有了更加全面而多维度的认识，特别是这场战争对中日两国官方和民间思想层面所产生的深远影响。

5. 人物研究领域涵盖范围日益广泛，除了李鸿章、张之洞、刘坤一，以及福泽谕吉等政治或思想界要人，中层人物如张謇、沈瑜庆等，外国人物如田贝、赫德、韩能、内藤湖南等的研究也有重要发现。

---

* 刘家峰，山东大学历史学院教授；郑泽民，山东大学历史学院副研究员；许存健，山东大学历史学院副研究员。

虽然近十年来相关研究数量有所增加，但主要集中在甲午战争爆发120周年（2014）前后，其余时间的研究热度则相对较低。已有成果中虽不乏高水平研究，但真正突破性的创新研究较少。同时，专门从事甲午研究的学者相对较少，尚未形成稳定的学术团队，这与其在历史上的重要性很不相称。针对这一现状，本文作者提出如下建议：

1. 继续加强军事史与政治史的研究。军事与政治一直是甲午战争研究的重心所在，但近些年来研究略显冷清，应重回主线，海战与陆战的研究也应平衡。

2. 持续深化史料的整理、翻译与辑录工作，特别是日本、朝鲜以及英、法、俄、德、美等国的各类公私档案，应加以充分利用。

3. 进一步拓宽学术视野。甲午战争史的研究涵盖政治、经济、外交、文化、社会变迁以及国际关系等多个维度，但仍需不断挖掘新的研究领域，或从新的视角重新审视传统议题。

4. 加强对朝鲜一方的关注。朝鲜是甲午中日战争爆发的关键因素，且在战后形成的新的东亚秩序中，亦深受其影响。朝鲜近代的每一个重要历史节点也在某种程度上影响了中日两国的决策。因此，有必要加强对李朝历史及李朝近代重要人物的关注。

【关键词】 甲午战争130周年；中日关系；东亚秩序；学术动态

甲午战争，作为影响近代东亚历史演进的重要事件，长期以来在近代史研究领域占有举足轻重的地位。自纪念甲午战争爆发120周年（2014）以来，十年内中学术界针对该课题的研究取得丰硕成果。据初步统计，在此期间，学术界共出版了33部研究专著，其中8部来自港台地区；6部译著，其中港台地区3部；16种史料汇编中，港台地区占有1种；另有3种日记与回忆录问世。在学术论文方面，总计发表了700余篇，其中港台地区贡献了60余篇；同时，还产出60余篇硕博学位论文，其中港台地区占11篇。

这些数据反映了近十年的研究成果显著超过了前一个十年。值此甲午战争爆发130周年之际，我们对过去的研究成果进行系统梳理与总结，将对未来研究产生积极启示。鉴于已有众多文章对2014年之前的研究进行了回顾，本文将专注概述2014年以来研究的新进展。

一、甲午战争失败的检讨与反思

学术界对于甲午战败原因的整体性反思从未停止。张海鹏通过比对甲午前中日两国政治、经济、民生等方面的情况，指出清政府战败的原因包括两国社会发展阶段、国内经济政治实力、战争准备情况、战争指导原则、国际环境等诸多因素。清代中国处在封建社会末期，对付成长中的资本主义小国日本，战败是必然的。[1]盖玉彪、陈伟认为，甲午之前，日本在地理约束力、危机应对能力、政治整合力、军事战略目标以及战争动员力与军队近代化建设水平等方面，都积聚了比清王朝更集中、更强大的战争能量，因此战争的胜负在战前已成定局。[2]刘传标、江新凤等学者也都主张，清政府的战败是政治、军事、经济、民智等因素全面落后所导致的综合结果。[3]陆战失利方面，关捷指出其根本原因同样是清政府封建统治的昏庸腐败，具体则表现为在战争中无明确的战略方针、战术失误、无视民众的作用和缺乏统一的组织指挥等。[4]

也有一些学者对战败的具体原因作了专门探讨。葛业文检讨了清政

① 张海鹏：《甲午战争与中日关系——战争爆发120年后的反思与检讨》，《聊城大学学报（社会科学版）》2014年第6期。
② 盖玉彪、陈伟：《甲午战争中国失败根本原因的新思考——基于战前中日战争准备的对比分析》，《军事历史研究》2013年第1期。
③ 刘传标：《甲午战争中国战败的原因再探》，《福建论坛（人文社会科学版）》2017年第3期；江新凤：《关于甲午战争失败原因的反思及启示》，《日本侵华史研究》2015年第2期。
④ 关捷：《甲午清军陆战评价的几个问题》，《军事历史研究》2014年第3期。

府军事方面的失误，认为清朝军事改革不彻底，战争准备不足、战略指导混乱无方、战术战法不当、军队战斗力低下等，是酿成甲午惨败悲剧的直接和主要原因。[①]许华结合海权理论，指出中国封建统治者没有为争夺海权而发展海军的海权意识，而是企图将海军这一产生于资本主义的新军种纳入封建主义的陈腐轨道，企图用坚船利炮去挽救濒临死亡的封建主义生产关系，最终免不了失败的命运。[②]李泉则是从技术转移的角度，提出洋务运动根本没有建成近代化海军，因为晚清既无与近代技术转移相适应的市场竞争环境、工业体系基础，又无正确的科技观念、近代新式教育，所以晚清海军是一支近乎"买来的"、外强中干的"中古的军队"。[③]刘晨以辽东战役为例，指出清军在占据人数和地理优势的前提下，依旧以惨败收场，乃与交通运输能力落后有莫大的关系，清军主要还是靠人力马拉调动军队，效率低下，因此无法在短时间内集中兵力。[④]

除了军事因素，国民教育同样是培养新人、影响战争的潜在要因。王献玲认为近代中日不同的教育路径与甲午战争的结局有着必然的内在联系，在甲午战前的三十年中，日本锐意引进西学，推行国民教育，普及基础知识，从而显著提高国民整体素质，增强了军队制胜的人力因素；而同一时期的中国依旧固守没落的封建传统教育，导致人才不济、民智未开、思想僵化，严重制约了官兵素质的提升。[⑤]

---

① 葛业文：《甲午战争清朝失败的主要军事原因及现实启示》，《军事历史》2017年第5期。

② 许华：《东亚海权：甲午败局之历史检讨》，《军事历史》2016年第5期。

③ 李泉：《技术转移对晚清海军建设及甲午海战的影响》，《军事历史》2014年第4期。

④ 刘晨：《从交通运输看清军在中日辽东战役的失败》，《西部学刊》2019年第22期。

⑤ 王献玲：《近代中日教育不同路径对甲午战争的影响》，《郑州大学学报（哲学社会科学版）》2015年第2期。

二、甲午战争的过程研究

近十年来，对于甲午战争过程的研究仍占据着举足轻重的地位。随着史料搜集范围的不断扩大和研究视角的日益细化，众多新颖且富有深度的研究成果纷纷涌现，进一步丰富了我们对这场战争的理解和认识。

（一）战争爆发的背景

著作方面，旅日学者宗泽亚通过搜集整理日本所藏的档案文件及战争影像，完成《明治维新的国度》一书，全面系统地介绍了明治维新给日本带来的深刻社会变革，与中国同时期的"洋务运动"作了直观对比，展现了中日在近代化历程中的巨大差距。[①]张黎源的《泰恩河上的黄龙旗：阿姆斯特朗公司与中国近代海军》一书，则展现了清政府与英国阿姆斯特朗公司军舰交易的往事。该书大量发掘了保存于英国各机构的档案，以当年引进的各型号军舰为经，以清朝中国各级机构和官员的相关活动为纬，详细叙述了购自英国阿姆斯特朗公司的包括致远舰在内的数十条军舰，从询价、设计、定型、制造到接引回国以及战舰的服役、战斗经过和最终结局的历史过程，对了解近代中国海军建设及晚清军事现代化的思路与实践等都有非常重要的价值。[②]

文章方面，日本对华军事情报搜集是一大研究热点。李洋以1889年、1894年清政府的两次海军会操为切入点，指出日本军舰"大和"和"赤城"曾分别借机展开军事情报搜集，并总结出清政府在甲午战前的失策：首先，北洋海军对日本海军采取震慑与合作并存的策略，对日舰来华搜

---

① 宗泽亚：《明治维新的国度》，北京联合出版公司，2014年。
② 张黎源：《泰恩河上的黄龙旗：阿姆斯特朗公司与中国近代海军》，生活·读书·新知三联书店，2020年。

集情报的活动缺乏警惕；其次，清政府官员没有保守国防机密的意识，也没有近代国防观念中的保密原则；最后，北洋海军不认真备战，军风军纪也存在一定问题。①陈祥着重考察日本对地图的重视，指出日本早在明治初期就已经意识到军事地图的重要性，并有预谋地对华进行了长达数十年的侦察与盗绘。19世纪80年代后，这一窥伺活动加速发展，并在发动战争之前基本绘制完成了"清国二十万分之一图"，为侵华日军提供了重要的"导航"装备。②刘豫杰研究了日本陆军"直隶决战"构想的发展过程，认为早在1874年日本侵台期间，这一构想就初步成型，并发起针对性的对华情报活动。参谋本部设立后，日本陆军构筑起对华情报活动的新体系，在此基础上，日本陆军始终围绕直隶决战计划展开情报活动。甲午战争爆发后，日本陆军以此迅速拟定"作战大计划"，甚至计划以侵占北京为作战核心。③

　　战前中日两国的关系也是战争背景中的一个重要议题。刘峰以1876年至1894年间的朝鲜问题为中心，考察了这一时期日本的对华政策，指出以朝鲜"壬午兵变"为契机，日本逐渐走向"对清协调"路线。这一政策又在此后的中日交涉活动以及甲申政变、天津条约、朝俄密约、巨文岛事件等一系列事件影响下得到发展，最终以联清拒俄、承认清廷主导朝鲜事务、默认清军扩大对朝支配的方式表现出来。但这与日本最终发动战争的决策并不冲突，本质上都是为其对外扩张服务的工具。④郭海燕、魏晨光通过对巨文岛事件的考察，均认为该事件是中日关系在东亚国际关系中发生

① 李洋：《甲午战争前日本海军对中国军事情报的搜集——以1889年、1894年两次中国海军会操为中心》，《海洋史研究》2018年第1期。
② 陈祥：《地图与战争：甲午战争前日本对中国的侦察与盗绘》，《军事历史》2019年第3期。
③ 刘豫杰：《甲午战前日本陆军的"直隶决战"与对华情报活动》，《历史教学》2023年第8期。
④ 刘峰：《甲午战争以前日本的对华协调政策——以1876—1894年的朝鲜问题为例》，《安徽史学》2021年第5期。

变化的转折点，此事之后，中日在朝鲜对等地位的局面被打破，形成了中国掌控东亚外交主动权、日本孤立被动的格局①，而日本则继续推行对华协调，并利用契机扩军备战，催生出"大陆政策"。②廖敏淑试图从修约层面诠释甲午战争爆发的原因，她指出以往对于日本明治时期"条约改正"的认识，主要局限在日本与欧美各国的交涉，但当时日本与欧美各国签订的条约都规定了"一体均沾"原则，若不能与中国完成修约，则欧美各国仍可"一体均沾"《中日修好条规》中的领事裁判权和关税税则条款。故日本的修约必须同时与西方和中国一体进行，甲午战争的胜利正使日本废弃了《中日修好条规》，并获取了城下之盟式的外交与通商特权。③

　　日本在甲午战前开展的军事改革，是改善日军面貌与战斗力的直接原因。李庆辉、张玉平指出，从明治政府成立到甲午战争之前，日本对军事方面进行的包括军制、人才培养体系、精神教育建设、军工体系等在内的全方位的深入改革，实现了脱胎换骨般的近代化转型，甲午战争中日本的胜利证明了改革的成功。④张礼恒通过1881年朝鲜"朝士考察团"的视角，直观展现了军事改革后日本陆军的面貌：先学法国，后学普鲁士，引进西方近代陆军建设理论，推行全民义务兵役制；实行军政军令分离，构建新式统帅机构；设置六镇台，驻扎全国；设立士官学校，培养军事人才；军队装备精良，注重实战条件下的军事演习；建立了一整套系统完备的陆军组织体系，使得日本陆军成为一支虎狼之师。⑤

① 郭海燕：《巨文岛事件与甲午战争前中日关系之变化》，《文史哲》2013年第4期。
② 魏晨光：《浅议英国强占巨文岛事件与甲午战争和日俄战争》，《大连近代史研究》，2016年。
③ 廖敏淑：《〈中日修好条规〉与甲午战争以修约交涉为中心》，《抗日战争研究》2014年第4期。
④ 李庆辉、张玉平：《甲午战争前的日本军事改革》，《大连城市历史文化研究》，2017年。
⑤ 张礼恒：《甲午战争前朝鲜人眼中的日本陆军——以1881年"朝士视察团"的记录为中心》，《山东社会科学》2014年第5期。

（二）战争活动

陈悦和宗泽亚分别对甲午战争做了全景式解读，前者的《甲午海战》一书以海军史研究为基础，利用大量独家搜集的资料档案，揭秘清朝海军在这场惨烈海战中的技术、战术状况，以大量细节和详细数据，还原战争中中日双方的实际军事力量对比以及战术运用情况[①]；后者的《清日战争》一书，则突破了以往单纯纪事或编年手法，全面对比了中日双方的军、政、经、民等各方面因素，从日本国立国会图书馆、国立公文书馆、外务省外交史料馆、防卫省防卫研究所等处馆藏历史文献中收集了大量史料和图片，按战争经过、战争背景、战争、战时、战地各种局部、战争影响、大事记、图记、表记等编写而成。[②]

有关战争活动的论文，更多侧重于研究陆战，尤其关注具体的战役。以平壤战役为例，石建国从西方传教士的视角重新审视了当时清军的兵力、装备、部署等，并指出传教士眼中清军失败的根源是将士缺乏"爱国心"，没有为谁而战、为何而战的自觉，自然就缺乏在战场上舍身而死的勇气。[③]张晓川关注到战局背后的政治博弈，指出平壤战役其实发生于以翁同龢为首的主战清流与李鸿章为首的淮系集团两派斗争的大背景之下。战前，李鸿章、卫汝贵、丁汝昌等人就遭到了种种质疑和指摘。清军入朝以后，由于后勤和朝鲜实际情况等因素，引起了军纪松懈，进而成为后方舆论、奏章攻击的材料。平壤溃退后，国内舆论更是口诛笔伐，将矛头集中于率领淮系盛军的卫汝贵，不少文字歪曲了战役的真相，影响了日后关于此战的历史书写。[④]邱涛也检讨了平壤战役的诸多细节，指

---

① 陈悦：《甲午海战》，中信出版社，2014年。
② 宗泽亚：《清日战争（甲午纪念版）》，北京联合出版公司，2014年。
③ 石建国：《西方传教士视域下的甲午中日战争"平壤战役"——以〈朝鲜丛报〉为中心》，《韩国研究论丛》2014年第1辑。
④ 张晓川：《言路与后勤：甲午平壤战役再研究》，《四川师范大学学报（社会科学版）》2015年第3期。

出叶志超所说平壤城内清军弹药不足，并非虚言，而依克唐阿所部武器装备劣质也是事实，将叶、依二人盖棺论定为怯战的学界主流观点其实值得商榷。① 此外，也有学者对甲午时期山东、盛京、海城等地区的陆军防务或战斗做了考察②，丰富了学界对甲午陆战的认识。

海战研究的数量较少，主要涉及战术研究及史事重建。倪乐雄指出，战术火力是海战胜负的决定性因素，北洋舰队指挥官们根据这一常识来指导黄海海战军事行动，放弃舷对舷交火的纵队队形，而选择"舰首对敌"的"夹缝雁行阵"。这是双方主战火炮射速悬殊造成的，已是审时度势之后最合理的选择。③王琦、韩剑尘利用新发现的汉纳根证言中译本，重新考证了高升号事件的过程，对"清军胁持高升号"说提出三点质疑：汉纳根证言现行译本中关于"船长丧失自由"的记载应系后人伪造；高惠悌代表高升号全程参与谈判，其证言不足以证实清军胁持了高升号；日军事发之时并未在场目击，事发之后又未登船核实，并不具备搜集证据指证清军的客观条件。因此，此说难以令人信服。④

对于战争细节的研究同样丰富。寇振锋关注日本侵略活动中翻译的作用。他指出，日方不仅出征部队需要大量的汉语翻译，随着上千名清军战俘被押解至日本，日本国内同样离不开汉语翻译。然而，日军大本营却无法满足这一需求，出现了严重的"汉语翻译荒"，该情形一直持续

---

① 邱涛：《关于甲午陆战研究中几个问题的辨析》，《北京师范大学学报（社会科学版）》2017年第3期。

② 李辉：《甲午战争时期山东省陆军研究》，华中师范大学硕士学位论文，2019年；耿立伟：《甲午战争时期盛京地区清军防务研究》，辽宁大学硕士学位论文，2015年；王铎：《甲午海城会战研究》，辽宁大学硕士学位论文，2015年。

③ 倪乐雄：《中日甲午黄海海战战斗队形与火力再探讨——最糟糕与最合理的怪异组合——"夹缝雁行阵"》，《军事历史研究》2014年第3期。

④ 王琦、韩剑尘：《"清军胁持高升号"说质疑——以新发现的汉纳根证言中译本为中心》，《苏州科技大学学报（社会科学版）》2018年第2期。

到和约签订之后。①寇振锋还考察了日本军方编制的《兵要支那语》《日清会话》等军用汉语教科书，指出其中蕴含着明显的侵略属性，是日本侵华的辅助工具。②王格格探究了甲午时期日军的军事医疗体系，指出该体系集救护、救助、救援等功能为一体，不仅是日本通过舆论宣传在国际上骗取"文明国"声誉的重要手段，也是日本外战军事医疗运作机制的基点。③王铁军考察了学界以往关注不多的日本战俘政策，认为甲午时期日本的战俘政策是其后历次战争，尤其是二战中日本战俘政策的原点和基础。该政策是配合日本长期对外战争舆论宣传的重要手段，助力日本在国际上获得了"文明国"的声誉。④谷惠萍、张雨轩考察了军歌对日军的影响，指出《元寇》这首歌曲以国家主义为核心思想，用"蒙元"隐喻"满清"，以"国难"激发士气，并通过鼓吹武士道和国家神道对士兵进行洗脑，是民间右翼、军乐队员、社会大众等各界积极"协力"侵略战争的重要史证。⑤邵雍指出甲午战火虽未及上海，但同样产生巨大回响，上海民众在冲击日侨企业、迫使日侨回国、巩固海防、清查奸细、运输兵员军械、加紧军火生产、筹款救治伤兵、反对议和坚持抵抗诸方面均有强烈的反应。⑥

---

① 寇振锋：《甲午战争时期日军汉语翻译的需求》，《日本侵华南京大屠杀研究》2020年第2期。
② 寇振锋：《甲午战争时期日军〈兵要支那语〉探究》，《日本侵华南京大屠杀研究》2018年第3期；寇振锋：《甲午战争时期日军参谋本部编〈日清会话〉探究》，《云南师范大学学报（对外汉语教学与研究版）》2020年第1期。
③ 王格格：《甲午战争时期日军军事医疗析论》，《抗日战争研究》2022年第2期。
④ 王铁军：《甲午战争时期日本的战俘政策研究》，《军事历史》2020年第1期。
⑤ 谷惠萍、张雨轩：《日本军队歌曲〈元寇〉与甲午战争日军精神动员》，《抗日战争研究》2018年第1期。
⑥ 邵雍：《甲午战争时期的上海反应》，《历史教学问题》2014年第3期。

三、甲午战争的政治史研究

甲午战争期间，不仅战场上存在激烈的生死拼杀，朝堂内外亦充满了复杂的政治暗流。近十年来，学术界对甲午战争期间清政府决策及政局的探讨虽为数不多，但仍涌现出了一些值得关注的新观点。

就地方官场而论，陶祺谌从刘坤一、张之洞的关系着手，探讨了战争中地方督抚与清廷的备战交往。她指出以两江总督刘坤一在战时被清廷诏令进京并授命钦差大臣节制全军、湖广总督张之洞署理两江总督为界，二人经历了地方督抚之间及清廷与地方之间备战交往的两种模式。他们以自身利益为基准、以国家大局为底线进行备战交往：均为疆吏时，双方利用"合办江防"的电旨巩固自身防区，表面尚属融洽，换至地方与中央合力备战的角色，他们却因地位、局势之变而矛盾迭出。以战争结果观之，因备战体制落后，且囿于"内轻外重"的权力格局，这两种备战交往均未获成功。[①] 马陵合、王平子关注到甲午战争期间的一笔特殊外债——克萨借款，指出其先由张之洞请人代借，后在各种力量的角逐之下，由地方外债变成债务方为户部的中央外债。这一复杂历程，既反映出作为地方实力派的张之洞在财政上的独特地位，也显现出在赫德与汇丰银行的影响下，地方外债政策发生了微妙的变化。[②] 吴仰湘重审了《新学伪经考》"甲午参奏"，通过钩稽原始史料，特别是发掘上海图书馆藏《新学伪经考》甲午签批稿本中的信息，他提出安维峻自称甲午"具折严参"康有为，实属事后有意夸饰。广东当局奉旨办理此案，在李滋然提

---

① 陶祺谌：《甲午战争中地方督抚之间及与清廷的备战交往——以刘坤一、张之洞为中心》，《北京社会科学》2013年第5期。
② 马陵合、王平子：《克萨借款考辨——兼论甲午战争时期的地方外债》，《社会科学研究》2015年第2期。

议"免予销毁"后，又紧急组织第二次查案，几乎办成文字狱。两广总督李瀚章最终以"谕令自行销毁"覆奏结案，实受多种因素影响，不能将此案化解归功于一人。[①]韩策将甲午时期的人事变动置于"南洋—北洋"的格局体系之下，认为甲午战争不仅改变了东亚局势，也冲击了清廷中枢和朝局，特别是战后围绕直隶总督和两江总督的重新安排，中枢及各派系产生了激烈政争。李鸿章希冀回任北洋，刘坤一意欲回任南洋；署理直督王文韶和署理江督张之洞则渴望实任，各方都曾多方联络、明暗运作。最终在慈禧太后与恭亲王、荣禄等权贵的操纵下，王文韶实授直督，刘坤一回任江督。北洋淮系和南洋湘系十数年南北提衡的稳定格局终告结束，重建北洋重心的迫切问题摆在了清朝面前。这种趋向甚至影响了从戊戌变法至庚子事变的政局演进。[②]

中枢决策方面，李颖分别考察了中日两国出兵朝鲜的决策过程，认为日本出兵朝鲜，并非为了维持在朝鲜的势力均衡，而是在积极诱导清政府出兵的同时，实施了"先行出兵"的侵略行径，且这一决策是日本内阁全体通过的自上而下的政府决议的结果。而清政府出兵朝鲜的决策过程，是北洋大臣李鸿章派出了援朝部队后，自下而上汇报的过程，其个人的判断起到了至关重要的作用。[③]王刚对战时成立的新机构——督办军务处作了厘清。他指出这一机构的成立，既是清政府在危急关头的一项救急之举，也是清统治阶层内部各派政治力量相互斗争、相互妥协的结果。该机构设有督办大臣、帮办大臣、会办大臣等职，设有文案、营务、粮饷等处，于神武门外九门提督公所办公，办公经费则由户部直接拨给100万两白银。督办军务处在军机处"散值"之后继续商议军务，其

---

① 吴仰湘：《〈新学伪经考〉甲午参奏案新探》，《近代史研究》2022年第2期。
② 韩策：《北洋南洋一线牵：甲午战后围绕直督与江督的政争》，《福建论坛（人文社会科学版）》2023年第7期。
③ 李颖：《甲午中日战争中中日两国出兵朝鲜的决策过程研究》，《日本学研究》2020年第1期。

主要职能是会商战局、部署军事、监督谕旨的落实、议奏条陈、查看被保举官员、接收各地军情奏报、管理近畿粮台、办理京师巡防事务、节制董福祥部等三支大军。由于无章可循、办事随意，督办大臣精力、才力严重不足，内部分歧严重等因，督办军务处在战局中的实际作用非常有限。①吉辰考订了甲午战争期间浙江京官上书恭亲王的史事：光绪二十年九月，以翰林院编修戴兆春为首的十四名浙江京官曾两次上书恭亲王，主张议和。此举由军机大臣徐用仪通过同乡关系发动，是为甲午战争期间主和派一次罕见的发言。其中第一次上书主要以前朝史事为根据，并抄袭了金安清上书曾国藩的内容，为议和营造理论基础；第二次上书则议论防务，以分辩"动摇军心"的指控。上书者因此遭到了主战派的参奏与舆论的指责，虽未受到朝廷的处罚，但承担了相当的精神压力，人际关系也受到影响。②翟金懿对广为流传的"慈禧挪用海军军费办寿"一说作了辨析，指出甲午年慈禧太后举办万寿庆典的真正目的是强化归政后的政治地位，但其办寿过程却与战争失败、海军覆灭、海权丧失交织，形成"奢侈办寿导致甲午战败"的政治记忆。深究甲午万寿庆典经费来源，慈禧太后办寿与甲午战败即使没有直接关联，仍有间接联系，传言有夸张的成分，但也并非向壁虚构。③

四、甲午战争的经济史研究

甲午战争的爆发，给中国经济带来严重冲击。不仅是战时对东北、华北的破坏与掠夺，清政府为甲午战争筹措军饷，以及战后多达2亿两的

---

① 王刚：《甲午战争中的督办军务处》，《军事历史研究》2017年第2期。
② 吉辰：《甲午战争期间浙江京官上书恭亲王考》，《西部史学》2020年第2期。
③ 翟金懿：《慈禧万寿庆典与甲午战败关联性政治记忆的塑造与诠释——从慈禧太后六旬万寿庆典经费谈起》，《中国国家博物馆馆刊》2021年第1期。

赔款和3000万两的"赎辽费",都对晚清经济造成了严重的破坏。海内外学者对甲午战争与清朝经济问题展开了深入的研究,早期主要关注赔款的数额、为偿还赔款所借外债情况,改革开放后学界对甲午战后洋务运动的调整与中国工业布局的变化着力更多。近十年来,学界注意到清政府为偿还赔款和外债所做的财政变革,并对战前、战后中日和中韩贸易的变化有所关注。

首先是赔款问题。甲午战后,日本要求中国立即承担2亿多两白银,折合日币3.5亿余两,当时日本每年财政收入9817万两,财政支出7813万两,[1]甲午赔款相当于日本财政收入的三倍有余。日本利用这笔赔款,大力发展工业,完成了殖产兴业计划,同时甲午战争还为日本打开了中国市场大门,巨额赔款还使日本尝到了战争的甜头,导致日本军国主义和资本主义紧密结合,并最终导致日本进一步的侵略行动。

其次是赔款的偿还。甲午战争爆发后,清廷不仅财政困难,而且此时难以找到有效的筹款方式,最终决定向京城银号、票号借款100万两,随后又推广至全国,即息借商款。光绪二十四年(1898),在启动戊戌变法前夕,在户部的建议下,光绪帝决定发行昭信股票。徐昂认为1898年清政府发行的昭信股票开始在制度上允许金融机构参与国家内债事务。传统金融业在不少地区认领了相当数额的昭信股票,还向盐商和地方政府提供垫借款项应付摊派。地方政府需要金融业帮助周转财源,中央政府需要专业机构协助统筹,金融机构相应承担内债相关的募集、收存和汇拨等功能,并从中获取收益。他认为昭信股票这一案例固然表明晚清国家财政对金融业的依赖,但金融业本身亦因经济形势产生了参与财政的需求,新式银行的最初发展离不开国家财经政策的支持。[2]李文杰发现,

---

① 随清远:《甲午战争赔款与日本》,《南开学报(哲学社会科学版)》2014年第4期。
② 徐昂:《昭信股票与晚清华资金融业关系研究》,《近代史研究》2015年第5期。

息借商款采用重点借款方式，侧重在发达地区、口岸城市向金融商借债，海关二元系统参与到债券销售或还款程序中。所借款项绝大多数在甲午战争结束后才逐渐解交户部，未直接用于战事。因户部设定借款额度，且一些省份直接由政府出面经营借款，难免出现摊派抑勒之弊。但因海关二元系统的独特作用，有海关税收保障还款，息借商款除少数改作工厂股本或捐输外，大部分得以如期偿还。①

甲午战争前后中国与朝鲜的经济关系，也是近年学术界关注的重点。传统时期中朝贸易围绕朝贡制度展开，除了官方朝贡贸易外，朝贡过程中还带有大量走私贸易。进入19世纪后，西方列强进入东亚，随着日本的崛起，日本开始要求与朝鲜通商，1876年日本迫使朝鲜签下《江华条约》(又称《朝日修好条规》)，朝鲜釜山被迫开港。此后清政府也有意加强对朝鲜的控制，1882年中朝两国签订《中朝商民水陆贸易章程》，该章程指出："惟现在各国既由水路通商，自宜亟开海禁，令两国商民一体互相贸易，共沾利益。"②此后中国开始委派商务大臣前往朝鲜，以便照料本国商民，1883年李鸿章派遣陈树棠前往朝鲜办理商务事宜。刘畅认为《章程》的缔结标志着两国关系开始逐步从传统的"宗藩朝贡体制"向"近代条约体制"过渡。虽然清政府也在极力挽救摇摇欲坠的宗藩关系，但"宗藩朝贡体制"的没落与"近代条约体制"的兴起仍是历史的发展方向。刘畅利用海关史料进一步指出，就仁川与上海间的海上贸易而言，在贸易发展趋势方面，中朝贸易虽然在甲午战争时期因为停航而有所波动，但整体上呈上涨趋势；贸易结构方面，上海对朝鲜的贸易顺差明显，其中来自上海腹地的丝绸等商品是出口朝鲜的大宗物资。③周建波、李军在讨论日本在华北口岸的经营活动时，指出甲午战前日本对华贸易

---

① 李文杰：《息借商款与晚清财政》，《历史研究》2018年第1期。
② 王铁崖：《中外旧约章汇编》(第1册)，三联书店，1957年，第404页。
③ 刘畅：《近代上海与朝鲜的海上贸易(1883—1904)》，《史学集刊》2018年第3期。

中，上海占比38%，广州23%，汉口22%，天津17%，其主要航线是长崎—天津，并于1886年延伸到烟台，天津和烟台是此时日本对华贸易扩张的主要港口。甲午战后，随着青岛被德国占领后定位为自由港，日本对华扩张的重点逐渐从烟台转向青岛。①

吴起主要关注日本企业三井物产会社在中国的经营活动，晚清时期，大量日商进入中国。作为日本在华商业资本的代表，三井物产会社在甲午战前就参与中国东北豆货业，与华商形成错综复杂的关系。三井物产会社初始主要依靠营口华商收购豆货，日俄战争后，进入东北内地收购豆货，华商仍是其重要的收购来源。②冯国林则主要关注清末至20世纪30年代活跃在朝鲜的著名华商商号同顺泰，清政府曾用该商号的名义向朝鲜政府提供贷款。甲午战争前，同顺泰资本构成方式是合股，且盈利状况并不稳定。③甲午战后，在朝华商进行了许多努力，并积极与政府合作，晚清在朝鲜的政商合作代表了一种互惠互利的合作，起到了抵抗外国经济侵略的作用，挽回了部分利权。④

石光日对比了甲午战争前后中日贸易的变化。1885年后，中朝贸易的商品贸易额在逐渐递增，尤其是朝鲜从中国进口的商品贸易额呈现出非常明显的递增趋势。而朝鲜从日本进口的商品贸易额则呈现出明显波动，虽然从整体数额上要远大于中国，但总体来说，已经呈现出齐头并进的面貌。中日甲午战争虽然给中朝两国的贸易发展带来了短暂的冲击，但随

---

① 周建波、李军：《官民同向：晚清华北口岸日商经营活动刍议》，《学习与探索》2020年第9期。

② 吴起：《从晚清时期的东北豆货业看日商与华商的关系——以三井物产会社为中心》，《中国经济史研究》2020年第4期；《晚清时期日商在华南地区的经济活动——以三井物产会社为中心》，《社会科学论坛》2023年第2期。

③ 冯国林：《甲午战争前朝鲜华商同顺泰号的人参走私贸易》，《中国经济史研究》2021年第5期；《甲午战争前朝鲜华商同顺泰的经营形态》，《八桂侨刊》2023年第2期。

④ 冯国林：《日俄战争前后清政府在朝鲜的商业危机与官商合作》，《当代韩国》2023年第3期。

着《马关条约》的签订，结束了朝贡关系的两国从此开启了自由平等的贸易关系，两国贸易量在甲午后取得了巨大发展，中国帮助朝鲜建立了近代海关并帮助其管理，直到1910年《日韩合并条约》的签订，清政府才彻底失去了对朝鲜贸易的掌控权。反观日朝贸易，随着日本在甲午战争中的战胜，日朝贸易继续迅速发展。直到1910年《日韩合并条约》的签订，日本吞并朝鲜，日本对朝关系由战前的相对平等贸易转变为赤裸掠夺。[1]

五、甲午战争中的国际关系史

在晚清中国半殖民地半封建社会的背景下，各国在华势力错综交织，因此，甲午战争并非仅限于中日两国之间的冲突与对抗，而是与欧美、亚洲各国在华的权益与纷争紧密相连。各国在此战争中的反应与表现，对战争进程产生了不同程度的影响。从这个视角来看，甲午战争史不仅是反映列国在东亚地区角逐的国际关系史，也是中日两国在近代国际法领域运用策略的历史。

（一）战争中的欧美因素

朝鲜东学党起义是甲午战争爆发的导火线，是学术界和大众的一般认知，而张晓刚、国宇则提出，更深层次的原因是俄国远东政策与日本大陆政策的天然对立以及在朝鲜半岛的角逐。俄国在默认朝鲜"独立"之余，坚决反对日本涉足中国东北。甲午战争结束后，原本以朝鲜为争夺焦点的日本与俄国，又将目光转向了中国东北。[2]崔志海论证了美国政府

[1] 石光日：《从朝贡到条约：甲午战争前后中日对朝贸易比较》，《东北财经大学学报》2021年第4期。
[2] 张晓刚、国宇：《围绕朝鲜半岛的日清、日俄矛盾与甲午战争》，《武汉大学学报（人文科学版）》2014年第6期。

在甲午战争中的表现，指出在中日甲午战争中，美国表面声称中立，实际却偏袒日本，希望借日本之手废除中朝宗藩关系，进一步打开中国大门，同时利用日本削弱英国、俄国等在东亚的影响力。[1]在此基础上，冯高峰、师嘉林进一步辨析了相关史料，指出学界在研究相关问题时，常把美国驻华公使馆"参赞署理全权事务大臣田夏礼"与其父"美国驻华公使田贝"相混淆。在1894年3月17日至10月29日，美国驻华公使馆的全权事务代表应是田夏礼，而不是田贝，这一时段之后则是田贝而不是田夏礼，这对父子在这一时期的中美关系以及远东国际关系中扮演的角色相去甚远。[2]李晓丹则关注美国对朝鲜的外交政策，指出战争爆发前，美国虽然最初有悖于"中立"政策，积极参加联合调停，但出于对自身利益的考量，很快便回归"中立"。战争之后，美国为了利用日本与俄国实现抗衡，进而确保自身在朝利益最大化，进一步强化"中立"政策，最终在麦金莱时期确立了"绝对中立"政策，美国对朝政策在其外交政策中被进一步边缘化。[3]

葛夫平在考察法国与甲午战争的关系时，认为法国虽表面上持观望态度，实则自始就将中日战争视为巩固法俄同盟和进一步侵略中国西南边疆的天赐良机，乐见中日开战，并始终与俄国一致抵制英国在调停中扮演主导角色。在战争胜败趋于明朗之后，法国从观望走向干涉，防止日本取代欧洲主宰中国，同时从中国索取回报。在还辽条件谈判过程中，法国主张以牺牲中国的利益满足日、俄两方的要求，以促使辽东问题尽快解决。[4]欧阳红研究了德国在甲午战争中的作用，指出战争使德国开始

---

① 崔志海：《美国与晚清中国（1894—1911）》，社会科学文献出版社，2022年。

② 冯高峰、师嘉林：《"美国与甲午战争"研究中的若干史料辨正——"美国驻华公使田贝"还是"参赞署理全权事务大臣田夏礼"？》，《历史教学问题》2020年第2期。

③ 李晓丹：《美国对朝鲜政策研究（1882—1905）》，吉林大学博士学位论文，2017年。

④ 葛夫平：《法国与中日甲午战争》，《中国社会科学》2013年第3期。

介入远东的权力角逐，这也成为德国远东政策的一个重要分水岭。战争初期，德国表面采取超脱的中立姿态，多次拒绝清政府与英、俄等国的调停提议，实质是鼓励或偏袒日本的战争行为。由于担心战争可能对远东利益格局乃至欧洲地缘政治产生不利于德国的变化，积极推动并参与"三国干涉还辽"。①

（二）中日关系

吉辰在《昂贵的和平：中日马关议和研究》一书中细致研究了《马关条约》的议定过程，包括条约内容如何提出、条约具体怎样签订、批准、互换，最终的结果在当时是否有机会避免等。作者在先行研究的基础上推陈出新，对马关议和的来龙去脉进行了卓有价值的史实重建，是目前国内第一部关于马关议和的较为全面的论著。②戴东阳考察了两国宣战之后日方的撤使行为，指出日本撤使准备虽早，但战争爆发后，日本却等到中国发出撤使照会之后才正式撤使，且只准备撤离长江以北的各大使领馆，试图以局外中立之名保留上海总领事馆及长江以南广大地区的日本势力。后因清政府强烈要求，加上中国民众群情激愤，在美国的敦促之下，才不得不撤离所有在华使领人员及通商口岸日侨，但仍在京、津、烟台和上海等地布留情报人员。③李少军考察了战后围绕日本设租界开展的交涉活动，指出《马关条约》订立后，日本为了在华享有与西方列强同样的地位与权益，急于在长江流域一些通商口岸设立专管租界。但清政府根据张之洞等的建议，以设立本国拥有主权的外国通商口岸来应对，同时接受李鸿章主张，试图引入列强来牵制日本。围绕设立日租界问题，

---

① 欧阳红：《德国与中日甲午战争》，《安徽史学》2015年第4期。
② 吉辰：《昂贵的和平：中日马关议和研究》，生活·读书·新知三联书店，2014年。
③ 戴东阳：《甲午战争爆发后日本驻华使领馆撤使与情报人员的布留》，《近代史研究》2015年第1期。

双方交涉六年多。日本最终以强权迫使清政府屈服，在苏州、杭州确立专管租界框架后，推及其他口岸。张之洞曾主导中方抵制设立日租界，但在转向对日"联交"后，态度与举措大有改变。①郭海燕关注战争前后日本在朝鲜的电信网络构筑活动，认为日本在构筑朝鲜电信网过程中采取的军事行动与交涉，是其对华军事外交的关键环节之一，也是获得战争胜利的重要因素。②

（三）国际法实践

范永强、秦海侠、张传江等从整体上考察了中日两国在战争中的国际法运用，认为在甲午战争中，日本利用国际法掩饰其侵略行径，抹黑清政府，博取国际舆论的支持，给自己贴上了"文明"的标签，不断巩固其既得利益。而清政府更多的是消极应付，以致处处被动，反映出两国在国家转型战略、外交策略、国际法认知理念上的巨大差距。③

还有一些研究关照到具体事件中的国际法运用实践。张卫明围绕拒割台湾事件，指出各层次的智识群体几乎在"援据公法"上达成普遍共识，将反割台斗争置于国际法框架下进行。近代国际法中有关割地须征得居民允愿、赔款而不割地、约款内容以力所能及为限、条约用宝方为生效等规范或规则，得到程度不同的移植和运用。④徐碧君指出，尽管在"高升号事件"中，日本积极发表国际法论著为自身行为辩护，并获得西方认可，但经过对高升号事件所涉及的国际法问题进行全面分析可知，

① 李少军：《甲午战争后六年间长江流域通商口岸日租界设立问题述论》，《近代史研究》2016年第1期。
② 郭海燕：《甲午战争前后日本构筑朝鲜电信网的军事行动与对外交涉》，《抗日战争研究》2014年第4期。
③ 范永强：《中日甲午战争中的国际法运用比较分析》，《西安政治学院学报》2015年第1期；秦海侠、张传江：《从法律战视角看甲午战争时期日本对国际法的运用》，《日本侵华史研究》2015年第1期。
④ 张卫明：《甲午战后拒割台湾的国际法运用》，《历史档案》2016年第3期。

日方立论并不成立，其击沉高升号且未对落水中国士兵施救的行为是违反国际法的，而英国最终裁定由中方负责也存在明显的逻辑漏洞。高升号事件对国际法的发展以及20世纪国际秩序的稳定造成了严重的消极影响。①郑泽民考察了甲午战争期间上海"中立"问题的来龙去脉，指出英国为维护自身利益，与日本订立协议，使其承诺不向"上海及其通路"发动战争。由于该协议存在概念含混的问题，日本对中国屡次挑衅，甚至以战争相威胁，中英两方与之展开繁复的外交博弈，最终使江南半壁免于战火。在此期间，清政府从未承认上海"局外中立"，却认可日英协议的有效性，据此迫使英国敦促日本遵守承诺，是为其利用国际法知识实行"中介外交"的重要案例。②

六、甲午战争对东亚各国的影响

（一）钓鱼岛问题

日本通过甲午战争侵占的中国领土，除台湾岛及其附属的澎湖列岛外，还包括钓鱼岛列屿。该问题涉及诸多复杂因素，对于当前中日两国的国家利益、地缘政治格局以及民族情感等方面均产生深远影响。因此，钓鱼岛问题在甲午战争研究领域中具有重要的地位，是研究过程中不可忽视的关键议题。

张海鹏、李国强引证大量史料，论证钓鱼岛是中国台湾附属岛屿，并驳斥了日本政府有关钓鱼岛与《马关条约》无关的说辞，指出日本"窃占"钓鱼岛是甲午战争中日本侵华战略的一环，日本力图以所谓条约形式实现其侵占行为的"合法化"。同时还指出中国从未接受日本对琉球的占

---

① 徐碧君：《中日甲午高升号事件的国际法分析》，《求是学刊》2019年第1期。
② 郑泽民：《甲午战争时期上海"中立"问题研究》，《抗日战争研究》2024年第1期。

领。^①疏震娅、李志文通过深入分析各历史时期涉及钓鱼岛主权归属的国际条约，认为钓鱼岛经由《马关条约》割让给日本，二战后依相关条约理应归还中国，而且日本也在中日邦交正常化文件中承认了其应履行归还领土的条约义务。因此，日本应将钓鱼岛主权归还中国以履行其条约义务。^②刘江永详细揭示了《清国沿海诸省》等一系列日本官方在甲午战争前即已承认钓鱼岛列岛属于中国的历史证据链。他还从国际法的角度对这些证据进行了深入分析，这对于中日两国关于钓鱼岛主权争议的相关学术研究，以及帮助世人了解钓鱼岛主权归属的真实情况，均具有重要的参考价值。^③

（二）东亚秩序变动

尤淑君着重考察了甲午战争后的中朝关系，指出朝鲜在日本的压力下，正式切断与中国的宗藩关系。此后清政府一直未遣使缔约，也未与朝鲜建立外交关系，以回避朝鲜的地位问题。后来，光绪帝欲改革外交体制，遂主动承认朝鲜的平等地位。然而，从《中朝通商条约》的议约过程可见，中朝两国都反复强调其特殊关系，不惜牺牲商业利益也要确保政治上的合作，可知两国虽切断了宗藩关系，却仍保有"名分秩序观"的文化认同。^④

中日关系层面，臧运祜指出甲午战争以及随后签署的《马关条约》，彻底改变了两千余年来中日两国的外交关系，此后50年间，日本不断发动侵华战争，迫使中国签订一系列不平等条约，使得中日关系由平等的

---

① 张海鹏、李国强：《论〈马关条约〉与钓鱼岛兼及琉球问题》，《台湾历史研究》第1辑，2013年。
② 疏震娅、李志文：《从相关国际条约考察钓鱼岛主权归属》，《郑州大学学报（哲学社会科学版）》2015年第5期。
③ 刘江永：《日本官方承认钓鱼岛属于中国之证据考》，《国际政治科学》2016年第2期。
④ 尤淑君：《甲午战争后的中朝关系》，《山东社会科学》2014年第5期。

竞争关系，改变为不平等的侵略与压迫的关系。①茅海建指出，三国干涉还辽后，日本没有对华动手，以防止与列强再次发生冲突，而与俄国达成了第三次协定书，进行满、朝交换，同时对华进行"日中修好"活动。而日本反对俄国强占东北，发动日俄战争，最后占据了朝鲜、辽东和库页岛南部。日本的军事与外交战略取得了极大的成功，中国"以夷制夷"的外交却是处处被动。②史桂芳认为，甲午战争彻底打破了东亚地区的传统秩序，战争取代了和平。日本取代中国成为东亚的"中心"，并依靠从中国取得的巨额赔款，加快国内近代工业特别是军事工业的建设，成为世界上屈指可数的近代化强国。日本从战争中得到的巨大利益，又驱使其不断进行新的扩张，东亚各国面临着来自日本的威胁。日本国内鄙视中国的极端民族主义思潮蔓延，继之而来的是重新夺取辽东半岛，扩大在中国的侵略利益。③古帅、李玉敏提出，甲午战争的胜利为日本再次侵华提供了经济及军事条件，同时又提升了日本的国际地位及自信心，使其扩张野心进一步膨胀并付诸实践而再次侵华。④

（三）中日两国观念变迁

李永晶从战争社会学的角度，具体探讨了当时日本有关世界的思想、话语与历史事件之间的相互作用，认为甲午战争强化了日本对中华文明与近代西方文明的误认，最终导致了它发动第二次世界大战。⑤杜颖考察

① 臧运祜：《甲午战争与近代中日关系的转折》，《历史教学（下半月刊）》2015年第4期。
② 茅海建：《甲午战争之后的远东国际关系与中日关系（1895—1905）》，《北京论坛（2015）文明的和谐与共同繁荣——不同的道路和共同的责任》论文集，中国北京，2015年11月。
③ 史桂芳：《甲午战争对东亚格局的影响》，《日本侵华史研究》2015年第2期。
④ 古帅、李玉敏：《甲午战争与日本再次侵华的内在联系探析》，《广西社会科学》2016年第2期。
⑤ 李永晶：《甲午战争与日本的世界认识》，《学术月刊》2014年第7期。

了福泽谕吉著名的"脱亚论",指出从"脱亚论"在甲午战争中的典型运用,以及其后蔑华观演变为日本普通民众的群体意识,以及日本对华知行变化的相承关系可以看出,"脱亚论"与日本的蔑华意识密切关联。[1]周晓霞提出,甲午战后,日本已成为帝国主义国家这一政治观念支配了该国知识分子看待世界历史的眼光,他们亟须将日本史纳入世界历史,阐发日本在世界历史中的位置。他们通过解释"世界史"来争夺历史的主导权和文明的话语权。[2]

吴启讷论证了日本的亚洲思维及殖民台湾初期舆论对戊戌中国知识分子的影响,认为日本刻意在朝鲜、中国台湾等地建立有利于日本的话语体系,树立中国台湾、朝鲜这类"典范","垂范"其他亚洲国家,促使这些国家在意识形态和制度体系上与日本政经利益衔接,"东亚共荣"理论就是与此体系相辅相成的。当时台湾多数知识分子都接受了这一体系,而大陆知识界的许多人也并未意识到在所谓"日中亲善""东亚合体"的前提下去保存"东洋文化",将会使中国文化变成日本文化或殖民文化的附庸。[3]苏艳指出,甲午战后,以维新派和留学生为主体的翻译界将军事救国实践付诸以兵魂重塑国魂,推行军国民教育,促使全民尚武,提升国民战斗力。翻译界培养国民"军人意识"的方式主要包括编译新闻以普及军事知识、翻译军事强人传记以强化外竞意识、翻译小说以提倡尚武冒险精神。[4]夏巨富通过搜集新加坡华文报刊中关于中国朝野对商务的言论,发现甲午战争清政府战败后,引起朝野内外各界的极大震荡,

---

[1] 杜颖:《试论甲午战争后日本蔑华观的形成——以福泽谕吉的"脱亚论"为中心》,《日本侵华史研究》2015年第1期。

[2] 周晓霞:《甲午战争前后日本知识分子的世界历史认识》,《南开学报(哲学社会科学版)》2023年第6期。

[3] 吴启讷:《日本的亚洲思维及殖民台湾初期舆论对戊戌中国知识人的影响》,《东方学刊》2018年第2期。

[4] 苏艳:《甲午战争后晚清翻译界对国民"军人意识"的培养》,《外语教学》2019年第1期。

官商民绅各阶层的思想迎来急速转变，加速了洋务向商务转变的进程。尽管如此，朝野间对商务的认知并不完全一致，清廷虽然重视民意且顺应潮流，但是仍有自己的商务主张。①

（四）政治、军事、经济影响

政治方面，李育民认为，由于甲午战争恰逢自由资本主义向垄断资本主义即帝国主义过渡时期，因此随着《马关条约》的签订，中外条约关系也发生转折，出现了新的发展，条约中增添了体现这一变化的新特权内容。中国成了东西列强共同压迫的对象，更完整地构建了不平等条约关系。②张海荣的《思变与应变：甲午战后清政府的实政改革（1895—1899）》一书，提出因受甲午战败的强烈刺激，1895—1899年间，清朝统治阶层也开展了如何自救的热烈讨论，并在编练新军、修筑铁路、开掘矿藏、创办银行、推广邮政、改革教育等方面采取了一系列实质行动，即所谓"实政改革"。③刘本森、周强分别对日军在威海卫的活动展开了讨论，前者总体论述了日本在甲午战后成立"威海卫占领军"，对威海卫进行了为期两年半的军事占领，并以此要挟清政府，成为日本逼迫中国履行《马关条约》、攫取利益的砝码的相关史事；后者则着重探讨了日本对威海湾北洋海军沉舰的打捞及将出水物品作为战利品运送回国的活动。④孙青认为官修史与帝国文书行政之间绾结、解纽及逐渐向下开放的历史

---

① 夏巨富：《甲午战争前后中国商务思想的萌发与实践——以新加坡华文报刊为中心》，《唐廷枢研究》第3辑。

② 李育民：《甲午战争暨〈马关条约〉与中外条约关系的变化》，《抗日战争研究》2015年第2期。

③ 张海荣：《思变与应变：甲午战后清政府的实政改革（1895—1899）》，社会科学文献出版社，2020年。

④ 刘本森：《甲午战后日本占领威海卫（1895—1898）》，《暨南史学》2018年第2期；周强：《甲午战后日本对威海湾北洋海军沉舰的打捞》，《历史档案》2022年第3期。

过程，构成了近代史学转型的重要背景，而借由甲午战争的官方叙史，对回答战事官方表述如何在与政治过程密切绾结的不同制度机制中形成、生成于国家军政事务过程的史传文本在清末民初变局中如何发生变化等问题有参考作用。①

军事方面，郝祥满指出在甲午兵败之后，清政府产生了军事教育层面的"觉悟"，迎来了自强运动的新高潮——新军操练、学校体育的日本化，由购买枪炮而扩大到身体的自强。②李姣姣则关注战后中国海军的重建活动，认为清末的海军重建虽有一定成就，但存在不少局限，比如一些政策停留在纸面未及实施，对于舰只的购买和人才培养缺乏统一和长远的规划，等等。出现这种情况，从客观上说是由于当时工业基础薄弱，财政难以支持；从主观上看，清政府更注重技术层面的革新，忽视战略、理论建设；而更为深刻的原因是清政府失去了建设海军强国的信心，转而追求近海防御。③苏小东认为战败后的中国已完全置身于东亚海权格局之外，再次陷入有海无防的境地，导致日本推行"大陆政策"更加有恃无恐，在列强瓜分中国的狂潮中走上独霸东亚之路。④

社会经济方面，孔祥吉指出甲午战败为中国近代报刊的初兴提供了契机，围绕《中外纪闻》的创办，朝中新旧两派展开激烈交锋，最终朝廷允准在京城创设官报馆，并对民间办报持默许态度。此后一二年间，中

---

① 孙青：《从"劝忠之典"到"千秋论定"：关于甲午战争阵亡将领官修传稿的制度脉络及其转型》，《复旦学报（社会科学版）》2023年第6期。

② 郝祥满：《甲午战后的中国觉悟——以战后新军操练、学校体育的日本化为视角》，《日本侵华史研究》2015年第2期。

③ 李姣姣：《甲午战后中国海军重建研究（1895—1911）》，陕西师范大学硕士学位论文，2016年。

④ 苏小东：《甲午战争前后东亚海权与海防的较量及其影响》，《安徽史学》2015年第4期。

国逐步出现一个兴办报纸的热潮。[①]韩祥考察了甲午战后出现的全国性的钱荒，他指出这一危机是在多种因素综合作用下集中爆发的，其中铜价上涨、官钱减铸、民间私销是长期存在的基础性因素，甲午战争期间日军的货币掠夺、1895年严重的大范围灾荒则是直接的诱发性因素，起到了催化剂的作用。[②]

七、甲午战争中的各国社会舆论

（一）中国方面

甲午战争前数年的"长崎事件"，是激化日方对华仇视的重要催化剂，也是战争最终爆发不可忽视的背景之一。赵琦对《申报》中该事件的相关报道作了研究，指出这些报道反映了《申报》传统天朝大国观念明显，对中国的综合实力是盲目乐观的，对外部环境的变化缺乏清晰准确的认知，作为社会的"瞭望塔"是失职的。但与此同时，《申报》也积极布局驻外访事人，在国际新闻信息传递中乐于使用电报、轮船这类重要的物质性媒介基础设施，且极力呼吁和主张中日两国应摒弃前嫌，和平妥善处理长崎一事。[③]曾庆雪则致力于探讨战时《申报》的失实报道，指出失实情节类型多样，一方面是因为集权社会的信息控制，清政府严禁记者随军采访，不向媒体发布战争公报，不允许商业报纸通过电报传递战争新闻等；另一方面，报人素质的低下是《申报》最大的短板，在当时，新闻业被视为不名誉的行业，报馆主笔多是落魄文人，报界记者多是由社会上的"探子""抄案"转化而来，没有敬业的态度，有的甚至凭空杜

---

① 孔祥吉：《甲午战争与中国近代报刊的初兴》，《广东社会科学》2015年第2期。
② 韩祥：《甲午战后全国性钱荒危机的爆发及其对城乡社会的冲击》，《中国经济史研究》2022年第6期。
③ 赵琦：《〈申报〉"长崎事件"报道研究》，辽宁大学硕士学位论文，2023年。

撰，造成新闻失实。尽管新闻失实频繁出现，但《申报》追求新闻真实的努力却从未放弃，一是失实发生前对报道进行反复核实，二是失实发生后，通过连续报道更正和补充前文的失实内容。[1]

（二）日本方面

郭海燕指出甲午战争期间特别是中日宣战以前，《朝日新闻》在报道日本政策和日军活动的同时，还报道了很多中方的情况，内容丰富，向日本民众传递了中国军队素质差、实力弱、不受朝鲜君民欢迎的信息。这些有关中国政情和清军动向的新闻报道，成为日本民众形成中国认识的重要基础。[2]罗永明利用中国国家博物馆馆藏《日清战争写真帖》，考察了战争期间日本的摄影报道，指出当时有一大批来自官方及民间的摄影师得以奔赴战场进行战地报道，这些时效性很高的照片不但生动形象地反映了激烈的战况，宣扬了日军的赫赫"战绩"，更在某种程度上刺激了日本国内的战争狂热。[3]徐静波通过分析福泽谕吉、内村鉴三和德富苏峰等明治思想家的论说，指出当时日本朝野上下，普遍认为甲午战争是走上文明开化之路的日本与顽固守旧、拒绝现代文明的中国之间的一场有关"文明"的冲突。[4]与此持相似观点的还有马步云、刘文明等人的研究，他们均通过分析日本在战时的媒介呈现，认为日本在有意将侵略美化为"文明之义战"，宣称甲午战争是"文明"对"野蛮"的战争，并通过操纵"文明"话语而影响西方舆论。由此，"文明"话语依附于西方霸权而

---

① 曾庆雪：《中日甲午战争期间〈申报〉的失实报道研究》，山东大学（威海）硕士学位论文，2015年。

② 郭海燕：《有关甲午战争宣战前日本报刊对中国报道的研究——以〈朝日新闻〉报道李鸿章及清军动向为中心》，《社会科学战线》2014年第10期。

③ 罗永明：《甲午战争期间日本的摄影报道活动——以中国国家博物馆馆藏〈日清战争写真帖〉为中心的考察》，《中国国家博物馆馆刊》2016年第1期。

④ 徐静波：《甲午战争时期日本舆论对中日两国和战争的认识》，《日本侵华史研究》2015年第1期。

在当时成为国际政治和舆论中的一种潜在规范力量，并强加于中国而成为一种话语暴力。日本这一扭曲战争观的生成与传播是日本官方与传媒共谋、传媒与民众共犯之结果。"军队国家"的特质与虚假的战争宣传导致日本人普遍缺乏对战争的反思，贻害匪浅。[1]

（三）其他国家

刘文明的《全球性公共空间中的甲午战争：以英美报刊舆论为中心的考察》一书以甲午战争期间英美报刊为基本史料，从全球史的视角，对英美报刊的甲午报道作了较为全面的考察和分析，指出当时由欧美国家主导并被日本操纵利用的"文明"话语，通过国际舆论演变成了一种国际政治中强加于中国的符号暴力。[2]许翔云则指出美国媒体对甲午战争的报道也是多元化的，其中固然有大量报道站在"文明"话语下对中日两国进行褒贬，但也有不少地方报纸将日本界定为侵略者，认为中国在法理上占优，并预计中国将取得胜利。此外，它们也集中报道日军的暴行，尤其是击沉"高升"号事件和旅顺大屠杀，并将其与印第安战争及同时发生的奥斯曼土耳其政府屠杀亚美尼亚人的行为相类比。[3]魏翰考察了《悉尼先驱晨报》对甲午战争的报道，指出受限于时代的各种主客观因素，悉尼先驱《晨报》的部分报道立场不公正、陈述失实，违背了新闻报道客观性、真实性和中立性的原则，其根本原因在于狭隘的文化偏见。[4]刘啸虎研究了英国战地记者维利尔斯的报道，指出其头脑中无形的"文明"优越

[1] 马步云：《媒介中的战争：甲午战争期间日本的战争言说与表象》，山东大学博士学位论文，2023年；刘文明：《"文明"话语与甲午战争——以美日报刊舆论为中心的考察》，《历史研究》2019年第3期。
[2] 刘文明：《全球性公共空间中的甲午战争：以英美报刊舆论为中心的考察》，商务印书馆，2024年。
[3] 许翔云：《美国媒体对甲午战争的多样化报道》，《世界历史评论》2022年第1期。
[4] 魏翰：《〈悉尼先驱晨报〉的甲午中日战争报道研究》，东北师范大学硕士学位论文，2018年。

感左右着他对东方的认知，从而使他只能在"无法理解"的"困惑"之下做"忠实"的记录，这其中包括意识到"半文明的日本竟仍如此野蛮"后的震惊，反映了背后隐藏的西方文明中心观与优越感。①

王琦考察了新加坡媒体的战争观察，认为以《星报》《叻报》等为代表的南洋华媒在第一时间记录下了日军的暴行，并运用国际法与国际惯例，揭露出日本军国主义者在"文明"伪装下的兽性，反映出我国民间力量能够积极利用海外舆论场发声，同时也折射出清政府的对外战争宣传存在失误之处。②张良则选择了相对冷门的朝鲜王朝末期的新式报纸进行研究，剖析其中的战争报道，指出《汉城旬报》《独立新闻》《皇城新闻》分别反映出的"亲华""反华""联华抗日"等不同时期的对华态度，证明新闻媒体报道不仅是反映国情的晴雨表，也是能够影响两国关系的催化剂。③

八、甲午战争中的人物研究

（一）中国人物

大员研究方面，陶祺谌着重研究了张之洞与日本之间的关系，指出在甲午战争期间，日本曾对张之洞开展情报工作，主要包括其任职调动、对战事的北援、在辖区的备战等内容，并形成特定印象：张之洞援助战争前线不理想甚至有所保留、辖区备战不充分、未能与其他疆臣齐心抗敌等。这些情报帮助日军加速战争进程，并借此摸清清朝后方战备。④战争之后，

---

① 刘啸虎：《"困惑"下的"忠实"记录——英国战地记者维利尔斯眼中的旅顺大屠杀》，《大连大学学报》2020年第4期。
② 王琦：《甲午战争中新加坡华媒对旅顺大屠杀的报道与评论》，《大连城市历史文化研究》，2021年。
③ 张良：《对朝鲜王朝末期新式报纸中有关晚清报道的研究（1883—1910）》，江苏师范大学硕士学位论文，2021年。
④ 陶祺谌：《甲午战争期间日本对张之洞的情报活动概述》，《理论月刊》2017年第3期。

张之洞曾聘用日本军人担任顾问，这既有张之洞的主动要求，也是日方为扩大在华势力而积极促动的结果。受聘来华的日本军人群体是张之洞为推进近代化建设而引进的外国人才，但本质上是日本对华扩张的得力工具。①陈明亮指出，张之洞在战争期间署任两江总督后，重视粤将粤勇抵御外侮的战力，充分利用江督职权、清廷授权和人脉交谊，急调粤籍将领招募粤军到江南驻防，增强了长江布防的力量。②马忠文考察了甲午至庚子年间荣禄与李鸿章的微妙关系，指出甲午战争改变了甲申易枢后清廷的权力格局，比较显著地表现在满洲贵族荣禄权势的激升，以及以李鸿章为代表的淮系势力的衰败。荣禄通过督办军务处编练新军，逐步取代了淮军集团对北洋的长期控制，出现满洲贵族集权的一丝曙光。③陈代湘等则探讨了刘坤一在甲午战争中的表现，指出刘坤一论对日"持久战"军事思想在当时不失为一种积极而有见地的反侵略战略思想，在遏制日本继续深入进攻的嚣张气焰、稳定国内政权等方面具有积极意义。④

中层人物在近十年的研究中也日益得到关注。戴海斌考察了沈葆桢之子、张之洞重要幕僚沈瑜庆的事迹，指出其在甲午、庚子之际，曾先后两度向张之洞、刘坤一献策，从而收容安置南下之北洋水师舰队，对留存清朝海军实力功不可没。⑤徐乃为、王敦琴对实业状元张謇作了研究，前者梳理了张謇在战时受命总办通海团练、协同江海之防的史事⑥，后者

---

① 陶祺谌：《甲午战争后张之洞聘用日本军人考》，《历史档案》2015年第3期。
② 陈明亮：《甲午战时张之洞与粤军调防江南研究》，《中国国家博物馆馆刊》2023年第11期。
③ 马忠文：《甲午至庚子时期的荣禄与李鸿章》，《聊城大学学报（社会科学版）》2018年第6期。
④ 陈代湘、杨扬：《刘坤一在中日甲午战争中的"持久战"战略思想》，《南开学报（哲学社会科学版）》2021年第6期。
⑤ 戴海斌：《"两收海军余烬"：甲午、庚子时期沈瑜庆事迹钩沉》，《福建师范大学学报（哲学社会科学版）》2018年第4期。
⑥ 徐乃为：《张謇总办通海团练参与甲午战争》，《历史教学问题》2015年第3期。

则讨论了张謇"警惕其野心，学习其所长"的对日认识。①尚小明为洪述祖辩诬了所谓甲午时期的"丑史"，指出洪述祖在甲午期间被盛宣怀两次派赴朝鲜，先后效力于败军之将卫汝贵、叶志超，因此在战后长期受谤于世人。迨至民初"宋案"发生，洪述祖又为主要嫌疑人，于是各报纷纷诋毁，实则关于洪述祖甲午"丑史"的记述，都是不实的。②杨雄威考察了陶模之子陶葆廉及其《求己录》，指出由于陶葆廉及其所代表的部分晚清士大夫群体的和战观念所属的传统治国理路，与革命叙事、现代化叙事和民族主义叙事皆非同道，从而在历史大潮中沦为失语者，这部创作于甲午时期的反战作品《求己录》也由此失去声光乃至湮没无闻。③陈慈玉关注到台湾的李春生家族，指出李春生原本是厦门的买办，清末赴台开设茶行，随着茶叶贸易的兴盛而致富。日军来台后，李氏家族开始在政界、金融界崭露头角，成立了近代银行与保险公司，可谓近代中国自买办成为新兴资本家的典型。④崔军锋则厘清了近代红十字会史上的一个广为流传的误区，指出甲午战争中中方红十字救援团队中为前方伤兵募集善款的妇人"金氏"，并非中国女性留美习医之第一人的金韵梅。⑤

此外，于海、关捷、戚俊杰等学者对甲午战争中的徐邦道、左宝贵、聂士成、李秉衡、宋庆等中方将领的活动作了回顾性讨论⑥，李文君、徐

① 王敦琴：《甲午战争前后张謇对日本的认识及其主体态度》，《南通大学学报（社会科学版）》2015年第4期。
② 尚小明：《洪述祖甲午"丑史"辩诬》，《史林》2015年第5期。
③ 杨雄威：《〈求己录〉与甲午战后的和战反思》，《安徽史学》2022年第6期。
④ 陈慈玉：《甲午战争与台北李春生家族》，《社会科学研究》2015年第5期。
⑤ 崔军锋：《金韵梅与甲午中日战争红十字会救援辨——兼谈近代中国人名的英文回译问题》，《社会科学》2014年第10期。
⑥ 于海：《徐邦道生卒年及甲午战争诸事考》，《大连近代史研究》，2015年；马天、刘曦、穆赤·云登嘉措、姜德鑫：《左宝贵力守平壤对甲午中日战局内外的影响》，《回族研究》2017年第2期；关捷、韦苇：《试论甲午战争中的聂士成》，《明清论丛》第17辑；戚俊杰：《略述白发提督宋庆的爱国人生》，《大连近代史研究》，2017年；李英全、李辉：《论李秉衡在甲午山东战役中的努力及其战略失误》，《近代史学刊》2018年第2期。

森等学者对甲午前后吴大澂、孙毓汶等官员的部分信札作了精密考释[1]，均大大丰富了甲午人物研究的广度与深度。

（二）日本人物

对于日本人物的研究，更多偏重以内藤湖南为代表的学者或思想家。杨永亮剖析了内藤湖南对于日本"文化使命"的论述，指出其以文化的视野来看待甲午战争，认为战争的最终目的是日本将要承载起抵抗欧美文明的历史重任，这正是内藤湖南"文化中心移动说"的现实诠释。[2]袁文菲考察了内藤湖南的中国观，指出在甲午战争前和战争初期，内藤湖南是从文化的角度来研究中国的，他从中国文化的视角出发判断中国并不一定守旧，但此时他混用了"中国"和"中国文化""中国文明"的概念。而随着日本在战争中的胜利，内藤湖南提出东亚文化中心应从中国向日本移动的观点。[3]郭铁椿注意到日本著名易学家高岛吞象在战争中的作用，认为战争爆发前，他积极为日本政府预测战争结局；战争爆发后及议和、换约期间，他也积极用易占的方式为日本政府出谋划策，在一定程度上鼓励了日本发动侵略战争的决心和行动。[4]杨洁考察了中江兆民的对外观，指出该观念从最初的"道义外交"到"防卫主义"，再到之后逐渐趋向现实性，甚至发展到将甲午战争定性为"义战"的地步。[5]虽然直至临终他依然坚守"民权乃致理，自由平等乃大义也"，但也正因为他在坚持自己理

---

[1] 李文君：《甲午前后的长沙——以吴大澂致汪鸣銮信札为依据的考察》，《长沙大学学报》2021年第3期；李文君：《孙毓汶致翁同龢信札考释》，《济宁学院学报》2021年第3期；徐森：《南京博物院藏吴大澂致翁同龢信札三通初探》，《中国典籍与文化》2023年第1期。

[2] 杨永亮：《论甲午战争中内藤湖南的文化使命》，《社会科学战线》2015年第8期。

[3] 袁文菲：《内藤湖南的中国观——以甲午中日战争和1899年中国之行为中心》，华中科技大学硕士学位论文，2016年。

[4] 郭铁椿：《高岛吞象与甲午中日战争》，《大连近代史研究》，2013年。

[5] 杨洁：《中江兆民的对外观及其政治活动——以东亚为中心》，东北师范大学硕士学位论文，2018年。

想的同时无法视日本的国家利益于不顾，使得他的人生充满矛盾而又极具悲剧色彩。内村鉴三对甲午战争的认识同样不是一成不变的，李海杏指出，随着战争的发展，其战争观从最初的"甲午义战论"转化为后来的"甲午欲战论"。①李焕芳通过对日本间谍荒尾精的研究，指出在甲午战争初始阶段，荒尾精的《对清意见》表达了对中国灭亡后日本会成为众列强瓜分对象的担忧，所以他提出战后不宜对中国进行过度处置的建议。由于当时日本社会主战论横行，读者纷纷责难荒尾精。于是荒尾精又出版了《对清辨妄》对其侵略性设想做了进一步的介绍。②

（三）欧美人物

时任海关总税务司的英国人赫德在甲午战争中也曾发挥过重要斡旋作用，张志勇指出，赫德曾积极参与清政府的备战，帮助清政府筹措战争借款、购买军火，支持洋员参战，并为清政府提供了各种情报。在中国连连失利的情况下，他又倡议英国调停。日本拒绝调停后，他也不断为促进议和与换约成功而献策，希望早日结束战争，以保住其既得利益。③冯高峰、师嘉林考察了美国驻华公使田贝在战争期间的活动，认为其推动美国政府由纵容日本侵略转向了积极斡旋并促成了中日议和的开启。广岛议和期间，他曾尝试挽救遭日本破坏的和谈，之后又推动了马关议和。这些举措完全是为了维护和扩大美国的在华侵略权益。④美国传教士林乐知的《中东战纪本末》是其译作中篇幅最大、影响最广的一部，

---

① 李海杏：《内村鉴三的甲午中日战争观及其背后思想根源探究》，华中科技大学硕士学位论文，2016年。
② 李焕芳：《荒尾精的〈对清意见〉和〈对清辨妄〉考论》，吉林大学硕士学位论文，2018年。
③ 张志勇：《赫德与中日甲午战争》，《安徽史学》2016年第2期。
④ 冯高峰、师嘉林：《美国驻华公使田贝与甲午中日议和》，《四川师范大学学报（社会科学版）》2018年第3期。

经过研究，孙玥指出无论是对于了解中日甲午战争，还是研究中国国民性问题，该书都有重要的研究价值。[①]

九、其他成果

（一）资料集与刊物

赵省伟主编的《遗失在西方的中国史·海外史料看甲午》收集了500张罕见海外精美版画，10万字的海外一线记者一手新闻报道，主要取材于法国《全球画报》《画刊》等画报、英国《伦敦新闻画报》《笨拙》，以及日本《日清战争写真图》等，具有较高的史料价值。[②]类似的还有宗泽亚编写的《清日甲午战争写真集》，搜集整理了欧美报社随军记者及日军随军摄影师拍摄的甲午战争照片以及与之相关的绘画、浮世绘等图像资料近400幅。[③]张宪文主编《日本侵华图志：甲午战争至日俄战争（1894—1905）》、万国报馆编著《甲午：120年前的西方媒体观察》也都搜罗了大量海内外图文资料，对于甲午研究的"图像证史"路径开展将有巨大帮助。[④]

一手官方档案或私人资料方面，有中国第一历史档案馆编的《清宫甲午战争档案汇编》和辽宁省档案馆整理的《中日甲午战争档案汇编》，前者是清宫甲午官方档案的集成，包含了奏折、上谕等多种类型文本[⑤]；后者集中记载了甲午战争前后日军在辽宁的种种罪行和社会各个阶层人民的态度，对于研究甲午战争前后日占区民众心态变化的相关课题有相

[①] 孙玥：《林乐知与〈中东战纪本末〉》，上海社科院历史研究所硕士学位论文，2013年。

[②] 赵省伟主编：《遗失在西方的中国史·海外史料看甲午》，重庆出版社，2018年。

[③] 宗泽亚编：《清日甲午战争写真集》，香港：商务印书馆，2014年。

[④] 张宪文主编：《日本侵华图志：甲午战争至日俄战争（1894—1905）》，山东画报出版社，2015年；万国报馆编著：《甲午：120年前的西方媒体观察》，生活·读书·新知三联书店，2014年。

[⑤] 中国第一历史档案馆：《清宫甲午战争档案汇编》，线装书局，2016年。

当重要的史料价值。^①另外，马忠文、谢冬荣编著的《甲午时期翁同龢朋僚书札辑证》对国家图书馆馆藏翁同龢甲午书札原件(《倭韩近事》《倭韩新事》)进行系统整理，不仅将原抄本略去部分补齐，而且矫正了当年抄写时形成的讹误，从而提供一个内容完备的文本。同时结合各种文献，对每封书信的作者、写信时间予以重新考订。^②

姜鸣依据原始史料，细致整编出《中国近代海军史事编年(1860—1911)》，以编年体的形式，全面辑录1860年以后51年间，中国海军从创建到初步发展阶段的史事，涉及海军建设、舰船军械的购买和制造、军队的教育训练、基地建设、经费收支、人事变动、中外海军交往以及军事行动和战争等等，是研究近代海军不可多得的工具书。^③

除了资料，甲午研究领域也有相应的学术刊物。山东威海的中国甲午战争博物院，与威海市文物保护技术协会合办的《中国甲午战争博物馆馆刊》，一直致力于推进甲午战争研究的深化，该刊于2015年正式命名为《甲午战争研究》。另外，甲午战争博物院院长戚俊杰先生还主编了另一种甲午研究的学刊——《甲午纵横》，持续跟进最新学术动态，推介学术新人，值得研究者更多的关注。

(二)考古

文物陈列方面，甲午战争博物院作为甲午文物保管、展览的集大成者，曾对馆内重要文物进行整理选粹，编成《物鉴甲午：中国甲午战争博物院藏甲午文物选粹》一书，收录馆藏文物184件(套)，图片267幅，每件文物包含配图、标题、文字说明，标题下开列年代、质地、规格、

---

① 辽宁省档案馆编：《中日甲午战争档案汇编》，辽宁人民出版社，2014年。
② 马忠文、谢冬荣编著：《甲午时期翁同龢朋僚书札辑证》，北京联合出版公司，2023年。
③ 姜鸣编著：《中国近代海军史事编年(1860—1911)》，生活·读书·新知三联书店，2017年。

数量、来源等信息，对于熟悉甲午文物进而认识甲午史事有巨大作用。[①]

　　考古的重中之重自然是一线的考古发掘与研究，具体到甲午研究领域，则是自2013年便正式启动、由国家文物局水下遗产保护中心牵头的甲午沉舰打捞工作。长期以来，甲午沉舰遗址位置并不明确。考古团队首先通过研究分析日本海战史料、老照片等资料，确定其大体位置；而后运用多种物探勘测技术确认沉舰准确位置、淤埋地层情况；同时人工钻探核实遗址堆积、分布、埋深等信息，并作为调查抽沙区域的选择参考；最后进行布方清理，用GPS精准控制抽沙区——通过上述工作方法，完成了对沉舰的考古调查与确认。至今为止，前后十年的发掘工作，可分为三个阶段。首先是2013年至2018年对黄海海战战场的探索，于大东沟西部海域确认"致远""经远""超勇""扬威"四舰。第二阶段则是2017年至2022年在山东威海湾内的调查，又陆续发现定远、靖远、来远三舰，发掘出水遗物包括船体构件、船员生活物品和武器弹药等。2020年，团队还在定远舰艏部主炮区，发现并成功提取整块重达18.7吨的防护铁甲板。第三阶段是从2021年至今对辽宁大鹿岛的考察，团队根据文献检索和渔民提供的线索，前往大鹿岛寻找黄海海战中沉没的"超勇""扬威"二舰。

　　沉舰遗址具有体量大、吨位重、结构复杂的特点，水下考古工作侧重于与科技手段、多学科间的结合，将科技创新融入沉舰考古调查、抽沙试掘、出水文物现场保护等各个环节。甲午沉舰考古还开启了水下考古调查与研究新领域，以蒸汽动力、钢结构材质的大型战舰为调查研究对象，而非以海外贸易木船、船货为研究对象，其考古勘测、发掘方法、文物保护、研究对象等，均有别于平常的水下考古。[②]

[①]　中国甲午战争博物院编：《物鉴甲午：中国甲午战争博物院藏甲午文物选粹》，故宫出版社，2021年。

[②]　详参李丹萍、蒋肖斌：《发掘甲午海战沉舰　考古让历史浮出水面》，《中国青年报》2023年10月31日；张敏、周春水：《甲午百年硝烟尽　十年求索觅遗踪　甲午沉舰系列水下考古工作回顾与展望》，《大众考古》2023年第2期。

应该说，水下考古工作成果为甲午海战的深入研究提供了新的材料。但是考古发掘的最终目的还是推进学界乃至全社会对于相关史事的认识，因此，考古发现既能促进历史研究，也需要历史研究为其赋予价值，二者相辅相成，缺一不可，于是"中国甲午战争博物院·山东大学国家革命文物协同研究中心"便应运而生。该机构的成立发端于2022年5月，山东大学与中国甲午战争博物院签署全面合作协议，计划在加强校馆协同融合、开展文物研究阐释与保护、优化拓展陈列展览、加强人才培养与社会教育等方面广泛深度合作。2023年7月，该中心接受了国家文物局和教育部的联合验收，2024年3月，正式入选教育部、国家文物局公布的国家革命文物协同研究中心名单。在甲午战争的跨学科、跨国研究方面，协同研究中心将发挥重要引领作用。

总结与展望

甲午战争爆发至今，已历130载。这场战争是中国近代史的重要转折点，其深远影响延续至今，具有历久弥新的研究价值。近十年来，国内对于甲午战争史的研究取得了显著进展，主要体现在以下几个方面。

1. 史料的深化与拓展。首先是对史料的搜集与整理，既涵盖了官方的历史档案、政府官员或将领的私人书信，也有来自民间的报纸舆论等多元资料。其次，随着研究的深入，对于英、日、美、德、法等当时在华主要国家外交资料的利用也日益广泛。最后，对于传统史料的深入辨析亦未被忽视，其目的在于修正那些既往被认为是常识但可能存在的误区。

2. 考古与文献研究共同推进，互为补充。国家文物局携手辽宁、山东等地方考古单位，正积极开展甲午水下遗址的考古发掘工作。同时，史学研究者为考古工作提供了坚实的文献支撑，而考古发现也为史学研究提供了直观的实物印证。新成立的"中国甲午战争博物院·山东大学国家革命文物协同研究中心"将继续沿着这一方向，推动甲午研究不断向前发展。

3. 研究视野不断拓宽，深入探索战争的多重面相。近十年来，社会舆论的作用成为研究焦点，一方面，中日两国媒体对甲午战争的报道备受瞩目，另一方面欧美各国以及朝鲜半岛的媒体记录也有相关学术讨论。此外，学界普遍认为甲午战争涉及更广泛的国际背景，超越了纯粹中日两国冲突的范畴。因此，对于战争期间美国、英国、德国、俄国、法国等列强的因应，有不少深入研究。与此同时，中日两国在"国际法"方面的理解和运用也逐渐受到研究者关注，近代军事理论如海权论等也被纳入研究范畴。

4. 对于甲午战争所带来的深远影响有了更加全面而多维度的认识。除了传统上关注政治、经济、军事等方面的影响外，研究者还探讨钓鱼岛问题的历史演变、东亚地区国际秩序的变动，以及这场战争对中日两国官方和民间思想层面所产生的深远刺激。

5. 人物研究领域的涵盖范围日益广泛。李鸿章、张之洞、刘坤一，以及福泽谕吉等政治或思想界的杰出人物依然受到学术界的重视。与此同时，对张謇、沈瑜庆等中层人物的研究也取得了不俗的成果。此外，对外国人物如田贝、赫德、韩能、内藤湖南等人的研究也呈现出良好的发展态势。这些研究不仅有助于深入了解历史人物及其影响，也为当今社会的发展提供了有益的借鉴和启示。

甲午战争研究在中国近代史诸多领域中占据重要地位，已有了深厚的研究基础。然而，必须指出，近十年来，尽管研究数量有所增加，但研究热度主要集中在2014年前后，即甲午战争120周年之际，而在剩余的大多数时间内，其并非热门议题。已有的研究成果，尽管不乏高水平之作，但具备重大突破性的创新研究较少。同时，专门从事甲午研究的学者相对较少，尚未形成稳定的学术团队，这与其在历史上的重要性并不相称。针对这一现状，未来研究应重点宜在以下几个方面推进：

1. 必须加强军事史和政治史的研究。就过去十年的学术进展来看，作为军事史和政治史研究重点对象的甲午战争，在近年来却略显冷清。实际上，甲午战争既是一个重要的政治事件，也是一场具有深远影响的对外战争，因此，对军事和政治的深入考察应当重新占据研究的核心地位。在军事史方面，过去十年出现了重视陆军而忽视海军的倾向，未来我们应当平衡陆军与海军的研究力度，实现海陆并重的研究目标。

2. 持续深化史料的整理与辑录工作。当前，尚有许多官私档案文书仍存于世，这需要我们的关注与发掘。各地图书馆的古籍藏书尤其值得我们重视。此外，尽管日本、朝鲜以及英、俄、法、德、美等国的档案现在可以通过多种渠道实现部分获取，但由于这对研究者的外语水平和资料搜集能力有较高要求，因此，需要集中力量进行翻译整理工作。未来的目标是逐步实现甲午战争时期各国外交档案的译本结集出版，这对于推动国内相关研究具有重要意义。

3. 进一步拓宽学术视野。甲午战争史的研究并不限于战争本身，也涵盖政治、经济、外交、文化、社会变迁以及国际关系等多个维度。近年来，学术界在这一领域已取得了显著成果，但仍需不断挖掘新的研究领域，或从新的视角重新审视传统议题。例如，各国政府派驻东亚的外交官在战争中的立场如何？是否与其本国政府保持一致？将甲午战争与近代历次中外战争进行纵向比较，能够揭示出哪些特性？此外，对于亚洲其他国家，特别是同样处于东亚朝贡体系的越南、暹罗、缅甸等国，他们对于中日战争及随后朝鲜局势的演变持何种看法，亦值得深入探讨。

4. 加强对战争中朝鲜一方的关注。受限于资料和语言，中国学术界对甲午战争前后的李氏朝鲜的专门研究尚显不足。事实上，朝鲜是中日战争爆发的关键因素，且在战后形成的新的东亚秩序中，朝鲜亦深受其影响。从壬午兵变、甲申政变到东学党起义，朝鲜近代的每一个重要历史节点都在某种程度上影响了中日两国的决策，并对两国关系产生深远影响。因此，有必要加强对李朝历史的研究，同时，对朝鲜高宗、金玉均、大院君、闵妃、朴泳孝、洪英植等李朝近代重要人物也应给予足够关注。

今年是甲午战争爆发130周年，随着国际学术交流和国内史料开放程度不断提高，甲午战争史研究迎来了良好的契机，相信在未来更长的时间，将会在史料整理、学术研究、水下文物发掘等领域呈现更多高水平的成果，共同推动甲午战争史研究的进步。

日本学术界甲午战争研究评述：视角与领域

郭海燕[*]

【内容提要】 2024年是中日甲午战争爆发130周年。百余年以来，日本学界关于甲午战争史的研究取得了丰硕成果，研究领域涉及政治外交史、社会史、军事史、医疗史等多方面，在注重学术史传承和批判的学风中，形成了自己的实证研究方法、多视域下的"开战外交论"和甲午战争史论。就总体而言，在一个多世纪的研究时段中，日本学界有关甲午战争史的研究，形成了"甲午战争必然说"与"甲午战争偶发说"两大学术流派。近十年以来，新老学人虽然在核心观点上并未有重大突破，但在研究视角、研究论点和实证层面均取得了不凡成绩。

【关键词】 甲午战争130周年；视角与领域；学术史；中日交流

一、导言

2024是中日甲午战争爆发130周年。日本学界对于近代史上首次进行的这场对外战争的研究，自甲午战争结束之后便已开始，至今已有近130年的历史。中日两国学界对日本学人的研究状况，都给予了极大关注。在中国学界，代表性的有关日本学人甲午战争研究评述就有五篇：戚

---

* 郭海燕，日本大学理工学部教授。

其章《中日甲午战争史研究的世纪回顾》(2000)①，王铁军《日本的中日甲午战争研究》(2009)②，吉辰《近20年日本的甲午战争研究》(2013)，③张经纬《日本的甲午战争研究与"二元外交论"问题》(2014)④，郭海燕《日本学术界的甲午战争研究》(2017)⑤，2023年吉辰又发表《从几个侧面看日本的甲午·日俄战争军事史研究》⑥。这些评述各有重点和侧重面，但是梳理对象基本截至2013年前后。在日本学界，最早评述的文章是藤村道生、樱井敏照的《甲午·日俄战争的研究史》(1962)⑦。近期的评述文章有大谷正的《甲午战争研究的现状和历史教育》(2015)⑧、《日本甲午

---

① 戚其章：《中日甲午战争史研究的世纪回顾》，《历史研究》2000年第1期。该文对1895年至1995年的世界各国的甲午战争研究进行了梳理和综合评述。

② 王铁军：《日本的中日甲午战争研究》，《日本研究》2009年第1期。该文重点梳理了战前至2001年日本学界"战前、战后甲午战争研究学术史上"的传承与发展。

③ 吉辰：《近20年日本的甲午战争研究》，《大连近代史研究》，2013年。该文对1990年至2012年戚其章和王铁军的梳理内容做了补充和完善。

④ 张经纬：《日本的甲午战争研究与"二元外交论"问题》，《史学理论研究》2014年第4期。该文重点梳理了日本学界有关甲午战争中"二元外交论"的经纬。

⑤ 郭海燕：《日本学术界的甲午战争研究》，《聊城大学学报（社会科学版）》2017年第1期。该文梳理了战前至2014年的研究成果，并对上述各研究综述进行了补充说明，重点对学术史发展脉络、论点及研究领域进行了整理和评述，比较全面地介绍了日本学界120年以来的甲午战争研究成果。

⑥ 吉辰：《从几个侧面看日本的甲午、日俄战争军事史研究》，《日本侵华南京大屠杀研究》2023年第4期。如标题所示，归纳了以军事题材为主的日本学界有关甲午·日俄战争的研究状况，指出了两场战争研究中军事史研究领域的滞后性。

⑦ 藤村道生、桜井敏照《日清·日露戦争の研究史》，《国際政治》1962卷19号，1962年。该文中对战前至20世纪50年代日本学界的甲午战争研究特点进行了归纳，指出"日本学界的甲午战争史研究主要集中在两个方面。其一，作为日俄战争前史的战史层面的研究。其二，以分析明治政府外交政策为中心的外交史层面的研究"。这两方面的研究持续了很长时间，特别是前者，日本学界习惯以"甲午·日俄战争时期"指代这两场战争间的十年，将甲午战争作为日俄战争的前史进行论述，重点则是日俄战争史研究。直到20世纪70年代末，这种局面才得到改善，学者们有意识地将甲午战争作为正面研究对象，相继出现了政治外交史、社会史（包括地域史）、军事史、医疗史等多层面的甲午战争史研究。

⑧ 大谷正：《日清戦争研究の現状と歴史教育》，《じっきょう地歴·公民科资》，实教出版株式会社，2015年。

战争研究的现阶段》(2017)两篇文章①。大谷正的两篇评述文章,对于了解2013年之前日本学界的研究状况具有重要的参考价值。

但是,自2014年甲午战争120周年至今已过十年。对这期间日本学界的研究状况,特别是对成长起来的年轻学者的研究成果,中日学界均未进行梳理和介绍。为此,笔者将从学术史传承与发展的角度,首先对日本学界的甲午战争研究状况进行回顾,然后以研究专著和代表学者为中心,对近十年的研究成果进行梳理和介绍,同时指出中日学界相互借鉴的可能性和交流上的难点所在,以期深化甲午战争史研究。

二、学术史回顾:甲午战争研究的四个阶段

为了更好地理解近十年日本学界甲午战史的研究状况,首先概述迄今为止日本学界的研究情况。总体而言,日本学界的甲午战争史研究,经历了一个以政治外交史为中心,发展扩大到社会史、军事史的过程,大致可分为四个阶段。

第一阶段,19世纪末至20世纪初。这是甲午战争研究的官方修史阶段,主要以战史编纂为主。②这一时期的个人研究所见不多,对后来产生

---

① 大谷正:《日本における日清戦争研究の現段階》,《東アジア近代史研究》21号,ゆまに書房,第71-83页,2017年。大谷正围绕学术观点的形成、发展以及研究领域的变化,重点梳理了战前至2013年为止,外交史和军事史领域的甲午战争研究状况。同时,以"甲午战争与国内政治之关系""甲午战争与民众、地域之关系""朝鲜史研究与甲午战争研究之关系"为标题,对外交史、军事史领域以外的研究成果进行了梳理,并指出存在的相关问题。此外,大谷正还整理了日中韩三国在历史教育中,对甲午战争史的书写情况。

② 参謀本部編:《明治二十七八年日清戦史》,東京印刷株式会社,1904年。海軍軍令部編:《明治二十七八年海戦史》,東京春陽堂,1905年。陸軍省編:《日清戦争統計——明治二十七・八年戦役統計》,海路書院,2005年。陸地測量部撮影:《日清戦争写真帖》,小川真一出版部,1894-1895年。広島県庁編:《広島臨戦地日誌》,志熊直人出版,1899年。

影响的学人主要是坂崎斌。他于1898年出版的《陆奥宗光》一书中，提出了"二元外交论"观点。坂崎斌认为，在甲午战争开战问题上，"伊藤博文、陆奥宗光与军部的意见不完全一致。他们完全控制不了当时军人社会潜在猛烈势力，这是无可争辩的事实。甲午战争不是在伊藤博文和陆奥宗光（即政府，笔者注）有准备的情况下发生的，而是在他们不能中止的骑虎之势下才诉诸干戈的"。坂崎斌的这一观点对后来的影响大而深远，很长时间内成为日本学界研究甲午战争史的主要视角。①

第二阶段，20世纪20年代至20世纪40年代。这一阶段被称为"战前甲午战争研究阶段"，也是日本甲午战争史研究进入真正开始的阶段，出现了三位对后来影响较大的学者，坂崎斌、田保桥洁、信夫清三郎。田保桥洁采用实证主义研究手法，于1930年出版了以外交史研究为中心的《近代日支鲜关系的研究》②。他利用多国史料分析和阐述了甲午战争从爆发到《马关条约》签订的整个过程，开创了日本学界甲午战史实证主义研究之先河。信夫清三郎援用了田保桥洁的研究手法和成果，于1934出版《日清战争》③。信夫清三郎对学术史的贡献是将"二元外交论"进一步体系化。它以分析日本外交政策制定过程中政府要员与军部之间的纠葛为中心，阐明了"二元外交"的具体形态。他认为，"日本在制定对外政策时有一个重要的事实，那就是政府内部存在政府要员和军部统帅之间的对立，结果是政府要员屈服于军部统帅。这是理解甲午战争期间日本外交政策形成过程的重要视点"④。此外，在这个阶段，史料刊行也有了

---

① 引自张经纬：《日本的甲午战争研究与"二元外交论"问题》，《史学理论研究》2014年第4期。
② 田保橋潔：《近代日支鮮関係の研究》，京城帝国大学法文学部研究调查册子第3期，1930年。
③ 信夫清三郎：《日清戰爭》，福田書店，1934年。
④ 关于《日清战争》的出版经过，学术史中的研究地位，以及"二元外交论"的具体内涵，参见张经纬《日本的甲午战争研究与"二元外交论"问题》。

很大进展。岩波书店出版了《伯爵陆奥宗光遗稿》(1929)[1]、外务省出版了《日清韩交涉事件记录》[2]、改造社出版了《陆奥宗光传：伟人传全集》(1934)[3]、日本放送出版协会出版了《日清战争与陆奥宗光外交：陆奥宗光的謇謇录》(1940)[4]等。各种史料集、明治政治家个人文书的出版，为学者的甲午战争研究提供了便利。有关第一阶段和第二阶段的具体研究状况，详见郭海燕《日本学术界的甲午战争研究》等评述文章。

第三阶段，20世纪六七十年代。这一阶段是日本甲午战争传统史观形成时期，也被称为"战后甲午战争研究阶段"，主要代表学者有中塚明、藤村道生、远山茂树。第二次世界大战结束后，随着明治·大正时期的政治·外交资料的不断公开，日本学界的甲午战争研究得到了极大推进，1968年中塚明出版《甲午战争研究》、1973年藤村道生出版《甲午战争——东亚近代的转折点》[5]。两部专著的出版标志着日本甲午战争史研究摆脱作为日俄战争前史研究的状态，也使甲午战争研究成果得到了日本学术界和社会的广泛认知。从史观发展脉络看，中塚明和藤村道生首次提出了甲午战争"必然说"（或称"必至说"）观点；就研究领域而言，政治外交史视域下的"开战过程论"（"外交展开论"）成为主要研究议题。中塚明和藤村道生的共同特点是，采用实证主义的研究手法，利用战后公开的政治外交资料，分析甲午战争爆发的原因、动机。他们认为：明治维新后的日本，在推进西洋式近代化的道路上，重新建构东亚国际关系必不可缺。换言之，明治政府制定了侵略朝鲜和中国的政策，

---

① 陸奥宗光：《伯爵陸奥宗光遺稿》，岩波書店，1929年。
② 外務省調書《日清韓交渉事件記録》，日本外交史料館所蔵。
③ 渡辺幾治郎：《陸奥宗光伝——偉人伝全集》第16巻，改造社，1934年。
④ 深谷博治：《日清戦争と陸奥宗光外交——陸奥宗光の謇謇録》，日本放送出版協会，1940年。
⑤ 中塚明：《日清戦争の研究》，青木書店，1968年。藤村道生：《日清戦争——東アジア近代史の転換点》，岩波新書，1973年。遠山茂樹：《東アジア歴史像の再検討》，御茶の水書房，1966年。

在这条政策的延长线上，必然导致甲午战争的爆发。在甲午战争的整个过程中，政府与军部都具有明确的开战意图和准备，二者合谋发动了这场战争。他们得出的最终结论是，甲午战争的性质是帝国主义战争，即"甲午战争侵略说"的史学观点。同时，他们对"二元外交论"又各持己见。中塚明否定"二元外交"的存在；藤村道生则不否认。此外，藤村道生提出了甲午战争是由"三场战争构成三个局面"的"多层构造战争"的观点。①这一观点被桧山幸夫传承并深化，成为桧山幸夫"全面战争"论的源头。②总体而言，第三阶段出现的"必然说"（"必至说"）史观，成为日本学界认识甲午战争的传统观点。同时，以分析个案为主的实证研究手法，成为这一时期的特色并影响了后代学人，成为20世纪80年代以后甲午战争研究的新出发点。

第四阶段，20世纪80年代至今。主要代表学者有高桥秀直（政治外交史）③、大泽博明（军事史）④、桧山幸夫（政治外交史、社会史）⑤、大谷正（社会史）⑥、原田敬一（军事史、社会史）等⑦。这一时期的学者，一方面认真吸收中塚明、藤村道生的研究视角和实证研究方法，潜心研读史料，进行更深入广泛的实证性个案研究；另一方面，开始梳理学术史，对

---

① 第一层面，帝国主义列强试图瓜分远东，必须排除清政府控制朝鲜的宗主权，与清朝的武力斗争是其主要手段；第二层面，围绕对中国和朝鲜的瓜分竞争是陆奥外交的目的，并付诸了行动；第三个层面，日本出兵对侵占地区的民众进行镇压。引自张经纬《日本的甲午战争研究与"二元外交论"问题》。
② 檜山幸夫：《日清戦争の研究》上中下，ゆまに書房，2022年3月，2022年9月，2023年2月。
③ 高橋秀直：《日清開戦過程の研究》，神戸商科大学経済研究所，1992年；《日清戦争への道》，東京創元社，1997年。
④ 大澤博明：《近代日本の東アジア政策と軍事》，成文堂，2001年。
⑤ 檜山幸夫：《秘蔵写真が明かす真実》，講談社，1997年。《近代日本の形成と日清戦争——戦争の社会史》，雄山閣出版，2001年。
⑥ 大谷正：《日清戦争——近代日本初の対外戦争の実像》，中公新書，2014年；《日清戦争の社会史——「文明戦争」と民衆》，フォーラム・A，1994年。
⑦ 田敬一：《日清戦争——戦争の日本史》19，吉川弘文館，2008年。

20世纪六七十年代形成的甲午战争"必然说"（"有计划性开战说"）传统观点提出质疑，并展开批判，提出了新的甲午战争史观"偶然说"（或称"非计划性开战说"）观点。其核心内容是：在通往甲午战争的道路上，日本政府内部的"大陆扩张政策居于劣势，对中国战争回避的协调政策居于优势。围绕开战外交，政府在政治、经济、军事等各部门均未对中国作战有充分的准备。导致中日开战的原因是政府，特别是政治指导者（如伊藤博文、陆奥宗光）对当时情势和具体状况处置不当所致"[1]。对于"偶然说"观点，中塚明、藤村道生等老一辈学者未给予回应，而是在"必然说"观点下继续深化自身的研究。同时持"偶然说"观点的学者也在继续推进"非计划性开战说"的实证研究。此外，这一时期，中国史、东亚史角度的甲午战争研究也取得丰硕成果，冈本隆司的《在属国与自主之间》在中外学界引起的反响，笔者至今记忆犹新。21世纪以来，社会史、军事史、医疗史、国际关系史领域的研究，也取得了一定成果。

总体而言，日本学界的甲午战争研究从20世纪20年代至今，在经过了在"甲午·日俄"脉络中，将甲午战争研究作为日俄战争前史进行叙述的阶段之后，迎来了20世纪六七十年代以甲午战争为研究对象的中塚明、藤村道生等学者。他们强调甲午战争史研究的重要性，对战争原因、开战外交、战争过程、战争主体的指导者以及战争性质等问题深入分析研究，从而彻底摆脱了作为日俄战争前史的甲午战争研究状况，进入了真正意义上的甲午战争研究阶段。其中，"开战过程论"始终是日本学界研究甲午战争史的主要议题，形成了中塚明、藤村道生主张的"长期有计划的中日开战论"和桧山幸夫、高桥秀直、大泽博明提出的"非计划性中

---

① 高橋秀直：《日清開戦過程の研究》，神戸商科大学経済研究所，1992年；日清戦争への道》，東京創元社，1997年。檜山幸夫：《日清戦争の研究》上中下，ゆまに書房，2022年3月，2022年9月，2023年2月。

日开战"论两大流派。①如今"非计划性中日开战"论观点，已在日本学术史中占据主导地位。同时，在这一观点的背后，留下了既然是"非计划性中日开战"，那么"甲午战争为何还会发生"的疑点。

总之，认真梳理先学的研究成果，在传承和批判的基础上，精耕细作各领域的专题研究，以小见大是日本学界的治学精神，甲午战争研究也是在这种研究环境下，迎来了130周年。

三、近十年来的研究状况：传承与深化

近十年来，日本学界的甲午战争研究，虽然对两大流派的传统观点，未见重大或冲击性突破，但是在老一辈学者和新一代学人的共同努力下，在研究视角、研究论点和实证层面均取得了不凡成绩。首先，从研究领域来看，沿袭了以往甲午战争研究的发展趋势，以政治外交史为中心的传统研究领域，在这一时期仍然占据主导地位。其次，媒体地域·社会史视域下的甲午战争研究在成为研究热点之后，经过十多年来的积累也取得很大进展。最后，比较薄弱的军事史研究、讲和条约时期的日本外交研究、人物研究也逐渐被积累起来，受到更多学者的关注。②"80后"年轻学者迅速成长，他们对甲午战争研究表现出来的锐意令人欣慰，相继出版的研究专著受到高度评价，成为日本学术界甲午战争史研究的中坚力量。

---

① 桧山幸夫、高桥秀直、大泽博明主张日本政府无论是在政治、外交还是军事方面皆准备不足，对中国的开战意识并不明确，开战只是为了应对时局而已。军事史为主的齐藤圣二则认为，虽然日本政府准备不足，但还在"不放弃开战的准备"。对于后学的质疑和观点，中塚明等先学学者明并没有给予反驳。

② 大沢博明：《明治日本と日清開戦——東アジア秩序構想の展開》，吉川弘文館，2021年。

依托学界长年积累起来的丰硕研究成果，近十年来的甲午战争研究凸显出以下三个特点。其一，在继承个案专题实证研究的同时，全面阐述甲午战争的通史研究明显增多。新老学者积极着眼于从东亚或更广阔的世界视角审视甲午战争的意义和对日本社会造成的影响。主要研究专著有原田敬一《甲午战争论——思考近代日本的立足点》(2020)[①]、大谷正《甲午战争——近代日本首次对外战争的实像》(2014)[②]、桧山幸夫《甲午战争研究》(2022—2023)[③]、佐佐木雄一《领袖们的甲午战争》(2022)[④]、原朗《如何认识日清·日俄战争——近代日本与朝鲜半岛·中国》(2014)[⑤]等。其二，研究视角再次回归"甲午·日俄"脉络。但是，学者们不再将甲午战争作为日俄战争的前史进行论述，而是拉长了观察明治国家战争历史的焦距，在揭示明治日本"五十年战争"(至抗日战争)真相脉络中，将甲午战争作为帝国日本扩大版图的起点，阐明甲午战争较之日俄战争更为重要的观点。其三，积极回应"甲午战争为何发生"的质疑，完善"开战过程论"研究。长期以来，"开战过程论"一直是日本甲午战争史研究的主要论点。围绕这一论点，形成了两种截然不同的观点，"长期有计划性开战"观点[⑥]和"非计划性开战"观点[⑦]。主张"非计划性开战"论观点时，就必须回答"甲午战争为何还会发生"(开战原

[①] 原田敬一:《日清戦争論——日本近代を考える足場》，本の泉社，2020年。

[②] 大谷正:《日清戦争——近代日本初の対外戦争の実像》，中公新書，2014年。

[③] 檜山幸夫:《日清戦争の研究》上中下，ゆまに書房，2022年3月，2022年9月，2023年2月。

[④] 佐佐木雄一:《リーダーたちの日清戦争》，吉川弘文館，2022年。

[⑤] 原朗:《日清·日露戦争をどう見るか——近代日本と朝鮮半島·中国》，NHK出版新書，2014年。

[⑥] 代表学者有中塚明:《日清戦争の研究》，青木書店，1968年；信夫清三郎:《増補日清戦争》，南窓社，1974年；藤村道生:《日清戦争——東アジア近代史の転換点》，岩波新書，1973年。

[⑦] 代表学者有桧山幸夫:《日清戦争》，講談社，1997年；高橋秀直:《日清戦争への道》，東京創元社，1997年；大澤博明:《近代日本の東アジア政策と軍事》，成文堂，2001年；大澤博明:《明治日本と日清開戦》吉川弘文館，2021年。

因）这一问题，这是近十年来日本甲午战争史研究的重要内容。新老学者均将研究重点放在分析领袖人物的局势判断、权力地位、职权范围以及个人能力上，以揭示"非计划性开战"与"甲午战争为何还会发生"之间存在的各种错综复杂的历史事实。[①]如今，随着研究的不断细化和深化，"非计划性开战"观点已经成为日本学界思考甲午战争的共识观点。此外，与这一议题有着紧密关系的甲午战前日本对外方策，也再次成为考察分析的对象。

对于中国学界来说，如何应对运用了大量日文史料，取得较高实证研究水准的"非计划性开战"论，无论从史实、史观还是史德方面，都值得探讨。以下将从政治外交史和社会史领域以研究专著和代表学者为中心，具体介绍近十年来的主要研究成果。

（一）传统的政治外交史领域

如前所述，以政治外交史为中心的研究是日本甲午战争研究起步较早、成果积累较多的领域，"开战过程论"是这一领域的主要论点。近十年来，相关的最新研究专著主要有：原朗《如何认识甲午·日俄战争》（2014）[②]、平野龙二《甲午日俄战争的政策与战略——海洋限定战争与陆海军的合作》（2015）[③]、关诚的《甲午·战争前夕的日本情报——明治初期的军事情报活动与外交政策》（2016）[④]、古结谅子《甲午战争中的日本

---

① 佐佐木雄一：《リーダーたちの日清戦争》，吉川弘文館，2022年；《陸奥宗光》，中央公論新社，2018年；《政治指導者の国際秩序観と対外政策》，《国家学会雑誌》127卷11-12号，2014年。大澤博明：《陸軍参謀川上操六——日清戦争の作成指導者》，吉川弘文館，2019年。
② 原朗：《日清·日露戦争をどう見るか——近代日本と朝鮮半島·中国》，NHK出版新書，2014年。
③ 平野龍二：《日清日露戦争における政策と戦略》，千倉書房，2015年。
④ 関誠：《日清開戦前夜における日本のインテリジェント——明治前期の軍事情報活動と外交政策》，ミネルヴァ書房，2016年。

外交——围绕东亚国际关系的转变》（2016）①、佐佐木雄一《帝国日本外交1894—1922：日本为何扩大其版图》（2017）②和《领袖们的甲午战争》（2022）③、原田敬一《甲午战争论——思考近代日本的立足点》（2021）④、大泽博明《明治日本与中日开战——东亚秩序构想的展开》（2021）⑤、桧山幸夫《甲午战争研究》上中下三册（2022—2023）⑥等。

桧山幸夫是日本甲午战争研究的著名学者，也是对传统观点"必然说"（"长期有计划性开战"）持否定态度，提出"偶然说"（"非计划性开战"）观点的代表学者之一。2023年他出版了毕生研究的集大成专著《甲午战争研究》⑦，成为近十年来，日本学界甲午战争史研究的一大亮点。据笔者观察，桧山幸夫的研究显示了三个重要内容。第一，他提出了从"日本史"和"日本近代史"视角思考甲午战争的重要性。在盛行走出一国史范围，强调全球视角的今天，桧山幸夫重返一国史视角，强调在"日本史"和"日本近代史"脉络中思考"甲午战争是一场怎样的战争""甲午战争对日本的意义""甲午战争对'日本史'和'日本近代史'产生了怎样的重要影响"等问题。他认为"将甲午战争作为起点，重新思考'日本史'和'日本近代史'的视角，也可成为思考今天战后日本的分析视角"。第二，以"战略"和"战术"为论点，对"开战外交"展开讨论。桧山幸

① 古結諒子：《日清戦争における日本外交——東アジアをめぐる国際変容》，名古屋大学出版会，2016年。
② 佐佐木雄一：《帝国日本の外交1894-1922：何故版図は拡大したのか》，東京大学出版社，2017年。
③ 佐佐木雄一：《リーダーたちの日清戦争》，吉川弘文館，2022年。
④ 原田敬一：《日清戦争論——日本近代を考える足場》，本の泉社，2020年。
⑤ 大沢博明：《明治日本と日清開戦：東アジア秩序構想の展開》，吉川弘文館，2021年。
⑥ 檜山幸夫：《日清戦争の研究》上中下，ゆまに書房，2022年3月，2022年9月，2023年2月。
⑦ 檜山幸夫：《日清戦争の研究》上中下，ゆまに書房，2022年3月，2022年9月，2023年2月。

夫认为甲午战争是在"无战略的战争指导"下发生的。这一观点摆脱了在"二元外交"脉络中讨论开战问题，以分析处于战争指导者地位伊藤博文的"无战略"为中心，重新审视开战问题。这是在坚持"非计划性开战"观点下，对"甲午战争为何还会发生"的回应。具体而言，桧山幸夫认为：甲午战争是由伊藤博文主导的。伊藤博文是一个现实主义者，作为国家领导者没有对战略的思考，只有对战术的思考。虽然夺取海外领土的愿望产生了对外膨胀主义，但是明治时期国家对此没有战略构想。甲午战争不是战略，而是战术的结果，是日本自出兵朝鲜以来，伊藤博文为了应对状况而采取的战术的结果。[①]桧山幸夫的这一观点是对"非计划性开战"论的补充和深化，赢得日本学界的认可。第三，对甲午战争重新定义，提出"全面战争"和"多层构造的战争"的甲午战争史论。桧山幸夫认为"甲午战争是日本近代史上的一大历史事件，是中日之间围绕朝鲜支配权，第一次根据西洋方式和依靠近代武器以及依据国际法宣战的全面战争。其结果，其一，甲午战争使得以中华帝国为中心的东亚传统国际秩序崩溃，东亚世界被编入新的国际秩序体制中；其二，使得日本作为立宪国家，第一次体验了依据国际法进行的战争，奠定了日本作为近代国家的基础；其三，使得日本占领了台湾，实现完成作为帝国主义国家的大日本帝国的身份"[②]。桧山幸夫所说"多层构造的战争"是指，甲午战争是由"日朝战争""中日战争""日台战争"三个战场构成的。总之，桧山幸夫的新作在视点、分析视角等方面均具有独到之处，以一人之力在外交史、政治史、社会史多领域展示了他的甲午战争论，相信学界对其研究成果的关注将持续下去。遗憾的是，桧山幸夫的甲午战争研究几乎未涉及军事史领域。

大泽博明是活跃在日本甲午战争研究第一线的学者，2001年出版了

---

① 檜山幸夫：《日清戦争の研究》上，第854-855页。
② 檜山幸夫：《日清戦争の研究》上，第7页。

其代表性研究专著《近代日本的东亚政策与军事》之后，近十年来又出版了一般读物《儿玉源太郎》（2014）、《陆军参谋川上操六》（2019）[①]、《明治日本与中日开战》（2021）[②]。其中，《明治日本与中日开战》（2021）是大泽博明的第二本研究专著，距离第一本专著相隔近20年。该书以1993年至2017年发表的11篇论文为基础改写而成，与桧山幸夫《甲午战争研究》（2023）构成近十年来甲午战争史研究的主要成果。据大泽博明介绍，该书目的是"揭示本意是与中国协调合作、建立稳定的地域秩序的日本，为什么在朝鲜问题上与决定中国开战"。为了探究这一原因，大泽博明关注了中日开战中的国际因素，将研究视角置于"形成明治外交前提的国际法和国际势力均衡"上。如前所述，有关日本决定开战的原因，日本学界从不同角度有诸多解释。大泽博明摆脱了先行研究从历史的性格或近代化与大陆政策联系起来的分析思路，将开战原因与日本的东亚秩序构想结合起来进行分析。他认为，通过审视日本以国际法和势力均衡为基础构想的地域秩序可知，在中日韩三国之间不存在三国都期望的一个秩序。中日甲午开战，是日本构筑"稳定东亚秩序安定化"失败的历史。因为这个秩序不被中朝两国所接受。这一视角为探求甲午战争开战原因展示了一个新的切入口，相信通过历史学与政治学的持续对话，甲午战争的历史会更加丰富。

佐佐木雄一是"80后"的年轻学者，毕业于东京大学法学专业，研究领域是日本政治外交史，现在就职于明治学院大学法学部。[③]《帝国日本

---

① 大泽博明：《儿玉源太郎》，山川出版社，2014年；《陆军参谋川上操六》，吉川弘文馆，2019年。

② 大泽博明：《近代日本の東アジア政策と軍事》，成文堂，2001年；《明治日本と日清開戦》，吉川弘文馆，2021年。

③ 佐佐木雄一从日本政治外交史角度研究甲午战争的论文有：《政治指導者の国際秩序観と対外政策》，《国家学会雑誌》127巻11-12号，2014年；《日清戦争》，小林和幸編《明治史講義——テーマ編》，筑摩书房，2018年；《近代日本における天皇のコトバ》御房貴編《天皇の近代》，千倉书房，2018年；《日清戦争研究の論点》，小林和幸編《明治史研究の最前線》，筑摩书房，2020年。

的外交1894—1922：日本为何扩大其版图》①是根据佐佐木雄一2015年在东京大学的博士论文改写而成，是一部从日本政治史角度揭示近代日本外交和对外政策真相的专著。该书以严谨的逻辑、扎实的史料功底、独特的研究视角，受到学界的高度关注。佐佐木雄一指出：以甲午战争为契机，日本开始走向入侵亚洲并不断扩大其版图的道路。为了探究帝国日本扩大版图的轨迹、原因、机制和存在动机，佐佐木雄一将考察时期置于甲午战争至华盛顿会议闭幕的长时段，重点分析了政治指导者、外交当局的国家构想、理论和决定过程。他认为，甲午战争是帝国日本扩大版图的起点，而扩大版图政策决定过程的中心是首相、外交大臣和外务省。专著后面的参考文献列出了未刊资料、已刊资料和报纸、杂志数据库以及相关研究专著和论文，颇有参考价值。但是，让人费解的是，专门阐述日本帝国扩大版图轨迹的佐佐木雄一，却没有涉及日本占领琉球的历史。佐佐木雄一的另一部著书《领袖们的甲午战争》②，如书名所示，是从分析战争指导体制中的领袖人物角度阐述甲午战争论的研究。书中涉及了日本各个部门的领袖人物，如伊藤博文、陆奥宗光、有栖川宫炽仁亲王、明治天皇、政军指导者等。作为年轻一代的学者，佐佐木雄一依循政治外交史脉络，从国内外各种势力博弈的角度，解析了领袖们对战争各个环节的时局认知。在甲午战争研究薄弱的人物研究领域中，该书占有珍贵的一席。

　　古结谅子亦是"80后"年轻学者，毕业于御茶水女子大学，研究领域是日本政治外交史，现在就职于大阪大学。2016年出版的专著《甲午战争中的日本外交——围绕东亚国际关系的转变》③，是由其2013年在御

---

①　佐佐木雄一：《帝国日本の外交1894-1922：何故版図は拡大したのか》，東京大学出版社，2017年。

②　佐佐木雄一：《リーダーたちの日清戦争》，吉川弘文館，2022年。

③　古結諒子：《日清戦争における日本外交——東アジアをめぐる国際変容》，名古屋大学出版会，2016年。

茶水女子大学完成的博士论文改写的。采用大量英文日文史料，以分析甲午开战至战后处理期间的"日本外交"为主旨，揭示在"日本外交"的作用下，围绕东亚国际关系的册封体制和不平等条约体制内部发生巨变的过程，这是该书对甲午战争学术史的最大贡献。如前所述，以往学界外交史领域的甲午战争研究，多偏重探讨"战争的原因和动机"，却忽略了对"甲午战争导致东亚国际关系发生巨大变化"的事实的研究，古结谅子的研究弥补了先行研究中的这一盲点。古结谅子认为，在《马关条约》和三国干涉过程中，日本采取的能动性外交，导致了新的列强间不平等条约关系和经济关系的出现，她提出的"日本外交"能动性观点，对此后的研究产生了一定的影响。学界由此开始更多关注甲午战争与不平等条约体制内列强关系变化的事实。该书出版后备受学界关注，堪称近十年来甲午战争论的佳作。此后，古结谅子继续以分析日本外交为研究对象，将研究时段从甲午战争移至战后履行《马关条约》等问题上，现在主攻"俄国的满洲占领与日本——对中国通商航海条约的运用"等问题。期待古结谅子新成果的发表，更期待"日本外交"这一概念得到进一步探讨和深化。①

关诚的《甲午战争前夕的日本情报——明治初期的军事情报活动与外交政策》（2016）一书，在硕果丰盛的政治外交史研究领域中占有重要的一席之地。其一，揭示了19世纪70年代末至甲午战争爆发期间，陆军、海军、外务省以及政府对中国和俄国军事情报活动的整体情况，以及相关主要成员的对外认识。其二，阐明了这些情报活动与政府外交政策之间的关系。这是一项开创性研究，首次尝试了弥合政治外交史研究与信息史研究之间的差距。

---

① 中日开战与列强关系的论文有铃木悠《甲午战争开战与应英国——1887—1894》（《日清戦争開戦とイギリス1887-1894》，《東アジア近代史》2016年5月例会）。

此外，2014年以后日本外交相关的专题论文以及其他受到学界关注的论文，具有代表性的可列举小风秀雅《围绕册封体制的日本外交》（2017）①、渡边千寻《甲午战后对中国经济政策与居留地经营》（2019）②等。因本文以梳理研究专著为主，相关论文不再做具体介绍。

（二）社会史视域下的甲午战争研究

社会史视域下的甲午战争研究起源于20世纪90年代中期，开山之作是大滨彻也《明治的墓碑——庶民眼中的甲午·日俄战争》（1990）③，主要代表人物有桧山幸夫、大谷正、原田敬一。进入21世纪后成为热点，近十年来取得了相当可观的成果。较之年轻一代学者，多年来老辈学者在这个领域中深耕细作，不断扩大和深化了自身研究。大谷正、原田敬一再创新作，羽贺祥二更是写出了一部劳作《军国的文化——甲午战争·民族主义·地方社会》④。"'军夫'研究""民众与战争""媒体与战争""地方与战争""国民国家的形成""军国文化"等仍然是研究的主题，具体情况如下：

大谷正在1994年和2006年出版两部甲午战争社会史研究专著之后⑤，2014年又出版了专著《甲午战争——近代日本首次对外战争的实相》⑥。在专著《甲午战争——近代日本首次对外战争的实相》第五章中，大谷

① 小風秀雅：《冊封体制をめぐる日清外交》，明治維新史編集《講座明治維新》六，有志者，2017年。
② 渡辺千尋：《日清戦後の対清経済政策と居留地経営》，《交通史研究》94，2019年3月。
③ 大濱徹也：《明治の墓標——庶民の見た日清·日露戦争》，河出文庫，1990年。
④ 羽賀祥二：《軍国の文化：日清戦争·ナショナリズム·地域社会》上下，名古屋大学出版会，2023年。
⑤ 原田敬一、大谷正：《日清戦争の社会史——「文明戦争」と民衆》，フォーラム·A，1994年。
⑥ 大谷正：《兵士と軍夫の日清戦争——戦場からの手紙を読む》，有志社，2006年。《日清戦争——近代日本初の対外戦争の実像》，中公新書，2014年。

正以"战争体验与'国民'的形成"为标题，通过考察"义勇兵与军夫""士兵的动员与欢送""连接阵地与地方的地方报纸""对阵亡士兵的悼念"等活动，向人们诉说了近代战争给地方和国民带来的变化。该书前四章以外交史为主，讨论甲午前夜的东亚世界和甲午战争的进程，第五章主打社会史，第六章涉及战后讲和问题和台湾抗日斗争问题。因此，可以说这既是一部社会史视域下的甲午战争研究，又是一部具有甲午战争通史性的专著。

原田敬一在1994年出版了与大谷正合著的《甲午战争的社会史——"文明战争"与民众》。2020年又出版了个人专著《甲午战争论——思考近代日本的立足点》[①]，该书既是原田多年研究甲午战争的新作，也是近十年来日本学术界社会史视域下甲午战争通史研究的代表著作。该书由三部十章构成。第一部的主题是重新思考日本的战争历史；第二部考察了国民如何接受甲午战争的情况；第三部阐述了甲午战后的日本社会。该书的"甲午战争论"时间跨度大、内容涉及广，"国民的参战热""军队与甲午战争之风景""军夫的甲午战争""明治150年与日本的战争""对于国民来说的甲午战争""国权派的甲午战争""日本社会是如何接受甲午战争的"等都是探讨的对象。具体而言，原田敬一将甲午战争视为日本50年战争的起点，并有意识将视线面向大众读者，目的是引导今天的日本人去思考"国民与战争"这个问题。此外，在该书中，原田敬一就甲午战争是"四种战争的复合战争"的内容做了详细说明：按时间顺序，四种战争具体指的是，"1894年7月23日与景福宫朝鲜军的战斗""丰岛海面与清军的战斗""1894年秋季开始的歼灭东学党的战斗""1895年—1896年征服台湾的战斗"，此观点与桧山幸夫提出的"全面战争"概念有异曲同工之处。对此，学术界认为在具体语言表述上虽然尚有讨论的空间，但

---

① 原田敬一：《日清戦争論——日本近代を考える足場》，本の泉社，2020年。

基本符合甲午战争的实态。针对四种战争，原田敬一认为，日本在前两个战斗中取得了胜利即取得了军事胜利，但是在后两个战斗中却以失败告终即外交的败北和民众的败北。因为在后两个战斗中，日本成为亚洲民族运动的镇压者。原田敬一的这一认识极具启发性和现实意义。

羽贺祥二是名古屋大学名誉教授，一直致力于甲午战争纪念碑和战死者、病死者追悼会的研究，自20世纪90年代开始，发表了《甲午战争纪念碑考》《阵亡者和病死者的葬礼与招魂——以甲午战争为示例》等一系列文论①。2023年出版了研究集大成专著《军国的文化——甲午战争·民族主义·地方社会》②。该书分上下两册，共1000多页，可称为近十年来日本社会史视域下甲午战争研究之巨作。该书以讨论甲午战争纪念碑为支柱，考察日本国内和朝鲜及中国境内的甲午战争纪念碑。引用羽贺祥二的话："该书试图揭示甲午战争中呈现出来的军国文化的特点和构造。该书的目的是，尽可能紧密跟随当地社区和各群体的活动，对1894年至1895年期间以各种形式表现出来的日本国民的'战争热'进行审视，从而揭示日本国民在表现战争心态时所表现出来的心性，并通过这一考察，阐明甲午战争如何塑造了日本'军国'文化。"换言之，为了阐明近代第一次全面对外战争是在怎样的体制和心态下进行的，日本社会又是如何接受战争和疾病造成的巨大牺牲的？羽贺祥二从"战争动员制度的建立""阵地与统治占领区的状况""葬礼与纪念""佛教宗教团体的活动"等各个方面进行探讨，揭示"大规模死亡时代"诞生的战争时期的社会构造。同时通过检证"华丽的节日""忠勇的传统""人民奉献的拥军活动""国家·故乡对死难者的纪念和对死难家属的慰问"等活动，追

---

① 羽賀祥二：《日清戦争記念碑考——愛知県を例として》，《名古屋大学文学部研究論集》史学44，1998年；《戦病死者の葬送と招魂——日清戦争と例として》，《名古屋大学文学部研究論集》史学46，1999年。
② 羽賀祥二：《軍国の文化——日清戦争·ナショナリズム·地域社会》上下，名古屋大学出版会，2023年。

溯了帝国日本的爱国心态和军国文化形成的根源。书中收集的众多照片、绘画、报纸文章、中央和地方政府的信件，以及已经查明的195处甲午战争纪念碑的名称、地点、碑文和碑文作者的清单等，都是研究甲午战争与日本社会这一主题的珍贵史料。有学者这样说道：日本的近代史，从1894年的甲午战争到1904年的日俄战争，再到1914年的第一次世界大战，几乎每隔十年就经历一次战争。1931年的满洲事变和1941年的太平洋战争发生的时间也相隔十年。除第一次世界大战外，具体的敌国都是世界大国的中国、俄国和美国。没有任何其他国家经历过这样的战争历史，探讨日本军国文化形成的根源和轨迹有着十分重要的意义。正如羽贺祥一所言，日本军国文化的构造自甲午战争开始至1945年为止，未曾有过变化。

河田宏的研究领域是日本军事史和民众史，2016年出版了《非正义的甲午战争——从秩父困民党到军夫》①。虽然这是一部面向一般读者的读物，但是在众多专门研究专著中，该书既有可读性也不失为一本了解民众与战争的良好参考书。甲午战争对于日本的普通农民而言，如同天皇对中国宣战诏书中所写的那样，被理解为"是一场为了救助在中国影响下受苦受难的朝鲜人民的正义战争"。该书通过一个普通农民被卷入国家战争的经历和百姓眼中的甲午战争，展现了甲午战争绝非一场正义战争的事实。一个出生和生活在日本秩父地区的普通农民，在秩父事件中受挫入狱，后作为军夫被动员参加战争。这个农民试图在被称为正义战争的甲午战争中寻找出路，然而当他了解到这场战争的真相之际，也是他不得不迎接死亡之时。作为一个被国家战争利用后被遗弃的军夫，他的死展现了国民与国家战争的关系。

除了以上研究专著之外，年轻学者藤冈佑纪2017年发表论文《甲午

---

① 河田宏：《日清戦争は義戦にあらず——秩父困民党から軍夫へ》，彩流社，2016年。

战争中的"军夫"研究——以甲午战后的军夫骚动为中心》①。作者将焦点集中在以往研究中的盲点——军夫回国后的待遇等问题上。为了阐述这一问题，作者拉长了对"军夫"的考察时段至回国后，重点考察了"雇佣人与军夫""军夫素质""军夫回国后因待遇不公引起骚动"等问题，揭示了甲午战争中军夫成分的复杂性和军夫在日本陆军中的存在意义，展示了未来的军夫研究，可以从更大范围的时段和地区进行探讨和深化。

社会史领域下的甲午战争研究热度还在持续，日本学者致力于收集甲午战争时期出征士兵的从军手记、日记、见闻录以及各地的碑文等原始资料，并通过对这些资料的分析解读，探究民众与战争关系的研究方法值得中国学界借鉴。②

（三）其他方面

1. 与朝鲜相关的甲午战争

近十年来，与朝鲜相关的研究有：李穗枝《中日两国的对朝鲜政策——以防谷赔偿交涉为中心的研究》（2017）③、《朝鲜的对日本外交战略》（2016）④、柳英武《甲午战争后的对朝鲜政策——属国体制的维护与条约相克的对应》（2016）⑤等。

2. 东亚近代史研究会关注海外研究动向

在日本甲午战争史研究中，1995年成立的"东亚近代史研究会"的

---

① 藤冈佑纪：《日清戦争の「軍夫」に関する一考察——日清戦争後の軍騒擾から》，《東アジア近代史》21号，2017年。2020年又提交了博士论文《日清・日露戦争期日本陸軍における「軍夫」と「輜重輸卒」の実態》，将考察时段拉长至日俄战争时期。
② 论文方面有渡邊桂子的论文《日清戦争における従軍者の処遇》，2016年3月，在《東アジア近代史学会》研究例会上发表。
③ 李穗枝《日清両国の対朝鮮政策——防穀賠償交渉過程を中心に》，2017年。
④ 李穗枝《朝鮮の対日外交戦略》，法政大学出版局，2016年。
⑤ 柳英武《日清戦争後の対朝鮮政策——属国体制維持と条約の相克の処遇》，2016年。

学术活动值得关注①。该学会聚集了日本学界各领域的研究学者，注重相互借鉴，力图从日本史、东洋史（中国）等多方位视角，展开对甲午战争史的研究。关注学界的最新研究动态、开展学术史的整理工作是该学会的主要学术活动之一。至本文执笔期间，该学会于2023年12月召开了桧山幸夫的新著《甲午战争研究》（3卷）书评会（第222次研究例会）②，可见该学会关注最新研究动态。该学会是了解日本甲午战争研究动态的重要学术窗口，值得一直关注。

　　介绍中国、朝鲜等学界的甲午战争研究状况，亦是日本甲午战争史研究的一个重要内容。2017年东亚近代史研究会出版了甲午战争特集《近年对甲午战争的历史认识》，系统介绍了世界范围内，特别是当事国

---

① 东亚近代史学会（日语为"東アジア近代史学会"）成立于1995年。1995年日本召开了"1994年甲午战争爆发100周年学术大会"和"1995年甲午战争国际学术研讨会"。以此为契机，同年12月东亚近代史学会成立。该学会的成立，为日本甲午战争研究提供了专门的学术平台，更重要的是开拓了研究视野和领域，使日本学界的甲午战争研究走出了一国史的局限，从更为广泛的视角展开研究。1995年的国际研讨大会后，该学会出版了论文集《甲午战争与东亚世界的变动》（東アジア近代史学会：《日清戦争と東アジア世界の変容》上下，ゆまに書房，1997年），将日本的甲午战争研究推向新阶段。该学会以大学教员、研究机构的史学研究者等为中心，定期召开专题研究的"月例研究会"和一年一度的"年度研究大会"（每年6月），截至2023年12月9日，学会共召开专题研究"定例研究会"222次，"年度研究大会"23次，成为日本学术界颇有影响的学会。学会有学术期刊《東アジア近代史》，每年一期，截至2023年12月已出版27期。学会还有会员通讯《東アジア近代史学会会報》，定期介绍年度研究大会的宗旨和专题报告摘要及学界研究动向。同时，学会对颇有影响的新刊研究著作，定期召开书评会。总之，该学会是了解日本学界甲午战争研究状况的主要途径，也是了解日本史、东洋史、日本政治史，外交史等各领域研究动态的重要窗口之一。该学会会员不分国籍，大学教员、研究机构的史学研究者、研究生、博士生均可入会。入会采用推荐介绍的个人会员入会方式。学会依据会员交纳的个人会费（在职者每年5000日元，学生每年3000日元），向会员发行通讯《東アジア近代史学会会報》和期刊《東アジア近代史》。

② 檜山幸夫：《日清戦争の研究》上中下，ゆまに書房，2022年3月，2022年9月，2023年2月。

中国和朝鲜的甲午战争研究动态。①具体内容有：川岛真《120年以来中国甲午战争的历史研究》②、青山治世《评议：中国社会各阶层对甲午战争认识的变化》③、若松大祐《台湾史中的甲午战争和乙未战役》④、木村干《甲午战争的再发现——中国势力抬头带来的韩国言论之变化》⑤。

3. 甲午战争的起始时间、甲午战争对日本社会的影响

日本学界一般将甲午战争分为狭义的甲午战争（1894年7月25日—1895年4月17日）和广义的甲午战争。有学者将1894年7月23日之战称"日朝战争"，7月25日之战则是"日中战争"的开始，《马关条约》为日中战争的结束，将1895年5月开始的台湾殖民地之战称为"日台战争"。如何将这些战场的战斗纳入甲午战争史叙事，是学者们正在思考的课题。对于甲午战争的终点，有些学者认为，《马关条约》的履行是甲午战争终点的基准；也有的学者主张1896年《中日通商行船条约》的签订，才是甲午战争的终点。如何界定甲午战争的起始时间和终结时间，构成日本甲午战争史论的内容之一。

甲午战争对日本社会的影响问题，是日本学者共同关心的问题。桧山幸夫在《东亚近代史中的中日甲午战争》中，从六个方面对这个问题进行了阐述，其观察视点和观点值得参考。他指出，第一，从近代日本国家构造变化来看，日本通过甲午战争获得了台湾领土，其版图得到扩大；

---

① 檜山幸夫：《日清戦争に対する「歴史認識」について》，《東アジア近代史》第21号《特集》，《近年における日清戦争に対する「歴史認識」をめぐって》，2017年。

② 川島真：《中国における甲午戦争百二十年史研究》，《東アジア近代史研究》21号，2017年。

③ 青山治世：《コメント：中国各層における「甲午戦争」認識の位相》，《東アジア近代史研究》21号，2017年。

④ 若松大祐：《現代台湾における甲午戦争と乙未戦役》，《東アジア近代史研究》21号，2017年。

⑤ 木村幹：《日清戦争の再発見——中国台頭が与える韓国の言説変化》，《東アジア近代史研究》21号，2017年。

日本国体从单一民族演变成多民族国家。第二，甲午战争使得日本回归到东亚世界，从邻国的认知中产生了"日本人"概念。第三，甲午战争使得日本人从"人民"变成"国民"。当近代战争开始演变成国家总体实力的战争时，要取得胜利，必须举国尽力才能完成战争。因此，在战争中所有"人民"都被动员起来，开始演变成"国民"。这种动员的结果，形成了真正意义上的日本近代国民国家。第四，"军国之民"的诞生。成为"国民"的民众在军事上被国家统合之后，又被当权者逐渐演变成"军国之民"，为支撑之后的"五十年战争"奠定了基础。第五，实现了天皇制国家的安定：旧大名和藩主在民众被国家统合参加国家战争的过程中发挥了重要影响力。他们利用旧有的主仆关系，将民众吸收到天皇国家中，为天皇制国家的安定起到了很大作用。具体而言，残留效忠旧藩主意识的民众在旧大名和藩主的号召作为下，通过参加迎送出征兵、凯旋大会、哀悼阵亡者等一系列与战争有关的活动，被深度卷入未曾经历过的国家战争的仪式中，藩民变成了天皇之民，紧密团结在天皇制国家里。[1]桧山幸夫的阐述值得深思，也值得我国学界借鉴。

四、课题与展望

（一）加强军事史研究、人物研究

较之研究成果丰硕的政治外交史和社会史领域，甲午战争的军事史研究、人物研究相对薄弱。在军事史研究领域，斋藤圣二的《日清战争的军事战略》[2]、户高一成的《从海战看日清战争》[3]和桑田悦编的《近代

---

[1]　转引王铁军翻译桧山幸夫：《东亚近代史中的中日甲午战争》，《日本研究》2007年第3期。

[2]　斎藤聖二：《日清戦争の軍事戦略》，芙蓉書房出版，2003年。

[3]　戸高一成：《海戦からみた日清戦争》，角川one テーマ21，2011年。

日本战争史》第一编《日清·日俄战争》①构成2013年以前的主要研究成果。据笔者目力所及，2015年平野龙二出版的《甲午·日俄战争的政策与战略——海洋限定战争与陆海军的协同合作》②是近十年来影响较大的军事史专著。该书以政治外交为背景，借鉴"海上有限战争"理论，将焦点集中在海陆军关系上，阐明甲午战争到日俄战争期间日本的军事政策与战略，书后多达100页的《参考资料》值得浏览。人物研究方面，只有大泽博明2019年出版《陆军参谋川上操六》③。人物研究在甲午战争研究中十分重要，它是揭示甲午战争的又一个视角。期待未来无论是甲午战争指导者，还是参战的普通士兵，都能成为学者们笔下的研究对象。

（二）中日交流的难点所在

2016年，日本学界以东亚近代史研究会为中心，展开了有关甲午战争研究的"学术与政治关系"的讨论会。其背景缘于如何理解和对应中国"甲午战争120周年纪念大会"上有关对甲午战争的历史定位等问题。日本学术界认为，中国的甲午战争研究呈现一个显著特点，那就是受官方（政治）言说的影响。具体而言，官方结合当今的国际政治关系，不断将甲午战争研究政治化，在阶级斗争史观和帝国主义侵略史观脉络中叙述甲午战争，确定了日本侵略中国的起点是甲午战争，终点是第二次世界大战。对此，日本学界认为，甲午战争研究应该更多地从学术角度进行。同时，指出中国的甲午战争研究在实证方面存在问题，过度强调山县有

---

① 奥村房夫監修·桑田悦編集：《近代日本戦争史第一編——日清·日露戦争》，同台经济懇話会，1995年。

② 平野龍二：《日清日露戦争における政策と戦略——海洋限定戦争と陸海軍の協同》，千倉書房，2015年。平野龙二曾在日本海上自卫队干部学校执教，现为防卫厅方位研究所战史研究中心研究员，法学博士。

③ 大澤博明：《児玉源太郎》，山川出版社，2014年；《陸軍参謀川上操六》，吉川弘文館，2019年。

朋的《军备扩大意见书》和主权线、利益线就是其中的一例；对日本战争的准备和开战过程的分析也过于简单化和教条化；对陆奥宗光等人的战争指导研究缺乏史料支撑等等。以此为契机，日本学界认识到，中日围绕甲午战争研究从研究视角到研究方法上均存在很大差距，这是中日学术交流的难点所在，也是今后必须面对的课题。此外，教育教学中如何书写甲午战争，也是未来中日两国学界尚需互动的内容。

（三）对中国学界甲午战争研究的期待

加强社会史视域下的甲午战争研究。甲午战争是一场全民性的、立体性的战争。中国学界以往的甲午战争研究多从政治史、外交史、国际关系史角度进行探讨，依托的史料多停留在官方史料层面，期待今后努力挖掘地方层面以及个人层面的史料（日记等）。战争意味着普通百姓成为士兵奔赴战场，因此从一村一户一民的角度研究甲午战争，是深化中国甲午战争研究的一个重要视角。这方面日本学界已经正在进行着，并取得了丰硕成果，值得借鉴。

展开军事史研究成果的对日交流。日本学界有关军事战略、战术、武器等研究相对薄弱，而中国学界这方面研究已经相对成熟，期待积极将研究成果介绍到日本学界。

加强个案的实证研究，与日本学界甲午战争偶发说观点进行学术对话，完善甲午战争史。期待未来由多国共同举办甲午战争国际研讨会，提升甲午战争史论的国际化。

他者的战争：韩国学界的甲午战争研究（1945—2024）*

魏晨光**

【内容提要】 自1945年韩国解放以来，韩国学界在百废待兴的背景下，从史料编纂和学术研究两方面同步推进，对甲午战争展开了初步研究。至甲午战争爆发100周年之际，韩国已出版了大量关于甲午战争的重要官方和私人史料，同时在战争背景和影响方面的研究也积累了一定的成果。然而，早期的研究焦点主要集中在东学农民革命上，并未涉及对甲午战争本身的探讨，研究领域也主要局限于政治外交学，成果形式以单篇论文和论文集为主。进入2000年，韩国史学界以甲午战争的两次周年纪念为契机，进行了深刻的反思，意识到对甲午战争研究的不足。同时，日本学界的重要学说以及东亚学界的交流互动，促使韩国学者开始重新审视甲午战争与朝鲜的关系，将研究视角从他者转向朝鲜本身，并在军事史和社会史等领域取得了新的进展。尽管如此，甲午战争本身的研究仍然是韩国学界在未来较长时期内的重要课题。

【关键词】 甲午战争；韩国学界；韩国史数据库

---

* 本文原载于甲午战争博物院编《甲午》（第1辑），北京出版集团2024年版。本书收录时作者又做了精简和修改。

** 魏晨光，山东大学历史学院博士后。

一、甲午战争研究的视角与概况

甲午战争在韩国学界被称为"清日战争"。[1]韩国学者普遍认为，这场战争是中日两国为争夺对朝鲜的主导权而展开的激烈竞争。它不仅标志着东亚国际秩序在结构上发生了根本性的变化，而且对朝鲜王朝的命运产生了深远的影响。[2]

自1945年韩国解放以来，韩国学界对甲午战争的研究开始逐步展开。以战争爆发的100周年纪念为分界线，其研究历程大致可划分为两个时期。从形式上看，研究成果主要以单篇论文为主，著作多为论文集，专门探讨甲午战争的学术专著极为罕见。根据现有研究的统计数据，1950年至1994年，韩国学界发表的涉及甲午战争的论文有61篇，著作有13部；而在1995年至2014年，论文数量增至221篇，著作数量也达到了38部。[3]然而，值得注意的是，由于某些论文被收录于多个论文集中，导致统计数据中存在一定程度的重复。此外，筛选标准侧重于与甲午战争相关的内容，而非严格限定于对战争本身的探讨，因此上述统计数字可能高于实际发表的论著数量。

韩国学界对甲午战争的研究自我评价为重视程度和研究积累远不及国际学界。[4]韩国学者们甚至指出，韩国学界关注的焦点并非甲午战争本

---

[1] 韩国学界的论著题目及内容皆使用"清日战争"，本文在行文中使用中国学界通用的"甲午战争"，特此说明。为节省篇幅和方便中文读者，本文将韩文论著的作者、标题和出版信息全部译成中文，原文参见本书的韩文文献部分。

[2] 翰林大学亚洲文化研究所编：《清日战争的再照明》，翰林大学亚洲文化研究所，1996年；国史编纂委员会编：《韩国史40：清日战争与甲午改革》，国史编纂委员会，2000年。

[3] 王贤钟、权赫秀：《韩国的甲午战争研究——日本侵略主义、甲午改革及亚洲民众的视角》，《抗日战争研究》2014年第4期。

[4] 徐英姬：《清日战争·俄日战争——从韩国学界的视角看发生在韩半岛的国际战争》，《军史》第100号，2016年9月，第119—145页。

身，而是东学农民战争[1]。诚然，韩国学界在甲午战争研究方面较中日两国起步较晚，所以研究时间也相对较短，但更深层的原因在于韩国学者看待甲午战争的视角。由于朝鲜王朝并未直接参与战争，韩国学者倾向于将甲午战争视作"龙与武士的决斗"，一场"他者的战争"，认为朝鲜仅仅是强国间角逐的牺牲品。[2]这种视角导致了长期以来甲午战争研究在韩国学界并未得到应有的关注和重视。

韩国学者在甲午战争相关史料集和论著的整理上有所建树，但是并非集中探讨韩国的研究，而且主要以罗列成果为主，未能充分揭示韩国学界在甲午战争研究上的演进轨迹。[3]韩国延世大学的王贤钟教授曾对2014年之前的研究进行了梳理，其成果由辽宁大学的权赫秀教授（已故）翻译并介绍至国内学界。[4]然而，近十年来，韩国学界在甲午战争研究领域涌现出一批新的成果，这些成果在研究视角和观点上均有所创新和发展，亟须进行系统的整理与分析。

正值甲午战争130周年之际，本论文旨在从史料编纂与出版、研究的起源与发展、学界的自我反思以及新研究领域的开拓等多个维度，对1945年以来韩国学界在甲午战争研究方面的工作进行全面的梳理与评述。此外，本文还将探讨1994年前后韩国学界研究的差异，并分析东亚学界间的交流互鉴如何对韩国学界的研究产生了积极的影响。

---

① 金暎绿：《清日战争初期朝日盟约的强制缔结与日本的军事侵略》，《韩日关系史研究》第51辑，2015年。
② 姜声鹤：《龙与武士的决斗——中日战争的军事战略评价》，《国际政治论丛》第45辑第4号，2005年。该论文还收录于作者编写的《龙与武士的决斗——中日战争的国际政治与军事战略》，Reebook，2006年；金暎绿：《韩国学界的清日战争研究动向与军事史角度的考察》，《江原史学》第35辑，2020年。
③ 朴英俊：《清日战争》，金容九、河英善编：《韩国外交史研究——基本史料·文献解题》，罗南出版社，1996年，第339—416页；徐英姬：《清日战争·俄日战争——从韩国学界的视角看发生在韩半岛的国际战争》；金暎绿：《韩国学界的清日战争研究动向与军事史角度的考察》等。
④ 王贤钟、权赫秀：《韩国的甲午战争研究——日本侵略主义、甲午改革及亚洲民众的视角》，《抗日战争研究》2014年第4期。

二、史料的编纂与研究的起步（1945—1994）

甲午战争时期对应朝鲜王朝的高宗三十一年至高宗三十二年。由于朝鲜王朝在1895年11月17日"乙未改革"后采用阳历，战争时期的史料多以阴历标注。韩国史学界先驱对朝鲜时期的对外关系史料与书目进行了系统梳理[①]，政治外交学者进一步专门整理了甲午战争时期的史料。[②]对古文书进行分类时，通常分为公文书和私文书两大类。结合既有研究看，中央官署的记录主要包括《承政院日记》《高宗实录》《日省录》《备边司誊录》《统理交涉通商衙门日记》《统署日记》以及《外衙门日记》，还有朝鲜与外国往来的外交文书等。个人记录方面，有外部大臣金允植的《续阴晴史》、学部协办尹致昊的日记、郡守郑乔的《韩国季年史》以及儒生黄玹的《梅泉野录》等。

解放后，韩国建立了包括国史编纂委员会和高丽大学亚细亚问题研究院[③]在内的历史研究机构，负责上述史料的编纂和出版。国史编纂委员会起源于1946年成立的"国史馆"，并于1949年改组。[④]1959年起，国史编纂委员会先后出版了《东学乱记录》（上下卷），《高宗时代史》（共6卷，1967—1972），《承政院日记》（共15册，1968—1969），《备边司誊录》（共28册）及其国译本（共8册，1992）等重要官撰史料集。同时，在国史编纂委员会的努力下，《梅泉野录》（1955）、《续阴晴史》（共

[①] 李用熙：《近世韩国外交文书总目》，国会图书馆，1966年；全海宗：《韩国近世对外关系文献备要》，东亚文化研究所，1996年。

[②] 朴英俊：《清日战争》；文熙洙：《国际关系中清日战争（1894—1895）的相关史料与研究：纪念清日战争110周年》，《韩国政治外交史论丛》第28辑第1号，2006年8月。

[③] 1957年成立时的正式名称为"亚细亚问题研究所"，2019年12月更名为"亚细亚问题研究院"，参见官网 http://asiaticresearch.org/main/main.html，2024年3月5日检索。

[④] 参见国史编纂委员会官网"沿革"项目，https://www.history.go.kr，2024年3月5日检索。

2册，1971）、《韩国季年史》（共2册，1974）以及《尹致昊日记》（共11册，1973—1989）等个人记录也相继问世。此外，国史编纂委员会还将1894—1920年的驻韩日本公使馆记录出版为30余册的《驻韩日本公使馆记录》，其中甲午战争的相关史料主要集中在前5册中。

亚细亚问题研究院的主要贡献在于整理并出版了奎章阁所藏的甲午战争时期的外交文书，这些文书涉及驻韩外国公馆、统理衙门、外部之间的交流，被编纂为《旧韩国外交文书》。亚细亚问题研究院在1967年出版了日案、清案、美案、英案、德案、俄案、法案等，随后在1973年和1974年，又相继出版了《统署日记》和《外衙门日记》。此外，丁海植辑录的《旧韩末条约汇纂》（共3卷）、震檀学会编辑的"韩国史年表"以及金容九整理的《在日本韩末外交史关系文书目录》等，均为甲午战争研究提供了重要参考。[①]自1999年起，国史编纂委员会着手构建"韩国史数据库"网站，该数据库目前已收录了从古代至近现代的各类公私文书、报纸、杂志等史料，极大地丰富了韩国史及东亚史研究的资源，为相关领域的学者提供了研究支持。[②]

韩国学界对甲午战争的研究与史料编纂工作几乎同步进行。早期的研究主要集中在政治和外交领域，旨在分析战争爆发的原因、背景，及其对东亚乃至国际局势所产生的深远影响。自20世纪60年代起，韩国学界开始涌现以甲午战争为主题的学术论文和学位论文。到了20世纪80年代中期，相关研究成果已累积数十篇，形成了两部重要的论文集：一部是由韩国精神文化研究院（现更名为"韩国学中央研究院"）编辑的《清日战争前后的韩国与列强》，另一部则是由韩国史研究会出版的《清日战争与韩日关系》。[③]

---

① 丁海植：《旧韩国条约汇纂》，国会图书馆，1964年；震檀学会编：《韩国史》第6卷，1959年；金容九：《在日本韩末外交关系文书目录》，《韩国国际政治学会论丛》第11辑，1972年。

② 参见官网 https://db.history.go.kr/，2024年3月5日检索。

③ 韩国精神文化研究院：《清日战争前后的韩国与列强》，一潮阁，1984年；韩国史研究会：《清日战争与韩日关系》，一潮阁，1985年。

　　1994年12月，为纪念韩国翰林大学亚细亚文化研究所成立十周年及甲午战争爆发100周年，该研究所召开了主题为"清日战争的历史再评价"的国际学术会议。会议成果被编纂成《清日战争的再照明》一书，收录了6篇论文和评议文。①然而，尽管学术讨论日益深入，该阶段尚未见到专门针对甲午战争的学术专著问世。

　　韩国学者普遍认为，甲午战争的直接契机是东学农民革命，目的在于清日两国争夺对朝鲜的支配权。②因此，研究的重点往往集中在东学农民军的蜂起和发展上，而朝鲜向清政府请求援兵以及随后清日两国的出兵，被视为由此引发的一系列连锁反应。③然而，也有学者提出不同见解，他们认为东学农民战争非甲午战争的直接原因。卢启铉将直接原因归结为日本的侵略政策；而郑振尚则认为，战争的根源在于清朝加强其对朝鲜的宗主权政策与日本资本主义的内在需求之间的冲突，并明确指出日军对东学农民军的攻击是一种反民族的侵略战争。④

　　韩国学界对甲午战争原因的分析主要聚焦于三个层面。首先是日本

---

① 翰林大学亚洲文化研究所编：《清日战争的再照明》，翰林大学亚洲文化研究所，1996年。

② 申国柱：《对清日战争本质的考察：围绕对韩国独占性的支配权》，《无涯梁柱东博士华诞纪念论文集》，1963年；金声均：《19世纪末朝鲜的对清日关系》，《韩国史17：东学农民蜂起与甲午改革》，1973年；董德模：《清日战争与韩国》，学术研究经费报告书，1974年，后收录于作者的《朝鲜朝的国际关系》，朴英社，1990年；崔始帝：《两国围绕清日战争的角逐》，韩国仁荷大学硕士论文，1984年。

③ 李炫熙：《东学革命运动与清日的反应》，《史学研究》第38号，1984年；许黄道：《东学农民运动对清日战争产生的影响》，韩国岭南大学硕士论文，1984年；郑振午：《东学革命与清日战争》，《济州大学论文集》第27辑，1988年；申福龙：《清日战争以前清日两国对朝鲜的利害关系与开战》，《西崖赵恒来教授花甲纪念韩国史学论丛》，亚细亚文化社，1992年；《甲午农民革命与清日战争》，韩国政治外交史学会编：《韩国外交史》第1卷，集文堂，1993年；赵宰坤：《东学农民军对甲午战争的认识及动向》，《1894年农民战争研究》第4卷，历史批评社，1994年。

④ 卢启铉：《东学之难对国际政治的影响》，《国际法学论丛》，1962年9月，同时收录于《韩国外国史研究》，海文社，1967年；郑振尚：《甲午农民战争过程中清日战争的意义》，《韩国社会史研究会论文集15：韩国近现代的民族问题与劳动运动》，1989年。

对朝鲜的侵略性政策及其国内外的政治经济环境，这一点在研究中占据主导地位。①其次是清政府的角色，特别是其在加强与朝鲜的宗属关系和应对日本侵略时对外政策的动态调整。②最后，从国际关系的角度审视19世纪80年代末西方列强在朝鲜半岛的势力角逐及其相互制约，以此探究甲午战争的成因。③

甲午战争不仅引发了中日韩三国国内政治的重大变革，也终结了19世纪末西方列强在朝鲜半岛的势力平衡。这一主题涉及多个国家，引起了韩国历史学界和政治外交学界的广泛关注，成为韩国学界研究的热点。

---

① 柳永益：《清日战争中日本的对韩侵略政策：以井上馨公使的朝鲜保护国化企图为中心》，《清日战争前后的韩国与列强》，1984年；金昌洙：《清日战争前后日本的韩半岛军事侵略政策》，《清日战争与韩日关系》，1985年；金正起：《清日战争前后日本对朝鲜的经济政策》，《清日战争与韩日关系》，1985年；金麟坤、刘明喆：《日本挑发清日战争的国内要因》，《庆北大学校论文集》第17辑，1985年12月；《日本挑发清日战争的国际要因》，《庆北大学校论文集》第40辑，1985年；崔德寿：《清日战争前后日本的韩国观：以福泽谕吉为中心》，《史丛》第30辑，1986年；金寿岩：《对于清日战争原因的研究：以东北亚国际政治秩序与日本国内政治构造的关联性为中心》，首尔大学硕士论文，1987年；朴羊信：《日本帝国主义的膨胀与朝鲜侵略的性质》，《历史批评》第3号，1988年冬；崔硕莞：《日本政府的东亚秩序再编政策与清日战争》，《东洋史学研究》第65辑，1999年。

② 金景昌：《以清韩宗属问题为中心的极东国际关系研究》，《政经论集》第3辑，1964年；申基硕：《清日开战与清韩宗属》，《釜山大学论文集》第8集，1967年；李洪吉：《清日战争中中国的主战论》，《龙凤人文论丛》第5集，1976年；李九容：《唐绍仪在朝鲜的活动及其角色——以清日战争前后期为中心》，《蓝史郑在觉博士古稀纪念东洋学论丛》，1984；任桂淳：《朝俄密约与清的应对》，《清日战争前后的韩国与列强》，1984年；金正起：《清对朝鲜的军事政策与宗主权：1879—1894》，《边太燮博士花甲纪念史学论丛》，三英社，1985年；刘海洋：《关于19世纪后期朝鲜的国际法地位的研究》，高丽大学博士学位论文，2016年。

③ 朴俊圭：《清日开战与列国外交：以Krasny Archiv为中心》，《东亚文化》第2辑，1964年；白奉镇：《从势力均衡看旧韩末的情势：以清日俄为中心》，《空军评论》第42号，1974年；朴俊圭：《清日战争：国际政治的再考察（Ⅱ）》，《国际问题》，1977年7月；宋忠植：《清日战争前夜围绕韩半岛的国际关系：以撤兵为中心》，《韩国学报》第19辑，1980年；崔文衡：《从国际关系来看清日战争的动因与经纬》，《历史学报》1983年10月；《列强的对韩政策与韩末的情况：以1882—1894年美、英、俄的态度为中心》，《清日战争前后的韩国与列强》，1984年；《英俄对决的推移：关于韩国高涨的恐俄意识》，《西洋史论丛》第29、30合并号，1988年。

研究多从西方列强在东亚地区势力洗牌的角度出发，分析甲午战争前后西方各国对朝鲜及东亚的政策，重点探讨英、美、德、法、俄等国①，也有学者将视野拓展到整个东亚地区②。研究普遍认为，李鸿章出于对英俄外交仲裁的期待，坚持主和论，与清廷内部主战论势力形成尖锐对立。英国出于牵制俄国势力的考量，对日本的侵略行为采取了默认态度。而俄国在西伯利亚铁路建成前保持中立，但随着日本获得旅顺大连的租借权，俄国迅速放弃中立，与德法联合干涉，这一转变也为后续的日俄战争埋下了伏笔。

二、东业学界的交融与韩国学界的反思

在甲午战争110周年和120周年之际，韩国学者对学界研究现状进行了回顾与反思。研究主要集中在揭露日本侵略行为和分析国内政治发展中的"东学农民运动"与"甲午改革"，但对战争本身的深入研究相对不足。③韩国的甲午战争研究主要由政治外交学界推动，历史学界的系统研

---

① 崔文衡：《清日战争前后英国的东亚政策与韩国》，《韩英修交100年史》，1984年；吴正禹：《清日战争前后英国的对韩政策》，《全南史学》第19辑，2002年；金源模：《清日战争前后期美国的极政策对日本的韩国侵略产生的影响》，《清日战争与韩日关系》，1985年；金显哲：《清日战争时美国对韩半岛的战略分析——以公使馆的活动为中心》，《军史》第47辑，2002年；金相洙：《清日战争与德国的东亚政策：关于其对韩国情况产生的影响》，《韩德修交100年史》，1984年；禹澈九：《清日战争前后的法国与韩国》，《韩法修交100年史》，韩国史研究协会，1986年；金元洙：《清日战争与三国干涉及俄国的对韩政策》，《韩俄修交100年史》，1984年；崔文衡：《清日战争前后俄国的对韩政策》，《国史馆论丛》第60号，1994年。

② 李昌训：《清日战争前后围绕韩国问题的国际关系（1895—1898）》，韩国政治外交史学会编：《韩国外交史》第1卷，集文堂，1993年；崔德寿：《清日战争与东亚的势力变动》，《历史批评》第26辑，1994年。

③ 东北亚历史财团韩日历史问题研究所编：《清日战争与近代东亚的权力转移》，东北亚历史财团，2020年。

究则是从21世纪才开始。①韩国学者对这一现状的自我评估显示出客观性和准确性。

　　韩国学者在反思甲午战争研究时，指出了两大主要缺陷。首先，研究普遍忽略了核心问题：朝鲜对甲午战争的认知和应对策略。②这实际上是对现有研究中缺乏朝鲜视角的自我批评。其次，学者们强调，应从多个角度审视问题，包括亲日开化政权、高宗与明成皇后、大院君势力、农民军等，尤其是高宗与明成皇后对战争的态度和反应。③这不仅关系到理解战后朝鲜内部政治势力的重新洗牌，而且是解读朝鲜王室推行的"亲俄拒日政策""乙未事变"以及大韩帝国成立等历史事件的关键背景。再次，韩国学界在甲午战争的研究中存在一个显著的不足，即对军事史领域的研究几乎空白，这也成了其研究的一个显著特征。④军事史是战争史研究的核心，对于深入理解战争至关重要。然而，韩国学者对甲午战争的军事层面表现出相对忽视，这与对战争参与界定的理解有关——尽管朝鲜半岛成为战场，但是朝鲜作为一个国家并未在军事上直接介入战争。⑤

　　另外，东亚学界的交流促进了韩国学者基于"朝鲜视角"对甲午战争进行重新评估，特别是三部日本著作的引入，对韩国学界产生了显著影响。其中，中塚明1997年的作品《还历史的本来面目——被战史隐瞒

① 徐英姬：《清日战争·俄日战争——从韩国学界的视角看发生在韩半岛的国际战争》，《军史》第100号，2016年9月。
② 严灿浩：《朝鲜对清日战争的应对》，《韩日关系史研究》第25辑，2006年。
③ 徐英姬：《清日战争·俄日战争——从韩国学界的视角看发生在韩半岛的国际战争》，《军史》第100号，2016年9月。
④ 金暻绿：《对于清日战争时期日本军侵略景福宫的军事史考察》，《军史》第93辑，2014年12月；《清日战争初期朝日盟约的强制缔结与日本的军事侵略》，《韩日关系史研究》第51辑，2015年；《清日战争与日帝的军事强占》，国防部军史编纂研究所，2018年；《韩国学界的清日战争研究倾向与军事史考察》，2020年。
⑤ 翰林大学亚洲文化研究所编：《清日战争的再照明》，翰林大学亚洲文化研究所，1996年。

了的日本军"占领朝鲜王宫"》尤为重要。[1]通过分析福岛县立图书馆"佐藤文库"所藏的《日清战史草案》，中塚明揭示了日军参谋本部《明治二十七八年日清战史》中对1894年7月23日景福宫占领的误导性描述。他证实了日军对景福宫的占领是预谋的，并非日本政府所称的偶发事件，并主张这一事件应被重新定义为甲午战争的起点。[2]2002年，该书的韩文版《1894年，占领景福宫!》在韩国出版，引起了广泛关注。[3]中塚明的研究不仅在东亚学界产生了深远影响，而且受到了我国学者的深入分析和讨论。[4]

第二本是日本中塚明、井上胜生和韩国学者朴孟洙于2013年合著的《东学农民战争与日本：另一场日清战争》[5]。该书把东学农民战争视为"另一场"甲午战争，通过新发现的史料，揭露了日军暴力镇压，甚至屠杀农民军的残酷行径。2014年，该书被迅速翻译成韩文并出版，为韩国学界提供了新的研究视角。[6]

2014年，日本经济史专家原朗在其著作《如何认识日清·日俄战争——近代日本与朝鲜半岛·中国》中，提出了将甲午战争重新定义为"第一次朝鲜战争"的观点。[7]原朗认为，鉴于战争旨在争夺对朝鲜半岛的控制权，且该地区是主要战场，这一命名更能准确反映历史事实。他扩

---

① 中塚明：《歷史の偽造おただす》，高文研，1997年。
② 《甲午战争一百周年国际学术讨论会论文提要》，山东社会科学院甲午战争研究中心，1994年，第55页。
③ 中塚明：《1894年，占领景福宫!》，朴孟洙译，青史，2002年。
④ 戚其章：《日本董狐笔下的甲午战争真相——中塚明教授与日清战争研究》，《河北学刊》2004年第2期；戴东阳：《中塚明教授的中日甲午战争史研究》，《史学理论研究》2014年第4期。
⑤ 中塚明、井上勝生、朴孟洙：《東学農戦争と日本：もう一つの日清戦争》，高文研，2013年。
⑥ 中塚明等：《另一场清日战争：东学农民战争与日本》，韩慧仁译，侍者，2014年。
⑦ 原朗：《日清·日露戦争をどう見るか——近代日本と朝鮮半島·中国》，NHK出版，2014年。

展了中塚明关于日朝冲突作为甲午战争起点的论述，并指出日本宣战布告草案中存在多个版本，特别提到第三、第四版将清朝和朝鲜都列为宣战对象，从而支持将这场冲突称为"清日朝战争"的主张。

韩国学者对原朗的学说给予了高度评价，认为它避免了将甲午战争单纯视为中日两国间的冲突。[①]2015年，韩国陆军士官学校的金莲玉教授将原朗的著作翻译为《如何看待清日·俄日战争——再看东亚五十年战争（1894—1945）》，副标题中的"五十年战争"概念源自藤村道生的理论，进一步强调了对这一历史时期的连续性审视。[②]

四、韩国甲午战争研究领域的拓展（1995—2024）

21世纪以来，韩国学者不仅持续深化对甲午战争开战问题及"东学农民革命"等传统议题的研究，还致力于填补甲午战争军事史研究方面的空白。随着东亚学术交流的日益密切，韩国学界的研究视野也得到了拓展，开辟了新的研究领域。研究成果仍以单篇论文和论文集为主[③]，而该时期三部专著的出版标志着韩国学界在甲午战争研究上取得显著进展。

高英子的《清日战争与大韩帝国》由序章、大韩帝国的危机与日本帝国主义的形成期、清日战争等三部分构成，以超过半数的篇幅详细论述了从"云扬号事件"到江华条约、壬午军乱、甲申政变等一系列事件，

---

① 李炯植：《以文学和经济讲清日·俄日战争》，《历史批评》第114辑，2016年春。
② 原朗：《如何看待清日·俄日战争——再看东亚五十年战争（1894—1945）》，金莲玉译，sallim出版社，2015年；藤村道生：《日清戦争——東アジア近代史の転換点》，岩波新书，1973年。
③ 姜声鹤：《龙与武士的决斗——中日战争的国际政治与军事战略》；王贤钟、大日方纯夫等：《清日战争时期韩中日三国的相互战略》，东北亚历史财团韩日历史问题研究所编：《清日战争与近代东亚的权力转移》；战争纪念馆：《清日·俄日战争的记忆与省察》，战争纪念馆，2014年；东北亚历史财团韩日历史问题研究所编：《清日战争与近代东亚的权力转移》。

直至东学农民运动的爆发和甲午战争的发展，以及日本主导下的甲午更张。^①不过，该书在叙述上仍聚焦于东学农民革命及政治外交层面，对甲午战争本身尚未深入探讨。

金暻绿的著作《清日战争与日帝的军事强占》深入探讨了日本在甲午战争中的目的与准备、东学农民革命对日本出兵的影响以及战争的爆发过程。书中特别分析了朝鲜内部请求援助至日军占领景福宫，并迫使朝鲜政府签订《暂定合同条款》与《朝日两国盟约》的关键历史时刻。^②作为韩国学界首部专注于甲午战争军事史的专著，该书虽具有划时代的意义，但其研究范围仅涵盖至1894年8月，未能完整覆盖整个战争时期。

赵宰坤的新作《朝鲜人的清日战争：战争与人本主义——历史不会记住平凡之人》是一部700余页的学术巨著，分为三部分。^③第一部分深入探讨了日军占领朝鲜王宫及其建立"保护国"的构想；第二部分从战争的野蛮性与人道主义角度分析了丰岛海战和成欢战斗；第三部分则聚焦于平壤战役及平安道地区朝鲜人民所遭受的苦难。

韩国学界的新兴军事史研究主要集中在与朝鲜直接相关的两大主题：景福宫占领事件和第二次东学农民革命。尽管有少数学者对甲午海战进行了初步研究，但是仅从舰队保有量等层面对中日的海军实力进行对比，缺少深入分析。^④此外，韩国学界也开始关注日军在朝鲜半岛的兵站化过程及其对当地资源的掠夺和对朝鲜民众的影响。本文将对这些研究成果进行分类详述。

---

① 高英子：《清日战争与大韩帝国：主导大韩帝国没落的日本的扰乱策略》，毯子出版社，2006年。
② 金暻绿：《清日战争与日帝的军事强占》，国防部军史编纂研究所，2018年。
③ 赵宰坤：《朝鲜人的清日战争：战争与人本主义——历史不会记住平凡之人》，青史，2024年。
④ 金客旭：《清日战争（1894—1895）・俄日战争（1904—1905）与对朝鲜海洋的制海权》，《法学研究》第49辑，2008年第1期；曹世铉：《清法战争与清日战争中的海战——以与海洋相关的国际法事件为中心》，《中国史研究》第84期，2013年。

（一）军事史与战史领域

1. 景福宫占领事件与第二次东学农民革命

韩国学者普遍将日军占领景福宫的事件与随后的丰岛海战、成欢战役以及日本对清宣战后的朝鲜政府应对等联系起来进行综合讨论。研究特别聚焦于1894年8月中旬朝鲜在日本压力下签订的《暂定合同条款》和《朝日两国盟约》。[①]8月20日，日本政府在《暂定合同条款》中巧妙地将景福宫事件描述为汉城的偶然军事冲突，并声明不再追究责任，同时借此机会获得了在朝鲜建设铁路、电信和港口的权利。[②]8月26日的《朝日两国盟约》进一步规定朝鲜政府委托日本全权公使处理清兵撤退事宜，并明确了朝日两国对清朝的攻守同盟关系。[③]这导致朝鲜不仅无法抗议日本的内政干涉，无法要求日军撤出，还被迫参与战争，为日军提供了军需物资和军事支持。

然而，一些韩国学者指出，尽管《朝日两国盟约》被称作"攻守同盟"，朝鲜的责任实际上仅限于向日军提供军粮等物资支持。[④]日军在占领景福宫后迅速解除了朝鲜军的武装，以防止在与清军交战时遭到后方的攻击。此外，该盟约本质上是一种临时性条约，与国际列强间的军事同盟有显著区别，其在中日合约签订后即告废止。

在平壤战役后，日军北上过程中不仅要求朝鲜提供役夫和牛马，还迫使朝鲜的巡捕军随行。[⑤]日军在途经朝鲜各郡时与当地民众因征集人马

---

① 条约全文参见国史编纂委员会编：《高宗时代史》3，国史编纂委员会，1967年，第564—566页；国史编纂委员会编：《驻韩日本公使馆记录》5（别册），国史编纂委员会，1990年，第186—192页。
② 金暻绿：《对于清日战争时期日军占领景福宫的军事史考察》。
③ 金暻绿：《清日战争初期朝日盟约的强制缔结与日本的军事侵略》，《韩日关系史研究》第51辑，2015年。
④ 徐英姬：《清日战争·俄日战争——从韩国学界的视角看发生在韩半岛的国际战争》，《军史》第100号，2016年9月。
⑤ 严灿浩：《朝鲜对清日战争的应对》，《韩日关系史研究》第51辑，2016年9月。

和粮食发生严重冲突，这些行为直接促成了东学农民军第二次起义。朝鲜政府在镇压第二次东学农民战争时，重新设立了两湖都巡抚营，并派出由统卫营李圭泰领导的军队。值得注意的是，尽管是朝鲜军队，但是镇压行动实际上是在日军的指挥下进行的，日军主力部队由南小四郎少佐率领，依据《朝日两国盟约》中关于驱逐清军时朝鲜应提供的便利为名分。①

学术界对日军镇压东学农民军的过程进行了广泛的史料搜集与深入分析，揭示了其间发生的大规模屠杀与残酷行径。②学术界对牺牲者人数的估算在3万至40万，目前尚无定论。③最近，韩国的国际政治学者孙其英引入"种族灭绝"（Genocide）和"大屠杀"（Holocaust）的概念，将其视为近代国家日本对朝鲜农民军的大屠杀。④随着研究工作的深入，更多历史细节开始明朗化，包括农民军与清军残部的联合抵抗，以及日军在

---

① 裴冗燮：《中日战争对东学农民战争的影响——以全琫准的思想和行动为中心》，姜声鹤编：《龙与武士的决斗——中日战争的国际政治与军事战略》，Reebook，2006年。

② 姜孝叔：《第二次東学農民戰爭と日清戦争》，《歴史学研究》762，青木书店，2002年；《第二次农民战争时期日本军的农民军镇压》，《开放的精神人文学研究》6，2005年；《清日战争时期日本军对东学农民军的镇压》，《韩国民族运动史研究》52，2007年；《黄海道、平安道的第二次东学农民战争》，《韩国近现代史研究》47，2008年；《清日战争时期日本军对朝鲜民众的镇压——以日本军的"非合法性"为中心》，王贤钟、大日方纯夫等：《清日战争期间韩中日三国的相互战略》；朴孟洙：《被日本人"歪曲"的19世纪末东亚的战争记忆——以东学农民战争与甲午战争为中心》，《历史与现实》51，2004年；朴灿胜：《东学农民战争期间日本军·朝鲜军对东学徒的屠杀》，《历史与现实》54，2004年；崔德寿：《大韩帝国与国际环境：相互认识的冲突与结合》，先人出版社，2005年。

③ 中塚明等：《另一场清日战争：东学农民战争与日本》，韩慧仁译，侍者，2014年；赵景达：《异端的民众叛乱：东学与甲午农民战争以及朝鲜民众的民族主义》，朴孟洙译，历史批评社，2008年；吴智英：《东学史草稿本》，《东学农民战争资料丛书》，史蕴研究所，1996年。

④ 孙其英：《失败国家，失败政权，近代国家的大屠杀三重奏：关于清日战争与日本对东学农民军大量屠杀的概念分析》，《日本空间》，2018年。同时收录于东北亚历史财团韩日历史问题研究所编：《清日战争与近代东亚的权力转移》。

朝鲜政府正式请求援助之前就已开始的武力镇压，这一请求本身也可能是在日本公使大鸟圭介的压力下发出的。

2. 围绕兵站的研究

韩国学术界的研究主要集中在日军在甲午战争期间对朝鲜半岛资源的掠夺，尤其是通信网络的控制。研究者们特别关注日军在未获朝鲜政府许可的情况下占领并架设军用电信线的行为。李升熙深入分析了日军擅自架设电信线的过程，并指出这一行为不仅激起了农民军和民众的反抗，也成为日军组建临时宪兵队的借口。①金庆南和朴振鸿从微观角度分别研究了日军对全州和全罗道地区电线的占用情况。②金妍熙则从现代化进程的角度，回顾了高宗时期朝鲜半岛电信网的发展，并批判了日军在战争前后非法占领电线网的行为。③

甲午战争期间，朝鲜半岛的电信问题成为东亚学界的共同焦点。日本学者率先对此进行研究，集中于战争爆发与朝鲜电信问题的关联，以及日军在半岛强行架设京釜和京仁军用电线的行为。④我国学界与韩国学界几乎同步，关注点在于中日两国对朝鲜通信权的争夺，以及日军构建

① 李升熙：《清日·俄日战争期日本军的军用电信线架设问题——以派遣韩国的"临时宪兵队"为中心》，《日本历史研究》第21辑，2004年。
② 金庆南：《1894—1930年"传统都市"全州的殖民地性都市开发与社会经济结构变容》，《韩日关系史研究》51，2015；朴振鸿：《清日战争时期日本陆军在朝鲜内的军用电信线架设》，《韩国近现代史研究》84，2018；《1894年全罗道军用电信线架设计划与日本海军的东学农民军镇压》，《韩国史学报》第76号，2019年8月。
③ 金妍熙：《高宗时期近代通信网的构筑事业》，首尔大学博士学位论文，2006年。其后，该论文出版为《电线连接的大韩帝国——成功与挫折的历史》，慧眼，2018年。
④ 山村義照：《朝鮮電信線架設問題と日朝清関係》，《日本歴史》587，1997年；齋藤聖二：《日清戰争の軍事戰略》，芙蓉書房出版，2003年；鎌田幸藏：《（雑録）明治の情報通信：明治を支えた電信ネットワーク》，近代文藝社，2008年；有山輝雄：《情報覇権と帝国日本Ⅲ：東アジア電信網と朝鮮通信支配》，吉川弘文館，2016年。

军事电信线的非法性。①

　　研究的另一重点是日军为保障兵站在朝鲜半岛的正常运作，对当地民众的压迫和剥削。韩国学者特别关注黄海道和平安道地区，揭露了日军在平壤战役期间征集人力和物资时，不仅迫使朝鲜政府协助，还对民众施加暴行。②这些研究与社会史视角下的研究相得益彰。然而，现有研究多以日军兵站体系为基础，而对该体系本身的探讨却相对欠缺。近来，有学者开始深入分析近代日本从西方引进的兵站体系，及其于甲午战争期间在朝鲜半岛的实际运作，为战史和军事史研究提供了新的视角和重要参考。③

（二）运用"战争见闻录"的社会史研究

　　车琼爱提出的"战争见闻录"概念，广泛涵盖了战时从军记者、军人、官吏、人夫等人的日记、书信，以及第三国人士或战争地区民众的见证记录。④韩国学者通过这些战争见闻录，揭露了日军在成欢战役和平壤战役中的暴行，包括对朝鲜人民及劳动力的强制征用、粮食与

① 郭海燕：《中日朝鲜通讯权之争与清朝外交政策的转变》，《文史哲》2007年第1期；《从朝鲜电信线问题看甲午战争前的中日关系》，《近代史研究》2008年第1期；《甲午战争前后日本构筑朝鲜电信网的军事行动与对外交涉》，《抗日战争研究》2014年第4期。史斌：《从甲午前后中日电信争端看两国政治关系变迁》，《兰州学刊》2010年第7期。李强：《盛宣怀与甲午战争中的电报通讯保障》，《兰台世界》2011年11月下旬。王东：《甲午战前中朝关系与朝鲜电报线的建设》，《史学月刊》2016年第6期。
② 姜孝叔：《清日战争期日本军的朝鲜兵站部：以黄海道·平安道地区为中心》，《韩国近现代史研究》51，2009年；赵宰坤：《朝鲜人的清日战争：战争与人本主义——历史不会记住平凡之人》，青史，2024年。
③ 魏晨光：《近代日本兵站体系的成立与运营——以甲午战争时期朝鲜半岛为中心》，高丽大学博士学位论文，2023年。
④ 车琼爱：《通过清日战争当时的战争见闻录来看战争地区民众的生活》，《明清史研究》28，2007年；《清日战争当时朝鲜战争区域的实际状况》，《韩国文化研究》14，梨花女子大学韩国文化研究院，2008年。

韩钱的掠夺，以及放火、强奸、屠杀等。这些研究不仅揭示了日军的战争罪行，也展示了甲午战争给朝鲜社会带来的通货膨胀、饥荒和传染病等灾难。

20世纪90年代，日本学界在大谷正、桧山幸夫、原田敬一等学者的引领下，以"国民与战争"的视角，兴起了利用见闻录进行社会史研究的热潮。[1]韩国学者则认为，从韩国的立场出发，还原朝鲜民众在甲午战争中的苦难经历，是他们不可推卸的责任。[2]同时，为了全面客观地理解战争的复杂性，对甲午战争的暴力和非理性进行批判性分析，也是韩国学界研究的重要方向。[3]

甲午战争时期的战争见闻录数量庞大，并且新史料持续被发现。车琼爱首次整理了来自中国、日本、韩国以及西方的52种战争见闻录，其中包括朝鲜民众金廷老的回忆录。[4]此后，朝鲜民众池圭植的《荷斋日记》被出版并介绍到韩国学界。[5]同时，日本从军记者西村时辅的《甲午朝鲜阵》、日军兵站指挥官竹内正策的《韩地从征日记》，以及俄国和英国等

---

[1] 参见郭海燕：《日本学术界的甲午战争研究》，《聊城大学学报（社会科学版）》，2017年第1期。

[2] 车琼爱：《通过清日战争当时的战争见闻录来看战争地区民众的生活》，《明清史研究》28，2007年。

[3] 赵宰坤：《一位日本从军记者所见的1894年清日战争与朝鲜》，《军史》66，2008年；《清日战争的新理解：以发生在韩国的情况为中心》，《韩国近现代史研究》74，2015年。

[4] 车琼爱的统计中，日本占37种，我国占13种且均出自戚其章主编：《中国近代史资料丛刊续编：中日战争》（共11册），中华书局，1986；西方的记录为 Under the Dragon Flag，参见詹姆斯·艾伦（James Allan）：《在龙旗下：中日战争目击记》，费青、费孝通译，上海人民出版社，2014年；金廷老：《我所经历的动乱故事：9岁时的清日战争》，《彗星》第1卷，1931年11月。

[5] 首尔特别市市史编纂委员会编译：《国译荷斋日记》（1—8卷），首尔特别市市史编纂委员会，2005—2009年；朴银淑：《京畿道分院村民经历的甲午年（1894）"动荡"——以甲午改革和东学农民战争为中心》，《韩国近现代史研究》第74辑，2015年秋季号；《京畿道分院村指导者池圭植对外势的认识及变化（1894—1910）》，《韩国人物史研究》26，2016年9月。

第三方人士的记录也逐渐受到关注。① 中国人士的体验和记录，如许寅辉的《客韩笔记》、聂士成的《东征日记》与《东辎纪程》、唐绍仪呈递李鸿章的报告等，已由中国学者介绍至韩国学界。② 此外，首尔大学所藏的"在韩华商同顺泰号文书"受到东亚学界的共同关注，为甲午战争的历史研究提供了新的视角和资料来源。③

结　论

本文按照时经事纬的顺序，系统回顾了1945年以来韩国学界在甲午战争研究方面的进展和成果。总体而言，韩国学界的研究重点并非甲午战争本身，而是与之相关的"东学农民战争"。尽管近年来部分学者开始从朝鲜视角对甲午战争进行反思性研究，但关于战争本身的深入探讨仍有待加强。

韩国学界的研究可划分为两个阶段：1945年至1994年间为起步与奠

---

① 赵宰坤：《一位日本从军记者所见的1894年清日战争与朝鲜》《清日战争的新理解：以发生在韩国的情况为中心》。魏晨光：《近代日本兵站体系的成立与运营》；《日军兵站指挥官记录的甲午战争与朝鲜：竹内正策的〈韩地从征日记〉》，《东北亚历史论丛》第83号，2024年3月。Isabella Bird：《韩国与邻国》(*Korea and Her Neighbor*)，李仁华译，sallim出版社，1994年。Zenone Volpicelli：《旧韩末俄罗斯外交官眼中的清日战争》，刘永分译，sallim出版社，2009年。

② 愈春根：《通过客韩笔记看清日战争与许寅辉》，《中央史论》第26辑，2007年；权赫秀：《清日战争前后中国人关于朝鲜的体验与记录：以聂士成、许寅辉、唐绍仪为中心》，《韩国学研究》第29辑，2013年。

③ 石川亮太：《ソウル大学所藏同泰来信の性格と成立过程—近代朝鲜华侨研究の端绪として—》，《九州大学東洋史論集》32，2004年；《朝鲜開港後における華商の對上海貿易——同顺泰资料を通じて》，《東洋史研究》63-4，2005年；《朝鲜開港后中国商人的贸易活动与网络》，《历史问题研究》20，2008年。姜振亚：《同顺泰号——东亚的华侨资本与朝鲜》，庆北大学出版部，2011年；《在韩华商同顺泰号眼中的清日战争》，《历史学报》第224辑，2024年12月。冯国林：《甲午战争前朝鲜华商同顺泰号的人参走私贸易》，《中国经济史研究》2021年第5期。

基期，以政治外交学者为主导，重点关注战争的原因、背景及影响；1994年之后则进入反思与发展期，学者们在自我反思和东亚学术交流的推动下，开始关注军事史和朝鲜的应对策略，同时受到日本学界新学说的启发，重新审视甲午战争与朝鲜的关系。

展望未来，甲午战争研究在韩国学界仍将是长期课题。当前，军事史研究是研究的薄弱环节，需从以下两个方向加强：一是深化对甲午战争中陆战和海战的研究，以韩国视角呈现战争全貌；二是利用朝鲜半岛作为战场和后方的双重特性，深入挖掘史料，推动军事史研究。在甲午战争130周年之际，期望通过国际学术交流与合作，为甲午战争研究带来新的视角和进展。

苏联关于1894年至1895年中日甲午战争的研究史概述

谭学超*

【内容提要】 甲午战争作为中国、日本、朝鲜半岛(当今的朝鲜和韩国)、俄罗斯远东地区重要的政治军事历史大事,对于19世纪末至20世纪初东亚国际关系和地缘政治的变动也产生了深远的影响。早在甲午战争前后,俄罗斯帝国就有学者撰写了一些关于甲午战争始末及其周边影响的早期的原典著作。到了苏联时期,苏联学者对甲午战争的独立研究和相关研究著作,由于对史料文献有更为广泛的运用和较为深入的研究,其优势不仅在甲午战争的军事战争和情报等方面有更加翔实的叙事内容和更为具体的历史分析,而且在于关注到甲午战争背景下和俄罗斯帝国及其后的苏联紧密相关的国际关系和外交斗争事务,以及甲午战争背景下朝鲜半岛的抗日起义和民族独立运动。因此,在国外研究甲午战争主题的研究史上,俄罗斯帝国和苏联的史学方法和话语值得重视和关注。

【关键词】 甲午战争;俄罗斯帝国;苏联;日本;日俄战争

1894—1895年发生的中国(清政府)与日本帝国之间的大型区域战争(甲午战争)对俄罗斯帝国(简称"俄国")的军事战略和地缘政治环境造成了不容忽视的影响,埋下了潜在的威胁,也直接和间接地触发了十年

---

* 谭学超,山东大学历史学院讲师。

后，也就是1904—1905年的俄罗斯帝国与日本帝国之间的大型区域战争（日俄战争）。当时，俄罗斯帝国密切关注战局的发展和走向，沙俄外交部的辖下的机关收集了关于远东形势、兵力部署和政治军事等情报。而在外交和国际政治方面，因忌惮日本过于激进的领土扩张及其造成的巨大威胁，俄罗斯帝国在甲午战争结束后以及在《马关条约》缔结的背景中积极参与和法国以及德国一起的"三国干涉还辽"谈判斡旋，阻止日本对辽东半岛的吞并。

在学术上，总体来看，虽然甲午战争是极为重要和影响深远的一次战争，但是对俄方而言，由于其重要性不及1904—1905年日俄战争具有重大的历史命运决定意义，虽然自俄罗斯帝国时期、苏联时期，乃至当代都有一些专书和文章探讨这次战争，但相对于研究1904—1905年日俄战争及其后续的影响事件，苏联学者研究甲午战争的内容广度和热衷度则较为有限，出版的成果也不算太多。

以下就军事研究和延伸研究方面概括性梳理一下苏联学者有关甲午战争的研究史。

一、苏联关于甲午战争的军事史主干研究

俄罗斯帝国和苏联时期，关于甲午战争的专题研究始于沙俄时期，亦即在1917年二月革命和十月革命之前，已有俄国学者撰写过相关的专题著作。这些著作兼具文献和研究的两重角色，其中包括1896年由俄国军方的军官勒热胡斯基（И. В. Ржевуский）撰写出版的《日本—中国战争（1894—1895）》[①]，以及同年由西曼斯基（П. Н. Симанский）从德国的小

---

① *И. В. Ржевуский*: Японско-китайская война 1894–1895 гг./Сост. поручик *И. В. Ржевуский*. СПб.: М. М. Ледерле, 1896.

册子翻译出版的《日本—中国战争（1894—1895）》①。这些书籍在当时叙述和介绍甲午战争的起源、过程、结果以及一些当时的影响，同时提供了一些战争过程的战术分析和示意图。因此，作为最早期的报道甲午战争的军事作战过程的著作，它们的主要价值在于提供给俄国军方上层作战略参考之用，当中亦反映出俄国人以及其他欧洲人如何看待甲午战争的背景和相关事件的构成及其对欧洲列强的战略影响。

当然，在东部贝加尔湖畔地区，亦有人关注甲午战争对当地的地缘政治关系的影响，比如在伊尔库茨克，柳巴（В. Ф. Люба）于1896年出版了一份名为《蒙古在日本—中国战争的参与》②的报告就简短地谈到了泛蒙古地区在甲午战争期间的地位以及其他相关情报，其重要性更多是为当时的政界和军方提供参照，而在后来的学术研究史上也提供了一些重要参考。这些内容亦对渠纳尔（Н. В. Кюнер）其后在1910年出版的《远东国家的现当代史》③的其中一期书刊中的相关章节《自1842年至1895年甲午战争结束的远东国家受到西方列强渗透的历史》的内容产生了直接的影响。

到了苏联时期，涉及甲午战争的专题研究和通史研究著作都取得了明显而长足的发展，呈现了深入、严谨、多角度和多维度视野、结合历史和现实的研究特色。战争过程固然是最重要的主题，受到军史学者和一般学者的高度重视，而战争对社会、人民、文化造成的影响也受到了充分的重视和关注，而甲午战争背景下的国际政治和外交斗争，也是苏

---

① Японско-Китайская война. 1894–1895/Пер. с нем. брошюр. Мюллера Der Krieg zwischen China und Japan, доп. новыми главами и примечаниями, сделанными по другим источникам/Сост. Ген. штаба кап. *П. Н. Симанский*, СПб.: В. Березовский, 1896.

② *В. Ф. Люба*: Участие Монголии в Японско-китайской войне. Иркутск: типо-лит. П. И. Макушина, 1896.

③ *Н. В. Кюнер*: Новейшая история стран Дальнего Востока. Владивосток: изд-во. С. Спиридович, 1908–1910.

联学者感兴趣的研究内容。俄罗斯帝国和苏联的东方学历史学家科罗斯托维茨（И. Я. Коростовец）曾在其作品《中国人和他们的文明：宗教与迷信》一书中就有提到中国的封建迷信和宗教因素如何左右和影响重大的军事决策和具体战略战术的实施①。在1918—1922年的反苏战争暂且平息后，苏联革命家和学者韦连斯基—西比利亚科夫（В. Д. Виленский-Сибиряков）就撰写和出版一系列的著作，诸如《日本》②《在太平洋沿岸的苏维埃俄罗斯》③《日本帝国主义》④等等；以及1926年哈尔恩斯基（К. А. Харнский）的《日本古今》⑤，都讲述了日本帝国主义侵略远东的野心、企图和行动，而甲午战争及其结果的历史意义正是在于从根本上改变了日本的海权战略地位，而日本谋求夺取大陆阵地作进一步侵略计划的跳板的野心也势必有增无减。1927年，渠纳尔又在《中国对外政策简史》⑥中明确地提到甲午战争可以看作东亚历史乃至世界历史上的一个重要的分水岭，清政府治下的中国不仅蒙受了二亿三千万两白银的巨额赔款，也彻底终结了它一直自我沉醉其中的"朝贡体系宗主梦"，中国和日本的关系出现了根本变化。

　　总体上，在斯大林时期，苏联学者对甲午战争的研究更多是出于现实考虑和国际形势的迫切性，特别是当时日益严峻的战略斗争背景。因此，政治和军事等主要历史内容是受到优先重视的研究对象。不言而喻，

① *И. Я. Коростовец*: Китайцы и их цивилизация: религии и суеверия, Японо-китайская война（1894-1895）. 2-е изд. М.: изд-во URSS, 2014. С. 449-625.
② *В. Д. Виленский-Сибиряков*: Япония. М.: изд-во Всероссийская научная ассоциация востоковедения при Наркома КДН, 1923.
③ *В. Д. Виленский-Сибиряков*: Советская Россия у берегов Тихого океана. М.: изд-во Красная новь, 1923.
④ *В. Д. Виленский-Сибиряков*: Японский империализм. Л.: изд-во Прибой, 1925.
⑤ *К. А. Харнский*: Япония в прошлом и настоящем. Владивосток: изд-во Книжное дело, 1926.
⑥ *Н. В. Кюнер*: Очерки новейшей политической истории Китая. Хабаровск; Владивосток, 1927.

由于军国主义日本对远东地区的侵略威胁日益增加，对于甲午战争和日俄战争的研究亦显得愈加重要和具有现实意义。而在这个阶段的苏联研究成果也具有明显的经世致用意义，学者致力通过研究甲午战争来研究日本展开侵略行径的内在战略考虑。

1935年，康托罗维奇（А. Я. Канторович）《美国对中国的争抢》[1]不仅明确提到美国对远东以及中国市场和资源的争夺，亦谈到美国企图控制整个远东地区的政治。甲午战争作为19世纪末的重大历史事件，促使美国和日本之间争夺中国的资源和主导地位的矛盾日益激化。科罗文（Е. А. Коровин）在1936年出版的《日本与国际法》一书中就谈到日本善于利用国际矛盾和外交渗透为自己的进一步武装侵略和控制做准备，而等到中国（清政府）意识到情况不妙时，日本在军事战略和外交法理上都已经占有主动权了。而在没有强大军力支持的情势下，国际法和抗议都变得毫无实质效力和意义了。因此，日本在甲午战争中取得的战果并不仅仅是军事上的战胜、战利品和赔款，更是在外交和国际法理意义上的霸权展现。[2]波波夫（К. М. Попов）亦在同年出版的《日本经济》[3]的部分内容讲述和分析了甲午战争前后的历史背景对日本经济的影响，特别是甲午战争后有利于日本的结果促使日本经济向军国主义化转轨。1940年，莫蒂列夫（В. Е. Мотылев）在《第二次帝国主义战争时期的太平洋枢纽》[4]的部分内容通过探讨甲午战争的背景，分析日本有计划地逐步建立太平洋海上霸权的战略战术思维和布局，并且对当时的情况，特别是美国和

---

① *A. Я. Канторович*: Америка в борьбе за Китай/под ред. *П. Лапинский*. М.: Госсоцэкониз, 1935.

② *Е. А. Коровин*: Япония и международное право. М.: Соцэкгиз, 1936, С. 18–22, 35–36, 62–63.

③ *К. М. Попов*: Экономика Японии. М.: Соцэкгиз, 1936.

④ *В. Е. Мотылев*: Тихоокеанский узел второй империалистической войны. М.: Госсоцэкониз, 1940.

日本之间的矛盾和冲突作出了一定的预判。

当然，在众多涉及甲午战争军事史的专题作品中，最为简明、系统并且反映重要现实意义的，是1939年诺兹科夫（Н. Н. Нозиков）所撰写的《日本—中国战争（1894—1895）》①。该书亦为苏联国防人民委员部辖下的军事文献出版局出版的著作，是沃金诺夫（А. Вотинов）同年出版的《1904—1905年俄日战争的日本间谍活动》②的姐妹篇。诺兹科夫在参考和研究上述的帝俄时代文献以及其他国内外资料的基础上写成的《日本—中国战争（1894—1895）》，其全面性在于对甲午战争的全局背景研究和分析，而深入性亦反映在对甲午战争期间的陆战和海战的主要战事的描写和分析。诺兹科夫从甲午战争爆发前夜清政府和日本帝国所处的历史背景着手，先简述了双方的兵力配置和军备，便对战场的地势和特点作了扼要的描写。然后开始谈到双方最初的政治和军事冲突以及双方的战争动员准备。在最主要的内容上，诺兹科夫十分重视双方激烈展开的平壤陆战、鸭绿江出海口的海战、日军强渡鸭绿江对辽东地区实施进攻、旅顺战役及其失陷、威海卫战役及其失陷，以及日军歼灭北洋舰队、台湾地区等战役发展过程，除了关注海战的进程，更是重视考察登陆战和陆战的情况，因为这对当时苏联的国防布局有着特殊的现实意义。与帝俄时期的关注点和视野有所不同的是，诺兹科夫对日本帝国主义的扩张，与其他包括沙俄（Царская Россия）在内的欧洲列强予以同样的批判。他强调，日本通过甲午战争的胜利，不仅确立了它在东亚和远东的有利优势，而且让它得以跻身与西方列强同台竞技的角斗场，阻止了西方列强对东亚的染指。尽管日本耗费了大量的人力物力和金钱，但至少取得了殖民地和赔款，而中国和朝鲜半岛的积弱使其更加无力自保，但激发

---

① *Н. Н. Нозиков*: Японо-китайская война 1894–1895 гг. М.: Гос. Воениздат, 1939.

② *А. Вотинов*: Японский шпионаж в русско-японскую войну 1904–1905 гг. М.: Воениздат, 1939.

了中国和朝鲜等地的反抗斗争运动。总体上，就从根本上加速了日本帝国主义的扩张，与1937年日本侵华战争全面爆发是同一脉络的历史事件，但在1937年中国已经能够一致抗日，而有别于甲午战争期间只是为清政权卖命的性质。对于当时苏联而言，甲午战争的经验也充分体现在陆上和海上抵御日本侵略进攻的战略和战术布置，诺兹科夫认为这是值得重视的经典战例。[①]而前面提到的沃金诺夫也在《1904—1905年俄日战争的日本间谍活动》一书中谈到早在甲午战争时期，日本已经有计划地对中国和朝鲜派出间谍，组织了间谍网收集情报，从事渗透和宣传任务，对日本的战略准备和决策都起着极为关键的作用。[②]

二、苏联时期关于甲午战争史的延伸研究

在斯大林时代后期以及之后的时间，以及在冷战的紧张氛围下，甲午战争也是其中一个备受关注的重要专题，其研究的范围亦逐步超越传统的军事战争史主干的范畴，而涵盖其他涉及区域史和跨国史等方面的内容。这一时期对于甲午战争史的研究呈现的多样化趋势，特别是反映在苏联学者以甲午战争背景探讨19世纪至20世纪交汇的动荡时期的东亚政治史、社会史、国别史、帝国主义战争、国际关系、外交冲突等主题，提出了不少重要的论述和观点。

举例来说，1946年，艾伊杜斯（Х. Т. Эйдус）在《第一和第二次世界大战期间的日本》[③]中指出日本的突然变强并非偶然因素，亦非全是日本本国意志和实力使然，而是得到了英国等西方国家的资本和技术支

---

① *Н. Н. Нозиков*: Японо-китайская война 1894-1895 гг. С. 98-101.

② *А. Вотинов*: Японский шпионаж в русско-японскую войну 1904-1905 гг. С. 10-12, 33-38.

③ *Х. Т. Эйдус*: Япония от Первой до Второй мировой войны. Л.: Госполитиздат, 1946.

持，而甲午战争及其结果对于老牌的海权强国美国和英国的战略总体上是有利的，但法国、德国和俄国在东亚的利益就遭到了严重的冲击和影响。马斯连尼科夫（В. А. Масленников）在同年出版的《中国：政治和经济概观》①中也明确提到甲午战争并不仅仅是一场东亚的局部的海洋军事冲突，而且是影响东亚乃至世界国际格局的重要事件，与之后的俄国—日本战争一同改变了20世纪初远东地区的国际形势和斗争的格局，对20世纪初中国历史以及现代化的走向造成了根本的影响。1955年，罗曼诺夫（Б. А. Романов）在《1895—1907年间俄国—日本战争的外交简史》②中指出在国际关系的宏观视野下，甲午战争亦可被看作俄国—日本战争前史中复杂国际关系的外交战场，而在外交战场中的形势比单纯的军事战况要复杂得多，尤其是西方列强（包括俄罗斯帝国）在甲午战争背后的外交博弈。与此同时，富尔先科（А. А. Фурсенко）撰写并在1956年出版的《1895—1900年美国门户开放政策在瓜分中国方面的竞争》③涉及了甲午战争以来至20世纪初美国旨在控制中国经济贸易和支配其在华的利益的所谓门户开放政策的提出和变化，富尔先科认为甲午战争的结果极大程度上刺激了美国在远东的宏观无形侵略扩张和渗透，并且逐渐从幕后操盘的角色跳到幕前并企图重新调整西方列强在华的利益分配，这对日本的扩张以及之前已有的西方列强殖民体系都造成了巨大的冲击。叶菲莫夫（Г. В. Ефимов）撰写并于1958年出版的《1894—1899年的中国对外政策》④深入研究了自甲午战争至八国联军入侵前夜的中国（清政

---

① *В. А. Масленников*: Китай: Политико-экономический очерк, М.: Госполитиздат, 1946.

② *Б. А. Романов*: Очерки дипломатической истории русско-японской войны. 1895-1907, 2-е изд., М.; Л.: изд-во Академии Наук СССР, 1955.

③ *А. А. Фурсенко*: Борьба за раздел Китая и американская доктрина открытых дверей. 1895-1900. М.; Л.: изд-во Академии Наук СССР, 1956.

④ *Г. В. Ефимов*: Внешняя политика Китая. 1894-1899 гг. М.: Госполитиздат, 1958.

府）对外政策，在甲午战争及其相关问题上，叶菲莫夫特别关注研究清政府在外交上的一系列失败的举措，并且认为李鸿章的投降政策以及战和不定的立场直接导致了甲午战争的悲剧惨败结果。博罗德斯基（Р. М. Бродский）撰写并在1968年出版的《第一次世界大战前夜的美国远东政策》中谈到美国在甲午战争期间的危机和在外交、经济上攫取巨大的资源，这进一步有利于美国对中国的经济和社会实施控制、支配和渗透。因此，甲午战争的过程和结果对美国在远东推行的侵略性和渗透性外交政策都有着十分重要的深层次影响。①斯卡奇科夫（П. Е. Скачков）所著并在1960年出版的《中国史参考文献综论》②中亦深刻地指出甲午战争不仅深化了中国人民所处的半封建半殖民地的苦难困局，更是加速了欧洲列强、美国和日本进一步瓜分在华的影响范围的步伐。此外，在宏观的历史背景下，甲午战争亦与1931年开始的日本侵华战争是属于同一历史脉络下的序幕式事件。艾杜斯撰写并在1968年出版的《从古代到当代的简明日本史》③中明确提到日本在甲午战争中的胜利彻底开启了日本史无前例的军国主义化道路和侵略道路，日本在甲午战争后推行的帝国主义政治、军事、外交和经济政策都可被视为甲午战争本身的未完成任务的延续，旨在实现完全打败和征服中国，称霸远东的目的。1971年，斯拉德科夫斯基（М. И. Сладковский）出版的《中国和日本》④也继续探讨了有关甲午战争对近现代中国和日本关系的决定性影响。而在沃洛金娜（Л. М. Володина）编写并于1981年出版的《1917—1970年间的朝韩历史参考文

---

① *Р. М. Бродский*: Дальневосточная политика США накануне первой мировой войны. М.: изд-во Наука, 1968. С. 7-9, 23-25, 51-54.

② *П. Е. Скачков*: Библиография Китая. М.: изд-во Восточной литературы, 1960.

③ *Х. Т. Эйдус*: История Японии с древнейших времен до наших дней. Краткий очерк. М.: изд-во Наука, 1968.

④ *М. И. Сладковский*: Китай и Япония. М.: изд-во Наука, 1971.

献综论》^①也提到的一些苏联国内外研究文献成果，梳理了甲午战争主题相关的重要研究和观点。

除了战争方面，苏联历史学家亦非常重视研究甲午战争时期的朝鲜问题、朝鲜农民问题、社会问题和朝鲜农民起义问题，以及甲午战争的过程和结果对日本军国主义化构成的主要推动力。1951年，苏联学者出版了一部集体著作《1870—1945年间的远东国际关系》^②，涉及了甲午战争期间的军事、政治、经济等问题，苏联学者认为甲午战争表面上是一场区域战争，但牵涉的复杂国际问题，却使它在支配欧洲列强在华的压榨利益，以及在欧洲列强与美国、日本之间的争夺方面变成一场跨区域的国际事件。1953年，列金（В. В. Лезин）主编和米哈伊尔·朴（М. Н. Пак）等人翻译的《朝鲜人民民族解放斗争简史》^③有部分内容讲述了甲午战争及其结果影响下的外交局势，特别是它们对朝鲜本国和农民战争的影响，为苏联的相关研究提供了重要的参考资料。同年，加琳娜·婕雅盖（Г. Д. Тягай）在1953年出版的《1893—1895年朝鲜半岛上的农民起义》^④一书中就谈到在甲午战争期间朝鲜半岛爆发的农民起义，指出朝鲜农民起义是反封建和反帝国主义/反殖民主义的重大斗争尝试，而日本入侵朝鲜，赶走了清政府的军队，控制了王室和扶植了亲日的朝鲜政府，以此实现了对朝鲜农民起义的全面剿灭，但燃起了朝鲜半岛对日本侵略者的更大的仇恨和反抗。朝鲜农民起义不仅在反殖民反封建的历史浪潮中扮演着重要的角色，并且对当时的国际关系也产生了比较明显的影响。俄罗斯帝国在朝鲜的利益受到了双重的打击，并最终只能默许和承认日

---

① *Л. М. Володина*: Библиография Кореи, 1917-1970. М.: изд-во Наука, 1981.

② Международные отношения на Дальнем Востоке (1870-1945). М. 1951.

③ Очерки по истории освободительной борьбы корейского народа/перевод с корейского М. Н. Пак и др./под ред. *В. В. Лезин*. М.: изд-во Иностранной литературы, 1953.

④ *Г. Д. Тягай*: Крестьянское восстание в Корее 1893-1985 гг. М.: изд-во Академии наук СССР, 1953.

本对朝鲜半岛的绝对主导。但朝鲜农民的反抗亦对俄罗斯帝国国内产生了很大的启示作用，对日后反抗沙皇政权以及资产阶级的斗争也树立了一个典范。① 在之后的1958年，她主编的文献集《在朝鲜半岛的土地上：1885—1896年游记》② 亦有收录一些帝俄军官在甲午战争期间出访和游历朝鲜半岛的见闻记事，这些文献如实反映了甲午战争形势下朝鲜民众饱受灾难和屈辱的苦楚，以及朝鲜民众的反抗斗争。又如1964年出版的波波夫所著的《日本：民族文化和地理概念的发展简史》③ 一书的内容所示，作者认为西方资本和殖民主义的冲击加速了日本民族主义乃至军国主义的急剧膨胀，日本在甲午战争中全歼北洋水师，亦让日本自认为奠定了其在亚洲民族中的领导地位，而在社会、文化和思想等领域都出现了极为激进且具侵略性的影响。换言之，甲午战争—日俄战争背景下的一连串重大历史变局，对于日本的军国主义式现代化的加速，扮演着先决条件的角色。

与此同时，苏联学者也翻译了一些中国、日本和韩国、朝鲜学者的著作④，为其本国的相关研究提供了更为丰富的参考资料。

---

① *Г. Д. Тягай*: Крестьянское восстание в Корее 1893–1985 гг. С. 179–185.

② По Корее: Путешествия 1885–1896 гг./под ред. *Г. Д. Тягай и др.* М.: изд-во Восточной литературы, 1958.

③ *К. М. Попов*: Япония. Очерки развития национальной культуры и географической мысли. М.: изд-во Мысль, 1964.

④ *Ли Чен Вон*: Очерки новой истории Кореи/перевод с корейского А. М. Пак/под ред. *М. П. Ким*, М.: изд-во Иностранной литературы, 1952. *Цин Жу-Цзи*: История американской агрессии на Тайване/перевод с китайского Б. Занегин; вступительная статья *Л. Делюсин*. М.: изд-во Иностранной литературы, 1956. *Табохаси Киесе*: Дипломатическая история японо-китайской войны（1894–1895 гг.）/перевод с японского/под ред. А. Гальперин. М.: изд-во Иностранной литературы, 1956.

结　语

　　总括而言，在沙俄和苏联系统的世界史研究领域中，甲午战争是东亚近现代史中的重要议题，对于苏联以及俄罗斯史学界中的东亚国别史、远东区域史、军事史、海洋史、国际关系史和外交史，乃至社会经济和文化史的研究，都有着特殊的重要性和现实意义，受到了一定程度的重视。苏联学者继承了俄罗斯帝国学者和见证者的成果基础，除了运用更多史料文献和地图对甲午战争的过程和细节作了更为深入和具体的研究，同时在第二次世界大战结束后也广泛研究了与甲午战争背景和事件相关的政治史、外交史、社会经济史等范畴。苏联学者的研究不仅呈现了苏联和俄罗斯对甲午战争的叙事、剖析、评价方面的独特话语，而且关注到世纪之交激变动荡形势下的东亚地缘政治历史问题及其现实意义，以及朝鲜农民起义问题在甲午战争背景下的历史影响等等，都是值得我国史学界同行予以关注和重视的问题。至于俄罗斯当代就甲午战争历史的研究情况则将在后续的综述文章中谈及。

二　档案资料

中国档案*

简　介

　　档案是历史研究的一手资料，因其权威性和史料价值历来受到学者的重视。甲午战争期间留存的大量档案是发掘甲午史实、从事甲午研究的基础史料。早在晚清民国时期，便已开始整理出版当时的奏议：

　　《谏止中东和议奏疏》（4卷），香港：香港书局，1895年石印本。

　　北平故宫博物院编印：《清光绪朝中日交涉史料》（88卷），1932年。

　　《谏止中东和议奏疏》主要收录的是反对甲午议和的奏疏，包括文廷式、安维峻、张之洞等主战官员的著名奏章及康有为等人的公车上书。《清光绪朝中日交涉史料》所辑档案包括军机处录副奏折和月折包，包括谕旨、奏折、函札、照会、条约等，按收文时间排序，从光绪元年至光绪三十四年，主要涉及中日交涉相关事宜，包括日本侵占琉球、侵犯台湾、胁迫朝鲜签订《江华条约》、清军应邀帮助朝鲜镇压"甲申政变"、中日甲午战争、天津教案、八国联军侵华、日俄战争等。

　　此外，《清光绪朝中日交涉史料选辑》（台北：大通书局，1984年）系根据《清光绪朝中日交涉史料》选录，主要收入了光绪初年至甲午战争

---

　　* 本部分内容由山东大学历史学院副研究员许存健撰写。

时期的档案，重点选入琉球问题、甲午战争时期反对议和的档案。

中国现有甲午战争相关档案主要存于中国第一历史档案馆、辽宁省档案馆、台北故宫博物院和台北"中研院"近代史所档案馆。

1. 中国第一历史档案馆

位于北京市，网站https://www.fhac.com.cn/index.html。中国第一历史档案馆是收藏清代档案最多的档案馆，主要档案包括内阁题本、宫中档朱批奏折、军机处录副奏折，此外开放的还有各部院及清末新政期间新设机构的档案。此外，馆内提供上谕档、清实录、清会典的在线检索，也能够找到不少甲午战争相关史料。

中国第一历史档案馆近年三次选编甲午战争相关档案，刊载在《历史档案》期刊上：

《中日甲午战争档案选》，《历史档案》2014年第3期。

《甲午战争期间中日平壤之战档案》，《历史档案》2014年第4期。

《北洋大臣李鸿章为优恤黄海海战阵亡将士事奏折》，《历史档案》2021年第1期。

在甲午战争爆发120周年之际，中国第一历史档案馆与海峡两岸交流中心合作，对馆藏的甲午战争档案进行全面整理，推出大型档案文献《清宫甲午战争档案汇编》（全50册，线装书局，2016年）。该档案涵盖军机处上谕档、电寄谕旨档、宫中朱谕、宫中朱批奏折、军机处录副奏折、军机处洋务档、军机处电报档、外务部等多个全宗，共公布5047件档案，很多档案为首次刊布。特别是其中大量电报档，直接记录了战争的过程、信息传播与清政府决策，是研究甲午战争的宝贵资料。

2. 辽宁省档案馆

位于沈阳市，藏有吉林将军长顺、钦差大臣定安在东北筹备军队的档案，其中在《兰台世界》三次刊载甲午战争档案：

《甲午战争中吉林将军长顺签发的咨文》，《兰台世界》2014年第29期。

《甲午战争中盛京将军裕禄为举办团练事给前复州城守尉盛恒等的札文》，《兰台世界》2014年第35期。

《甲午战争中岫岩城守尉嘉善上报岫岩失守的禀文》，《兰台世界》2014年第35期。

此外，2014年辽宁省档案馆编《中日甲午战争档案汇编》（辽宁人民出版社，2014年），共辑录档案165件，上起于1894年，下止于1897年，均为首次公布。

3. 台北故宫博物院

位于台北市，该院检索系统与台北"中研院"历史语言研究所内阁大库档案已经整合，网站https://qingarchives.npm.edu.tw/index.php，可在线查阅奏折原图。该馆主要收藏清代宫中档朱批奏折、军机处录副奏折。研究者通过台北故宫博物院和中国第一历史档案馆联合检索，可以找出大部分的清代朱批奏折、录副奏折。

此外，台北故宫博物院还在线上提供军机处档册的阅览。军机处依据文件分类，另以楷书誊录一份按月装订成册，以供日后查阅，是为"军机处月折档"，该档可补军机处录副奏折之不足。该线上系统还有清代国史馆与民初清史馆积累的编纂人物稿本、传包等，包括这些人物的迹册、行状、履历、年谱、文集、奏折、讣闻等，这些资料本为撰写《清史稿·传记》准备，是研究人物的重要资料。

与甲午战争研究直接相关的还有《光绪朝夷务始末记》，该书系《清季外交史料》的底本，主要辑录清末中央及地方处理涉外事务的官方文献。

4. 台北"中央研究院"近代史所档案馆

位于台北市，网址https://archivesonline.mh.sinica.edu.tw/，主要收录总理各国事务衙门档案，此外还有庚子事变后新立的外务部、商部、农工商部、农商部档案。其中总理衙门档案中专收《朝鲜档》，包括中朝边防界务、中朝商务、甲午战前朝鲜与各国关系、壬午事变、甲申事变、中日甲午战争等文件。同时总理事务衙门档案中还有大量海军建设、借款等档案，是研究甲午战争的重要史料。

5. 地方档案

由于战争、灾荒的破坏，目前各地所藏清代档案较少，诸如台湾淡新档案https://dl.lib.ntu.edu.tw/s/Tan-Hsin/page/home、四川南部县档案、巴县档案、紫竹县档案等，都有收录甲午战争相关资料。

此外，诸多档案汇编中，也有大量关于甲午战争的档案：

（1）中国第一历史档案馆编：《光绪朝上谕档》，广西师范大学出版社，1996年。

（2）台湾史料集成编辑委员会编：《明清台湾档案汇编》，台北：远流出版事业股份有限公司，2004年。

（3）中国第一历史档案馆编：《清代军机处电报档汇编》，中国人民大学出版社，2005年。

（4）《谕折汇存》（光绪十七年至光绪三十三年）。

（5）台北故宫博物院：《宫中档光绪朝奏折》，台北故宫博物院，1973年。

（6）中国第一历史档案馆编：《光绪朝朱批奏折》，中华书局，1996年。

以上资料中，或按照时间排序，或按照主题归类，部分涉及甲午战争问题，研究者亦可从中搜寻史料。

为了便于读者对甲午战争相关档案有所了解，本书列举了中国第一历史档案馆、台北"中央研究院"近代史所档案馆和台北故宫博物院所藏与甲午相关档案，其中一史馆档案因已出版，本书仅简单列举。台北"中研院"近代史所藏档案较少，仅找到部分筹措甲午军饷档案。台北故宫博物院因近年公布了《军机处月档》《夷务始末记》，均是其他地方所无，极具史料价值，因此本书重点整理了台北故宫博物院所藏档案。清代档案收藏极为丰富，此外诸如《皇朝经世文编续编》以及各类官员文集、奏稿中，也录有大量奏折，读者可根据自己的研究主题具体寻找。本书对清朝档案的梳理难免挂一漏万，敬请读者批评。

中国第一历史档案馆藏奏折

1. 察哈尔都统德铭：《奏为接收车臣汗部落解到报效战马等事》（光绪二十一年正月初十日），录副奏折，档号：03-6051-079。

2. 陕西巡抚鹿传霖：《奏为试用道黄泽厚独捐巨款请照新海防例核奖事》（光绪二十一年正月初十日），录副奏折，档号：03-6537-072。

3. 《呈王文锦奏遵查北塘守将营务情形折等折件记旨单》（光绪二十一年正月初七日），档号：03-5721-007。

4. 漕运总督松椿：《奏为筹办海防酌添炮队饷项不敷请饬下湖南照案筹解事》（光绪二十一年正月初六日），朱批奏折，档号：04-01-01-1007-008。

5. 钦差大臣刘坤一：《奏为驻关各军需用储备所用经费支给请救部立案事》（光绪二十一年正月初四日），朱批奏折，档号：04-01-01-1007-007。

6. 浙江巡抚廖寿丰：《奏报查阅镇海防务酌量布置情形事》（光绪二十一年正月十九日），录副奏折，档号：03-6031-026。

7. 浙江巡抚廖寿丰：《奏报出省查阅镇海防务并酌量布置情形事》（光绪二十一年正月十九日），录副奏折，档号：04-01-03-0065-030。

8. 军机大臣奕䜣：《奏为防务渐定请旨饬认真裁并防兵事》（光绪二十一年五月十九日），录副奏折，档号03-5757-026。

9. 兵部右侍郎徐树铭：《奏为沿海各疆军需宜有限制请旨变通旧制派员复核以绝浪糜国帑事》（光绪二十一年闰五月十一日），录副奏折，档号：03-5611-005。

10. 兵部右侍郎徐树铭：《奏为善后遗耗军实宜责赔请比照仓库遗失分赔之例著赔以儆效尤事》（光绪二十一年闰五月十一日），录副奏折，档号03-5611-006。

11. 兵部右侍郎徐树铭：《奏为修军政慎防维谨陈整饬戎政机要事》（光绪二十一年八月二十八日），录副奏折，档号：03-5612-022。

12. 兵部右侍郎徐树铭：《奏为遵议通筹巨款节饷屯田以养有用之兵陈言事》（光绪二十一年闰五月十一日），档号：03-5611-004。

13. 帮办军务四川提督宋庆：《奏请准保平壤等战役马玉崑等毙敌在事出力员弁奖励事》（光绪二十一年九月二十四日），朱批奏折，档号：04-01-16-0244-156。

14. 钦命总理各国事务衙门：《为带领日本使臣在文华殿觐见内外各处饬役打扫洁净并查照应行预备之处事致内务府》（光绪二十一年闰五月初九日），档号：05-13-002-001745-0112。

15. 景运门值班大臣巴□□：《为日本国使臣在文华殿觐见知照当日应行事宜事致总管内务府衙门》（光绪二十一年闰五月十二日），档号：05-13-002-001745-011。

16. 兵部：《本部将尽先副将题补副将詹占元等员带领引见奉旨单》（光绪二十一年十月二十六日），档号：15-02-001-000110-0004。

17. 直隶总督王文韶：《奏为出使日本国大臣汪凤藻等员期满著有微劳循章请旨奖叙事》（光绪二十一年十二月十六日），录副奏折，档号：03-5333-105。

18. 军机大臣：《奏为将本日李鸿章奏与日本使臣会商归还辽旅偿款未能减少原折恭呈慈览事》（光绪二十一年），档号：03-5725-036。

19. 军机大臣：《奏为遵拟电知刘坤一等缮稿并交田贝转发日本电信呈览恭候钦定事》（光绪二十一年），录副奏折，档号：03-5654-080。

20. 军机大臣：《奏为李鸿章奏驰赴日本议约预筹大略情形奉旨等折片恭呈慈览事》，录副奏折，档号：03-5726-145。

21. 军机大臣：《奏为将李鸿章与日本使臣换约本单及批准约本原件恭呈

慈览事》（光绪二十一年），录副奏折，档号：03-5725-128。

22. 出使日本大臣裕庚：《奏请调令候选州同会贤等员前来日本东京差遣事》（光绪二十一年八月初八日），朱批奏折，档号：04-01-12-0569-068。

23. 工部左侍郎许景澄：《奏为遵拨日本第一期应交库平银两数目日期事》（光绪二十一年十二月二十日），录副奏折，档号：03-6572-088。

24. 直隶总督李鸿章：《奏为日本使臣来津无期请先行入都复命事》（光绪二十一年七月初二日），录副奏折，档号：03-5327-010。

25. 军机大臣：《奏为美驻华公使田贝已电知日本将定约画押等事》（光绪二十一年），录副奏折，档号：03-7416-087。

26. 军机大臣：《奏为恭呈换约委员伍廷芳等赍到日本条约一册事》（光绪二十一年），录副奏折，档号：03-5654-094。

27. 军机大臣：《奏为拟给日本照会恭呈御览事》（光绪二十一年），录副奏折，档号：03-5654-078。

28. 广西按察使胡燏棻：《奏为续募练兵办理情形事》（光绪二十一年四月十一日），朱批奏折，档号：04-01-18-0053-092。

29. 山东巡抚李秉衡：《奏为东省军饷支绌请敕部另筹饷项以便王懿荣招募成军事》（光绪二十一年四月初八日），朱批奏折，档号：04-01-18-0053-113。

30. 盛京将军依克唐阿：《遵旨保奖草河岭等处打仗出力官弁兵勇衔名旗籍单》（光绪二十一年正月二十六日），档号：15-02-001-000089-0105。

31. 盛京将军依克唐阿：《为遵旨查明草河岭等处与倭人打仗出力及伤亡官弁兵勇恳恩奖恤事》（光绪二十一年正月二十六日），档号：15-02-001-000089-0106。

32. 河南巡抚刘树堂：《奏为饷源枯竭请准酌收盐斤加价暂资接济事》（光绪二十一年正月二十八日），录副奏折，档号：03-6469-025。

33. 热河都统崇礼：《奏为热河练兵筹饷需时可否由户部暂借请旨事》（光绪二十一年正月二十九日），录副奏折，档号：03-5996-003。

34. 户部：《奏为举办海防捐饷应宜兼顾民力请饬直隶等省分别停捐减成事》（光绪二十一年正月二十六日），录副奏折，档号：03-6688-038。

35. 掌江西道监察御史王鹏运：《奏为近畿海岸防务紧要请饬王文韶等妥定章程从速办理渔团事》（光绪二十一年正月二十一日），录副奏折，档号：03-6031-012。

36. 陕甘总督杨昌濬：《奏为甘军续募祥字十营北上所需饷项请部库筹拨事》（光绪二十一年正月二十八日），朱批奏折，档号：04-01-03-0179-040。

37. 《呈李鸿章奏铁路关系紧要修养需费请饬部酌拨的款折等折件记旨单》（光绪二十一年正月二十一日），档号：03-5721-022。

38. 江西巡抚德馨：《奏报起解甲午年筹备饷需银两事》（光绪二十一年正月二十八日），档号：04-01-35-1027-006。

39. 署理吉林将军恩泽：《奏为军需雇备差车费用归长顺设局奏销事》（光绪二十一年正月初三日），录副奏折，档号：03-5900-005。

40. 《呈王文锦奏畿东绅士公举革员张佩纶办理团防折等奉旨单》（光绪二十一年正月十三日），录副奏折，档号：03-5335-059。

台湾"中央研究院"近代史研究所藏清代奏折档案

41. 四川总督鹿传霖：《四川总督鹿传霖奏报筹解本年铁路经费改拨部库充作军饷银两片》（光绪二十一年闰五月　1895年7月），登录号：1028-049。

42. 护理湖广总督谭继洵：《护理湖广总督谭继洵奏报鄂省办理筹饷新捐情形折》（光绪二十一年闰五月二十八日　1895年7月20日），登录号：0700-072。

43. 浙江巡抚廖寿丰：《浙江巡抚廖寿丰奏报劝办筹防绅富捐输银两造具清册核奖实官折》（光绪二十一年九月初十日　1895年10月27日），登录号：0701-006。

44. 贵州巡抚嵩崑：《贵州巡抚嵩崑奏报黔省接办筹饷新捐初次收捐名数银数折》（光绪二十一年十一月二十五日　1896年1月9日），登录号：0701-016。

45. 安徽巡抚福润：《安徽巡抚福润奏报办理筹捐军饷情形片》（光绪二十一年十二月二十四日　1896年2月7日），登录号：0701-025。

46. 两广总督李瀚章等：《两广总督李瀚章等奏报筹解奉拨甲午年筹备饷需第二批银数折》（光绪二十年四月十九日　1894年5月23日），登录号：1023-007。

台湾"故宫博物院"藏档案

47. 李鸿章：《据戴宗骞报告孙万林等迎击获胜电》（光绪二十年十二月三十日），档号：108000101-002。

48. 刘坤一：《致总署俟部署一切刻日启行电》（光绪二十一年正月初一日），档号：108000101-005。

49. 山东巡抚李秉衡：《报告调兵驻扎营成西戾头地方以遏通威之路电》（光绪二十一年正月初一日），档号：108000101-006。

50. 总署：《致李鸿章着督饬各将弁尽力搜剿电》（光绪二十一年正月初一日），档号：108000101-007。

51. 张荫桓：《奏驻倭美使与英船近况电》（光绪二十一年正月初一日），档号：108000101-003。

52. 长顺：《致总署与各将领会订合围战期电》（光绪二十一年正月初一

日），档号：108000101-004。

53. 《着长顺悬赏励兵奋力攻剿电》（光绪二十一年正月），档号：108000101-015。

54. 《旨叶志超已解到京所有应得罪名着严行审讯定拟具奏由》（光绪二十一年正月），档号：108000101-023。

55. 《寄察哈尔都统德铭于商都达布逊诺挑选战马交安定候用电》（光绪二十一年正月），档号：108000101-024。

56. 《威海援军缓不济急着李鸿章速筹覆奏电》（光绪二十一年正月），档号：108000101-025。

57. 《现威魏（卫）情形紧急着张之洞饬令一并赴东助剿电》（光绪二十一年正月），档号：108000101-026。

58. 《着宋庆妥筹御敌之策电》（光绪二十一年正月），档号：108000101-027。

59. 《着裕禄将东路各军就近分拨严防大高岭等处电》（光绪二十一年正月），档号：108000101-028。

60. 给事中余联沅：《奏请饬催北洋帮办大臣王文韶迅速北来折》（光绪二十一年正月），档号：108000101-030。

61. 给事中余联沅：《又奏请饬王文韶与刘坤一和衷共济妥筹策应片》（光绪二十一年正月），档号：108000101-031。

62. 给事中余联沅：《又奏借用洋款不可稍涉偏私请饬总署妥议片》（光绪二十一年正月），档号：108000101-032。

63. 《又奏请饬李秉衡带队来东片》（光绪二十一年正月），档号：108000101-035。

64. 《着长顺等当激励将士熟筹攻取之策电》（光绪二十一年正月），档号：108000101-037。

65. 《着李鸿章特饬电局迅即赶接电》（光绪二十一年正月），档号：

108000101-038。

66. 《着李鸿章饬戴宗骞刘超佩协力坚守电》（光绪二十一年正月），档
号：108000101-039。

67. 张荫桓等：《抵神户换船至广岛乞代奏由》（光绪二十一年正月），档
号：108000101-040。

68. 《旨饬刑部严讯龚照玙委弃旅顺情形电》（光绪二十一年正月），档
号：108000101-051。

69. 《电李鸿章逃走各员查拿正法由》（光绪二十一年正月），档号：
108000101-052。

70. 《电张之洞着照所请将湖北银元局归南洋经理由》（光绪二十一年正
月），档号：108000101-053。

71. 《倭贼踞守太平山着宋庆吴大澂熟商布置电》（光绪二十一年正月），
档号：108000101-054。

72. 《着刘坤一克日赴关察看布置电》（光绪二十一年正月），档号：
108000101-057。

73. 《着李鸿章饬孙万林赶赴刘公岛同力守御电》（光绪二十一年正月），
档号：108000101-058。

74. 《旨陕西布政使张汝梅补授刘萧补山西按察使由》（光绪二十一年正
月），档号：108000101-059。

75. 《着吴大澂一切军事与宋庆妥商办理电》（光绪二十一年正月），档
号：108000101-060。

76. 山东巡抚李秉衡：《奏敌船若至烟台不能不开炮堵御请即照会英公使
以免口舌折》（光绪二十一年正月），档号：108000101-064。

77. 《又奏请饬李鸿章转饬丁汝昌奋力图攻片》（光绪二十一年正月），档
号：108000101-065。

78. 《谕云南巡抚着崧蕃署理兼署云贵总督等因初六日复奉电》（光绪

二十一年正月），档号：108000101-067。

79. 《着刘坤一克日赴关察看地势电》（光绪二十一年正月），档号：108000101-071。

80. 《着李鸿章督饬海军将士力筹保全海疆之策电》（光绪二十一年正月），档号：108000101-074。

81. 《着张之洞唐景崧商酌派船游弋使彼有内顾之忧电》（光绪二十一年正月），档号：108000101-075。

82. 《着胡燏芬查询购买船炮消息电》（光绪二十一年正月），档号：108000101-076。

83. 给事中余联沅：《又奏参李鸿章弁髦谕旨片》（光绪二十一年正月），档号：108000101-078。

84. 给事中余联沅：《又奏参龚照玙该国弃军罪不可逭片》（光绪二十一年正月），档号：108000101-079。

85. 给事中余联沅：《又奏请查丁汝昌罪状片》（光绪二十一年正月），档号：108000101-080。

86. 刘坤一：《又奏拟分闪殿魁一军驻扎乐亭片》（光绪二十一年正月），档号：108000101-086。

87. 依克唐阿：《奏援辽规海迭次接仗情形折》（光绪二十一年正月），档号：108000101-087。

88. 《又奏电明上年十一月二十三日击毙倭商系三岛非大岛片》（光绪二十一年正月），档号：108000101-088。

89. 《着刘坤一饬知吴大澂迅赴榆关布置防务电》（光绪二十一年正月），档号：108000101-089。

90. 《威海北岸炮台又为贼踞着东抚李秉衡迅即探明覆奏电》（光绪二十一年正月），档号：108000101-090。

91. 《现威海失守各海口益形吃紧着李鸿张妥筹守御电》（光绪二十一年

正月），档号：108000101-091。

92.《着李鸿章探报固守刘公岛各船能否力战冲出电》（光绪二十一年正月），档号：108000101-100。

93.《旨张佩纶获咎甚重所请着不准行由》（光绪二十一年正月），档号：108000101-109。

94. 依克唐阿：《奏续陈进规海城情形折》（光绪二十一年正月），档号：108000101-110。

95. 依克唐阿：《又奏海城贼援已至请饬各军合力痛剿片》（光绪二十一年正月），档号：108000101-111。

96.《着李鸿章传知刘含芳送信丁汝昌自为区处电》（光绪二十一年正月），档号：108000101-112。

97.《饬长顺依克唐阿督率进战务须攻拨贼巢电》（光绪二十一年正月），档号：108000101-113。

98. 上书房翰林张仁辅、曹鸿勋：《奏聂士成一军不宜撤退折》（光绪二十一年正月），档号：108000101-114。

99. 上书房翰林张仁辅、曹鸿勋：《又奏清派重兵扼守芦台片》（光绪二十一年正月），档号：108000101-115。

100. 上书房翰林张仁辅、曹鸿勋：《又奏东省援军请归李秉衡节制折》（光绪二十一年正月），档号：108000101-115。

101. 御史高燮曾：《奏王文韶宜驻扎芦台折》（光绪二十一年正月），档号：108000101-117。

102.《寄李鸿章聂士成一军碍难移动徐邦道即饬入关电》（光绪二十一年正月），档号：108000101-119。

103. 御史恩溥：《奏请撤督办军务处改为内城巡防总局片》（光绪二十一年正月），档号：108000101-120。

104. 直隶总督：《请调陈凤栖马队仍饬来直以助聂军乞带奏电》（光绪

二十一年正月），档号：108000101-123。

105.《电李鸿章李秉衡着照所请调陈凤栖来直助防》（光绪二十一年正月），档号：108000101-135。

106.《教士李提摩太有妙法着李鸿章酌办电》（光绪二十一年正月），档号：108000101-136。

107.《着刘坤一饬闪殿魁一军调扎乐亭电》（光绪二十一年正月），档号：108000101-145。

108.《着宋庆与吴大澂会商进剿电》（光绪二十一年正月），档号：108000101-146。

109.《着李鸿章如有由浅河登岸者拿狄即行止法电》（光绪二十一年正月），档号：108000101-147。

110.《着刘坤一饬催聂士成进关电》（光绪二十一年正月），档号：108000101-148。

111.《总署致江督汉纳根所购铁快各船拨归南洋节制电》（光绪二十一年正月），档号：108000101-152。

112.《张邵二使与日使伊藤问答节略乞呈览》（光绪二十一年正月），档号：108000101-169。

113.《寄署直督王文韶一切战守事宜务与刘坤一会商办理电》（光绪二十一年正月），档号：108000101-179。

114.《寄张之洞着严参江西道员刘汝翼电》（光绪二十一年正月），档号：108000101-180。

115.《寄署直督王体察北畿沿海情形筹办镇团电》（光绪二十一年正月），档号：108000101-181。

116.《着李秉衡查明平炮式样交神机营试造电》（光绪二十一年正月），档号：108000101-182。

117.《着李鸿章查验许景澄现购来复枪有无旧物电》（光绪二十一年正

月），档号：108000101-183。

118. 吏科掌印给事中余联沅：《又奏请裁撤胡毓芬粮台片》（光绪二十一年正月），档号：108000101-185。

119. 王文韶：《据苏元春来电欲率劲旅二万北来报效请代奏苏提督有战功》（光绪二十一年正月），档号：108000101-190。

120. 《总署致江督所请洋员汉纳根郎崴理均不能前来电》（光绪二十一年正月），档号：108000101-192。

121. 《电王文韶电悉越界时有游匪滋事苏元春未便远离着毋庸带勇北上由》（光绪二十一年正月），档号：108000101-193。

122. 李鸿章：《又奏请派温处道袁世凯专办前敌粮台转运片》（光绪二十一年正月），档号：108000101-199。

123. 《旨革员叶志超龚照玙着照部议暂监候秋后处决由》（光绪二十一年正月），档号：108000101-200。

124. 许景澄：《电刘坤一李鸿章着王文韶确查覆奏并允刘坤一所请》（光绪二十一年正月），档号：108000101-201。

125. 《晤外部大臣基斯敬致谢并恳其要倭停战电》（光绪二十一年正月），档号：108000101-209。

126. 《陈湜枭司到甜水站并附近各军分扎以备将来会攻凤城》（光绪二十一年正月），档号：108000101-212。

127. 《着张之洞妥办湖北枪炮厂何日开工即电奏由》（光绪二十一年正月），档号：108000101-214。

128. 《着宋庆电复刘盛休坐视不救情形电》（光绪二十一年正月），档号：108000101-215。

129. 《电依克唐阿奖恤伤亡兵丁军饷已饬户部酌办》（光绪二十一年正月），档号：108000101-216。

130. 《香港电澎湖相近见倭兵船六艘至台湾水线》（光绪二十一年正月），

档号：108000101-219。

131. 《着许使景澄赴俄外部称谢电》（光绪二十一年正月），档号：108000101-223。

132. 《着李秉衡督饬各军分路进兵规复各城电》（光绪二十一年正月），档号：108000101-226。

133. 《宋庆吴大澂既与长顺等会攻海城深盼战事得手电》（光绪二十一年正月），档号：108000101-227。

134. 《着谭钟麟设法运解台饷百万电》（光绪二十一年正月），档号：108000101-228。

135. 《着刘坤一王文韶商办聂士成军应扎何处电》（光绪二十一年正月初二日），档号：108000101-229。

136. 《谕李鸿章体察情形度地稳扎坚守旨》（光绪二十一年正月），档号：108000101-008。

137. 裕禄：《报告枭司陈湜与商驻兵顾辽情形电》（光绪二十一年正月初二日），档号：108000101-009。

138. 依克唐阿《奏拟请饬令裕禄东路各军联络援剿电》（光绪二十一年正月初二日），档号：108000101-010。

139. 两江总督张之洞：《谨拟两策以期出奇制胜电》（光绪二十一年正月初二日），档号：108000101-011。

140. 直隶总督：《据刘含芳报称英法等兵船派兵登岸巡夜电》（光绪二十一年正月初二日），档号：108000101-012。

141. 《着刘坤一部署稍定即驰山海关驻扎调度电》（光绪二十一年正月初二日），档号：108000101-013。

142. 《着李鸿章速为布置电》（光绪二十一年正月初二日），档号：108000101-014。

143. 总署：《致北洋大臣饬刘含芳与英领事妥商毋令倭船驶近该口电》

（光绪二十一年正月初二日），档号：108000101-016。

144.《据刘超佩冬至电倭兵已至东盐滩电》（光绪二十一年正月初三日），
档号：108000101-017。

145. 山东巡抚李秉衡：《奏请旨饬总理衙门速行照会英使为倭至烟秉衡必
当开炮轰击电》（光绪二十一年正月初三日），档号：108000101-018。

146. 直隶总督：《据刘含芳报称顷晤英领面告倭船不能到口电》（光绪
二十一年正月初三日），档号：108000101-019。

147. 长顺：《探倭以重兵踞海城势若背城战电》（光绪二十一年正月初三
日），档号：108000101-020。

148. 张之洞：《奏称湖北铜元局若能归南洋经理可免江省另设一局电》
（光绪二十一年正月初三日），档号：108000101-022。

149.《着李鸿章严饬戴宗骞等尽力固守南北炮台电》（光绪二十一年正月
初三日），档号：108000101-033。

150. 长顺：《奏请旨饬下北洋大臣转饬电报局赶紧派员接栈以达军情电》
（光绪二十一年正月初四日），档号：108000101-021。

151. 山东巡抚李秉衡：《奏查明荣成县失守情形折》（光绪二十一年正月
初四日），档号：108000101-034。

152.《寄李鸿章李秉衡倭船如驶近烟台惟当开炮迎击电》（光绪二十一年
正月初四日），档号：108000101-036。

153. 掌湖广道监察御史蒋式芬：《奏敌情诡谲防不胜防请特命偏师进
规彼境庶彼内顾而解海严折》（光绪二十一年正月初六日），档号：
108000101-041。

154. 掌湖广道监察御史蒋式芬：《奏为确访革员委弃旅顺实在情形请旨归
案严讯折》（光绪二十一年正月初六日），档号：108000101-042。

155. 直隶总督：《据戴宗骞刘超佩丁汝昌晤商守台情形折》（光绪二十一
年正月初六日），档号：108000101-041。

156. 掌湖广道监察御史蒋式芬：《奏为确访革员委弃旅顺实在情形请旨归案严讯折》（光绪二十一年正月初六日），档号：108000101-042。

157. 直隶总督：《据戴宗骞刘超佩丁汝昌晤商守台情形折》（光绪二十一年正月初六日），档号：108000101-043。

158. 山东巡抚李秉衡：《奏报刘超佩不坚守走入刘公岛电》（光绪二十一年正月初六日），档号：108000101-044。

159. 山东巡抚李秉衡：《奏遵旨饬令孙万林将谭得胜就军前正法电》（光绪二十一年正月初六日），档号：108000101-045。

160. 直隶总督：《据戴宗骞报称陆路长墙均失倘倭再深入是职道当毕命电》（光绪二十一年正月初六日），档号：108000101-046。

161. 直隶总督：《报称王登云冒险毁台免资敌用奋勇可嘉电》（光绪二十一年正月初六日），档号：108000101-047。

162. "帮办北洋军务"宋庆：《报称王登云冒险毁台免资敌用奋勇可嘉电》（光绪二十一年正月初六日），档号：108000101-049。

163. 掌湖广道监察御史蒋式芬：《奏革员龚照玙委弃旅顺实在情形折》（光绪二十一年正月初六日），档号：108000101-050。

164. 山东巡抚李秉衡：《奏恳旨派拨大枝援兵迅速来东防剿电》（光绪二十一年正月初七日），档号：108000101-048。

165. 刘含芳：《威海炮声乱打不歇想系倭人已来电难为由》（光绪二十一年正月初七日），档号：108000101-055。

166. 直隶总督：《奏请饬陈湜李光久往大高岭接替聂士成之防电》（光绪二十一年正月初七日），档号：108000101-056。

167. 章高元：《闻威海甚急应否抽队回援电》（光绪二十一年正月初八日），档号：108000101-061。

168. 《代奏宋庆请饬高元带所部回援电》（光绪二十一年正月初八日），档号：108000101-062。

169. 《着李鸿章饬孙万林李楹两军迅赴北台协同固守电》（光绪二十一年正月初八日），档号：108000101-063。

170. 直隶总督：《报称倭紧攻北岸祭祀台炮台甚急电》（光绪二十一年正月初九日），档号：108000101-066。

171. 《谕云南巡抚着菘蕃补授现于初八日接受督抚各篆请代奏》（光绪二十一年正月初九日），档号：108000101-068。

172. 山东巡抚李秉衡：《奏请将提督孙万林总兵李楹交部严加议处电》（光绪二十一年正月初九日），档号：108000101-069。

173. 山东巡抚李秉衡：《奏统筹全局似应稳扎莱州一带以固省城门户电》（光绪二十一年正月初九日），档号：108000101-070。

174. 刘坤一：《十三日起程赴关妥筹布置并将滦乐事宜附陈电》（光绪二十一年正月初九日），档号：108000101-072。

175. 《着李鸿章饬聂士成统帅所部进关兼顾北塘以北电》（光绪二十一年正月初九日），档号：108000101-073。

176. 给事中余联沅：《奏请饬密筹直陷日本折》（光绪二十一年正月初九日），档号：108000101-077。

177. 山东海官道刘含芳：《英领事来函请两不开炮以安商民电》（光绪二十一年正月初十日），档号：108000101-001。

178. 刘坤一：《奏定于本月十三日由津起行到关折》（光绪二十一年正月初十日），档号：108000101-085。

179. 直隶总督：《报称日本以我国所赍国书文理不全不能开议电》（光绪二十一年正月十一日），档号：108000101-092。

180. 帮办北洋军务宋庆、吴大澂：《恳恩暂留聂士成缓调进关电》（光绪二十一年正月十一日），档号：108000101-093。

181. 山东巡抚李秉衡：《探闻威海一役戴宗骞到刘公岛即行自尽电》（光绪二十一年正月十一日），档号：108000101-094。

182. 直隶总督:《译张邵两星使致驻京英使电》(光绪二十一年正月十一日),档号:108000101-095。

183. 直隶总督:《奏遵旨预筹防堵各海口必须有三四大枝游击之师方为顺应灵通电》(光绪二十一年正月十一日),档号:108000101-096。

184. 两江总督张之洞:《奏拟借炽大洋行款一百万镑电》(光绪二十一年正月十一日),档号:108000101-098。

185. 总理各国事务衙门和硕恭亲王奕䜣:《奏为息借洋款订立合同折附合同清单各二件》(光绪二十一年正月十二日),档号:108000101-081。

186. 户部左侍郎、署湖南巡抚张荫桓、邵友濂:《奏和战相为表里请旨饬下关内外统兵大员实力防剿以冀事易就范折》(光绪二十一年正月十二日),档号:108000101-082。

187. 掌江南道监察御史张仲炘:《奏为祸机迫近仍请整海军以救危急诛罪帅以便更张折》(光绪二十一年正月十二日),档号:108000101-083。

188. 钦差刘坤一:《奏以防剿事宜仍应设立营务处以资臂助电》(光绪二十一年正月十二日),档号:108000101-097。

189. 《着东抚李秉衡饬丁槐统所部来津听候谕旨电》(光绪二十一年正月十二日),档号:108000101-099。

190. 《着宋庆仍遵前旨即饬聂士成统军入关并即迅饬章高元回东电》(光绪二十一年正月十二日),档号:108000101-101。

191. 宋庆:《奏拟以一人督剿一人督防应请旨饬派专责电》(光绪二十一年正月十二日),档号:108000101-102。

192. 张百熙:《奏为威海已失山东防务吃紧宜速择要布置折》(光绪二十一年正月十三日),档号:108000101-084。

193. 山东巡抚李秉衡:《奏遵旨稳扎莱州电》(光绪二十一年正月十三日),档号:108000101-103。

194. 闽浙总督:《奏恳恩饬部拨百万以济闽急电》(光绪二十一年正月

十三日），档号：108000101-104。

195. 吴大澂：《与宋庆筹商拟令徐邦道十一营回驻芦台电》（光绪二十一年正月十三日），档号：108000101-105。

196. 直隶总督：《奏徐邦道所部多溃卒总以聂士成入关为是电》（光绪二十一年正月十三日），档号：108000101-106。

197. 直隶总督：《报称倭船偷进日岛击沉我军舰鸿保护无方请旨立予罢斥电》（光绪二十一年正月十三日），档号：108000101-107。

198. 王文锦：《奏山东绅士公奉革员张佩纶督办团练折》（光绪二十一年正月十三日），档号：108000101-108。

199. 《寄李鸿章刘公岛失守战船竟至覆没殊堪愤懑电》（光绪二十一年正月十四日），档号：108000101-118。

200. 署理台湾巡抚唐景崧：《奏请饬下号召海内豪杰能夺回失地或助战立功者予以爵赏电》（光绪二十一年正月十四日），档号：108000101-121。

201. 钦差刘坤一：《奏请旨饬令郭宝昌酌带马步队克日北上电》（光绪二十一年正月十五日），档号：108000101-122。

202. 直隶总督：《密陈加给张邵国书似仍无济电》（光绪二十一年正月十五日），档号：108000101-124。

203. 直隶总督：《奏据王之春接许使函知抵俄情形乞转署电》（光绪二十一年正月十五日），档号：108000101-125。

204. 钦差刘坤一：《代奏请旨饬令陈宝箴接办湘军东征粮台电》（光绪二十一年正月十五日），档号：108000101-126。

205. 《旨饬李鸿章应激发天良力图补救电》（光绪二十一年正月十五日），档号：108000101-127。

206. 《着聂士成遵旨入关为李鸿章指臂之助电》（光绪二十一年正月十五日），档号：108000101-128。

207. 庶子戴鸿慈：《奏请严谴李鸿章连拿丁汝昌折》（光绪二十一年正月

十五日），档号：108000101-129。

208. 庶子戴鸿慈：《又奏请畀王文韶以北洋大臣之权片》（光绪二十一年正月十五日），档号：108000101-130。

209. 直隶总督：《据李提摩太称有妙法救目前亦救将来应否允其所请电》（光绪二十一年正月十五日），档号：108000101-131。

210. 钦差刘坤一：《奏布置滦乐一路及山海关大概情形电》（光绪二十一年正月十六日），档号：108000101-132。

211. 《饬许景澄接奉此旨传谕王之春妥慎办理电》（光绪二十一年正月十六日），档号：108000101-133。

212. 《各口冰泮乐亭尤可虑着李鸿章与刘坤一妥商电》（光绪二十一年正月十六日），档号：108000101-134。

213. 《电福润郭宝昌在籍养亲传谕即日来京陛见》（光绪二十一年正月十七日），档号：108000101-137。

214. 帮办北洋大臣王文韶：《文韶于十七日申刻到沪祈代奏》（光绪二十一年正月十七日），档号：108000101-138。

215. 出使大臣一品衔太常寺少卿杨儒：《奏遵旨密陈外洋近日购船情形及查明美国并无军船出售折》（光绪二十一年正月十七日），档号：108000101-139。

216. 四品衔通政使司参议殷如璋：《奏倭患方张北洋海防吃重请速募令西洋保险以固藩篱折》（光绪二十一年正月十七日），档号：108000101-140。

217. 吏科掌印给事中余联沅：《奏北洋应行筹办事宜请旨饬下帮办大臣预为布置折》（光绪二十一年正月十七日），档号：108000101-141。

218. 浙江道监察御史李念兹：《奏直东交界埝子口关系海防紧要宜急添置重兵以固门户折》（光绪二十一年正月十七日），档号：108000101-142。

219. 直隶总督：《沥陈刘公岛炮台及各军舰受敌击毁情形电》（光绪

二十一年正月十七日），档号：108000101-143。

220. 《电寄张荫桓邵友濂即日先回上海》（光绪二十一年正月十七日），
档号：108000101-144。

221. 李鸿章、王文韶：《李鸿章据德璀琳函称谓俄已与英法订约设法调停
电》（光绪二十一年正月十八日），档号：108000101-149。

222. 直隶总督：《据孙金彪报称寇游马至清泉寨烟民迁徙一空电》（光绪
二十一年正月十八日），档号：108000101-150。

223. 山东巡抚李秉衡：《复饬孙万林移扎海阳县要隘以防西窜电》（光绪
二十一年正月十八日），档号：108000101-151。

224. 山东巡抚李秉衡：《钦遵谕旨飞饬孙金彪尽力扼剿电》（光绪二十一
年正月十八日），档号：108000101-153。

225. 许景澄：《王之春十八晚抵德谨遵旨传谕偕赴俄电》（光绪二十一年
正月十九日），档号：108000101-154。

226. 《山东巡抚李秉衡着照部议降二级留任不准抵销》（光绪二十一年正
月二十日），档号：108000101-155。

227. 《寄张之洞等闻有人向倭献计欲隔绝南北连道电》（光绪二十一年正
月二十日），档号：108000101-156。

228. 《着张之洞等严催李占椿十五营迅速到东电》（光绪二十一年正月
二十日），档号：108000101-157。

229. 直隶总督：《据刘含芳报称丁提督等均在威尽难电》（光绪二十一年
正月二十日），档号：108000101-158。

230. 革职留任大学士直隶总督、帮办大臣云贵总督李鸿章、王文韶：
《奏为铁路运兵关系紧要常年修养需费仍请由部酌拨的款折》（光绪
二十一年正月二十一日），档号：108000101-159。

231. 张仁辅、曹鸿勋：《奏为前敌得力劲兵不宜撤退致误大局折》（光绪
二十一年正月二十一日），档号：108000101-160。

232. 《旨据宋庆奏查明叶志超一军在成欢接仗情形着吏部分别照奖撤销由》（光绪二十一年正月二十一日），档号：108000101-161。

233. 《着李鸿章将丁汝昌等从客尽节是否确实查奏电》（光绪二十一年正月二十一日），档号：108000101-162。

234. 《着宋庆派兵策应依克唐阿电》（光绪二十一年正月二十一日），档号：108000101-163。

235. 《电张之洞前据电奏请饬冯子材昭勇赴江南办防成军否即电复》（光绪二十一年正月二十一日），档号：108000101-164。

236. 《总署致杨使查询德美俄是否有此助剿之议电》（光绪二十一年正月二十一日），档号：108000101-165。

237. 张荫桓、邵友濂：《二使奉国书至广岛日使以使权不足不能开议电》（光绪二十一年正月二十一日），档号：108000101-166。

238. 《张荫桓等照译日廷东文敕乞呈阅》（光绪二十一年正月二十一日），档号：108000101-167。

239. 《张邵二使节译伊藤英文说帖乞呈览》（光绪二十一年正月二十一日），档号：108000101-171。

240. 张荫桓：《张荫桓致总署称此时机局敕书最要电》（光绪二十一年正月二十一日），档号：108000101-172。

241. 直隶总督：《据张侍郎称此次与伊藤互换敕书伊藤不允开议情形电》（光绪二十一年正月二十一日），档号：108000101-173。

242. 直隶总督：《据张侍郎称伊藤愿中国所派爵位相埒始能开议电》（光绪二十一年正月二十一日），档号：108000101-174。

243. 《电张荫桓邵友濂来电已进呈希在沪暂留庶日听候谕旨》（光绪二十一年正月二十一日），档号：108000101-175。

244. 《着李鸿章务须即日布置成行之谕旨》（光绪二十一年正月二十一日），档号：108000101-176。

245. "帮办北洋军务"宋庆、吴大澂：《宋吴二帮办互筹克复海城电》（光绪二十一年正月二十一日），档号：108000101-177。

246. 杨儒：《恳以拟赔倭费联络英俄请助剿电》（光绪二十一年正月二十一日），档号：108000101-178。

247. 《张荫桓等照译伊藤陆奥面递东文节略乞呈览》（光绪二十一年正月二十二日），档号：108000101-168。

248. 《张邵二使节译驳复伊藤函乞呈览》（光绪二十一年正月二十二日），档号：108000101-170。

249. 龚照瑗：《望外部告庆常已与英俄商极力调处且滇界已定电》（光绪二十一年正月二十二日），档号：108000101-186。

250. 《沪局电俄主自愿与英主出为和解》（光绪二十一年正月二十二日），档号：108000101-187。

251. 李鸿章：《查舰虽未全沉而陷在贼中势必掳去电》（光绪二十一年正月二十二日），档号：108000101-188。

252. 两江总督张之洞：《今欲急练海军以为远图非用洋将郎威理为水师提督不可电》（光绪二十一年正月二十二日），档号：108000101-189。

253. 两江总督张之洞：《拟用洋将汉纳根练重兵一枝以备援急电》（光绪二十一年正月二十二日），档号：108000101-191。

254. 北洋大臣"李鸿章"：《奏兵舰在威海情形并请优恤丁汝昌折》（光绪二十一年正月二十三日），档号：108000101-194。

255. 北洋大臣：《奏倭愿速定议原由折》（光绪二十一年正月二十三日），档号：108000101-195。

256. 张荫桓：《节录参赞伍廷芳与伊藤问答》（光绪二十一年正月二十三日），档号：108000101-196。

257. 《总署致张荫桓等此次日本不允开议非该侍郎之咎电》（光绪二十一年正月二十三日），档号：108000101-197。

258. 李鸿章：《奏报前敌谨要军情折》（光绪二十一年正月二十三日），档号：108000101-198。

259. 北洋大臣"李鸿章"：《代奏王使抵俄贺新皇即位电》（光绪二十一年正月二十四日），档号：108000101-202。

260. 刘坤一：《沥陈各军调守情形电》（光绪二十一年正月二十四日），档号：108000101-203。

261. 《旨戴宗骞着照道员阵亡例议恤由》（光绪二十一年正月二十四日），档号：108000101-204。

262. 两江总督张之洞：《代奏冯子材募粤勇十营自钦州由内地行走至镇江须四十日》（光绪二十一年正月二十五日），档号：108000101-205。

263. 张荫桓、邵友濂：《奏遵旨回京并邵友濂请病假谨电奏乞代奏》（光绪二十一年正月二十五日），档号：108000101-206。

264. 山东巡抚李秉衡：《如有倭马队希图进烟即行决战万勿堕其诡计电》（光绪二十一年正月二十五日），档号：108000101-207。

265. 杨儒：《遵旨详复美俄情形电乞代奏》（光绪二十一年正月二十五日），档号：108000101-211。

266. 杨儒：《国书译稿告外部转达并请酌定相助办法电》（光绪二十一年正月二十六日），档号：108000101-208。

267. 北洋大臣"李鸿章"：《王之春电奏前议为德阻现宜兼顾》（光绪二十一年正月二十六日），档号：108000101-210。

268. 《现军务方殷着江督将选将练兵筹款购械实力筹办电》（光绪二十一年正月二十六日），档号：108000101-213。

269. 许景澄：《译基斯敬语气有禁倭占地之意请代奏电》（光绪二十一年正月二十六日），档号：108000101-217。

270. 山东巡抚"李秉衡"：《拟俟李占椿等军到合力并攻荣城威海电》（光绪二十一年正月二十七日），档号：108000101-218。

271. "帮办北洋军务""宋庆""吴大澂"：《派铭毅等军往攻太平山电》（光绪二十一年正月二十七日），档号：108000101-220。

272. 王文韶：《奏接署北洋大臣兼直隶总督日期折》（光绪二十一年正月二十七日），档号：108000101-221。

273. 王文韶：《又奏查明埕子口驻扎各军片》（光绪二十一年正月二十七日），档号：108000101-222。

274. 《着谭钟麟饬唐抚督率刘永福严防电》（光绪二十一年正月二十七日），档号：108000101-224。

275. 两江总督张之洞：《奏英俄法皆愿调停中倭事惟德只肯与闻电》（光绪二十一年正月二十八日），档号：108000101-225。

276. 北洋大臣"李鸿章"：《登州报八角口湾子口等地倭船向登驶来已备剿电》（光绪二十一年正月二十九日），档号：108000101-231。

277. 《总署致美使田贝信》（光绪二十一年正月三十日），档号：108000101-260。

278. 将军依克唐阿：《奏威海失守大局摇动恳宽拨军饷添兵讨贼折》（光绪二十一年正月三十日），档号：108000101-230。

279. 《寄李鸿章电悉敌船驶向登州着饬夏辛玉严防由》（光绪二十一年正月三十日），档号：108000101-232。

280. 南洋大臣"张之洞"：《奏应急需惟有向外洋行订购枪炮可多且速折》（光绪二十一年二月初一日），档号：108000101-233。

281. 依克唐阿：《奏威海失守请拨军饷折》（光绪二十一年二月初一日），档号：108000101-234。

282. 《电依克唐阿会攻亮甲山仍当会合各军设法攻剿由》（光绪二十一年二月初一日），档号：108000101-235。

283. 《总署致电宋庆恐倭窜扰各口冀战胜以牵贼势电》（光绪二十一年二月），档号：108000101-245。

284. 《着王文韶即责成聂士成整顿布置屏护京畿电》（光绪二十一年二月），档号：108000101-247。

285. 《着宋庆传知进剿亮甲山各军阵亡参将刘云桂等交部优恤电》（光绪二十一年二月），档号：108000101-249。

286. 《着长顺当先其所急就近移扎要隘助守辽阳电》（光绪二十一年二月），档号：108000101-250。

287. 《沈阳根本重地着宋吴等速行合力拯救电》（光绪二十一年二月），档号：108000101-251。

288. 《着宋庆吴大澂辽阳吃紧饬长顺就近援应电》（光绪二十一年二月），档号：108000101-255。

289. 《特授李鸿章议和全权敕书》（光绪二十一年二月），档号：108000101-259。

290. "帮办北洋军务"宋庆、吴大澂：《奏遵旨严防海城踞贼乘隙他扰电》（光绪二十一年二月），档号：108000101-261。

291. 钦差刘坤一：《遵旨饬陈湜星速往援辽阳请代奏电》（光绪二十一年二月），档号：108000101-262。

292. 《又奏陈湜统兵畏缩不前请严饬长顺协剿片》（光绪二十一年二月），档号：108000101-268。

293. 《又奏丁汝昌死绥情节可疑片》（光绪二十一年二月），档号：108000101-269。

294. 《电龚照瑗义国愿助中国》（光绪二十一年二月），档号：108000101-270。

295. 《着李鸿章查刘公岛失守丁汝昌死事情形详细覆奏电》（光绪二十一年二月），档号：108000101-271。

296. 《电李秉衡美使接日本电云须抵长门再订晤期》（光绪二十一年二月），档号：108000101-275。

297. 《李鸿章所赁英商船计即可到行期定后即电》（光绪二十一年二月），
    档号：108000101-276。

298. 《着刘坤一等筹调援兵驰赴营口助剿电》（光绪二十一年二月），
    108000101-277。

299. 《着宋庆与吴大澂饬各军尽力堵遏电》（光绪二十一年二月），档号：
    108000101-278。

300. 《着长顺依克唐阿联络声势共保危城电》（光绪二十一年二月），档
    号：108000101-279。

301. 刘坤一：《又奏调李占椿十五营赴埕子口协防由》（光绪二十一年二
    月），档号：108000101-281。

302. 王文韶：《奏请广设西安至襄阳电线折》（光绪二十一年二月），档
    号：108000101-282。

303. 王文韶：《又奏选勇练兵保护租界片》（光绪二十一年二月），档号：
    108000101-283。

304. 《着裕禄确探牛庄田庄西路军情电》（光绪二十一年二月），档号：
    108000101-288。

305. 《此次贼窜牛庄乘虚龚踞营口宋庆吴大成咎无可辞均着交部议处电》
    （光绪二十一年二月），档号：108000101-290。

306. 龚照瑗：《报告行程并乞赐电寄法电》（光绪二十一年二月），档号：
    108000101-298。

307. 《寄户部据唐景崧电请饬借款由户部拨电》（光绪二十一年二月），
    档号：108000101-304。

308. 《总署致宋庆马玉崑战胜有功着交军机处存记电》（光绪二十一年二
    月），档号：108000101-305。

309. 《着王文韶与刘崑一商酌饬丁槐一军或令驻海关一带以厚兵力电》
    （光绪二十一年二月），档号：108000101-306。

310. 张之洞：《奏委总兵吴树勋总统南洋兵轮片》（光绪二十一年二月），档号：108000101-323。

311. 余联沅：《奏参吴大澂大言无实请撤去帮办军务差使片》（光绪二十一年二月），档号：108000101-324。

312. 《着宋庆总以海城以南相机堵御为要电》（光绪二十一年二月），档号：108000101-326。

313. 唐景崧：《奏请总署商之各公使转饬各兵轮勿入口电》（光绪二十一年二月），档号：108000101-335。

314. 高燮曾：《冯子材俟到江南应否令其北上候旨行由》（光绪二十一年二月），档号：108000101-337。

315. 《奏条陈军务折》（光绪二十一年二月），档号：108000101-338。

316. 《电王文韶李秉衡分探诡谋倭船》（光绪二十一年二月），档号：108000101-339。

317. 《着唐景崧确查澎湖所停法船是否假冒电》（光绪二十一年二月），档号：108000101-341。

318. 《现有倭船多只出马关北窥着刘坤一饬各炮台严防电》（光绪二十一年二月），档号：108000101-343。

319. 《电张之洞娄云庆着带三营北上由》（光绪二十一年二月），档号：108000101-344。

320. 《着宋庆与长顺各营互相策应以固边防电》（光绪二十一年二月），档号：108000101-345。

321. 《电刘坤一王文韶严防大沽北塘一带倭船》（光绪二十一年二月），档号：108000101-358。

322. 安徽巡抚福润：《郭宝昌由怀远寄籍起程须复临淮整理车辆已催速行》（光绪二十一年二月初二日），档号：108000101-239。

323. "帮办北洋军务"宋庆：《沥陈鏖战伤腰情形仍指挥各统将速为整顿

以待再举电》（光绪二十一年二月初二日），档号：108000101-240。

324. 吴大澂：《奏请旨饬唐仁廉派兵固守辽沈门户臣与宋庆合力防守营口电》（光绪二十一年二月初二日），档号：108000101-241。

325. 两江总督"张之洞"：《奏请借洋款务恳圣恩敕部由各省关认还电》（光绪二十一年二月初二日），档号：108000101-242。

326. 龚照瑷：《晤金外部商让土地情形电》（光绪二十一年二月初二日），档号：108000101-243。

327. 《着刘坤一督饬各营分路进剿电》（光绪二十一年二月初二日），档号：108000101-236。

328. 《着张之洞准借炽大金镑订购军火电》（光绪二十一年二月初二日），档号：108000101-237。

329. 《龚使探俄使持俄主电密告庆常俄法美有保大局杜侵占之约电》（光绪二十一年二月初二日），档号：108000101-238。

330. 署直隶总督王文韶：《拟照李鸿章等原奏令聂士成作为津沽游击之师电》（光绪二十一年二月初三日），档号：108000101-244。

331. 两江总督张之洞：《拟设一权宜之方以台湾作保请英派兵轮保护请代奏电》（光绪二十一年二月初三日），档号：108000101-246。

332. 长顺《据徐庆璋呈报贼已逼辽南可否饬吴大澂赴援电》（光绪二十一年二月初五日），档号：108000101-248。

333. 依克唐阿：《沥陈各军与倭战守情形电》（光绪二十一年二月初六日），档号：108000101-252。

334. "帮办北洋军务"宋庆：《连接辽阳大高岭告急电》（光绪二十一年二月初六日），档号：108000101-253。

335. 吴大澂：《请暂留徐邦道李光久会攻海城乞代奏》（光绪二十一年二月初六日），档号：108000101-254。

336. 奕劻等：《奏敌情叵测时势阽危李鸿章自应迅赴长门会议折》（光绪

二十一年二月初七日），档号：108000101-256。

337. 钦差大臣李鸿章：《奏遵旨驰赴日本议约预筹大略情形折附上谕》（光绪二十一年二月初七日），档号：108000101-257。

338. 翰林院掌院学士宗室麟书：《代编修黄绍基等奏割地之举尤有不可行折》（光绪二十一年二月初七日），档号：108000101-258。

339. 裕禄：《奏报辽阳万紧亟应规复海城以固辽阳门户电》（光绪二十一年二月初八日），档号：108000101-263。

340. 龚照瑗：《奏与外部订递期义国与英一气附英全权国书英文电》（光绪二十一年二月初八日），档号：108000101-264。

341. 许景澄：《是否准佩俄国赠之宝星请速复》（光绪二十一年二月初九日），档号：108000101-265。

342. "帮办北洋军务"宋庆：《奏报牛庄失守迅率全队北援辽沈西防锦州电》（光绪二十一年二月初九日），档号：108000101-266。

343. 余联沅：《奏和不可恃请饬刘坤一王文韶豫筹战守折》（光绪二十一年二月初十日），档号：108000101-267。

344. "帮办北洋军务"宋庆：《奏报牛庄之守田庄之防尤为吃重惟有督饬严守电》（光绪二十一年二月初十日），档号：108000101-272。

345. 两江总督张之洞：《奏拟请饬北洋大臣速添办电线以通军情电》（光绪二十一年二月初十日），档号：108000101-273。

346. 台湾巡抚唐景崧：《奏请旨饬令林维源等借均饷百万两电》（光绪二十一年二月初十日），档号：108000101-274。

347. 刘坤一：《奏布置山海关及东西各路防务折》（光绪二十一年二月十一日），档号：108000101-280。

348. 《寄谭继洵等转饬地方官妥为保护各路电线上谕》（光绪二十一年二月十一日），档号：108000101-285。

349. 《电刘坤一着该大臣谕各将领互相联络以收夹击之效》（光绪二十一

年二月十一日），档号：108000101-286。

350. 《着张之洞详细具覆押款保台有无确切办法电》（光绪二十一年二月
　　　十一日），档号：108000101-287。

351. 王文韶：《据袁世凯电营口失守宋庆派队往援恐难及电》（光绪
　　　二十一年二月十一日），档号：108000101-291。

352. 李秉衡：《奏收复宁海文登两城情形折》（光绪二十一年二月十二
　　　日），档号：108000101-289。

353. 大学士李鸿章：《李鸿章定于十九日由津登轮计四日可到马关电》
　　　（光绪二十一年二月十二日），档号：108000101-292。

354. 李鸿章《李鸿章于华二月二十三到马关请总署酌覆田贝电》（光绪
　　　二十一年二月十三日），档号：108000101-293。

355. 依克唐阿：《依克唐阿迅率所部攻剿吉峒峪以固辽阳门户电》（光绪
　　　二十一年二月十三日），档号：108000101-294。

356. "帮办北洋军务"宋庆：《报告督率马玉崑宋得胜等在田庄台附近与
　　　倭血战得胜电》（光绪二十一年二月十三日），档号：108000101-295。

357. 刘坤一：《禀遵圣训豫为部勒谆谕诸将联络声援勉图报称电》（光绪
　　　二十一年二月十三日），档号：108000101-296。

358. 李鸿章：《报乘坐德船赴马关望函田使转致电》（光绪二十一年二月
　　　十三日），档号：108000101-297。

359. 两江总督张之洞：《遵旨覆陈押款保台惟探询外部方能得其真际电》
　　　（光绪二十一年二月十三日），档号：108000101-299。

360. 两江总督、台湾巡抚张之洞、唐景崧：《台抚唐会商捣巢截寇情形
　　　电》（光绪二十一年二月十三日），档号：108000101-300。

361. "帮办北洋军务"宋庆：《沥陈田庄不守情形应请严议电》（光绪
　　　二十一年二月十三日），档号：108000101-301。

362. 裕禄：《奏恳饬下宋庆飞饬该两军速筹援顾以维大局电》（光绪二十一

年二月十三日），档号：108000101-302。

363. 翰林院掌院学士宗室麟书、徐桐：《代翰林院编修奏请于和议未开时早定大计折》（光绪二十一年二月十四日），档号：108000101-307。

364. 李鸿章：《十七晚登舟十八开驶随有文武员弁三十三人请代奏并知照田贝》（光绪二十一年二月十五日），档号：108000101-303。

365. 海军衙门奕䜣、奕劻、李鸿章、刘崑一：《奏海军情形今昔不同遵旨更定章程折》（光绪二十一年二月十六日），档号：108000101-308。

366. 海军衙门奕䜣、奕劻、李鸿章、刘崑一：《奏颐和园岁修与去岁北洋各船制备费用片》（光绪二十一年二月十六日），档号：108000101-309。

367. 海军衙门：《奏驻跸颐和园轮船电灯均归神机营一律伺候片》（光绪二十一年二月十六日），档号：108000101-310。

368. "许景澄"：《俄国回覆必竭力劝成和议电乞代奏》（光绪二十一年二月十六日），档号：108000101-311。

369. "龚照瑗"：《庆常随同往法外部商事电》（光绪二十一年二月十六日），档号：108000101-312。

370. "帮办北洋军务"宋庆：《谨陈与吴大澂商扼守之计电》（光绪二十一年二月十六日），档号：108000101-313。

371. 胡燏芬：《奏请饬吴退锦州收拾遗烬徐图电》（光绪二十一年二月十六日），档号：108000101-314。

372. 《着裕禄传谕陈湜一军仍扎大高岭分水岭等处电》（光绪二十一年二月十六日），档号：108000101-315。

373. 《着刘坤一饬各军严备倭由水路扑犯海口电》（光绪二十一年二月十六日），档号：108000101-316。

374. 署理直隶总督王文韶：《署直督王请旨饬宋庆扼石山站吴大澂退守锦州电》（光绪二十一年二月十六日），档号：108000101-317。

375. 许景澄：《德国愿中日二国讲和所索不宜太过电》（光绪二十一年二

月十六日），档号：108000101-318。

376. 刘坤一：《祈电饬吴大澂与宋庆和衷商榷以济时局电》（光绪二十一年二月十八日），档号：108000101-319。

377. 宋庆：《拟就驻守间阳驿电》（光绪二十一年二月十八日），档号：108000101-320。

378. 裕禄：《遵旨探明辽阳附近各军扼扎御敌情形电》（光绪二十一年二月十八日），档号：108000101-321。

379. 《着宋庆吴大澂仍应督率各军进扎东路为进剿之地电》（光绪二十一年二月十八日），档号：108000101-322。

380. 《着吴大澂即移扎锦州电》（光绪二十一年二月二十日），档号：108000101-325。

381. 李秉衡：《奏谨陈收复荣城及现办防务情形折》（光绪二十一年二月二十日），档号：108000101-327。

382. 龚照瑗：《今早抵义晤外部电》（光绪二十一年二月二十日），档号：108000101-328。

383. 《旨吴大澂疏于调度着交部议处电》（光绪二十一年二月二十一日），档号：108000101-329。

384. 《着裕禄探报近日海城贼势如何即电覆》（光绪二十一年二月二十一日），档号：108000101-330。

385. 《总署致宋庆本日已收吴大澂撤去帮办湘军交魏光焘接统电》（光绪二十一年二月二十一日），档号：108000101-331。

386. "张之洞"：《奏筹冯子材率部北上江云庆速募湘军十营赴援电》（光绪二十一年二月二十二日），档号：108000101-332。

387. 刘坤一：《奏遵旨饬魏光焘与宋庆筹商办理电》（光绪二十一年二月二十二日），档号：108000101-333。

388. 吴大澂：《奏请责令魏光焘接统专令布置湘鄂各军锦州防务仍归刘坤一

节制乞代奏》（光绪二十一年二月二十二日），档号：108000101-334。

389. 宋庆：《奏遵查刘盛休上年蒲石河溃退情形折》（光绪二十一年二月二十三日），档号：108000101-336。

390. 李鸿章：《总署以贼趋重南路着刘坤一宋庆预筹严防电》（光绪二十一年二月二十四日），档号：108000101-340。

391. 《报廿三辰抵马关廿四申齐集公所互阅敕书电》（光绪二十一年二月二十四日），档号：108000101-342。

392. 《总署致王文韶等战事难停关内铁路尤应设法保护电》（光绪二十一年二月二十四日），档号：108000101-346。

393. "唐景崧"：《恒春见倭轮十余艘澎湖西岭复见倭轮五艘电》（光绪二十一年二月二十六日），档号：108000101-347。

394. 杨儒：《奏与美国换约日期折》（光绪二十一年二月二十六日），档号：108000101-348。

395. 《着张之洞迅催前派七营到防驻守电》（光绪二十一年二月二十六日），档号：108000101-349。

396. 《旨宋庆着加恩改为革职留任由》（光绪二十一年二月二十六日），档号：108000101-351。

397. 台湾巡抚唐景崧：《唐景崧遵旨饬刘永福援恒电》（光绪二十一年二月二十六日），档号：108000101-354。

398. 台湾巡抚"唐景崧"：《本日倭轮十二只犯澎湖我军力战电》（光绪二十一年二月二十七日），档号：108000101-352。

399. 台湾巡抚"唐景崧"：《与元丰顺订商借款三百万以应急需电》（光绪二十一年二月二十七日），档号：108000101-353。

400. 两江总督张之洞：《恳将朝廷规画大端一并宣饬南洋知之俾便豫筹电》（光绪二十一年二月二十八日），档号：108000101-355。

401. 台湾巡抚唐景崧：《报南路竟日闻炮声正力战似未失电》（光绪

二十一年二月二十八日），档号：108000101-356。

402. 王文韶：《报近日津沽一带并无倭船游弋电》（光绪二十一年二月

二十八日），档号：108000101-357。

403. 《着刘坤一确探津沽口外有无倭船来往加意严防电》（光绪二十一年

二月二十九日），档号：108000101-359。

404. 光绪帝：《电谕许景澄在德厂订造最坚固之船需费若干切实查明由》

（光绪二十一年七月初一日　己亥），档号：108000104-001。

405. 光绪帝：《谕江南布政使陈湜补由》（光绪二十一年七月），档号：

108000104-036。

406. 光绪帝：《电谕许景澄着商罗拔极力核实由》（光绪二十一年七月），

档号：108000104-037。

407. 光绪帝：《谕浙江按察使吴承潞补由》（光绪二十一年七月），档号：

108000104-038。

408. 裕禄：《奏遵筹时务分析覆奏折》（光绪二十一年七月），档号：

108000104-039。

409. 光绪帝：《谕裕禄依克唐阿不必遇事猜疑并督饬地方官妥为经理由》

（光绪二十一年七月），档号：108000104-040。

410. 光绪帝：《谕广东汉路张春登补由》（光绪二十一年七月），档号：

108000104-041。

411. 《其悬恐不在野山小处》（光绪二十一年七月），档号：108000104-

045。

412. 龚照瑗：《电奏沙未会面晤后再电》（光绪二十一年七月），档号：

108000104-049。

413. 光绪帝：《旨德寿调江西巡抚湖南巡抚陈宝箴捕前抚德馨经张之洞奏

参革职由》（光绪二十一年七月），档号：108000104-075。

414. 光绪帝：《旨陕西巡抚湖聘之补由》（光绪二十一年七月），档号：

108000104-076。

415. 《电谕恩泽令长顺回吉林将军本任恩泽给长顺以任复再行交谢赴黑龙江将军任由》（光绪二十一年七月），档号：108000104-083。

416. 光绪帝：《电谕依克唐阿严守倭人妥慎设防由》（光绪二十一年七月），档号：108000104-084。

417. 光绪帝：《电旨刘督覆英使当帖服由》（光绪二十一年七月），档号：108000104-085。

418. 光绪帝：《旨许景澄四品户部郎中庆常赏二品贤以五品京堂后补充法国由》（光绪二十一年七月），档号：108000104-089。

419. 光绪帝：《旨胡聘之补山西巡抚陕西巡抚魏光焘补黄槐森补云南巡抚由前署抚张照出缺由》（光绪二十一年七月），档号：108000104-090。

420. 光绪帝：《旨广西布政使浙督用补由》（光绪二十一年七月），档号：108000104-092。

421. 光绪帝：《电谕许景澄伦敦存款提付龚照瑗交与日本驻英使臣由》（光绪二十一年七月），档号：108000104-093。

422. 光绪帝：《电龚照瑗第一期应交日本五千万两由》（光绪二十一年七月），档号：108000104-094。

423. 管廷献：《奏东三省宜及时举办此改折》（光绪二十一年七月），档号：108000104-095。

424. 庆常：《俄法外部告倭退辽县三个月加费三千万已定议》（光绪二十一年七月），档号：108000104-098。

425. 光绪帝：《电谕许景澄转庆常即告法外部极力帮助电》（光绪二十一年七月），档号：108000104-099。

426. 鹿传霖：《奏英教案抢毁教堂者设法拿办借以销案电》（光绪二十一年七月），档号：108000104-104。

427. 《旨浙江布政使刘锡庆补恽祖翼补湖北布政使由》（光绪二十一年七

月），档号：108000104-105。

428. 《沙电询印督如中国允商再告知地名边界》（光绪二十一年七月），档号：108000104-026。

429. 光绪帝：《电谕依克唐阿于荫霖赏三品顶戴并来京预备召见由》（光绪二十一年七月），档号：108000104-108。

430. 许道星翼：《奏请饬即行正法七犯以示严肃》（光绪二十一年七月），档号：108000104-111。

431. 光绪帝：《电谕许景澄归辽事前所三国供日延覆三日即详电复由》（光绪二十一年七月），档号：108000104-112。

432. 魏光焘：《电奏关防亦薄请拟移营入关以重汛地电》（光绪二十一年七月），档号：108000104-116。

433. 光绪帝：《电谕裕珍广东陆路提督暂归裕珍节制由》（光绪二十一年七月初二日），档号：108000104-002。

434. 云贵总督：《电奏尊谕催派往两乌交地委员赶速到界》（光绪二十一年七月初二日），档号：108000104-003。

435. 许景澄：《电奏罗拔称日德又议交赔费情形》（光绪二十一年七月初三日　辛丑），档号：108000104-004。

436. 杨儒：《电奏探美前电田使意在查明秉公办理》（光绪二十一年七月初三日　辛丑），档号：108000104-005。

437. 袁世凯：《奏谨拟条陈事件折》（光绪二十一年七月初三日　辛丑），档号：108000104-006。

438. 李鸿章：《奏倭使来津无其先行来京覆命折》（光绪二十一年七月初四日　壬寅），档号：108000104-008。

439. 光绪帝：《谕李鸿章准倭使来京由》（光绪二十一年七月初四日　壬寅），档号：108000104-009。

440. 湖北布政使王之春：《奏谨拟时务八条折》（光绪二十一年七月初四

日　壬寅），档号：108000104-010。

441. 光绪帝：《谕许景澄务与罗拔悉心密商使辽地早归赔费悉去方为安善电》（光绪二十一年七月初四日　壬寅），档号：108000104-011。

442. 光绪帝：《谕许景澄趁机与德定议并交首二期兵费由》（光绪二十一年七月初四日　壬寅），档号：108000104-012。

443. 庆裕、边宝泉：《电奏领事所拟办法七条诸多窒碍》（光绪二十一年七月初五日　癸卯），档号：108000104-013。

444. 余联沅：《奏北洋关系重大李鸿章不宜回任折》（光绪二十一年七月初五日　癸卯），档号：108000104-014。

445. 余联沅：《奏俄路矿务需约人接作片》（光绪二十一年七月初五日　癸卯），档号：108000104-015。

446. 余联沅：《奏归还不宜添费不宜先期交款片》（光绪二十一年七月初五日　癸卯），档号：108000104-016。

447. 庆裕：《电奏唐仁廉军派舒除玉皮大霖各分统营折》（光绪二十一年七月初六日　甲辰），档号：108000104-029。

448. 张之洞：《奏遵旨保荐人才折》（光绪二十一年七月初六日　甲辰），档号：108000104-017。

449. 张之洞：《奏芜湖教堂赔款诸广限五年拟赔片》（光绪二十一年七月初六日　甲辰），档号：108000104-018。

450. 张之洞：《奏江南增勇次第裁汰片》（光绪二十一年七月初六日　甲辰），档号：108000104-019。

451. 张之洞：《奏请申明约章西例需经官查无碍方准税契折》（光绪二十一年七月初六日　甲辰），档号：108000104-020。

452. 署理两江总督湖广总督张之洞：《奏请合留江省专济北军饷需南饷并不分用折》（光绪二十一年七月初六日　甲辰），档号：108000104-021。

453. 道英、鹿传霖：《奏古田案赔款英美两国未结折》（光绪二十一年七

月初八日　丙午），档号：108000104-007。

454. 张之洞：《密陈俄国建造西伯利亚铁路意在网罗亚州东方贸易电》（光绪二十一年七月初八日　丙午），档号：108000104-022。

455. 光绪帝：《谕李鸿章留京入阁办事并王文韶补直隶总督兼充北洋大臣由》（光绪二十一年七月初八日　丙午），档号：108000104-023。

456. 光绪帝：《谕王文韶体念时艰力图振作一洗积习由》（光绪二十一年七月初八日　丙午），档号：108000104-024。

457. 张之洞：《奏奉旨筹议倭约第六条补救办法谨拟十九条折》（光绪二十一年七月初九日　丁未），档号：108000104-025。

458. 编修丁立钧：《奏条陈时务折》（光绪二十一年七月初九日　丁未），档号：108000104-027。

459. 《电奏古田案相关情形折》（光绪二十一年七月初十日　戊申），档号：108000104-028。

460. 鹿传霖、讷钦：《奏请调棍勒札拉参赴茂开导众折》（光绪二十一年七月初十日　戊申），档号：108000104-030。

461. 光绪帝：《谕杨昌濬传知呼图克图迅即前往由》（光绪二十一年七月初十日　戊申），档号：108000104-031。

462. 光绪帝：《谕李鸿章王文韶按照张之洞拟各节悉心妥筹电》（光绪二十一年七月初十日　戊申），档号：108000104-032。

463. 许景澄：《电奏遵旨详商罗拔详商赔费情形电》（光绪二十一年七月初十日　戊申），档号：108000104-033。

464. 依克唐阿：《奏请约期中日交俘情形电》（光绪二十一年七月十二日　庚戌），档号：108000104-034。

465. 王文韶：《奏遵旨议覆应办各件以银行俄路为始基折》（光绪二十一年七月十二日　庚戌），档号：108000104-035。

466. 吴大澂：《奏遵旨覆陈变通事宜折》（光绪二十一年七月十二日　庚

戌），档号：108000104-078。

467. 户部：《奏遵覆恩泽请开办边荒矿物折》（光绪二十一年七月十二
日　庚戌），档号：108000104-079。

468. 吉林将军：《奏俄人乘轮来吉拟商办松花江各处章程折》（光绪
二十一年七月十三日　辛亥），档号：108000104-042。

469. 伊犁将军长庚：《奏领事来商俄国派兵往吐鲁番电》（光绪二十一年
七月十四日　壬子），档号：108000104-043。

470. 王文韶：《奏津海关道盛宣怀创办西学堂奏明立案折》（光绪二十一
年七月十四日　壬子），档号：108000104-080。

471. 龚照瑗：《详告之清达沙屯欧山允瑗回署接盐电》（光绪二十一年七
月十五日　癸丑），档号：108000104-044。

472. 徐庆、漳宗：《奏边防枪案屡出倭人占地请严饬所部妥密备约折》
（光绪二十一年七月十五日　癸丑），档号：108000104-081。

473. 光绪帝：《旨赵纾□切实筹度由》（光绪二十一年七月十六日　甲
寅），档号：108000104-046。

474. 光绪帝：《旨缅约定野人山界岂容再议谕龚照瑗明告外部由》（光绪
二十一年七月十六日　甲寅），档号：108000104-047。

475. 四川总督鹿传霖：《奏附参各员此案仅议处未必即允结电》（光绪
二十一年七月十六日　甲寅），档号：108000104-086。

476. 粤海关监督：《奏与法督互商搜捕越匪情形电》（光绪二十一年七月
十六日　甲寅），档号：108000104-106。

477. 许景澄：《奏遵旨与罗拔商赔情形电》（光绪二十一年七月十七
日　乙卯），档号：108000104-048。

478. 宋庆：《奏布置饬拟海日防务折》（光绪二十一年七月十七日　乙
卯），档号：108000104-082。

479. 赓音：《奏请拟望知照绅使准赓照办应有俄权办理电》（光绪二十一

年七月十七日　乙卯），档号：108000104-087。

480. 龚照瑗：《驻倭法使电退辽英愿与华和商并劝解船使议铁路事请速办》（光绪二十一年七月十七日　乙卯），档号：108000104-088。

481. 庆常：《报告辽费三千万之数业经三国议定电》（光绪二十一年七月二十六日　甲子），档号：108000104-100。

482. 恭寿、鹿传霖、刘秉章：《奏法国教案先行议结折》（光绪二十一年七月二十六日　甲子），档号：108000104-101。

483. 徐世昌：《奏参李鸿章交通外夷饬令回籍折》（光绪二十一年七月二十七日　乙丑），档号：108000104-109。

484. 刘坤一：《电奏拟在周兰亭添募炮队饬即裁撤以节费电》（光绪二十一年七月二十九日　丁卯），档号：108000104-113。

485. 《密孔庚二十五到东二十八会外部西园候定期递国书》（光绪二十一年七月二十九日　丁卯），档号：108000104-114。

486. 龚照瑗：《电奏沥陈与美议界为难另设办法电》（光绪二十一年七月三十日　戊辰），档号：108000104-115。

487. 志锐、重欢：《奏需饷孔亟敬陈管见折》（光绪二十一年八月初一日　己巳），档号：108000104-117。

488. 刘坤一：《奏密保堪胜军务人员折》（光绪二十一年八月），档号：108000104-118。

489. 刘坤一：《奏还辽偿款三千万势难再减电》（光绪二十一年八月二十七日　乙未），108000104-140。

490. 奕䜣等：《奏遵旨重整海军订购战船筹办大概情形折》（光绪二十一年八月十四日　壬午），档号：108000104-139。

491. 光绪帝：《谕仍派李鸿章为全权大臣由》（光绪二十一年八月二十八日　丙申），档号：108000104-141。

492. 光绪帝：《谕宋庆带各营前往旅顺分扎电》（光绪二十一年九月），

档号：108000104-192。

493. 光绪帝：《谕龚照瑗辽费三千万交与日本驻英使臣由》（光绪二十一
年九月），档号：108000104-193。

494. 光绪帝：《谕许景澄于伦敦存款提交款项与龚照瑗转交由》（光绪
二十一年九月），档号：108000104-194。

495. 李鸿章：《奏议定归还辽旅修约画押日期折》（光绪二十一年九月），
档号：108000104-196。

496. 大学士李鸿章：《奏与日本使臣会商归还辽旅偿款未能减少折》（光
绪二十一年九月初八日 乙巳），档号：108000104-160。

497. 龚照瑗：《奏英属庆始告法外部谷缓交地俟转圜电》（光绪二十一年
九月初十日 丁未），档号：108000104-166。

498. 总理各国事务衙门奕䜣等：《奏为商定俄国经办借款交还日本第一次
债费折》（光绪二十一年九月十三日 庚戌），档号：108000104-170。

499. 总理各国事务衙门奕䜣等：《又库平银二万万两合成英镑细数清单》
（光绪二十一年九月十三日 庚戌），档号：108000104-171。

500. 闽粤督抚谭钟麟：《奏遵旨派员赴新旧金山集股创办船械军火机器局
厂》（光绪二十一年九月十六日 癸酉），档号：108000104-179。

501. 文华殿大学士一等伯李鸿章：《奏与日本使臣会商交收辽南各款
拟定条约清单折》（光绪二十一年九月二十一日 戊午），档号：
108000104-187。

502. 文华殿大学士一等伯李鸿章：《又日本交还奉天省南边地方及议定专条
底稿》（光绪二十一年九月二十一日 戊午），档号：108000104-188。

503. 光绪帝：《谕张之洞派船北驶填扎船坞电》（光绪二十一年九月
二十二日 己未），档号：108000104-191。

504. 《谕李秉衡饬地方官照料俄水师船在胶澳过冬旨》（光绪二十一年十
月），档号：108000105-006。

505. 《着许景澄与俄外部申明借胶过冬春融即当开去电》（光绪二十一年十月），档号：108000105-012。

506. 《着张之洞迅将四轮勒限赶修闽轮二艘准先调往电》（光绪二十一年十月），档号：108000105-014。

507. 刘坤一：《奏军务告竣吁请陛见折》（光绪二十一年十月），档号：108000105-028。

508. 《江南北上各军陆续遣撤完竣由》（光绪二十一年十月），档号：108000105-029。

509. 《电刘坤一全辽交清即来京陛见由》（光绪二十一年十月），档号：108000105-031。

510. 总理各国事务衙门：《奏辽地接收并营口开关情形折》（光绪二十一年十月），档号：108000105-034。

511. 《着王文韶遣撤各处防营电》（光绪二十一年十月），档号：108000105-036。

512. 将军裕禄等：《奏遵旨选派接收辽南各州县电》（光绪二十一年十月初四日），档号：108000105-001。

513. 盛京将军依克唐阿：《奏称筹备鸭绿江一带防务电》（光绪二十一年十月初四日），档号：108000105-002。

514. 盛京将军依克唐阿：《奏称辽南各要口宜分三路弹压以防他变电》（光绪二十一年十月初六日），档号：108000105-004。

515. 帮办北洋军务宋庆：《奏拟先派两营于初九晨起程到双台子电》（光绪二十一年十月初六日）档号：108000105-005。

516. 南洋大臣署两江总督张之洞：《奏称约稿四十款必与驳辩以昭平允电》（光绪二十一年十月初十日），档号：108000105-009。

517. 山东巡抚李秉衡：《奏请饬询俄水师轮船进泊后何日退出电》（光绪二十一年十月初十日），档号：108000105-010。

518. 《着张之洞速派各轮整顿北驶电》（光绪二十一年十月十一日），档号：108000105-011。

519. 南洋大臣署两江总督张之洞：《奏遵旨拟先派闽兵轮北驶占坞请代奏电》（光绪二十一年十月十二日），档号：108000105-013。

520. 大学士李鸿章：《奏与日本使臣互换归辽条约事竣电》（光绪二十一年十月十四日），档号：108000105-015。

521. 《旨张之洞电悉俄路现修情形俄款无庸轻与商借》（光绪二十一年十月十八日），档号：108000105-019。

522. 《谕温处道袁世凯督办天津新建陆军旨》（光绪二十一年十月二十二日），档号：108000105-026。

523. 户部：《奏请整顿船政折》（光绪二十一年十一月），档号：108000105-053。

524. 光绪帝：《谕张之洞通盘筹划无蹈前失电》（光绪二十一年八月），档号：108000104-125。

525. 光绪帝：《谕刘秉璋革职永不叙用由》（光绪二十一年八月），档号：108000104-126。

526. 光绪帝：《电谕许景澄据实奏闻俄方意向毋因循至误由》（光绪二十一年八月十一日 己卯），档号：108000104-130。

527. 《拟给龚照瑗电信》（光绪二十一年八月二十日 戊子），档号：108000104-135。

528. 光绪帝：《谕张之洞连即裁撤毋令糜饷由》（光绪二十一年九月），档号：108000104-200。

529. 浙江巡抚廖寿丰：《奏开办商务需人拟请正任道袁世凯赴任电》（光绪二十一年九月），档号：108000104-164。

530. 光绪帝：《谕许景澄与俄外部说明勿损己权勿伤交谊由》（光绪二十一年九月初二日 己亥），档号：108000104-153。

531. 总理各国事务衙门奕訢等：《照录俄国使臣喀西呢照会》（光绪二十一年九月初二日 己亥），档号：108000104-154。

532. 许景澄：《奏俄户部商达但劝接路未言借地电》（光绪二十一年九月初四日 辛丑），档号：108000104-157。

533. 光绪帝：《谕陈湜留扎山海关专办湘军操防援甘之师改派魏光焘前往由》（光绪二十一年九月初十日 丁未），档号：108000104-167。

534. 光绪帝：《谕刘坤一传知暂留二十营及早裁撤由》（光绪二十一年九月十六日 癸酉），档号：108000104-180。

535. 总理衙门：《奏遵议陈其漳请重定出使章程折》（光绪二十一年十一月），档号：108000105-081。

536. 《着边宝泉整顿福建船政折》（光绪二十一年十一月初七日），档号：108000105-054。

537. 署南洋大臣两江总督张之洞：《报寰泰开济福靖各轮均径赴旅顺电》（光绪二十一年十一月十一日），档号：108000105-059。

538. 直隶总督王文韶：《报告接管旅顺电》（光绪二十一年十一月十二日），档号：108000105-060。

539. "帮办北洋军务"宋庆：《宋提督禀报接收金州大连湾等处电》（光绪二十一年十一月十二日），档号：108000105-061。

540. 掌江南道监察御史张仲炘：《奏使臣龚照瑗罪状昭著据实纠参折》（光绪二十一年十一月十七日），档号：108000105-069。

541. 山东巡抚李秉衡：《奏查明盛宣怀劣迹据实纠参折》（光绪二十一年十一月十八日），档号：108000105-073。

542. 《着刘坤一回两江总督本任张之洞回湖广东本任》（光绪二十一年十一月十八日），档号：108000105-078。

543. 张之洞：《谨陈到旅连兵轮前后共五艘请代奏电》（光绪二十一年十一月二十六日），档号：108000105-088。

544. 直隶总督王文韶：《奏南洋兵轮全抵旅顺折》（光绪二十一年十二月初一日），档号：108000105-097。

545. 李念兹：《奏参刘坤一辜恩溺职折》（光绪二十一年十二月初一日），档号：108000105-100。

546. 《着延茂会同恩泽增祺认真妥办划清疆界》（光绪二十一年十二月），档号：108000105-099。

547. 署理两江总督湖广总督张之洞：《奏创练新军选募乡民责成洋将管带操练折》（光绪二十一年十二月），档号：108000105-105。

548. 头品顶戴侍郎衔光禄寺卿出使大臣龚照瑗：《奏遵旨订交日本国第一期兵费银两事竣折》（光绪二十一年十二月），档号：108000105-117。

549. 头品顶戴侍郎衔光禄寺卿出使大臣龚照瑗：《奏遵旨与日本使臣订交归辽费银两事竣折》（光绪二十一年十二月），档号：108000105-118。

550. 署理两江总督湖广总督张之洞：《奏江南息借洋款收银实数并分饬司局认还折》（光绪二十一年十二月），档号：108000105-123。

551. 出使大臣龚照瑗：《奏遵旨与日本使臣交收归辽兵费银两事竣折》（光绪二十一年十二月），档号：108000105-132。

552. 总理各国事务衙门奕䜣等：《奏续陈接收辽旅地方情形兼请赏给俄法德三国使臣宝星折》（光绪二十一年十二月），档号：108000105-137。

553. 黑龙江将军恩泽：《奏黑龙江应办事件现陈大概情形折》（光绪二十一年十二月），档号：108000105-145。

554. 《寄李鸿章商约关系重大当坚持定见力与磋磨电》（光绪二十一年十二月），档号：108000105-150。

555. 御史王鹏运：《又奏汇丰借款亏耗太多请饬妥议片》（光绪二十一年十二月），档号：108000105-162。

556. 《着派张荫桓作为全权大臣之电旨》（光绪二十一年十二月），档号：108000105-167。

557. "帮办北洋军务"宋庆:《奏陈接收金旅情形电》(光绪二十一年十二月初二日),档号:108000105-103。

558. 出使大臣龚照瑗:《奏遵旨与日本交收归辽经费折》(光绪二十一年十二月初十日),档号:108000105-147。

559. 日讲起居注官翰林院侍读学士文廷式:《又奏日本商约改造土货一节请坚持定议片》(光绪二十一年十二月十一日),档号:108000105-149。

560. 胡燏棻:《奏报东征粮台各款报销折》(光绪二十二年四月初二日　丁卯),档号:108000107-001。

561. 张荫桓:《奏日本商约删驳原送及改定条款请即定议画押折附片及条约》(光绪二十二年六月十一日　乙亥),档号:108000107-027。

562. 总理各国事务衙门奕劻等总理各国事务衙门奕劻等:《奏豫筹朝鲜通商办法以存体制折》(光绪二十二年六月十八日　壬午),档号:108000107-031。

563. 侍郎衔太常寺卿出使大臣龚照瑗:《奏与日本使臣交收第二期兵费之半又第二期兵费利息折》(光绪二十二年七月初五日　戊戌),档号:108000107-042。

564. 《奏遵议重整海军筹办战船折》(光绪二十二年八月),档号:108000108-008。

565. 侍郎陈璧:《奏请整顿船政折》(光绪二十二年八月初七日　己巳),档号:108000108-001。

566. 总理各国事务衙门奕劻等:《旨安徽巡抚邓华熙补由》(光绪二十二年八月初七日　己巳),档号:108000108-002。

567. 《奏遵旨重整海军订购战船大概情形折》(光绪二十二年八月十四日　丙子),档号:108000108-007。

568. 总理各国事务衙门:《中日商约请派大员互换折附条约》(光绪二十二年九月初一日　癸巳),档号:108000108-015。

569. 山东巡抚李秉衡：《与日争驻兵界址请将衡斥罢另行简员办理电》（光绪二十二年九月），档号：108000108-029。

570. 山东巡抚李秉衡：《遵旨将我军移于再空四十里外务期彼此相安请代奏电》（光绪二十二年九月十九日　辛亥），档号：108000108-031。

571. 裕禄：《奏办理船政情形折》（光绪二十二年十月初三日　甲子），档号：108000108-039。

572. 《又奏续筹青湖船坞办法用款片》（光绪二十二年十月初三日　甲子），档号：108000108-040。

573. 福州将军兼船政事务裕禄：《奏办理船政情形折》（光绪二十二年十月十四日　乙亥），档号：108000108-047。

574. 总理衙门：《奏知府唐绍仪堪胜朝鲜总领事之任片》（光绪二十二年十月二十六日　丁亥），档号：108000108-048。

575. 总理各国事务衙门：《又奏议覆陈璧船政事宜折》（光绪二十二年十一月十四日　乙巳），档号：108000108-061。

576. 北洋大臣直隶总督王文韶：《奏筹修旅顺大连炮台请拨购炮经费折》（光绪二十二年十一月十六日　丁未），档号：108000108-065。

577. 总理各国事务衙门：《奏遵旨议覆裕禄办理船政情形折》（光绪二十二年十二月），档号：108000108-076。

578. 《附呈俄人在亚西亚洲开设铁路节略二件》（光绪二十二年十二月），档号：108000108-081。

579. 户部尚书麟书等：《奏为直隶养兵太多应裁减以纾饷力折》（光绪二十三年三月初四日　癸巳），档号：108000109-026。

580. 《旨着派李鸿章议办借款由》（光绪二十三年五月初二日　庚寅），档号：108000109-060。

581. 《致吉林将军延茂恩泽务即迅集各盟长切实开导晓以事势电》（光绪二十三年五月二十二日　庚戌），档号：108000109-070。

582. 出使英义比国大臣罗丰禄：《奏与日本使臣交收第三期军费等款事竣折》（光绪二十三年六月初十日　戊辰），档号：108000109-080。

583. 张荫桓：《奏接见俄皇力言真心和好电》（光绪二十三年六月十二日　庚午），档号：108000109-081。

584. 总理各国事务衙门：《奏遵议台货改照洋货收税事宜疏附清单》（光绪二十三年六月二十二日　庚辰），档号：108000109-089。

585. 总理各国事务衙门奕䜣等：《奏遵旨议奏旅顺大连湾炮台估计经费摺》（光绪二十三年十一月二十四日　己酉），档号：108000110-108。

586. 总理各国事务衙门：《致王文韶着宋军镇静毋得妄动电》（光绪二十三年十一月二十四日　己酉），档号：108000110-109。

587. 翁同龢等：《奏德使海靖所拟条款已有端倪俟其照覆后即作办理折》（光绪二十三年十一月二十四日　己酉），档号：108000110-110。

588. 《字寄增祺等计旅大炮台请拨款筹办一折》（光绪二十三年十一月二十四日　己酉），档号：108000110-113。

589. 《电刘坤一英船泊吴淞当镇静护备随时接济在旅俄船》（光绪二十三年十一月二十四日　己酉），档号：108000110-114。

590. 两江总督刘坤一：《奏沥陈俄忌英英亦忌俄请与之周旋乞酌裁电》（光绪二十三年十一月二十四日　己酉），档号：108000110-119。

591. 两江总督刘坤一：《奏晓英恃商为国英将占吴淞长江等台岸电》（光绪二十三年十一月二十五日　庚戌），档号：108000110-115。

592. 宗庆：《恳简派晓畅洋务人员前来旅顺督办交涉电》（光绪二十三年十一月二十八日　癸丑），档号：108000110-120。

593. 《寄江督现在英舰续到正当问其来意和平商酌之电旨》（光绪二十三年十一月二十八日　癸丑），档号：108000110-121。

594. 山东巡抚张汝梅：《奏山东兵力薄弱请董福祥一扎海州为游击之师电》（光绪二十三年十二月初四日　己未），档号：108000110-126。

595. 宗庆：《奏报称有英船两只由巨文岛来胶电》（光绪二十三年十二月初六日 辛酉），档号：108000110-127。

596. 总理各国事务衙门：《覆山东巡抚张汝梅电》（光绪二十三年十二月初六日 辛酉），档号：108000110-128。

597. 湖广总督张之洞：《奏沥陈英俄德相忌而又相谋踞我要隘电》（光绪二十三年十二月初六日 辛酉），档号：108000110-129。

598. 《旨东抚张汝梅身任地方若一味颟顸定将该抚严惩不贷电》（光绪二十三年十二月初八日 癸亥），档号：108000110-132。

599. 湖广总督张之洞：《奏条陈筹付日本赔款并联合日英羁縻德俄电》（光绪二十三年十二月二十五日 庚辰），档号：108000110-150。

600. 湖广总督张之洞：《奏拟以抵制之条以应付英国需索电》（光绪二十三年十二月二十五日 庚辰），档号：108000110-151。

601. 湖南巡抚陈宝箴：《奏密陈日本欲与我联英或助战或挑解电》（光绪二十三年十二月二十五日 庚辰），档号：108000110-152。

602. 总理各国事务衙门：《电寄张之洞陈宝箴所议已饬总署从长计议》（光绪二十三年十二月二十五日 庚辰），档号：108000110-153。

日本档案*

简　介

日本的档案资料相对易于获取，1945年战败投降前的大部分档案已经公开。特别是自21世纪以来，以亚洲历史资料中心（https://www.jacar.go.jp/index.html）为典型代表，网络数据库持续发展和完善，极大地便利了档案的在线检索和阅读。日本关于甲午战争的档案汇编类出版物并不是很多。编者目之所及，多为20世纪90年代之前出版，详细请见"三　史料汇编"部分。

现有甲午战争相关档案主要存于防卫省防卫研究所、外务省外交史料馆、国立公文书馆和国会图书馆宪政资料室。防卫省防卫研究所、外务省外交史料馆、国立公文书馆的档案大部分可在网上阅览，统一汇总在亚洲历史资料中心的数据库中。少量未在网上公开的档案，需亲自到馆调阅或申请邮寄复印件。本目录汇编只辑录了在亚洲历史资料中心公开的部分。

1. 防卫省防卫研究所

位于日本东京，网站https://www.nids.mod.go.jp/military_archives/

---

* 本部分内容由山东师范大学历史文化学院讲师张圣东撰写。

index.html。防卫省防卫研究所主要收藏日本旧陆海军的档案资料。"陆军省大日记""海军省公文备考"等大量军事行政文件、报告及战史编纂资料等，均在网上公开。不过，诸如个人的从军日志类、书简类等小部分档案则只能亲自到馆调阅。防卫省防卫研究所目前在官方网站上只公开了所藏档案的PDF版目录，网络公开的档案须在亚洲历史资料中心的网站查阅。防卫省防卫研究所官方网站上的目录最为全面，但是并未标明哪些档案已在网上公开，哪些未在网上公开，需读者自行检验。

2. 外务省外交史料馆

位于日本东京，网站https://www.mofa.go.jp/mofaj/annai/honsho/shiryo/index.html。外务省外交史料馆主要收藏日本外务省的档案资料。外务省的大部分外交行政文件均可在亚洲历史资料中心的网站上阅览。不过，仍旧有少量个人书信等涉私档案未在网络公开。外务省外交史料馆有自己的档案检索系统。外务省外交史料馆的档案检索系统无法直接调阅档案的图像资料，但会标明该档案是否公开，以及是否可供在线阅览；如果该档案可在线阅览，则会引导至亚洲历史资料中心的相关网页。

3. 国立公文书馆

位于日本东京，网站https://www.digital.archives.go.jp/。国立公文书馆成立于1971年，旧陆海军及外务省以外的日本政府各行政机关的历史档案多被保存于此。绝大部分档案均已数字化，在国立公文书馆的下属机构——亚洲历史资料中心上公开。除亚洲历史资料中心外，国立公文书馆也有自己的档案检索系统。国立公文书馆的档案检索系统会标明所查档案是否公开，如果是可在网上公开的档案，会直接提供图像资料以便阅览。

4. 国会图书馆宪政资料室

位于日本东京，网站https://www.ndl.go.jp/jp/tokyo/constitutional/index.html。宪政资料室为国会图书馆内部机构，位于国会图书馆东京本馆的

4层，保存有日本近现代政治人物的的公私文件。宪政资料室的网页上列有档案目录，对于可在网上公开的档案，附有网页链接。不过，因为所藏档案包含很多私人文件，所以大多既不在网上公开，也未公开出版。例如，甲午战争期间日本外相陆奥宗光的绝大部分文件便是如此，只能亲自到馆调阅。

5. 地方档案

日本各都道府县的地方档案馆（公文书馆）也保存有一些甲午战争相关的地方档案。例如，广岛县立公文书馆里便保存有某广岛籍士兵的《日清戦争従軍日誌》，以及广岛当地的地方行政文件、奖状、祝词、阵亡名单等。这些档案均未在网上公开图像资料，也未公开出版，需读者亲自到馆调阅。鉴于此类地方档案馆数量众多，且篇幅有限，本目录汇编仅在此略作提及。有志利用日本地方档案进行研究的读者，可前往各都道府县的地方档案馆探寻。

防卫省防卫研究所

1. 陸軍省大日記＞日清戦役＞日清戦役＞陸軍省戦役日記

（1）明治27年7月 戦役日記、JACAR（アジア歴史資料センター）Ref.
　　C05121500000。

（2）明治27年8月 戦役日記、C05121508300。

（3）明治27年9月 戦役日記、C05121522800。

（4）明治27年10月 戦役日記、C05121532900。

（5）明治27年11月 戦役日記、C05121540100。

（6）明治27年12月 戦役日記、C05121550100。

（7）明治27年9月「甲27-8年戦役日記」、C05121554000。

（8）明治27年10月「甲27-8年戦役日記」、C05121577600。

（9）明治27年11月「甲 27-8年戦役日記」、C05121600200。

（10）明治27年12月「27-8年戦役日記」、C06021700000。

（11）明治27年9月「乙 27-8年戦役日記」、C06021723200。

（12）明治27年10月「乙 27-8年戦役日記」、C06021749200。

（13）明治27年11月「27-8年戦役日記」、C06021778000。

（14）明治27年12月「乙 27-8年戦役日記」、C06021808800。

（15）明治27年6月「完 27-8年戦役日記」、C06021837100。

（16）明治27年7月「完 27-8年戦役日記」、C06021854100。

（17）明治27年8月「完 27-8年戦役日記」、C06021878700。

（18）明治28年1月「27-8年戦役日記」、C06021916800。

（19）明治28年2月「27-8年戦役日記」、C06021920700。

（20）明治28年3月「27-8年戦役日記」、C06021925100。

（21）明治28年4月「27-8年戦役日記」、C06021931900。

（22）明治28年5月「27-8年戦役日記」、C06021936900。

（23）明治28年6月「27-8年戦役日記」、C06021939700。

（24）明治28年7月「27-8年戦役日記」、C06021941300。

（25）明治28年8月「27-8年戦役日記」、C06021942800。

（26）明治28年9月「27-8年戦役日記」、C06021944400。

（27）明治28年10、11、12月「27-8年戦役日記」、C06021945500。

（28）明治28年1月「27-8年戦役日記 甲」、C06021946800。

（29）明治28年2月「27-8年戦役日記 甲」、C06021966400。

（30）明治28年3月「27-8年戦役日記 甲」、C06021994200。

（31）明治28年4月「27-8年戦役日記 甲」、C06022026000。

（32）明治28年5月「27-8年戦役日記 甲」、C06022060400。

（33）明治28年9月「27-8年戦役日記 甲」、C06022093000。

（34）明治28年10月「27-8年戦役日記 甲」、C06022118100。

（35）明治28年11月「27–8年戦役日記 甲」、C06022140400。

（36）明治28年1月「27–8年戦役日記 乙」、C06022157300。

（37）明治28年2月「27–8年戦役日記 乙」、C06022185200。

（38）明治28年3月「27–8年戦役日記 乙」、C06022212900。

（39）明治28年4月「27–8年戦役日記 乙」、C06022251300。

（40）明治28年5月「27–8年戦役日記 その1 乙」、C06022283500。

（41）明治28年5月「27–8年戦役日記 その2 乙（第118号–第194号）」、
C06022295400。

（42）明治28年5月「27–8年戦役日記 その3 乙（第195号–第281号）」、
C06022306500。

（43）明治28年5月「27–8年戦役日記 その4 乙（第282号–第377号）」、
C06022315500。

（44）明治28年9月「27–8年戦役日記 乙」、C06022325500。

（45）明治28年10月「27–8年戦役日記 乙 」、C06022347400。

（46）明治28年11月「27–8年戦役日記 乙」、C06022369500。

（47）明治28年6月「27–8年戦役日記 完」、C06022386800。

（48）明治28年7月「27–8年戦役日記 完」、C06022434600。

（49）明治28年8月「27–8年戦役日記 完」、C06022479200。

2. 陸軍省大日記＞日清戦役＞日清戦役＞雑

（50）明治27年「出師準備関係書類」、C06060000100。

（51）明治27年「戦時諸編制」、C06060008200。

（52）明治27年「秘27、8年戦役戦況及情報」、C06060021600。

（53）明治27年自6月至10月「秘27、8年戦役諸報告 壱」、C06060055300。

（54）明治27年6月「27、8年戦役諸報告」、C06060079600。

（55）明治27、8年「戦役戦利兵器関係書類」、C06060106600。

（56）従明治27年6月至明治27年10月「秘密 日清朝事件 諸情報綴1」、

C06060130900。

（57）従明治27年11月至明治27年12月「秘密 日清朝事件 諸情報綴」、
　　　C06060143500。

（58）明治27年「秘密 日清朝事件 第5師団混成旅団報告綴」、
　　　C06060158700。

（59）明治27年6月より「緊要事項集」、C06060166600。

（60）自明治27年1月至明治29年12月「審査命令綴 陸軍砲兵会議 野戦
　　　部」、C06060171900。

（61）明治28年「日清事件戦況綴 秘」、C06060174500。

（62）明治28年12月「日清事件綴込」、C06060177900。

（63）明治28年「日清事件綴込」、C06060202600。

（64）明治28年「日清事件綴込 2分冊の1」、C06060241800。

（65）明治28年「日清事件綴込 2分冊の2」、C06060257600。

（66）明治28年「27-8年戦役戦況」、C06060270700。

（67）明治28年「27-8年戦役報告 甲」、C06060285900。

（68）明治28年「27-8年戦役情報 4 秘」、C06060319600。

（69）明治28年自1月「27-8年戦役軍隊発着報告 2 秘」、C06060355000。

（70）明治28年自1月「27-8年戦役諸報告 2 秘」、C06060375300。

（71）明治28年自7月至9月「27-8年戦役諸報告 秘」、C06060392800。

（72）明治28年自9月至12月「27-8年戦役諸報告 乙」、C06060426800。

（73）自明治28年1月2日至明治28年9月29日「明治28年誌」、
　　　C06060455200。

（74）明治28年8月以後「情報綴」、C06060455500。

（75）明治28年12月「軍事上百般の改良意見第3師団」、C06060481700。

（76）明治28年8月「軍事上百般の改良意見第4師団」、C06060488400。

（77）明治28年至明治31年「陸軍法官部よりの来翰」、C06060493300。

（78）明治28年12月 - 明治29年6月「訴訟書類 雑」、C06060495600。

（79）明治29年「27．8年戦役諸報告」、C06060495800。

（80）明治29年「日清事件綴込 秘密」、C06060522600。

（81）明治29年2月「日清事件綴込 雑」、C06060523800。

（82）明治29年3月「日清事件綴込 甲 雑」、C06060552800。

（83）明治29年3月「日清事件綴 乙 雑」、C06060575100。

（84）明治29年4月 -5月「日清事件綴込 雑」、C06060581200。

（85）明治29年「日清事件綴込 雑」、C06060586100。

（86）明治29年1月「日清事件綴込 雑」、C06060589600。

（87）明治29年1月「日清事件綴込 2分冊の2」、C06060601800。

（88）明治29年3月「日清事件綴込 第59号 -第108号 雑」、C06060610300。

（89）明治29年3月「日清事件綴込 第109号 -第161号 雑」、C06060615600。

（90）明治29年「日清事件綴込」、C06060621300。

（91）明治29年自4月至12月「情報」、C06060627400。

3．陸軍省大日記＞日清戦役＞日清戦役＞大本営電報綴

（92）明治27年自6月3日至30日「発電綴（一）」、C06060665600。

（93）明治27年自7月1日至8月24日「発電綴（二）」、C06060690900。

（94）明治27年自5月31日至6月21日「着電綴（一）」、C06060724500。

（95）明治27年自6月21日至7月9日「着電綴（二）」、C06060745200。

（96）明治27年7月 -8月「着電綴（三）」、C06060781000。

（97）明治27年8月 -10月「着電綴（四）」、C06060818600。

（98）明治27年11月中「着電綴（五）庶」、C06060838000。

（99）明治28年1月 - 明治28年4月「発電綴（四）」、C06060850100。

（100）明治28年4月 - 明治28年5月「発電綴（五）」、C06060895200。

（101）明治28年自4月19日至5月16日「発電綴（六）」、C06060917500。

（102）明治28年1月 - 明治29年1月「臨着目次 共二冊の二」、C06060930200。

（103）明治28年1月2日より2月尽日に至る「着電綴（七）」、C06060962800。

（104）明治28年2月–3月「着電綴（八）」、C06060995100。

（105）明治28年自3月31日至4月13日「着電綴（九）庶」、C06061012900。

（106）明治28年自4月11日至5月22日「来電綴（十）甲」、C06061021200。

（107）明治28年自4月11日至5月21日「来電綴（十一）」、C06061034600。

（108）明治28年自4月18日至5月2日「着電綴（十二）」、C06061049700。

（109）明治28年自4月19日至5月14日「着電綴」、C06061066800。

（110）明治28年自5月15日至6月30日「着電綴（十三）庶」、C06061079200。

（111）明治28年自7月1日至9月30日「着電綴（十四）庶」、C06061100500。

（112）明治28年自8月至12月「着電綴（十五）庶」、C06061117700。

（113）明治29年自1月4日至4月26日 着電綴（十六）庶」、C06061131500。

4. 陸軍省大日記＞日清戦役＞日清戦役＞書類綴

（114）明治27年自7月27日至9月25日「臨着書類綴 庶」、C06061141700。

（115）明治27年自9月30日至11月13日「臨発書類綴 庶」、C06061185600。

（116）明治27年自9月24日至11月1日「臨着書類綴 庶」、C06061216000。

（117）明治27年10月28日明治28年1月24日「臨着書類綴 庶」、
　　　　C06061244400。

（118）明治28年自2月11日至5月9日「臨発書類綴 庶」、C06061292000。

（119）明治28年自9月7日至1月28日「臨発書類」、C06061344500。

（120）明治28自年1月22日至明治29年4月9日「臨着書類綴 庶」、
　　　　C06061394900。

（121）明治28年自3月19日至同8月22日「臨着書類」、C06061441600。

（122）明治28年自8月23日至1月26日「臨着書類 庶」、C06061509000。

（123）明治28年自7月5日至11月27日「大勲来綴 勲」、C06061557200。

（124）明治28年自9月24日至11月29日「大勲徃綴 勲」、C06061562600。

（125）明治28年4月「営着書類 庶」、C06061565600。

（126）明治28年1月「書類綴陸 秘」、C06061577200。

（127）明治29年自1月17日至29年3月「臨着書類 庶」、C06061592900。

（128）明治29年4月起「大本営解散後に於ける残着書類庶」、C06061613800。

5. 陸軍省大日記＞日清戦役＞日清戦役＞雑

（129）明治27年7月「臨着号目次庶」、C06061619400。

（130）明治27年自6月至29年3月「号外綴 人」、C06061662900。

（131）明治27・8年「各部隊経歴書」、C06061719500。

（132）明治27年自6月至9月「混成第9旅団第5師団報告」、C06061756400。

（133）明治27・8年役「諸団隊・動員・発着・復員・解散・時日調」、C06061765900。

（134）明治27年「海軍に関する書類」、C06061766800。

（135）従明治27年至明治29年「海軍報告 其の3」、C06061769000。

（136）明治27年「海軍報告其二」、C06061779400。

（137）明治27年10月15日「上諭 庶」、C06061799400。

（138）明治27-8 9年「勅語令旨奉答 庶」、C06061799700。

（139）明治27-8 9年「上裁及御聞置摘要 庶」、C06061820500。

（140）明治27年7月12日至明治28年10月26日「諸表面庶」、C06061820700。

（141）明治27年10月20日より29年2月10日に至る「団隊所在表 庶」、C06061822900。

（142）明治27年自7月至12月「情報 共3冊（一）庶」、C06061828400。

（143）明治27年自9月至明治28年3月「外国派遣者に関する往復書類 庶」、C06061861700。

（144）明治27年7月「人事に関する諸達類」、C06061865900。

（145）明治27年9月4日「捕獲審検所長官以下人名 庶」、C06061879700。

（146）明治27年至28年「戦史編纂準備書類 陸軍軍隊 全乙種第3号」、C06061880100。

（147）明治27年至28年「戦史編纂準備書類 敵兵の状況 敵国の内情 全 乙種 第5号」、C06061886200。

（148）明治27年至28年「戦史編纂準備書類 陸軍戦報 全」、C06061901200。

（149）明治27年至28年「戦史編纂準備書類「兵站 全」乙種第6号」、C06061925800。

（150）明治27年6月12日－7月22日「玉手箱 第4号」、C06061936100。

（151）「明治28年1月 日記」、C06061945200。

（152）明治28年「講和條約追加休戦条約別約勅諭 庶」、C06061948600。

（153）明治28年起「諸表面綴 共2冊 乙 庶」、C06061949700。

（154）明治28年「守備隊長報告 庶」、C06061951600。

（155）明治28年1月起「通知簿」、C06061951900。

（156）明治28年「屯田兵司令官より 軍事上改良意見書 原稿 庶」、C06061955500。

（157）明治28年自1月至12月「情報 共3冊（2）庶」、C06061955800。

（158）明治自28年5月至29年3月「復員及解散報告綴 大本営（人）」、C06061991300。

（159）明治28年7月13日至同年9月15日「台湾嶋に於ける諸団隊戦闘詳報 其2」、C06062014700。

（160）明治28年4月18日至同年5月16日「征清大総督府報告簿」、C06062018800。

（161）明治28年「諸表綴 庶」、C06062020000。

（162）明治28年7月起「秘密諸報告送達簿」、C06062021400。

（163）明治28年7月－30年12月 参謀本部秘密書類送達簿」、C06062021700。

（164）明治28年「第3新聞記者従軍書類 共3冊 庶」、C06062022800。

（165）明治29年1月起「情報 共3冊（3）庶」、C06062027400。

（166）明治29年4月起「大本営解散後に於ける残着目次 庶」、C06062032900。

（167）明治29年7月8日至同31年8月26日「参謀本部秘密書籍図面配布簿」、C06062035600。

6.　陸軍省大日記＞日清戦役＞日清戦役＞第一軍戦闘詳報

（168）明治27年1月17日「第1軍戦闘詳報 第1軍」、C06062037800。

（169）明治27年12月10日–明治28年3月22日「第1軍戦闘詳報」、C06062038100。

（170）自明治27年7月下旬至明治27年12月中旬「第1軍戦闘詳報其1」、C06062042100。

（171）明治27年9月至明治27年12月「第1軍戦闘詳報其の1」、C06062047800。

（172）明治27年9月12日至明治28年4月2日「第1軍 戦闘詳報」、C06062056900。

（173）明治27年自12月11日至明治28年1月17日「第1軍 戦闘詳報 其＠」、C06062061200。

（174）明治27年10月25日至明治28年1月21日「旧陣中日誌 戦闘詳報原稿」、C06062063800。

（175）明治28年1月中旬至同年4月上旬「第1軍戦闘詳報其2」、C06062064200。

（176）明治28年2月16日至3月13日「第1軍戦闘詳報其2」、C06062091600。

（177）明治28年2月28日至4月2日「第1軍戦闘詳報其2」、C06062093800。

（178）明治28年10月25、26日「戦闘詳報」、C06062100500。

7.　陸軍省大日記＞日清戦役＞日清戦役＞事務日誌

（179）明治27年6月5日至29年3月31日「野戦監督長官部事務日誌及事務纂録首編」、C06062100900。

8.　陸軍省大日記＞日清戦役＞日清戦役＞陣中日誌

（180）明治27年7月1日至7月25日「陣中日誌 第1軍兵站監部」、C06062101500。

（181）明治27年9月4日至同年12月31日「陣中日誌 第1軍兵站監督部」、C06062107900。

（182）明治27年12月5日至12月16日「陣中日誌」、C06062108500。

（183）明治27年12月7日至同28年2月14日「陣中日誌 第1軍兵站監督平壤支部」、C06062109200。

（184）明治27年12月7日至同28年2月14日「陣中日誌 第1軍兵站監督平壤支部」、C06062109500。

（185）明治27年7月28日至8月31日「陣中日誌 第五師団兵站監督部壱号」、C06062109800。

（186）明治27年7月28日至同10月「陣中日誌 第5師団中路兵站監督本部第2号」、C06062110200。

（187）明治27年12月「陣中日誌原稿義州第1軍兵站監部」、C06062210800。

（188）明治28年1月「陣中日誌 第1軍兵站監部」、C06062110600。

（189）明治28年2月「陣中日誌 第1軍兵站監部」、C06062114000。

（190）明治28年3月「陣中日誌 第1軍兵站監部」、C06062117300。

（191）明治28年4月「陣中日誌 第1軍兵站監部」、C06062120800。

（192）明治28年5月「第1軍兵站監部 陣中日誌」、C06062124000。

9. 陸軍省大日記＞日清戦役＞日清戦役＞雑

（193）明治28年5月15日至6月25日「淡水新政記原稿 庶」、C06062127200。

10. 陸軍省大日記＞日清戦役＞日清戦役＞第二軍戦闘詳報

（194）明治27年10月22日至28年3月9日「軍の戦闘詳報」、C06062129200。

（195）明治27年7月29日至27年8月3日「各隊戦闘詳報」、C06062137500。

（196）明治27年11月下旬至28年3月9日「第2軍戦闘詳報」、C06062140900。

（197）明治28年1月29日至3月9日「第2軍戦闘詳報」、C06062142700。

（198）明治28年3月6日至3月14日「台湾征討軍戦闘詳報 其1 第2軍」、C06062145400。

（199）明治28年3月23日至同年7月23日「台湾嶋に於ける諸団隊戦闘詳
報 其1」、C06062147100。

（200）明治28年9月16日至同年11月29日「台湾嶋に於ける諸団隊戦闘
詳報 其3 大本営陸軍参謀部」、C06062147800。

11. 陸軍省大日記＞日清戦役＞日清戦役＞機密作戦日誌

（201）明治27年10月6日至28年5月10日「軍所属各師団の機密作戦日
誌 第2軍」、C06062148600。

12. 陸軍省大日記＞日清戦役＞日清戦役＞陣中日誌

（202）明治27年9月25日至明治28年6月「陣中日誌 第2軍参謀部第3
課」、C06062149100。

（203）明治27年10月23日至28年6月7日「旬報綴原稿 全」、C06062170600。

（204）明治27年9月25日より同29年5月22日 明治27・8年役「第2師団
陣地日誌 巻10」、C06062172300。

（205）明治27年9月25日至明治29年5月30日「明治27・8年戦役第2師
団陣中日誌 巻11」、C06062173500。

（206）明治27年9月25日至明治29年5月15日「明治27・8年役第2師団
陣中日誌 巻12」、C06062174700。

13. 陸軍省大日記＞日清戦役＞日清戦役＞事務日誌

（207）明治28年4月1日－5月21日「野戦監督長官部事務日誌 第4冊」、
C06062175400。

（208）明治28年6月1日－8月31日「野戦監督長官部 事務日誌 第5冊」、
C06062181800。

14. 陸軍省大日記＞日清戦役＞日清戦役＞混成旅団戦闘詳報

（209）明治27年9月27日－29年8月10日「明治27年07月下旬成歡附近
における混成第9旅団戦闘詳報」、C06062191100。

15. 陸軍省大日記＞日清戦役＞日清戦役＞雑

（210）明治27年6月起「臨時編制 第1従混成第9旅団出発至混成第12旅
　　　　団出発」、C06062193200。

16. 陸軍省大日記＞日清戦役＞日清戦役＞兵站部陣中日誌

（211）明治27年6月−28年5月「兵站監部陣中日誌正誤臨時混成第9旅団
　　　　第5師団第1軍」、C06062198000。

（212）明治27年6月−28年5月「兵站監部陣中日誌正誤臨時混成第9旅団
　　　　第5師団第1軍」、C06062200700。

（213）明治27年6月「陣中日誌7兵站総監部27自6、5至9、3」、
　　　　C06062203400。

（214）明治27年10月5日至同11月9日「陣中日誌 南部兵站監部 第3
　　　　号」、C06062204100。

（215）明治27年11月12月「南部兵站監部日誌」、C06062204500。

（216）明治27年12月「陣中日誌 南部兵站監督部」、C06062204900。

（217）明治27年9月「中路兵站監督部 陣中日誌 第2号」、C06062205200。

（218）明治27年5月26日−7月16日「陣中日誌附録」、C06062205700。

（219）明治28年7月至29年3月「日誌3兵站総監部」、C06062206000。

（220）明治28年1月23日至8月11日「陣中日誌」、C06062207200。

（221）明治28年4月至5月「陣中日誌 共3冊2号」、C06062208300。

（222）明治28年2月3日より「陣中日誌」、C06062208700。

17. 陸軍省大日記＞日清戦役＞日清戦役〉雑

（223）明治27年「兵站勤務に関する将来改正意見原稿」、C06062209200。

18. 陸軍省大日記＞日清戦役＞日清戦役＞第六師団戦闘詳報

（224）明治28年2月「山東省作戦に関する第6師団戦闘詳報 附徒歩砲兵
　　　　第2大隊戦闘詳報」、C06062209600。

19．陸軍省大日記＞日清戦役＞日清戦役＞MB，GD事務日誌

（225）明治28年3月「諸団隊戦闘詳報其の1 台湾におけるMB・GD」、
　　　　C06062210100。

20．陸軍一般史料＞戦役＞日清戦役

（226）明治27-8年 日清戦争 歩兵第2連隊歴史、C13110290600。

（227）近衛歩兵第2連隊歴史附録 明治27-8年戦史、C13110293400。

（228）日清戦役写真 明治27．7月、C13110296400。

（229）日清戦史講究録 明治40年 集録、C13110296600。

（230）征台役 近衛師団の行動 北白川宮殿下の御遺跡 明治28．5．4-28.
　　　　10．21、C13110298900。

（231）歩兵第1旅団記事 全 明治27-28年之役、C13110299900。

（232）史蹟 明治27-8年戦役 広島大本営絵葉書、C13110301800。

（233）命令訓令 自明治27年6月至明治28年6月、C13110302000。

（234）単騎遠征報告 第1 明治27-8年、C13110308200。

（235）日清戦史 明治45、C13110310400。

（236）日清戦史 明治45．6、C13110312300。

（237）義和団関係書類 明治34年、C13110316500。

（238）日清戦役時における東京湾等の臨時守備隊編制表、C13110316800。

（239）第1軍戦闘詳報（栃木城．缸瓦寨．海城）明治27．12、C13110317700。

（240）第2軍戦闘詳報（蓋平附近）第4号 明治28．1、C13110318300。

（241）岫厳．鳳凰城．賽馬集附近戦闘詳報 明治28．2刊行、C13110319300。

（242）第1師団 陣中日誌 巻7 明治27-28年役、C13110319800。

（243）陣中日誌（日清戦役）明治28．3-12、C13110323600。

（244）支那全図（1/6969．600）明治24年、C13110325000。

（245）戦陣記要 明治27-28年戦役、C13110325300。

（246）近衛師団 軍医部 征台衛生彙報 明治29．5、C13110327500。

（247）陸軍衛生事蹟 第1巻附録 明治27-28年役、C13110330100。

（248）陸軍衛生事蹟 第2巻 傷病者一般の景況及統計 明治27-28年役、
C13110332000。

（249）陸軍衛生事蹟 第3巻 伝染病及脚気（上）明治27-28年役、
C13110334300。

（250）陸軍衛生事蹟 第3巻 伝染病及脚気（中）明治27-28年役、
C13110336800。

（251）日清戦役軍馬衛生報告控 完 明治28. 8、C13110338300。

（252）征清大総督府電報 明治28. 4-5月、C13110339800。

（253）日清戦史の概要 大正14年度2学年、C13110340100。

（254）経理関係書類 明治24-26年、C13110341800。

（255）臨時攻城廠戦闘詳報 明治27. 11. 10-20、C13110343900。

（256）雑集 明治27-28年、C13110344400。

（257）外務大臣宛電信訳文 明治27. 6. 7-8. 27、C13110346100。

（258）威海衛南岸諸砲台戦闘詳報、C13110346900。

（259）山東作戦に関する徒歩砲兵第2大隊戦闘詳報1号2号、C13110347600。

（260）朝鮮に関する書類、C13110348000。

（261）臨時事変に関する書類綴（甲）明治27年6月、C13110349300。

（262）臨時事変に関する書類綴（乙）明治27年6月、C13110350800。

（263）威海衛交代兵に関する書類(朝鮮派遣隊に関する書類)、C13110351800。

（264）征清用兵 隔壁聴談、C13110352900。

（265）第6師団後備工兵第1中隊 陣中日誌 明治27年7月25日-28年6月
30日、C13110355900。

（266）日清戦史講義摘要録 第1巻、C13110357200。

（267）ジャパン メール新聞抄訳 日清戦争に於ける万国公法 1895年7月
31日 刊行、C13110362100。

（268）威海衛兵備図 明治27年、C13110362400。

（269）威海衛攻撃参与者生存者 明治28年、C13110362700。

（270）日清戦役 平壌ノ戦闘、C13110362900。

（271）征台従軍報告、C13110363800。

21. 陸軍一般史料＞中央＞部隊歴史＞聯隊

（272）日清・日露戦争－満洲事変 偉勲録（野戦重砲兵第5連隊歴史）昭
　　　和11年4月、C14111057600。

22. 海軍省公文備考＞⑪戦役等＞日清

（273）明治27・8年 戦史編纂準備書類 1、C08040460400。

（274）明治27・8年 戦史編纂準備書類 2、C08040461900。

（275）明治27・8年 戦史編纂準備書類 3、C08040464100。

（276）明治27・8年 戦史編纂準備書類 4、C08040466000。

（277）明治27・8年 戦史編纂準備書類 5、C08040468000。

（278）明治27・8年 戦史編纂準備書類 6、C08040470000。

（279）明治27・8年 戦史編纂準備書類 7、C08040471600。

（280）明治27・8年 戦史編纂準備書類 8、C08040473600。

（281）明治27・8年 戦史編纂準備書類 9、C08040475500。

（282）明治27・8年 戦史編纂準備書類 10、C08040478200。

（283）明治27・8年 戦史編纂準備書類 11 甲、C08040479700。

（284）明治27・8年 戦史編纂準備書類 11、C08040482700。

（285）明治27・8年 戦史編纂準備書類 12、C08040484200。

（286）明治27・8年 戦史編纂準備書類 13、C08040486100。

（287）明治27・8年 戦史編纂準備書類 14、C08040488200。

（288）明治27・8年 戦史編纂準備書類 15、C08040489800。

（289）明治27・8年 戦史編纂準備書類 16、C08040491500。

（290）明治27・8年 戦史編纂準備書類 17、C08040493700。

（291）明治27・8年 戦史編纂準備書類 18、C08040496200。

（292）明治27・8年 戦史編纂準備書類 全 雑事、C08040498600。

（293）明治27・8年 戦史編纂準備書類 全 暴民東学党、C08040504000。

（294）明治27・8年 征清海戦史 1、C08040511000。

（295）明治27・8年 征清海戦史 2、C08040512200。

（296）明治27・8年 征清海戦史 3、C08040513400。

（297）明治27・8年 征清海戦史、C08040514100。

（298）「第4編 第7・第8宣戦の詔及列国局外中立の布告」、C08040516000。

（299）「日清戦史編纂委員撰 日清戦役艦艇機関大要 巻7 海軍軍令部」、C08040517900。

（300）「日清戦史編纂委員撰 日清戦役艦艇機関大要 巻8 海軍軍令部」、C08040519900。

（301）「日清戦史編纂委員撰 日清戦役艦艇機関大要 巻9 海軍軍令部」、C08040522100。

（302）「日清戦史編纂委員撰 日清戦役艦艇機関大要 巻10 海軍軍令部」、C08040525200。

（303）「日清戦史編纂委員撰 日清戦役艦艇機関大要 巻11 海軍軍令部」、C08040527400。

（304）「日清戦史編纂委員撰 日清戦役艦艇機関大要 巻12 海軍軍令部」、C08040531800。

（305）日清戦史編纂委員撰 日清海戦史 黄海役附図、C08040532200。

（306）日清戦史編纂委員撰 日清海戦史 附記 地理摘要、C08040532500。

（307）日清戦史編纂委員撰 日清海戦史 山東役附表及附図、C08040533300。

（308）日清戦史 第9編 威海衛港の占領 第19章 帝国艦隊の動作 第1節1月25日より2月6日まで 第2節2月7日総攻撃 第3節2月8日以後の状況、C08040533900。

（309）明治27年 戦史編纂準備書類 第22 高陞号の始末及論評汽船益生
　　　　号の件、C08040534400。

（310）明治27・8年 日清戦史原稿 附録 在日本外国人の部、C08040535300。

（311）明治28年より32年に至る 往復書類綴、C08040536600。

（312）明治27・8年 日清戦史 第9章、C08040538000。

（313）明治27・8年 日清戦史材料 第14章 不完、C08040539900。

（314）日清戦史 草稿 鴨録江附近測量、C08040541100。

（315）日清戦史 鴨録江附近測量に関する報告、C08040541600。

（316）日清戦史 第8偏第17章 大連と旅順、C08040543400。

（317）征清海戦史 国際事件篇 諸局外中立国之行為 第1部、C08040544100。

（318）日清戦史 大連湾陸戦隊報告、C08040549500。

（319）征清海戦史 征清の役中 我帝国制海権力の拡張上 発端第1期 第2
　　　　期、C08040550200。

（320）明治27・8年 日本戦争連合艦隊報告 戦史材料、C08040552200。

（321）明治27・8年 戦史材料（原稿） 第8編第7章 第12編第24章 第15
　　　　編第55章 附記 出征艦隊及内国海軍行動日表、C08040553000。

（322）第14章 黄海々戦前艦隊の動作、C08040553700。

（323）日清戦史 第5部第2篇 第5章 機関（海軍鑑政本部 第4部）、
　　　　C08040554000。

（324）日清戦史 第3類（省部 施設） 第2項（陸上諸事）の内学校、
　　　　C08040555100。

（325）明治27・8年 連合艦隊出征報告、C08040555500。

（326）戦史原稿 第9編 第17章 鴨緑江附近の測量、C08040556100。

（327）戦史材料 第12編 第24章 旅順口占領後、防備及艦隊の動作（旅順
　　　　口占領後の防備附大連湾占領後の防備）、C08040557100。

（328）日清戦史 第13編 出征海軍特別任務 第37章 朝鮮国東学党 攻伐の

陸戦隊、C08040557400。

（329）海戦史 第14編 内国海軍防備 第41章 敷設水雷、C08040557800。

（330）征清海戦史 第15編 本省及軍令部設計 第58章 牒報、C08040559800。

（331）日清戦史 内国防備第10水路嚮導 其の2、C08040560800。

（332）明治27・8年 海戦史附記 特別艦艇隊記略 澎湖島行政始末 軍艦龍田の抑留定員職別及官制条例、C08040561400。

（333）自明治28年2月至7月 日記 日清戦史 戦史材料、C08040572900。

（334）明治27・8年 海戦史 会計経理の大要 完（自第55章至第58章）、C08040574600。

（335）明治28年 日清戦史 第3師団戦闘詳報 戦史材料、C08040576200。

（336）明治26年 日清戦史 定員表 戦史材料、C08040577700。

（337）明治27・8年 戦史材料 写真帖、C08040578000。

（338）明治28年 常備艦隊征湾報告 自1回至5回 戦史材料、C08040578300。

（339）日清戦史 澎湖島戦死者追賞 戦史材料、C08040579200。

（340）附記 台湾匪賊征討、C08040579700。

（341）明治27-28年 台湾匪賊征討 備考文書、C08040582700。

（342）戦史編纂準備書類 東学党の状況、C08040588900。

（343）戦死者小伝、C08040595300。

（344）明治27・8年 死者略伝、C08040597700。

（345）死者略伝、C08040599900。

（346）死者略伝（草稿）自1至12 上、中、下、C08040601000。

（347）日清戦争新聞摘要記事 甲号 4冊の内、C08040603600。

（348）日清戦争新聞摘要記事 情報乙号 4冊の内、C08040604700。

（349）日清戦争新聞摘要記事 評論丙号 4冊の内、C08040605300。

（350）日清戦争新聞摘要記事 影響丁号 4冊の内、C08040606100。

（351）明治27-28 外国新聞外国人の評論、C08040606800。

（352）日清戦争実記附録 交戦日誌 征清戦史 全1冊、C08040607300。

（353）自第41項至第90項 日清戦争実記抜萃 4冊の内第2、C08040607600。

（354）自第91項至第107項 日清戦争実記抜萃 4冊の内第3、C08040608200。

（355）自第1号至第118号 日清戦争実記 日々新聞摘要、C08040608700。

（356）明治28年 澎湖列島 行政庁開署始末、C08040609500。

（357）明治27年7月起 特別発電簿 34．7．13 常備艦隊より全1冊、C08040611300。

（358）明治27年1・2・3月 朝鮮国警備事件、C08040611800。

（359）明治28年1月5日至28年7月9日 本営書類往復留、C08040612200。

（360）明治27年11月30日調 清国及朝鮮事件、C08040612600。

（361）明治27・8年 戦役団隊表（附諸表）完、C08040613400。

（362）旗密書類綴 命令類34．7．13 常備艦隊より全1冊、C08040613900。

（363）明治27・8年 連命号綴34．7．13常備艦隊より全1冊、C08040615800。

（364）明治27年7月起 旗連号、C08040617300。

（365）旗連号綴、C08040617900。

（366）明治27年 連合艦隊書類 戦時要秘書類、C08040619600。

（367）連合艦隊出征報告十遺 第2軍其他陸上砲台及水雷艇等よりの通報 附澎湖島に於ける雑報、C08040621900。

（368）明治28年 常備艦隊征湾報告 自第1回至第14回、C08040623000。

（369）明治28年 常備艦隊公文書 征清役及台湾征討等従事せし者の勲績 明細書、C08040625500。

（370）明治28年 常備艦隊幕僚進報 34．7．13 常備艦隊より全1冊、C08040626000。

（371）日記 自明治27年6月至明治27年12月、C08040626700。

（372）明治27年-29年 台湾方面情報綴、C08040628300。

（373）明治27年 日清戦役書類、C08040628900。

（374）明治28年 朝鮮国派遣中特別書類、C08040629900。

（375）明治27年 朝鮮国派遣中特別書類、C08040631600。

（376）明治27年 報告綴込、C08040633200。

（377）明治27年7月 威海衛一件書類、C08040634000。

（378）戦役中艦船艇の主なる欠損修理状況、C08040634500。

（379）明治27年 東学党関係諸報告、C08040635000。

（380）明治28年 海軍征台記 全、C08040635500。

（381）明治28年4月1日－28年1月15日 戦役関係書類、C08040636400。

（382）明治28年1月1日 現在艦船艇 其他配員表、C08040636900。

（383）明治28年1月起 海軍出征軍人姓名表、C08040637200。

（384）明治27・8年 国民の志気材料書類甲 佐鎮目録 戦時書類抜萃 寄贈品申出書、C08040637500。

（385）明治27・8年 国民の志気材料書類乙 献金申出書、C08040638200。

（386）明治27・8年 戦時行動報告1、C08040638700。

（387）明治27・8年 戦時行動報告綴2、C08040640100。

（388）明治27・8年 戦時行動報告3、C08040641700。

（389）明治27・8年 戦時行動報告綴4、C08040643200。

（390）明治27・8年 戦時行動報告綴5、C08040645000。

（391）明治27・8年 戦時行動綴6、C08040646100。

（392）明治28年 連号綴3号、C08040648600。

（393）明治28年 連合綴3号2、C08040649900。

（394）戦史編纂準備書類 大本営の命令（海軍 陸軍）附 関係要件全、C08040651600。

（395）横須賀鎮守府 武庫報告 明治27．6-28．8、C09020000100。

23．海軍省公文備考＞⑪戦役等＞日清戦書

（396）明治27・8年 戦時書類 巻1 諸命令訓論及諸規則 明治27年、

C08040690000。

（397）明治27・8年 戦時書類 巻2 諸命令訓論及諸規則（2）通信 軍艦水
雷艇及船舶（1）明治27年、C08040692600。

（398）明治27・8年 戦時書類 巻3 軍艦水雷艇及船舶（2）明治27年、
C08040694700。

（399）明治27・8年 戦時書類 巻4 軍艦水雷艇及船舶（3）明治27年、
C08040696400。

（400）明治27・8年 戦時書類 巻5 軍艦水雷艇及船舶（4）止 明治27年、
C08040698600。

（401）明治27・8年 戦時書類 巻6 明治27年、C08040700300。

（402）明治27・8年 戦時書類 巻7 明治27年、C08040702100。

（403）明治27・8年 戦時書類 巻8 鑑営需品 明治27年、C08040703500。

（404）明治27・8年 戦時書類 巻9 明治27年、C08040704800。

（405）明治27・8年 戦時書類 巻10 明治27年、C08040706200。

（406）明治27・8年 戦時書類 巻11 明治27年、C08040708100。

（407）明治27・8年 戦時書類 巻12 ゲーリック号．シドニー号関係書類
明治27年、C08040710300。

（408）明治27・8年 戦時書類 巻13 明治27年、C08040712100。

（409）明治27・8年 戦時書類 巻1 臨時軍事費 自明治27年至明治29年、
C08040714100。

（410）明治27・8年 戦時書類 巻2 臨時軍事費 自明治27年至明治29年、
C08040716500。

（411）明治27・8年 戦時書類 巻3 止 臨時軍事費 自明治27年至明治29
年、C08040718200。

（412）明治27・8年 戦時書類 巻4 臨時軍事費 自明治27年至明治29年、
C08040719200。

（413）明治27・8年 戦時書類 巻5 臨時軍事費 自明治27年至明治29年、
C08040721100。

（414）明治27・8年 戦時書類 巻6 臨時軍事費 自明治27年至明治29年、
C08040723100。

（415）明治27・8年 戦時書類 巻1 明治28年、C08040724800。

（416）明治27・8年 戦時書類 巻2 艦船造修及貸与 明治28年、
C08040726800。

（417）明治27・8年 戦時書類 巻3 明治28年、C08040728600。

（418）明治27・8年 戦時書類 巻4 明治28年、C08040730400。

（419）明治27・8年 戦時書類 巻5 明治28年、C08040731900。

（420）明治27・8年 戦時書類 巻6 明治28年、C08040733500。

（421）明治27・8年 戦時書類 巻7 明治28年、C08040735500。

（422）明治27・8年 戦時書類 巻8 明治28年、C08040737200。

（423）明治27・8年 戦時書類 巻9 明治28年、C08040739200。

（424）明治27・8年 戦時書類 巻10 戦利品に関する諸件 明治28年、
C08040741000。

（425）明治27・8年 戦時書類 巻11 明治28年、C08040742400。

（426）明治27・8年 戦時書類 巻12 明治28年、C08040744400。

（427）明治27・8年 戦時書類 巻13 明治28年、C08040746500。

（428）明治27・8年 戦時書類 巻14 明治28年、C08040748600。

（429）明治27・8年 戦時書類 巻15 明治28年、C08040749900。

（430）明治27・8年 戦時書類 巻16 弔祭料．扶助料及手当金（其1）明
治28年、C08040751400。

（431）明治27・8年 戦時書類 巻17 弔祭料．扶助料及手当金（其2）止
明治28年、C08040753200。

（432）明治27・8年 戦時書類 巻1 明治29年、C08040755000。

（433）明治27・8年 戦時書類 巻2 明治29年、C08040757200。

（434）明治27・8年 戦時書類 巻3 明治29年、C08040759500。

（435）明治27・8年 戦時書類 巻4 従軍記章授与書類（其1）明治29年、
C08040761700。

（436）明治27・8年 戦時書類 巻5 従軍記章授与書類（其2）明治29年、
C08040763300。

（437）明治27・8年 戦時書類 巻6 従軍記章授与書類（其3）止 附 従軍記
章証状訂正其他関係書類 明治29年、C08040765000。

（438）明治27・8年 戦時書類 巻1 明治30年、C08040766600。

（439）明治27・8年 戦時書類 巻2 特別賜金．一時賜金等．諸行賞に関
する件 明治30年、C08040768200。

（440）明治27・8年 戦時書類 完 諸行賞．雑件 明治31、32、33年、
C08040769900。

24．海軍一般史料＞②戦史＞日清戦争

（441）連合艦隊出征報告（日清戦争）第1回−15回上、C14120000100。

外務省外交史料館

25．戦前期外務省記録＞1門 政治＞1類 帝国外交＞2項 亜細亜

（442）東学党変乱ノ際韓国保護ニ関スル日清交渉関係一件 第一巻、
B03030204300。

（443）東学党変乱ノ際韓国保護ニ関スル日清交渉関係一件 第二巻、
B03030205700。

（444）東学党変乱ノ際韓国保護ニ関スル日清交渉関係一件 第三巻、
B03030207100。

（445）日清戦役後ニ於ケル帝国政府ノ対韓政策関係雑纂、B03030220300。

（446）葡国外務大臣ニ対シ津田陸軍少佐ノ日清両国開戦談ノ実否取調一件、B03030238100。

（447）日清交際史提要、B03030240600。

26. 戦前期外務省記録＞1門 政治＞4類 国家及領域＞1項 亜細亜

（448）日清戦役関係台湾澎湖島授受一件、B03041168700。

27. 戦前期外務省記録＞1門 政治＞5類 帝国内政＞4項 雑

（449）日清戦役後ニ於ケル台湾関係雑件、B03041710900。

28. 戦前期外務省記録＞1門 政治＞7類 国際企業＞1項 借款

（450）支那外債関係雑件/日清戦役賠償金借款ノ部 第一巻、B04010709700。

（451）支那外債関係雑件/日清戦役賠償金借款ノ部 第二巻、B04010710300。

（452）支那外債関係雑件/日清戦役賠償金借款ノ部 第三巻、B04010710800。

（453）支那外債関係雑件/日清戦役賠償金借款ノ部 第四巻、B04010711400。

29. 戦前期外務省記録＞2門 条約＞2類 講和条約、協定＞1項 帝国諸外国間

（454）日清講和条約締結一件/張邵来朝及談判拒絶、B06150069000。

（455）日清講和条約締結一件/李鴻章来朝及遭難、李経方ノ全権委員ニ就任、B06150069900。

（456）日清講和条約締結一件/休戦定約、B06150070600。

（457）日清講和条約締結一件/講和条約 一、B06150071200。

（458）日清講和条約締結一件/講和条約 二（批准書交換）、B06150071800。

（459）日清講和条約締結一件/日清講和始末、B06150072400。

（460）日清講和条約締結一件/日清講和始末 松本記録、B06150072700。

（461）日清講和条約締結一件/会見要録、B06150073000。

（462）日清講和条約締結一件/陸奥外務大臣舞子滞在中ノ往復電信控、B06150073500。

30. 戦前期外務省記録＞2門 条約＞5類 通商航海条約、協定＞1項 帝国
　　諸外国間

（463）日清修好通商条約締結一件、B06151016400。

（464）日清修好通商条約締結一件 松本記録 第一巻、B06151016900。

（465）日清修好通商条約締結一件 松本記録 第二巻、B06151017200。

（466）日清修好通商条約締結一件/柳原権大丞品川大録清国出発前書類、
　　　B06151017500。

（467）日清修好通商条約締結一件/伊達欽差全権大臣在清中往復書、
　　　B06151017800。

（468）日清修好通商条約締結一件/清国派出柳原権大丞往復書、
　　　B06151018100。

（469）日清修好通商条約締結一件/修好条規通商章程締結問題 第一巻、
　　　B06151018400。

（470）日清修好通商条約締結一件/修好条規通商章程締結問題 第二巻、
　　　B06151019000。

（471）日清通商航海条約締結一件（参考書）、B06151042600。

（472）日清通商航海条約締結一件 第一巻、B06151047800。

（473）日清通商航海条約締結一件 第二巻、B06151048500。

（474）日清通商航海条約締結一件 第三巻、B06151049400。

（475）日清通商航海条約締結一件 松本記録 第一巻、B06151049000。

（476）日清通商航海条約締結一件 松本記録 第二巻、B06151050200。

（477）日清通商航海条約締結一件 松本記録 第三巻、B06151049900。

（478）追加日清通商航海条約締結一件 附各国ト清国間追加条約締結 第
　　　一巻、B06151055400。

（479）追加日清通商航海条約締結一件 附各国ト清国間追加条約締結 第
　　　二巻、B06151057000。

（480）追加日清通商航海条約締結一件 附各国ト清国間追加条約締結 第
　　　三巻、B06151057700。

（481）追加日清通商航海条約締結一件 附各国ト清国間追加条約締結 第
　　　四巻、B06151058500。

（482）追加日清通商航海条約締結一件 附各国ト清国間追加条約締結 第
　　　五巻、B06151059100。

（483）追加日清通商航海条約締結一件 附各国ト清国間追加条約締結 第
　　　六巻、B06151059800。

（484）追加日清通商航海条約締結一件 附各国ト清国間追加条約締結 松
　　　本記録、B06151060600。

（485）清国ニ於ケル日清通商航海条約改正希望一件、B06151087600。

31. 戦前期外務省記録＞2門 条約＞6類 通商関係条約、協定＞1項 帝国
　　諸外国間

（486）日清両国間遭難民救助費用償還約定一件、B07080086800。

32. 戦前期外務省記録＞3門 通商＞1類 港市及税関＞1項 港市

（487）日清追加通商航海条約第十条ノ規定ニ従ヒ奉天及大東溝開放一
　　　件、B10073423300。

33. 戦前期外務省記録＞3門 通商＞1類 港市及税関＞2項 税関

（488）日清開戦ノ際ニ於ケル韓国税関ニ関スル雑件、B10073521300。

34. 戦前期外務省記録＞3門 通商＞1類 港市及税関＞6項 禁輸出入

（489）日清戦役中ニ於ケル両国間ノ輸出入禁止関係雑纂、B10073694000。

35. 戦前期外務省記録＞3門 通商＞4類 財政及経済＞3項 貨幣

（490）日清韓交渉事件後ニ於ケル韓国幣制改革一件、B11090626900。

36. 戦前期外務省記録＞3門 通商＞6類 交通及通信＞11項 電信

（491）日清韓交渉事件後公衆電報取扱ノ為メ平壌ニ通信所残置一件、
　　　B12081333600。

37. 戦前期外務省記録＞3門 通商＞12類 土地及建物＞2項 居留地及雑居地

（492）在仁川釜山元山清国専管居留地ニ関スル日清交渉一件、B12082572200。

38. 戦前期外務省記録＞5門 軍事＞1類 国防＞2項 兵役

（493）日清戦役ノ際対馬警備隊ニ属スル兵員ニシテ釜山等ニ通訳トシテ応聘者ノ招集免除一件、B07090168300。

39. 戦前期外務省記録＞5門 軍事＞1類 国防＞4項 軍隊、兵営、射撃場

（494）日清講和後韓国駐屯帝国軍隊関係雑件、B07090213500。

40. 戦前期外務省記録＞5門 軍事＞1類 国防＞9項 軍用通信機関

（495）日清韓交渉事件ノ際ニ於ケル軍用電線架設関係雑件、B07090434200。

41. 戦前期外務省記録＞5門 軍事＞2類 戦争＞1項 開戦

（496）日清戦役ノ際在清帝国公使館及領事館撤回並在留帝国臣民保護方米国政府ニ於テ担保一件、B07090535800。

（497）日清両国宣戦ノ詔勅公布一件、B07090537200。

（498）日清戦役関係摘要、B07090537500。

42. 戦前期外務省記録＞5門 軍事＞2類 戦争＞2項 陸海空軍行動及戦闘

（499）東学党変乱ノ際日清両国韓国ヘ出兵雑件、B07090593600。

（500）日清戦役ノ際韓国ニ於ケル帝国陸海軍行動御用船出入患者報告雑纂、B07090594300。

（501）日清韓交渉事件ニ際シ軍事上ノ設計ニ関スル韓国政府ト協議雑件、B07090595200。

（502）日清戦争中各地戦闘報告一件、B07090596400。

（503）日清戦争ニ際シ韓国絶影島海軍貯炭所ヘ衛兵派遣一件、B07090598600。

（504）日清戦役ノ際両国ノ海防関係雑件、B07090598900。

（505）日清戦争中旅順港戦闘関係雑件、B07090600100。

（506）日清戦役後台湾鎮定ノ為派遣セラレタル陸海軍ノ動静関係雑件、
B07090600800。

43．戦前期外務省記録＞5門 軍事＞2類 戦争＞3項 船舶抑留、臨検、撃
沈、捕獲及審検

（507）日清戦争中豊島沖ノ海戦二於テ帝国軍艦浪速英国汽船高陞号撃沈
一件、B07090653000。

（508）日清戦役ノ際帝国軍艦ノ外国船臨検雑件、B07090653800。

（509）日清戦役ノ際商船捕獲免除ノ儀二関シ清国ヨリ提議一件、
B07090654900。

（510）日清戦役ノ際捕獲シタル軍艦操江号関係雑件、B07090655200。

（511）日清戦役ノ際二於ケル捕獲審検所関係雑件、B07090655800。

44．戦前期外務省記録＞5門 軍事＞2類 戦争＞6項 占領及施政

（512）日清戦役二於ケル占領地施政一件、B07090724900。

（513）日清戦争ノ際清国二於ケル占領地ヘ御用船以外ノ船舶廻航関係雑
纂、B07090725800。

（514）日清講和条約第八条二依リ帝国軍隊ノ威海衛占領一件、B07090726100。

45．戦前期外務省記録＞5門 軍事＞2類 戦争＞7項 間諜、反逆

（515）日清戦役二際シ清国政府二於テ本邦人ヲ間諜ノ嫌疑ヲ以テ拿捕一
件、B07090873400。

46．戦前期外務省記録＞5門 軍事＞2類 戦争＞8項 俘虜、非戦闘員、傷
病者、救護

（516）日清戦役中豊島沖海戦ノ際撃沈シタル清国軍艦広乙号乗員英国軍
艦二於テ救助一件、B07090878300。

（517）日清戦役ノ際在本邦仏独国病院ヲ帝国政府二貸付方同両国公使ヨ
リ申出一件、B07090878600。

（518）日清講和条約第九条ノ規定ニヨリ捕虜交換一件 附捕虜送還費払

込之件、B07090879100。

47.　戦前期外務省記録＞5門 軍事＞2類 戦争＞10項 献納、恤兵、後援

（519）日清戦役ノ際在外本邦人金品献納関係雑件 第一巻、B07090969300。

（520）日清戦役ノ際在外本邦人金品献納関係雑件 第二巻、B07090974100。

（521）日清戦役二際シ外国人ノ金品献納関係雑件、B07090974800。

48.　戦前期外務省記録＞5門 軍事＞2類 戦争＞11項 観戦、視察、布教、
　　　慰問

（522）日清戦役ノ際外国武官戦況視察ノ為従軍願出一件、B07091014700。

（523）日清戦役ノ際外国新聞記者戦況視察ノ為従軍願出一件、B07091015800。

49.　戦前期外務省記録＞5門 軍事＞2類 戦争＞12項 戦時法規及取締

（524）日清戦役ノ際清国軍備ノ幇助ヲ為ス外国船取締並船名取調一件、
　　　B07091032100。

（525）日清戦役ノ際二於ケル戦時禁制品関係雑件、B07091032700。

（526）日清戦役二際シ横浜碇泊中ノ英国郵船「ゲーリック」号及神戸碇
　　　泊中ノ仏国郵船「シドニー」号戦時禁制品搭載ノ嫌疑ヲ以テ海軍
　　　武官臨検並嫌疑者拘引一件（俘虜清国人莫鎮藩ヨリ所持金還付方
　　　申出ノ件）、B07091033400。

（527）日清戦役中長崎港二碇泊ノ外国軍艦二対スル制限一件、B07091034000。

50.　戦前期外務省記録＞5門 軍事＞2類 戦争＞14項 局外中立

（528）日清戦役ノ際清国上海及韓国仁川港二於ケル各国居留地局外中立
　　　ノ儀二付交渉一件、B07091143200。

（529）日清戦役ノ際清国上海及韓国仁川港二於ケル各国居留地局外中立
　　　ノ儀二付交渉一件 松本記録、B07091143605。

（530）日清戦争ノ際蘇国「グラスゴー」二於テ購入シタ1ル日本郵船会
　　　社汽船土佐丸英国政府二抑留一件、B07091143900。

（531）日清戦役ノ際帝国軍艦龍田廻航ノ途英国政府二於テ抑留一件、

B07091144200。

51. 戦前期外務省記録＞5門 軍事＞2類 戦争＞15項 各国態度及交戦国
国情

（532）日清戦役ノ際外国軍艦移動並情況関係雑纂、B07091156800。

（533）日清戦役ノ際軍需品供給方外国人ヨリ申出雑件、B07091158200。

（534）日清講和前後二於ケル各国ノ態度雑件 第一巻、B07091158500。

（535）日清講和前後二於ケル各国ノ態度雑件 第二巻、B07091159300。

（536）日清講和前後二於ケル各国ノ態度雑件 第三巻、B07091160400。

52. 戦前期外務省記録＞5門 軍事＞2類 戦争＞17項 補償及救恤

（537）日清戦役関係清国ヨリノ軍費賠償金並威海衛守備兵費授受関係雑
件 第一巻、B09072642600。

（538）日清戦役関係清国ヨリノ軍費賠償金並威海衛守備兵費授受関係雑
件 第二巻、B09072644000。

（539）日清韓交渉事件二関スル在京城米国宣教師ノ損害要求一件、
B09072644400。

（540）日清戦役二関スル清国ヨリノ軍費賠償金処分関係雑件、B09072645300。

（541）日清戦役関係清国償金処分一件 第一巻、B09072646500。

（542）日清戦役関係清国償金処分一件 第二巻、B09072647500。

（543）日清戦役関係清国償金処分一件 第三巻、B09072648300。

（544）日清戦役関係清国償金処分一件 第四巻、B09072649200。

（545）日清戦役関係清国償金処分一件 第五巻、B09072650000。

（546）日清戦役関係清国償金処分一件 第六巻、B09072650700。

（547）日清戦役関係清国償金処分一件 第七巻、B09072651300。

（548）日清戦役関係清国償金処分一件 第八巻、B09072651900。

（549）日清戦役二関スル清国償金運用等二付キ早川監理官ヨリノ報告雑
纂、B09072652600。

（550）独逸銀行ヘ預入ノ日清戦役ニ関スル清国償金払戻一件、B09072652900。

（551）戦前期外務省記録＞5門 軍事＞2類 戦争＞18項 雑

（552）日清韓交渉事件関係雑件 第一巻、B08090000100。

（553）日清韓交渉事件関係雑件 第二巻、B08090005400。

（554）日清韓交渉事件ニ関スル事務商議中日清領国軍艦各開港場ニ碇泊
禁止方清国政府ヨリ提議一件、B08090008900。

（555）日清韓交渉事件ニ際シ韓国ニ於ケル外国兵挙動関係雑件、
B08090009200。

（556）日清戦役ノ際韓国ヘ諸貨物輸出関係雑件、B08090010100。

（557）日清戦役中ニ於ケル商船関係雑件、B08090011000。

（558）日清戦役ノ際ニ於ケル清国ノ軍備並ニ同国ノ情勢報告雑纂、
B08090012600。

（559）日清戦役ニ際シ外国新聞操縦関係雑纂、B08090014100。

（560）日清戦役ノ際外国人帝国陸海軍軍務ニ従事方願出雑件、B08090015200。

（561）日清戦役中帝国軍隊ニ関係セル清国人同国政府ニ於テ処分一件、
B08090016800。

53. 戦前期外務省記録＞6門 人事＞1類 官制及官職＞5項 任免、賞罰、
恩給其他

（562）日清戦役ニ対スル清国償金取扱ノ為メ在外帝国領事官ヲ大蔵省前
渡官吏ニ任命一件、B16080271500。

54. 戦前期外務省記録＞7門 文書及図書＞2類 図書及新聞、雑誌＞2項
出版、発行

（563）日清外交史出版一件（出版法違反事件）、B13080870200。

55. 調書＞外務省及臨時設立部署

（564）日清韓交渉事件記事、B10070129000。

56．調書＞条約局＞条約局

（565）追加日清通商航海条約、B10070301900。

57．戦前期条約書＞二国間条約＞アジア＞中国

（566）休戦条約（日清戦役に関する）、B13090892800。

（567）日清媾和条約、B13090893400。

（568）明治二十七、八年日清戦役に於ける清国軍費賠償金支払に関する
　　　議定書、B13090895400。

（569）日清通商航海条約、B13090896800。

（570）日清追加通商航海条約、B13090907600。

国立公文书馆

58．太政官・内閣関係＞御署名原本（明治）＞明治27年＞勅令

（571）御署名原本・明治二十七年・勅令第二百二号・日清両国交戦中朝
　　　鮮国在勤ノ郵便及電信局職員ニ臨時手当給与、A03020189299。

59．太政官・内閣関係＞御署名原本（明治）＞明治27年＞詔勅

（572）御署名原本・明治二十七年・詔勅八月一日・清国ニ対シ宣戦、
　　　A03020165699。

（573）御署名原本・明治二十七年・詔勅八月七日・義勇兵ノ団決ヲ止
　　　ム、A03020165799。

（574）御署名原本・明治二十七年・勅令第百三十七号・帝国内居住ノ清
　　　国臣民ニ関スル件、A03020182799。

60．太政官・内閣関係＞御署名原本（明治）＞明治28年＞勅令

（575）御署名原本・明治二十八年・勅令第十九号・日清両国交戦中陸軍
　　　監督部及軍吏部士官補充ノ件、A03020196899。

（576）御署名原本・明治二十八年・勅令第三十一号・日清両国交戦中准

士官以上服装品給与ノ件、A03020198099。

（577）御署名原本・明治二十八年・勅令第四十八号・日清両国交戦中国
　　　　民軍ノ給与ニ関スル件、A03020199799。

（578）御署名原本・明治二十八年・勅令第六十四号・日清戦役ノタメ陸
　　　　軍将校等平時定員ニ超過シタル者ニ関スル件、A03020201399。

61．太政官・内閣関係＞御署名原本（明治）＞明治28年＞条約

（579）御署名原本・明治二十八年・条約五月十日・日清両国媾和条約及
　　　　別約、A03020213199。

62．太政官・内閣関係＞御署名原本（明治）＞明治37年＞条約

（580）御署名原本・明治三十七年・条約一月十九日・追加日清通商航海
　　　　条約、A03020613199。

63．単行書＞［1673—1729］

（581）単行書・日清媾和始末附遼東半島還付始末、A04017264500。

64．枢密院関係文書＞会議筆記＞明治

（582）枢密院会議筆記・一、日清媾和条約別約等会議筆記・明治二十八
　　　　年五月十日、A03033499400。

（583）枢密院会議筆記・一、日清通商航海条約会議筆記・明治二十九年
　　　　九月二十八日、A03033503200。

（584）枢密院会議筆記・一、東京帝国大学官制中改正ノ件、京都帝国大
　　　　学官制中改正ノ件、文部省直轄諸学校長舎監特別任用令中改正ノ
　　　　件・一、鉄道書記補通信手特別任用令・一、追加日清通商航海
　　　　条約御批准ノ件・一、日米両国間小包郵便条約締結ノ件・明治
　　　　三十六年十二月二日、A03033532300。

65．枢密院関係文書＞決議＞明治

（585）枢密院決議・一、日清条約決議書・明治二十九年九月二十八日決
　　　　議、A03033944000。

（586）枢密院決議・一、日清条約参考書・明治二十九年九月二十八日決
　　　議、A03033944200。

（587）枢密院決議・一、追加日清通商航海条約・一、日米間小包郵便条
　　　約・明治三十六年十二月二日決議、A03033977300。

其　他

66. 国会図書館憲政資料室

（588）樺山資紀関係文書

（589）長崎省吾関係文書

（590）陸奥宗光関係文書

（591）伊藤博文関係文書

（592）渡辺国武関係文書

（593）宇垣一成関係文書

（584）大山巌関係文書

（595）川上操六関係文書

（596）宮島誠一郎関係文書

（597）野津道貫関係文書

（598）伊東巳代治関係文書

（599）井上馨関係文書

（600）上原勇作関係文書

（601）内田康哉関係文書

（602）宇都宮太郎関係文書

（603）大鳥圭介関係文書

（604）桂太郎関係文書

（605）黒田清隆関係文書

（606）憲政史編纂会収集文書

（607）児玉源太郎関係文書

（608）斎藤実関係文書

（609）武田範之関係文書

（610）財部彪関係文書

（611）竹下勇関係文書

（612）寺内正毅関係文書

（613）長岡外史関係文書

（614）平岡浩太郎関係文書

（615）福島安正関係文書

（616）牧野伸顕関係文書

（617）宗方小太郎関係文書

（618）山縣有朋関係文書

（619）山本権兵衛関係文書

韩国档案*

简　介

　　在韩国学术界，档案作为"古文书"的核心组成部分，向来饱受关注；围绕甲午战争前后的相关档案，韩国方面的整理工作也开始较早，成果斐然。首尔大学奎章阁韩国学研究院、韩国国史编纂委员会、韩国国会图书馆、高丽大学等单位对此类档案的整理出版工作均有参与。

　　相关收藏单位中，以奎章阁最为首要。该处所藏涉外档案分为"去来案""来去案"两类。其中"来去案"早在20世纪六七十年代已作为《旧韩国外交文书》陆续出版，共22卷，收录了从1876年2月至1906年2月间朝鲜外务部与各国间往来的文书，包括日案、清案、美案、英案、德案、法案、俄案等。其中甲午战争期间（1894—1895）的"来去案"仅有日案。此外，该书另附有《统理交涉通商事务衙门日记》（简称"统署日记""统记"）与《外务衙门日记》（又称"外衙门日记""外记"）。《统理交涉通商事务衙门日记》是该衙门从1883年8月1日到1895年闰5月2日间的工作日志；《外务衙门日记》是其延伸，涵盖时段为1895年闰5月1日至1899年10月13日。

---

　　* 本部分内容由山东大学历史学院助理研究员薛戈撰写。

韩国国史编纂委员会亦曾将以东学农民运动为核心整理相关档案，在20世纪50年代末以《东学乱记录》为名出版。该史料分上下两卷，上卷收录《甲午实记》《甲午略历》《东徒问辩》《两湖招讨誊录》等，下卷则收有《巡抚使呈报牒》《日本士官函謄》《全琫準供草》《重犯供草》《甲午军功录》等。此外，围绕甲午战争前后朝鲜一系列史事的重要当事人，韩国国史编纂委员会亦曾将相关日记、文集进行整理出版。包括金允植（1835—1922，金弘集内阁外务大臣）、尹致昊（1865—1945，金弘集内阁总理大臣）的日记，以及黄玹（1856—1910，"日韩合邦"时殉国）、郑乔（1856—1925，独立协会干部）的文集等。

近年来，得益于网络技术的进步与韩国相关单位的无私分享，相关档案较旧时更为开放。韩国主要收藏单位、科研单位就所藏文献都提供在线检索、阅览服务；韩国国史编纂委员会、韩国古典翻译院、韩国学中央研究院先后推出了一系列高品质数据库，极大地方便了学术界对史料文献的获取与阅览。现将主要收藏单位及所藏文献简介如下。

1. 首尔大学奎章阁韩国学研究院（규장각한국학연구원，Kyujanggak Institute for Korean Studies）

位于首尔市冠岳区冠岳路1号首尔大学校内，网址参见https://kyudb.snu.ac.kr。奎章阁是韩国最具代表性的史料收藏单位之一。其原为朝鲜王朝时期王室藏书楼，朝鲜正祖年间（1776）初设，保管历代国王御笔及王室族谱，收藏各类中朝文献。1894年"甲午改革"后，交由宫内府管辖；1910年韩日合邦（"庚戌国耻"）后暂废；1928年起移至京城帝国大学（现首尔大学）；1946年国立首尔大学建校，它属首尔大学中央图书馆；1992年独立为"首尔大学奎章阁"；2006年合并韩国文化研究所及"紫霞书堂"，成为"奎章阁韩国学研究院"。

目前，该馆收藏有包括《朝鲜王朝实录》等7种共7125册的国宝级文献，以及26种共166件宝物级文献、4种已在联合国教科文组织

（UNESCO）登记为世界记忆遗产的宝贵文献。所藏文献资料曾作《奎章阁资料丛书》出版，内容丰富，篇幅宏大，涵盖谱牒、科技、官署志、文学、法典等层面。其中"近代篇"有《诏敕·法律》《议案·敕令》《宫内府去来文牒·宫内府来去案》《奏本·奏议》《奏本》《外部诉状》等，收于《锦湖资料丛书》中。出版时间从1991年至2021年，官网提供阅览。

在奎章阁已公开的电子资料中，所藏文献主要分为六类："古图书""古文书""古地图""编年史""仪轨""近代政府记录类（档案）"。"近代政府记录类（档案）"所收录的主要是韩国"开港"（《江华条约》，1876）后到"日韩合邦"（1910）前的政府档案，可借之管窥该时期朝鲜政府各方面的政务情况。与甲午战争前后史事相关的档案亦多集中在此类文献中。

在"近代政府记录类（档案）"中，有"各道各郡诉状"9件；"公文编案"1件；"外交资料"163件；"通商资料"38件；"司法禀报"2件；"量案"46件；"奏本类"5件；"官署文案"156件；"官报"8217件，从1895年至1910年；"政府记录类"4件。

本书在整理过程中，已以甲午战争为中心，将上述各类档案进行了二次摘编，形成了专题目录。但目前上述档案虽提供在线阅览，但不提供下载及全文检索，相关内容检阅仍在进行，有待日后继续深入。

2. 韩国学中央研究院（한국학중앙연구원, The Academy of Korean Studies）藏书阁

位于京畿道城南市盆塘区韩国学中央研究院校内，网址参见https://www.aks.ac.kr/index.do。该馆藏书基础为1909年形成的大韩帝国"帝室图书"。1908年，大韩帝国高宗为复建皇室书库，抽调奎章阁、弘文馆、集玉斋等处的藏书，集中于仁寿馆；并将北汉山行宫的部分书籍与文物一并转移至此，于次年以"帝室图书"的名义成立大韩帝国皇室图书馆。朝鲜战争（1950—1953）期间该馆藏书稍有流失，之后陆续补入乐善斋、奉

谟堂、谱阁、宗庙等处的藏书。1981年移交韩国精神文化研究院(现韩国学中央研究院)管理至今。

该馆现藏有朝鲜王室图书12万余册,自民间征集的古文书6万余件,致力于韩国学资料的收集与研究。该馆曾出版《古文书集成》,共100卷,收录有韩国各地家族所藏古文书130种。

在藏书阁目前已公开的电子资料中,有不少亦可归入档案类文献的范畴。该馆共藏有"古文书"类文献83533件,其中"教令"类7432件、"书信通告类"22332件、"疏草状启类"5271件、"凭证类"6644件、"外交文书类"51件等。此类档案多依卷册及人物分类,多数未按时间排序,仅有"王室古文书"(藏书阁记录遗产DB)条目下的部分目录直接注明了时间信息。所藏文献中有多少是在甲午战争前后,尚有进一步整理的空间。

该馆文献虽无直观的时间信息,但可供全文检索,数据库建设亦进展可观。以韩国学中央研究为主要依托,目前开放的常用数据库有5个,分别是"数位藏书阁"(디지털장서각,https://jsg.aks.ac.kr)、"韩国古文书资料馆"(한국고문서자료관,http://archive.aks.ac.kr)、"藏书阁记录遗产DB"(장서각 기록유산 DB,https://jsg.aks.ac.kr/vj/)、"韩国学资料中心"(한국학자료센터/한국학자료포털,https://kostma.aks.ac.kr)、"韩国学统合检索平台"(한국학자료통합플랫폼,https://kdp.aks.ac.kr)。

3. 韩国国史编纂委员会(국사편찬위원회,National Institute of Korean History)

韩国权威历史编纂机构,位于京畿道果川市教育院路86号,网址参见https://www.history.go.kr。其前身为1946年设立的韩国"国史馆",于1949年改称"国史编纂委员会",沿用至今。《朝鲜王朝实录》《承政院日记》等一系列史料的出版、数位化工作均由该机构进行。

其开放使用的"韩国史数据库"(한국사데이타베이스,https://db.history.go.kr)包含了韩国各历史时期的主要文献,截至2019年3月,

共有101种、848万余件、十五亿一千万字的历史文献可供检索查阅；此外还有地图、照片、年表等多形态资料。目前数据库仍在不断更新中，是涉韩文史资料的权威网站，相关研究之必需。

目前，该网站在"朝鲜时代"下共有子数据库18个，"大韩帝国时期"下共有子数据库12个，"日帝强占期"下共有子数据库40个，可供甲午战争、日俄战争相关研究者参考。

4. 韩国古典翻译院（한국고전번역원，Institute for Translation of Korean Classics）

其前身为1965年成立的韩国"民族文化推进会（민족문화추진회）"，2007年转型为韩国古典翻译院。该院长期致力于韩国汉文古籍的整理、点校、翻译工作，同时培养翻译人才。包括《朝鲜王朝实录》《承政院日记》《日省录》在内的重点文献的翻译工作，均是由该院完成的。截至2022年末，该院已翻译各类历史文献315种，总计3233册；截至2023年2月，已整理各类文献25600种，建设数据库11种。

该院代表性成果为《韩国文集丛刊》，共220册，收有文集1235种（数据库补至1259种），其中朝鲜王朝后期647种、大韩帝国时期37种。该院代表性数据库为"韩国古典综合DB"（한국고전종합DB，https://db.itkc.or.kr）。

5. 东学农民革命纪念财团（동학농민혁명기념재단，Donghak Peasant Revolution Foundation）

该财团于2004年同"东学农民革命参与者名誉恢复审议委员会"（동학농민혁명 참여자 명예회복 심의 위원회）一并成立至今，位于东学农民运动的发祥地全罗北道井邑市，网址参见https://1894.or.kr/main/。

该财团长期着力于东学农民革命相关文物、文献以及遗址的收集、保护与展览。下设东学农民运动博物馆、东学农民运动纪念馆、东学农民运动公园。该财团设有数据库"东学农民革命史料Archive（동학농민혁명사

묘아카이브，http://e-donghak.or.kr/archive/ ）"收录有相关原始史料191卷，研究论著5093卷，"证言录"98件，"日志"1758件，仍在持续更新。截至2023年12月，该财团已公布相关遗址376处，文物5024件。

奎章阁所藏近代政府档案（근대정부기록류）[①]

1. 《外部淸議書》，内阁编录课（朝鲜）编，1895-1896，共1册，首尔大学奎章阁韩国学研究院（규장각한국학연구원，KYUJANGGAK INSTITUTE FOR KOREAN STUDIES）藏，藏书编号：奎17722。

2. 《外部來文》，议政府（朝鲜）编，1896-1902，共7册，首尔大学奎章阁韩国学研究院藏，藏书编号：奎17770。

3. 《奏本》，外部（朝鲜）编，1896-1902，共2册，首尔大学奎章阁韩国学研究院藏，藏书编号：奎17771。

4. 《議政府來去文》，外部（朝鲜）编，1896-1905，共11册，首尔大学奎章阁韩国学研究院藏，藏书编号：奎17793。

5. 《内部來去文》，外部（朝鲜）编，1895-1905，共17册，首尔大学奎章阁韩国学研究院藏，藏书编号：奎17794。

6. 《法部來去文》，外部（朝鲜）编，1895-1906，共13册，首尔大学奎章阁韩国学研究院藏，藏书编号：奎17795。

7. 《内閣來文》，外部（朝鲜）编，1895-1906，共3册，首尔大学奎章阁韩国学研究院藏，藏书编号：奎17796。

8. 《内閣去來文》，外部（朝鲜）编，1895-1906，共3册，首尔大学奎章阁韩国学研究院藏，藏书编号：奎17797。

[①] "文献名称"原文为汉字的情况依原文，为韩文的情况后附汉字。为避免检索失误，"总/统理"依收藏单位标识。

9. 《學部來去文》，外部（朝鮮）編，1895-1905，共12册，首尔大学奎章阁韩国学研究院藏，藏书编号：奎17798。

10. 《軍部來去文》，外部（朝鮮）編，1895-1905，共4册，首尔大学奎章阁韩国学研究院藏，藏书编号：奎17803。

11. 《警務廳來去文》，外部（朝鮮）編，1895-1905，共7册，首尔大学奎章阁韩国学研究院藏，藏书编号：奎17804。

12. 《高等裁判所來去文》，外部（朝鮮）編，1895-1896，共3册，首尔大学奎章阁韩国学研究院藏，藏书编号：奎17815。

13. 《外部來去文》，度支部（朝鮮）編，1896-1900，共1册，首尔大学奎章阁韩国学研究院藏，藏书编号：奎17889。

14. 《公文編案》，度支衙門（朝鮮）編，1894-1901，共99册，首尔大学奎章阁韩国学研究院藏，藏书编号：奎18154。

15. 《各道各郡訴狀》，内藏院（朝鮮）編，1895-1899，共12册，首尔大学奎章阁韩国学研究院藏，藏书编号：奎19164。

16. 《釜山港關草》，统理交涉通商事务衙门（朝鮮）編，1887-1893，共3册，首尔大学奎章阁韩国学研究院藏，藏书编号：奎17256。

17. 《總關來申》，外务衙门（朝鮮）編，1885-1895，共9册，首尔大学奎章阁韩国学研究院藏，藏书编号：奎17829。

18. 《總關公文》，总理交涉通商事务衙门（朝鮮）編，1885-1894，共8册，首尔大学奎章阁韩国学研究院藏，藏书编号：奎17830。

19. 《總關去函》，外部（朝鮮）編，1885-1905，共11册，首尔大学奎章阁韩国学研究院藏，藏书编号：奎17832。

20. 《仁川港案》，外部（朝鮮）編，1896-1905，共9册，首尔大学奎章阁韩国学研究院藏，藏书编号：奎17863-2。

21. 《德源港報牒》，外部（朝鮮）編，1896-1905，共6册，首尔大学奎章阁韩国学研究院藏，藏书编号：奎17866-1。

22. 《東萊港報牒》，外部（朝鲜）编，1896-1905，共10册，首尔大学奎章阁韩国学研究院藏，藏书编号：奎17867-2。

23. 《慶興報牒》，外部（朝鲜）编，1896-1906，共6册，首尔大学奎章阁韩国学研究院藏，藏书编号：奎17870-2。

24. 《仁川港關草》，议政府记录局（朝鲜）编，1887-1895，共7册，首尔大学奎章阁韩国学研究院藏，藏书编号：奎18075。

25. 《元山港關草》，议政府记录局（朝鲜）编，1887-1895，共4册，首尔大学奎章阁韩国学研究院藏，藏书编号：奎18076。

26. 《釜山港關草》，议政府记录局（朝鲜）编，1893-1895，共3册，首尔大学奎章阁韩国学研究院藏，藏书编号：奎18077。

27. 《慶興監理關草》，议政府记录局（朝鲜）编，1865-1895，共2册，首尔大学奎章阁韩国学研究院藏，藏书编号：奎18078。

28. 《仁牒》，统理交涉通商事务衙门（朝鲜）编，1889-1895，共7册，首尔大学奎章阁韩国学研究院藏，藏书编号：奎18088。

29. 《釜牒》，统理交涉通商事务衙门（朝鲜）编，1890，1894-1896，共3册，首尔大学奎章阁韩国学研究院藏，藏书编号：奎18089。

30. 《元牒》，统理交涉通商事务衙门（朝鲜）编，1891-1892，1895-1896，共3册，首尔大学奎章阁韩国学研究院藏，藏书编号：奎18090。

31. 《東萊統案》，东莱监理署（朝鲜）编，1888-1893，共5册，首尔大学奎章阁韩国学研究院藏，藏书编号：奎18116。

32. 《關牒》，关北监理署（朝鲜）编，1886-1894，共2册，首尔大学奎章阁韩国学研究院藏，藏书编号：奎25080。

33. 《慶牒》，庆兴监理署（朝鲜）编，1891-1894，共4册，首尔大学奎章阁韩国学研究院藏，藏书编号：奎25180。

34. 《司法稟報（甲）》，法部（朝鲜）编，1894-1907，共128册，首尔大学奎章阁韩国学研究院藏，藏书编号：奎17278-v.1-128。

35. 《奏本》，议政府（朝鲜）编，1894-1906，共165册，首尔大学奎章阁韩国学研究院藏，藏书编号：奎17703。

36. 《奏本存案》，议政府（朝鲜）编，1894-1906，共83册，首尔大学奎章阁韩国学研究院藏，藏书编号：奎17704。

37. 《牒報存案》，议政府（朝鲜）编，1895，共1册，首尔大学奎章阁韩国学研究院藏，藏书编号：奎17247。

38. 《起案存檔》，法部法务局（朝鲜）编，1896-1906，共3册，首尔大学奎章阁韩国学研究院藏，藏书编号：奎17277의11。

39. 《度支部請議書》，内阁编录课（朝鲜）编，1895-1896，共4册，首尔大学奎章阁韩国学研究院藏，藏书编号：奎17716。

40. 《學部請議書》，内阁编录课（朝鲜）编，1895，共1册，首尔大学奎章阁韩国学研究院藏，藏书编号：奎17717。

41. 《軍部請議書》，内阁编录课（朝鲜）编，1895-1896，共3册，首尔大学奎章阁韩国学研究院藏，藏书编号：奎17718。

42. 《農商工部請議書》，内阁编录课（朝鲜）编，1895，共1册，首尔大学奎章阁韩国学研究院藏，藏书编号：奎17719。

43. 《法部請議書》，内阁编录课（朝鲜）编，1895-1896，共2册，首尔大学奎章阁韩国学研究院藏，藏书编号：奎17720。

44. 《内部請議書》，内阁编录课（朝鲜）编，1895-1896，共5册，首尔大学奎章阁韩国学研究院藏，藏书编号：奎17721。

45. 《照會存案》，内阁（朝鲜）编，1894-1895，共1册，首尔大学奎章阁韩国学研究院藏，藏书编号：奎17747。

46. 《各部來照存案》，内阁编录课（朝鲜）编，1895，共3册，首尔大学奎章阁韩国学研究院藏，藏书编号：奎17748-v.1-3。

47. 《來牒存案》，内阁编录课（朝鲜）编，1895-1896，共2册，首尔大学奎章阁韩国学研究院藏，藏书编号：奎17749-v.1-2。

48. 《指令存案》，内阁（朝鲜）编，1895—1896，共2册，首尔大学奎章
    阁韩国学研究院藏，藏书编号：奎17750-2。

49. 《内部來文》，议政府（朝鲜）编，1895—1902，共24册，首尔大学
    奎章阁韩国学研究院藏，藏书编号：奎17761。

50. 《法部來文》，议政府（朝鲜）编，1894—1902，共17册，首尔大学
    奎章阁韩国学研究院藏，藏书编号：奎17762。

51. 《度支部來文》，内阁（朝鲜）编，1895—1902，共7册，首尔大学奎
    章阁韩国学研究院藏，藏书编号：奎17765。

52. 《學部來文》，议政府（朝鲜）编，1895—1910，共12册，首尔大学
    奎章阁韩国学研究院藏，藏书编号：奎17772。

53. 《警務廳來文》，议政府（朝鲜）编，1895—1897，共3册，首尔大学
    奎章阁韩国学研究院藏，藏书编号：奎17780。

54. 《軍部來去文》，议政府（朝鲜）编，1895—1900，共7册，首尔大学
    奎章阁韩国学研究院藏，藏书编号：奎17786。

55. 《中樞院來文》，议政府（朝鲜）编，1896—1910，共10册，首尔大
    学奎章阁韩国学研究院藏，藏书编号：奎17788-v.1-10。

56. 《學部來文》，外部（朝鲜）编，1895—1905，共12册，首尔大学奎
    章阁韩国学研究院藏，藏书编号：奎17798。

57. 《宫内府案》，宫内府（朝鲜）编，1896—1905，共11册，首尔大学
    奎章阁韩国学研究院藏，藏书编号：奎17801。

58. 《農商工部來去文》，外部（朝鲜）编，1895—1906，共11册，首尔
    大学奎章阁韩国学研究院藏，藏书编号：奎17802。

59. 《通牒》，议政府（朝鲜）编，1896—1910，共10册，首尔大学奎章
    阁韩国学研究院藏，藏书编号：奎17822。

60. 《訓令編案》，度支部（朝鲜）编，1895—1907，共12册，首尔大学
    奎章阁韩国学研究院藏，藏书编号：奎17876。

61. 《軍部來去案》，度支部（朝鲜）编，1896-1905，共7册，首尔大学奎章阁韩国学研究院藏，藏书编号：奎17878。

62. 《度支部農商工部公文來去牒》，度支部（朝鲜）编，1896，共6册，首尔大学奎章阁韩国学研究院藏，藏书编号：奎17880。

63. 《度支部内部公文來去牒》，度支部（朝鲜）编，1896-1905，共7册，首尔大学奎章阁韩国学研究院藏，藏书编号：奎17881。

64. 《宮内府去來文牒》，宮内府（朝鲜）编，1896-1905，共7册，首尔大学奎章阁韩国学研究院藏，藏书编号：奎17882。

65. 《警務廳來去文》，度支部（朝鲜）编，1896-1902，共7册，首尔大学奎章阁韩国学研究院藏，藏书编号：奎17886。

66. 《通牒》，度支部（朝鲜）编，1896-1905，共4册，首尔大学奎章阁韩国学研究院藏，藏书编号：奎17891。

67. 《驛土所關查員質報存檔》，农商工部（朝鲜）编，1895-1903，共15册，首尔大学奎章阁韩国学研究院藏，藏书编号：奎17896。

68. 《驛土所關文牒去案》，农商工部（朝鲜）编，1895-1896，共3册，首尔大学奎章阁韩国学研究院藏，藏书编号：奎17898의2。

69. 《驛土所關文牒去案》，农商工部（朝鲜）编，1895-1896，共4册，首尔大学奎章阁韩国学研究院藏，藏书编号：奎17898의3。

70. 《法規類編所關公文》，内阁（朝鲜）编，1895-1910，共1册，首尔大学奎章阁韩国学研究院藏，藏书编号：奎18027。

71. 官報，1895年3月-11月。

英国档案*

简　介

英国所藏关于甲午战争的档案，大部分藏于英国国家档案馆（The National Archives，简称：TNA）。英国国家档案馆位于伦敦泰晤士河畔列治文区，是英国文化、媒体和体育部下辖的一个行政机构，是英国政府官方档案馆（官方网址：https://www.nationalarchives.gov.uk/）。在甲午战争前，英国人警惕着俄罗斯在东方的扩张。同时作为当时世界秩序"主宰者"，英国人同样警惕着日本的崛起对英国所主导的世界秩序，尤其是对东亚秩序的冲击。故英国政府和英国社会舆论一直关注着甲午中日之战的一举一动，留下了大量的官方档案和报刊报道。1894年丰岛海战中，日军悍然击沉了清军租用的英国商船高升号（Kow-shing），导致大量中国士兵死难。对英籍船只的攻击，一度引发英国朝野对日本方面的愤怒和抗议。清政府曾试图通过高升号事件，争取英国对中国的支持，然而终未能如愿。直至战争结束多年后的1903年，围绕高升号事件的往来交涉才告一段落。甲午战争中日本的胜利，使得英国人认为日本比中国本身更有力来阻挡俄罗斯在东亚的扩张。而"三国干涉还辽"事件之

---

* 本部分内容由山东大学历史学院副研究员张晓宇撰写。

后，日俄在东亚的矛盾凸显，第一次英日同盟就此达成。

英国国家档案馆所藏的关于甲午战争的档案主要分如下部分。第一部分是英国驻华、驻日使领馆与英国外交部（Foreign Office）关于甲午战争的通信密件（Confidential Print），主要集中在FO 405全宗中。该全宗上迄1833年，下至1954年，全部都是涉华的通信密件。关于甲午战争的，主要介于1894—1896年。第二部分是关于中日战争中英国宣布中立后的法案执行情况。如英日关于龙田号事件的交涉材料，主要分布在FO 46全宗中。中日宣战后，英国宣布中立，日本的一艘扫雷舰龙田号（Tatsuta）仍停泊在英属亚丁湾，于是英国海军按照中立法案将其扣留。第三部分是如何处理战时中日两国在英属地的财产、船只等，主要分布在FO 881全宗中。第四部分是清政府为从外交上争取英国加入对日作战，及处理高升号事件的往来照会、函件等。这部分材料，主要集中在FO 233全宗中。此外，内阁办公室档案CAB全宗中（Records of the Cabinet Office）之中也有不少关于甲午战争的档案。

军队系统的情报则是另一个消息来源。其时的英国海军在全球都有驻地，又根据不平等条约可以在中国的内河外洋时常巡弋。战争爆发后，为了应对可能发生的排外浪潮，英国政府也派遣军舰前往东亚，彰显英国在东亚的实力。抛却战争对国际格局和地缘政治的影响，纯粹从军事实验的角度出发，中日两国的参战军舰大量产自英国，甚至中日的海军军官很多都毕业于英国海军学校，或曾在英国海军学校受训。故英国海军对于东亚战事保持着天然的敏感性。来自海军部门的ADM全宗（Records of the Admiralty, Naval Forces, Royal Marines, Coastguard, and related bodies）中就有大量关于中日甲午战争的报告。

第五部分较具特色的材料，则是GFM（Copies of captured records of the German, Italian and Japanese Governments.）系列。二战后，为了追究战争罪责，同盟国从德国、日本、意大利等轴心国缴获了大量的档案。德国外交部的残存档案也在其中。因德国与法国、俄国共同发起了"三国干涉还辽"事件，故也是甲午战争中的一个重要角色。英国国家档案馆藏的这部分德文档案，应对梳理德国在"还辽"事件中的决策过程、执行细节及其影响，具有重要意义。

此外值得一提的是，尽管上文中提及的档案大部分都未能电子化，无法直接免费下载；但是英国国家档案馆提供付费的扫描购买服务，读者可以通过线上付费购买，由档案馆方面负责扫描、传送。获取时间根据档案的数量和难度不同而略有差异。

英国国家档案馆（TNA）

1. Corea and the War between China and Japan. Correspondence. Part I, 1894 June–Sept., FO 405/60.

2. Corea and the War between China and Japan. Further Correspondence. Part II, 1894 Oct.–Dec., FO 405/61.

3. Corea and the War between China and Japan. Further Correspondence. Part III, 1895 Jan.–Mar., FO 405/62.

4. Corea and the War between China and Japan. Further Correspondence. Part IV, 1895 Apr.–June., FO 405/63.

5. Corea and the War between China and Japan. Further Correspondence. Part V, 1895 July–Sept., FO 405/64.

6. Corea and the War between China and Japan. Further Correspondence. Part VI, 1895 Oct.–Dec., FO 405/65.

7. Enforcement of the Foreign Enlistment Act during the War between China and Japan. Correspondence.,1894–1895, FO 405/66.

8. Trade with Chinese Turkestan Further Correspondence. Part IV, 1895–1897,

FO 405/67.

9. Anti-Foreign Riots in China Further Correspondence. Part VI, 1895, FO 405/68.

10. Anti-Foreign Riots in China. Further Correspondence. Part VII, 1895–1896, FO 405/69.

11. Corea and the War between China and Japan. Further Correspondence. Part VII, 1896 Jan.–Mar., FO 405/70.

12. Corea and the War between China and Japan. Further Correspondence. Part VIII, 1896 Apr.–June., FO 405/71.

13. Corea and the War between China and Japan. Further Correspondence. Part IX, 1896 July–Dec., FO 405/72.

14. China: correspondence relating to Corea (Korea) and the war between China and Japan, parts 1–2, June–December 1894, 1894 Jun 01–1894 Dec 31., FO 405/334.

15. China: correspondence relating to Corea (Korea) and the war between China and Japan, parts 3–6, 1895, 1894 Nov 01–1895 Dec 31., FO 405/335.

16. China: correspondence relating to Corea (Korea) and the war between China and Japan, parts 7–9, 1896, 1895 Nov 01–1896 Dec 31., FO 405/336.

17. China: enforcement of the Foreign Enlistment Act during the war between China and Japan, 1894–1895, 1894 Mar 01–1895 Aug 31, FO 405/338.

18. War between China and Japan, Detention of vessels under the Foreign Enlistment Act. Case of the Tatsuta etc. Right of Search. Volume 1., 1894 Mar.–Aug.22, FO 46/462.

19. War between China and Japan, Detention of vessels under the Foreign

Enlistment Act. Case of the Tatsuta etc. Right of Search. Volume 2., 1894 Aug. 23–Dec., FO 46/463.

20. War between China and Japan, Detention of vessels under the Foreign Enlistment Act. Case of the Tatsuta etc. Right of Search. Volume 3.,1895, FO 46/464.

21. Import duty on English cottons into India; War between Japan and China; House of Lords. 3pp, 1894 Nov.9, CAB 41/23/23.

22. British crew of gunboat built for Japanese Government. Claim for wages and expenses of seamen withdrawn at Aden on outbreak of war between China and Japan., 1895, BT 15/36/F11930.

23. China and Japan: Corres. War between China and Japan. Enforcement of Foreign Enlistment Act. Bound: China 29., 1894–1895, FO 881/6692.

24. China and Corea and Japan: Corres. Corea, and the War between China and Japan. Part 1. Bound: China 28., 1894 June–1894 Sept, FO 881/6594.

25. China and Corea and Japan: Further Corres. Corea, and the War between China and Japan. Part 2. Bound: China 28.,1894 Oct–1894 Dec, FO 881/6605.

26. China and Corea and Japan: Further Corres. Corea, and War between China and Japan. Part 3. Bound: China 28., 1895 Jan–1895 Mar, FO 881/6665.

27. China and Corea and Japan: Further Corres. Corea, and the War between China and Japan. Part 4. Bound: Mema. 28., 1895 Apr–1895 June, FO 881/6706.

28. China and Corea and Japan: Further Corres. Corea, and the War between China and Japan. Part 5. Bound: China 28., 1895 July–1895 Sept, FO 881/6763.

29. China and Corea and Japan: Further Corres. Corea, and the War between

China and Japan. Part 6. Bound: China 28., 1895 Oct–1895 Dec, FO 881/6764.

30. China and Corea and Japan: Further Corres. Corea, and the War between China and Japan. Part 7. Bound: China 28., 1896 Jan–1896 Mar, FO 881/6817.

31. China and Corea and Japan: Further Corres. Corea, and the War between China and Japan. Part 8. Bound: China 28., 1896 Apr–1896 June, FO 881/6809.

32. China and Corea and Japan: Further Corres. Corea, and the War between China and Japan. Part 9. Bound: China 28., 1896 July–1896 Dec, FO 881/6899.

33. China and Japan: Proclamation, etc. Neutrality. War. China and Japan. (L. G., Aug. 7, 1894). Bound: China 6.,1894 Aug 7, FO 881/6507X.

34. 'Korea, Nordost China and Süd–Japan.' Printed, coloured., 1894, WO 78/5508.

35. Chinese Secretary's Office: Sino–Japanese War: Denunciation of Li Hung–chang., 1894, FO 233/119/68.

36. Chinese Secretary's Office: Sino–Japanese War: Memo. on foreign–officered army.,1895, FO 233/120/55.

37. Chinese Secretary's Office: Sino–Japanese War: Chinese Christian women's address to Empress.,1894, FO 233/119/66.

38. Chinese Secretary's Office: Sino–Japanese War: Denunciation of Li Hung–chang.,1895, FO 233/120/13.

39. Chinese Secretary's Office: Sino–Japanese War: Li Hung–chang to Yamen on Japanese ships flying British flags.,1894, FO 233/119/33.

40. Chinese Secretary's Office: Sino–Japanese War: Draft agreement on

foreign-officered army under Bower.,1895, FO 233/120/75.

41. Chinese Secretary's Office: Sino-Japanese War: Governor of Taiwan, offering rewards for killing Japanese. [Hu-pao 14/8/1894] ., 1894, FO 233/119/40.

42. Chinese Secretary's Office: Sino-Japanese War: Proclamation by Sheng [Hsuan-huai] enjoining friendly relations.,1894, FO 233/119/36.

43. Chinese Secretary's Office: Sino-Japanese War: Copy of memo. to Yamen on Chinkiang case.,1895, FO 233/120/18.

44. Chinese Secretary's Office: Sino-Japanese War: Draft of full powers for Chang Yin-huan., 1895, FO 233/120/33.

45. Chinese Secretary's Office: Sino-Japanese War: Doyen to Yamen: closing of Tientsin port., 1895, FO 233/120/40.

46. From Admirals: S China 150-179.Includes 1 photograph depicting: [file S169] Sino-Japanese war: Japanese battle cruiser*Barrairato disguised as 'May' of Cardiff *name unclear. Dated 1892, 1894, ADM 1/7200.

47. Ship Kow Shing, official number: 87100. When built: Not Stated. Registry closed: 1894., BT 110/47/64.

48. Papers respecting the sinking of the British vessel Kow-Shing by the Japanese war-ship Naniwa. Printed or circulated in 1894 Dec 10, CAB 37/37/45.

49. Chinese Secretary's Office: Sino-Japanese War: Views of foreign officers in Chinese fleet on punishment of Admiral Ting., 1895, FO 233/120/1.

50. Chinese Secretary's Office: Sino-Japanese War: Full Powers for Li Hung-chang. Another version. Telegrams, U. S. Minister Peking to U. S. Minister Tokyo on minor conditions.,1895, FO 233/120/35.

51. Admiralty: China Station: Correspondence, Sino-Japanese War General

Part I, 1894-1895, ADM 125/112.

52. Admiralty: China Station: Correspondence, Sino-Japanese War General Part II, 1894-1895, ADM 125/113.

53. Admiralty: China Station: Correspondence, Sino-Japanese General Part III, 1894-1895, ADM 125/114.

54. Folios 32-33: Letter from Lord Salisbury to Sir Frank Lascelles concerning: Anglo-German relations: desire for friendly relations; attitude of Kaiser Wilhelm II; issues arising from the Sino Japanese War, Zeyla [Zeila], and the Armenian question., 1896 Mar 10, FO 800/9/8.

55. Folios 6-7: Letter from Sir Frank Lascelles to Lord Kimberley concerning: Health of [Nikolai de] Giers; Russian reaction to the Sino Japanese War; the health of the Emperor [Tsar Alexander III] and its impact on Russian government (copy)., 1894 Oct 10, FO 800/17/14.

56. Folios 8-9: Letter from Sir Frank Lascelles to Lord Kimberley concerning: Health of the Emperor [Tsar Alexander III] and [Nikolai de] Giers; Russian views on the Sino Japanese War; the Pamir question and the seizure of a ruby mine in Gharau; rumours of the marriage of the Cesarewitch [Tsesarevich] (copy)., 1894 Oct 25, FO 800/17/18.

57. 2 folders of private and official letters from Bois (to March 1894) and Alex Wright concerning House and CNCo business, staff, property, steamers and relations with other companies, also Aug 1894-1895 the Sino-Japanese War and its effects on trade and 1895 fierce competition with JM & Co., 8 Jul 1892-20 Dec 1895, JSSI 2/19.

58. China Number 20 Number 1. Secret. 75 volumes (FT). Intended acquisitions of the great powers on the occasion of the Sino-Japanese War. 1894-1912. Volume 14., 1897 Nov 16-1897 Nov 19, GFM 10/45/2.

59. China Number 20 Number 1. Secret. 75 volumes (FT). Intended acquisitions of the great powers on the occasion of the Sino-Japanese War. 1894–1912. Volume 55., 1898 Aug 15–1898 Aug 31, GFM 10/52/3.

60. China Number 20 Number 1. Secret. 75 volumes (FT). Intended acquisitions of the great powers on the occasion of the Sino-Japanese War. 1894–1912. Volume 44., 1898 Apr 4–1898 Apr 10, GFM 10/50/3.

61. China Number 20 Number 1. Secret. 75 volumes (FT). Intended acquisitions of the great powers on the occasion of the Sino-Japanese War. 1894–1912. Volume 21., 1897 Dec 14–1897 Dec 17, GFM 10/46/3.

62. China Number 20 Number 1. Secret. 75 volumes (FT). Intended acquisitions of the great powers on the occasion of the Sino-Japanese War. 1894–1912. Volume 6., 1896 Jan 1–1896 Apr 14., GFM 10/43/3.

63. China Number 20 Number 1. Secret. 75 volumes (FT). Intended acquisitions of the great powers on the occasion of the Sino-Japanese War. 1894–1912. Volume 64., 1899 Oct 1–1899 Dec 31., GFM 10/55/1.

64. China Number 20 Number 1. Secret. 75 volumes (FT). Intended acquisitions of the great powers on the occasion of the Sino-Japanese War. 1894–1912. Volume 37., 1898 Feb 14–1898 Feb 20., GFM 10/49/1.

65. China Number 20 Number 1. Secret. 75 volumes (FT). Intended acquisitions of the great powers on the occasion of the Sino-Japanese War. 1894–1912. Volume 17., 1897 Nov 28–1897 Dec 1, GFM 10/45/5.

66. China Number 20 Number 1. Secret. 75 volumes (FT). Intended acquisitions of the great powers on the occasion of the Sino-Japanese War. 1894–1912. Volume 30., 1898 Jan 13–1898 Jan 16, GFM 10/47/7.

67. China Number 20 Number 1. Secret. 75 volumes (FT). Intended acquisitions of the great powers on the occasion of the Sino-Japanese War.

1894–1912. Volume 19., 1897 Dec 6–1897 Dec 9, GFM 10/45/7.

68. China Number 20 Number 1. Secret. 75 volumes (FT). Intended acquisitions of the great powers on the occasion of the Sino–Japanese War. 1894–1912. Volume 47., 1898 Apr 22–1898 Apr 28, GFM 10/50/6.

69. China Number 20 Number 1. Secret. 75 volumes (FT). Intended acquisitions of the great powers on the occasion of the Sino–Japanese War. 1894–1912. Volume 35., 1898 Feb 3–1898 Feb 7, GFM 10/48/6.

70. China Number 20 Number 1. Secret. 75 volumes (FT). Intended acquisitions of the great powers on the occasion of the Sino–Japanese War. 1894–1912. Volume 29., 1898 Jan 10–1898 Jan 12., GFM 10/47/6.

71. China Number 20 Number 1. Secret. 75 volumes (FT). Intended acquisitions of the great powers on the occasion of the Sino–Japanese War. 1894–1912. Volume 64., 1899 Oct 1–1899 Dec 31., GFM 10/54/4.

72. China Number 20 Number 1. Secret. 75 volumes (FT). Intended acquisitions of the great powers on the occasion of the Sino–Japanese War. 1894–1912. Volume 33., 1898 Jan 25–1898 Jan 28, GFM 10/48/4.

73. China Number 20 Number 1. Secret. 75 volumes (FT). Intended acquisitions of the great powers on the occasion of the Sino–Japanese War. 1894–1912. Volume 7., 1896 Apr 15–1896 Aug 6, GFM 10/43/4.

74. China Number 20 Number 1. Secret. 75 volumes (FT). Intended acquisitions of the great powers on the occasion of the Sino–Japanese War. 1894–1912. Volume 51., 1898 May 19–1898 June 3, GFM 10/51/5.

75. China Number 20 Number 1. Secret. 75 volumes (FT). Intended acquisitions of the great powers on the occasion of the Sino–Japanese War. 1894–1912. Volume 23., 1897 Dec 22–1897 Dec 25, GFM 10/46/5.

76. China Number 20 Number 1. Secret. 75 volumes (FT). Intended

acquisitions of the great powers on the occasion of the Sino-Japanese War. 1894-1912. Volume 18., 1897 Dec 2-1897 Dec 5, GFM 10/45/6.

77. China Number 20 Number 1. Secret. 75 volumes (FT). Intended acquisitions of the great powers on the occasion of the Sino-Japanese War. 1894-1912. Volume 9., 1897 Jan 1-1897 Mar 31, GFM 10/43/6.

78. China Number 20 Number 1. Secret. 75 volumes (FT). Intended acquisitions of the great powers on the occasion of the Sino-Japanese War. 1894-1912. Volume 27., 1898 Jan 4-1898 Jan 6, GFM 10/47/4.

79. China Number 20 Number 1. Secret. 75 volumes (FT). Intended acquisitions of the great powers on the occasion of the Sino-Japanese War. 1894-1912. Volume 16., 1897 Nov 24-1897 Nov 27, GFM 10/45/4.

80. China Number 20 Number 1. Secret. 75 volumes (FT). Intended acquisitions of the great powers on the occasion of the Sino-Japanese War. 1894-1912. Volume 12., 1897 Oct 3-1897 Nov 11, GFM 10/44/4.

81. China Number 20 Number 1. Secret. 75 volumes (FT). Intended acquisitions of the great powers on the occasion of the Sino-Japanese War. 1894-1912. Volume 58., 1899 Jan 1-1899 Jan 31, GFM 10/53/1.

82. China Number 20 Number 1. Secret. 75 volumes (FT). Intended acquisitions of the great powers on the occasion of the Sino-Japanese War. 1894-1912. Volume 42., 1898 Mar 23-1898 Mar 29, GFM 10/50/1.

83. China Number 20 Number 1. Secret. 75 volumes (FT). Intended acquisitions of the great powers on the occasion of the Sino-Japanese War. 1894-1912. Volume 24., 1897 Dec 26-1897 Dec 28, GFM 10/47/1.

84. China Number 20 Number 1. Secret. 75 volumes (FT). Intended acquisitions of the great powers on the occasion of the Sino-Japanese War. 1894-1912. Volume 62., 1899 May 16-1899 July 8, GFM 10/54/2.

85. China Number 20 Number 1. Secret. 75 volumes (FT). Intended acquisitions of the great powers on the occasion of the Sino–Japanese War. 1894–1912. Volume 10., 1897 Apr 1–1897 July 14, GFM 10/44/2.

86. China Number 20 Number 1. Secret. 75 volumes (FT). Intended acquisitions of the great powers on the occasion of the Sino–Japanese War. 1894–1912. Volume 63., 1899 July 9–1899 Sept 30, GFM 10/54/3.

87. China Number 20 Number 1. Secret. 75 volumes (FT). Intended acquisitions of the great powers on the occasion of the Sino–Japanese War. 1894–1912. Volume 49., 1898 May 5–1898 May 10, GFM 10/51/3.

88. China Number 20 Number 1. Secret. 75 volumes (FT). Intended acquisitions of the great powers on the occasion of the Sino–Japanese War. 1894–1912. Volume 39., 1898 Mar 1–1898 Mar 9, GFM 10/49/3.

89. China Number 20 Number 1. Secret. 75 volumes (FT). Intended acquisitions of the great powers on the occasion of the Sino–Japanese War. 1894–1912. Volume 26., 1898 Jan 1–1898 Jan 3, GFM 10/47/3.

90. China Number 20 Number 1. Secret. 75 volumes (FT). Intended acquisitions of the great powers on the occasion of the Sino–Japanese War. 1894–1912. Volume 11., 1897 July 15–1897 Oct 2, GFM 10/44/3.

91. China Number 20 Number 1. Secret. 75 volumes (FT). Intended acquisitions of the great powers on the occasion of the Sino–Japanese War. 1894–1912. Volume 32., 1898 Jan 21–1898 Jan 24, GFM 10/48/3.

92. China Number 20 Number 1. Secret. 75 volumes (FT). Intended acquisitions of the great powers on the occasion of the Sino–Japanese War. 1894–1912. Volume 15., 1897 Nov 20–1897 Nov 23, GFM 10/45/3.

93. China Number 20 Number 1. Secret. 75 volumes (FT). Intended acquisitions of the great powers on the occasion of the Sino–Japanese War.

1894–1912. Volume 47., 1898 Apr 22–1898 Apr 28, GFM 10/51/1.

94. China Number 20 Number 1. Secret. 75 volumes (FT). Intended acquisitions of the great powers on the occasion of the Sino–Japanese War. 1894–1912. Volume 4., 1895 Sept 12–1895 Nov 9, GFM 10/43/1.

95. China Number 20 Number 1. Secret. 75 volumes (FT). Intended acquisitions of the great powers on the occasion of the Sino–Japanese War. 1894–1912. Volume 60., 1899 Mar 18–1899 Apr 21, GFM 10/53/4.

96. China Number 20 Number 1. Secret. 75 volumes (FT). Intended acquisitions of the great powers on the occasion of the Sino–Japanese War. 1894–1912. Volume 56., 1898 Sept 1–1898 Oct 15, GFM 10/52/4.

97. China Number 20 Number 1. Secret. 75 volumes (FT). Intended acquisitions of the great powers on the occasion of the Sino–Japanese War. 1894–1912. Volume 40., 1898 Mar 10–1898 Mar 15, GFM 10/49/4.

98. China Number 20 Number 1. Secret. 75 volumes (FT). Intended acquisitions of the great powers on the occasion of the Sino–Japanese War. 1894–1912. Volume 2., 1895 Mar 1–1895 Apr 22, GFM 10/42/4.

99. China Number 20 Number 1. Secret. 75 volumes (FT). Intended acquisitions of the great powers on the occasion of the Sino–Japanese War. 1894–1912. Volume 37., 1898 Feb 14–1898 Feb 20, GFM 10/48/8.

100. China Number 20 Number 1. Secret. 75 volumes (FT). Intended acquisitions of the great powers on the occasion of the Sino–Japanese War. 1894–1912. Volume 53., 1898 June 22–1898 July 14, GFM 10/51/7.

101. China Number 20 Number 1. Secret. 75 volumes (FT). Intended acquisitions of the great powers on the occasion of the Sino–Japanese War. 1894–1912. Volume 43., 1898 Mar 30–1898 Apr 3, GFM 10/50/2.

102. China Number 20 Number 1. Secret. 75 volumes (FT). Intended acquisitions of the great powers on the occasion of the Sino-Japanese War. 1894-1912. Volume 38., 1898 Feb 21-1898 Feb 28, GFM 10/49/2.

103. China Number 20 Number 1. Secret. 75 volumes (FT). Intended acquisitions of the great powers on the occasion of the Sino-Japanese War. 1894-1912. Volume 31., 1898 Jan 17-1898 Jan 20, GFM 10/48/2.

104. China Number 20 Number 1. Secret. 75 volumes (FT). Intended acquisitions of the great powers on the occasion of the Sino-Japanese War. 1894-1912. Volume 57., 1898 Oct 16-1898 Dec 31, GFM 10/52/5.

105. China Number 20 Number 1. Secret. 75 volumes (FT). Intended acquisitions of the great powers on the occasion of the Sino-Japanese War. 1894-1912. Volume 41., 1898 Mar 16-1898 Mar 22, GFM 10/49/5.

106. China Number 20 Number 1. Secret. 75 volumes (FT). Intended acquisitions of the great powers on the occasion of the Sino-Japanese War. 1894-1912. Volume 3., 1895 Apr 23-1895 Sept 11, GFM 10/42/5.

107. China Number 20 Number 1. Secret. 75 volumes (FT). Intended acquisitions of the great powers on the occasion of the Sino-Japanese War. 1894-1912. Volume 22., 1897 Dec 18-1897 Dec 21, GFM 10/46/4.

108. China Number 20 Number 1. Secret. 75 volumes (FT). Intended acquisitions of the great powers on the occasion of the Sino-Japanese War. 1894-1912. Volume 61., 1899 Apr 22-1899 May 15, GFM 10/54/1.

109. China Number 20 Number 1. Secret. 75 volumes (FT). Intended acquisitions of the great powers on the occasion of the Sino-Japanese War. 1894-1912. Volume 19., 1897 Dec 6-1897 Dec 9, GFM 10/46/1.

110. China Number 20 Number 1. Secret. 75 volumes (FT). Intended acquisitions of the great powers on the occasion of the Sino-Japanese War. 1894-1912. Volume 9., 1897 Jan 1-1897 Mar 31, GFM 10/44/1.

111. China Number 20 Number 1. Secret. 75 volumes (FT). Intended acquisitions of the great powers on the occasion of the Sino-Japanese War. 1894-1912. Volume 1., 1894 Nov-1895 Feb 28, GFM 10/42/3.

112. China Number 20 Number 1. Secret. 75 volumes (FT). Intended acquisitions of the great powers on the occasion of the Sino-Japanese War. 1894-1912. Volume 25., 1897 Dec 29-1897 Dec 31, GFM 10/47/2.

113. China Number 20 Number 1. Secret. 75 volumes (FT). Intended acquisitions of the great powers on the occasion of the Sino-Japanese War. 1894-1912. Volume 20., 1897 Dec 10-1897 Dec 13, GFM 10/46/2.

114. China Number 20 Number 1. Secret. 75 volumes (FT). Intended acquisitions of the great powers on the occasion of the Sino-Japanese War. 1894-1912. Volume 5., 1895 Nov 10-1895 Dec 31, GFM 10/43/2.

115. China Number 20 Number 1. Secret. 75 volumes (FT). Intended acquisitions of the great powers on the occasion of the Sino-Japanese War. 1894-1912. Volume 32., 1898 Jan 21-1898 Jan 24, GFM 10/48/3.

116. China Number 20 Number 1. Secret. 75 volumes (FT). Intended acquisitions of the great powers on the occasion of the Sino-Japanese War. 1894-1912. Volume 15., 1897 Nov 20-1897 Nov 23, GFM

10/45/3.

117. China Number 20 Number 1. Secret. 75 volumes (FT). Intended acquisitions of the great powers on the occasion of the Sino-Japanese War. 1894-1912. Volume 47., 1898 Apr 22-1898 Apr 28, GFM 10/51/1.

118. China Number 20 Number 1. Secret. 75 volumes (FT). Intended acquisitions of the great powers on the occasion of the Sino-Japanese War. 1894-1912. Volume 4., 1895 Sept 12-1895 Nov 9, GFM 10/43/1.

119. China Number 20 Number 1. Secret. 75 volumes (FT). Intended acquisitions of the great powers on the occasion of the Sino-Japanese War. 1894-1912. Volume 8., 1896 Aug 7-1896 Dec 31, GFM 10/43/5.

120. China Number 20 Number 1. Secret. 75 volumes (FT). Intended acquisitions of the great powers on the occasion of the Sino-Japanese War. 1894-1912. Volume 52., 1898 June 4-1898 June 21, GFM 10/51/6.

121. China Number 20 Number 1. Secret. 75 volumes (FT). Intended acquisitions of the great powers on the occasion of the Sino-Japanese War. 1894-1912. Volume 4., 1895 Sept 12-1895 Nov 9, GFM 10/42/6.

122. China Number 20 Number 1. Secret. 75 volumes (FT). Intended acquisitions of the great powers on the occasion of the Sino-Japanese War. 1894-1912. Volume 36., 1898 Feb 8-1898 Feb 13, GFM 10/48/7.

123. China Number 20 Number 1. Secret. 75 volumes (FT). Intended acquisitions of the great powers on the occasion of the Sino-Japanese War. 1894-1912. Volume 59., 1899 Feb 1-1899 Mar 16, GFM 10/53/2.

124. China Number 20 Number 1. Secret. 75 volumes (FT). Intended acquisitions of the great powers on the occasion of the Sino-Japanese

War. 1894–1912. Volume 54., 1898 July 15–1898 Aug 14, GFM 10/52/2.

125. China Number 20 Number 1. Secret. 75 volumes (FT). Intended acquisitions of the great powers on the occasion of the Sino–Japanese War. 1894–1912. Volume 48., 1898 Apr 29–1898 May 4, GFM 10/51/2.

126. China Number 20 Number 1. Secret. 75 volumes (FT). Intended acquisitions of the great powers on the occasion of the Sino–Japanese War. 1894–1912. Volume 60., 1899 Mar 18–1899 Apr 21, GFM 10/53/4.

127. China Number 20 Number 1. Secret. 75 volumes (FT). Intended acquisitions of the great powers on the occasion of the Sino–Japanese War. 1894–1912. Volume 56., 1898 Sept 1–1898 Oct 15, GFM 10/52/4.

128. China Number 20 Number 1. Secret. 75 volumes (FT). Intended acquisitions of the great powers on the occasion of the Sino–Japanese War. 1894–1912. Volume 50., 1898 May 11–1898 May 18, GFM 10/51/4.

129. China Number 20 Number 1. Secret. 75 volumes (FT). Intended acquisitions of the great powers on the occasion of the Sino–Japanese War. 1894–1912. Volume 45., 1898 Apr 11–1898 Apr 15, GFM 10/50/4.

130. China Number 20 Number 1. Secret. 75 volumes (FT). Intended acquisitions of the great powers on the occasion of the Sino–Japanese War. 1894–1912. Volume 59a., 1899 Mar 17–1899 Mar 17, GFM 10/53/3.

法国档案 *

法国国防部国防历史服务处（SHD）

法国国防部历史服务处（Ministère des Armées-Service historique de la Défense，简称SHD），官方网站为 www.servicehistorique.sga.defense.gouv.fr，在巴黎文森城堡、瑟堡、布雷斯特、洛里昂、罗什福尔、土伦、卡昂、波城以及沙泰勒罗均设有服务中心，负责收集和保存法国陆军、海军、空军及宪兵队等法国武装力量的历史档案，并对外提供研究和咨询服务。此外，SHD还致力于推广军事历史和遗产，通过出版书籍、举办会议和展览等形式，增进公众对法国及其军事历史的了解与兴趣。SHD所藏档案涵盖了从中世纪至当代的广泛历史时期，其中包括大量的官方文件、个人档案、作战记录、地图及照片等，为了解和研究法国乃至全球的军事历史提供了重要的资源。SHD面向研究者以及对军事历史感兴趣的公众开放，读者可通过预约方式阅览其收藏的档案资料。

1. GR/7/N/1691. Armées et marines japonaises et chinoises, relations entre la Chine et le Japon, troubles en Corée, guerre sino-japonaise, mission

---

* 本部分内容由曲阜师范大学外国语学院讲师鞠雪霞撰写。

militaire française ; notamment: préparatifs militaires des Anglais et des Russes en Extrême-Orient (16 mai, 28 juin, 7 août 1885) ; les défenses de Hong Kong (29 janvier 1886) ; les Anglais évacuent Port-Hamilton (29 avril 1887) ; société japonaise de navigation (7 avril 1888) ; au sujet de la suppression du poste d'attaché militaire au Japon (22 mars 1889); composition du corps expéditionnaire japonais (8 septembre 1894); ressources du Japon en charbon (15 septembre) ; expédition de la IIe armée japonaise contre Wei-Hai-Wei (20 février 1895) ; traité de paix entre la Chine et le Japon, intervention de la Russie, de l'Allemagne et de la France (10 et 17 mai) ; statistique des morts, blessés et malades pendant la guerre sino-japonaise (15 novembre).

日本和中国的陆军与海军，中国与日本之间的关系，朝鲜的动乱，中日战争，法国军事使团；特别是英国和俄国在远东的军事准备（1885年5月16日，6月28日，8月7日）；香港的防御（1886年1月29日）；英国撤离汉密尔顿港（巨文岛）（1887年4月29日）；日本航运公司（1888年4月7日）；关于取消在日本的军事武官职位（1889年3月22日）；日本远征军的组成（1894年9月8日）；日本的煤炭资源（9月15日）；日本第二军远征威海卫（1895年2月20日）；中日和平条约，俄罗斯、德国和法国的介入（5月10日和17日）；中日战争期间死亡、受伤和病患统计（11月15日）。

2. GR/7/N/1696. Combat naval du 17 septembre 1894, expédition sur Weihaiwa (janvier-février 1895); guerre sino-japonaise, statistique des morts, blessés et malades, négociations de paix, traité (1895), état des flottes étrangères et japonaise en Extrême-Orient le 1er janvier 1896, marine japonaise, voyages à Formose, Vladivostock et Kabarovsk et dans l'Oussouri, renseignements sur ces pays et sur la Corée (1895-1897) ; organisation

militaire au Japon (1895–1896) ; budgets (1895–1898).

1894年9月17日的海战，远征威海卫（1895年1月—2月）；中日战争，死亡、受伤和病患统计，和平谈判，条约（1895年），1896年1月1日在远东的外国和日本舰队状况，日本海军，前往台湾、符拉迪沃斯托克和哈巴罗夫斯克以及乌苏里的旅行，这些地区和朝鲜的情报（1895—1897年）；日本的军事组织（1895—1896年）；预算（1895—1898年）。

3. GR/7/N/1699. Guerre sino-japonaise: rapports d'opérations, résultats généraux de la guerre, mesures administratives pour la colonisation de l'île de Formose ; coupures de presse en anglais, cartes. 1894–1896.

中日战争：作战报告，战争的总体结果，为殖民台湾岛采取的行政措施；英文新闻剪报，地图（1894—1896年）。

德国档案[*]

简　介

德国外交部、驻外使馆等机构和军队高层机构留存了大量同中国和周边国家的相关档案。有关甲午战争档案主要存于德国联邦档案馆利希特菲尔德分馆、弗赖堡军事档案馆和外交部政治档案馆。21世纪以来，以上三个档案馆的馆藏档案信息均可在网络上查询，档案目录可分别通过https://invenio.bundesarchiv.de/（德国联邦档案馆各分馆）和https://politisches-archiv.diplo.de/invenio/（外交部政治档案馆）进行检索，其中部分档案原件已实现电子化，可通过上述网站在线查阅或下载，而尚未电子化的档案仍需读者到馆查阅。

1. 德国联邦档案馆（Bundesarchiv, BArch）

德国联邦档案馆是联邦德国的国家中央档案馆，是内政部下辖的联邦机构，保存了联邦德国（1949年至今）、民主德国（1949—1990年）、德意志帝国（1867/71—1945年）和德意志邦联（1815—1866年）中央机构的档案。联邦档案馆在德国有9个业务地点，其中与甲午战争有关的档案资料主要收录于利希特菲尔德分馆和弗赖堡军事档案馆这两个分馆中。

---

[*]　本部分内容由山东大学历史学院2022级博士生石非凡撰写。

网站https://www.bundesarchiv.de/。

（1）利希特菲尔德分馆（Bundesarchiv Berlin-Lichterfelde）

位于柏林，地址为Bundesarchiv, Finckensteinallee 63, 12205 Berlin。该馆主要收藏德意志邦联（1815—1866年）、德意志帝国（1867/71—1945年）和民主德国中央机构的档案。与甲午战争相关的档案包括德意志第二帝国时期的外交部（Auswärtiges Amt）收录的中日、中朝、朝日间的贸易和航运关系档案，德国驻华领事馆的报告等。

（2）弗赖堡军事档案馆（Bundesarchiv-Militärarchiv Freiburg）

位于巴登-符腾堡州弗赖堡，地址为Bundesarchiv, Abteilung Militärarchiv, Wiesentalstraße 10, 79115 Freiburg。该馆主要收藏普鲁士和德意志帝国（1867/71—1945年）军事机构的档案。收录甲午战争相关档案的机构包括普鲁士战争部（Preußisches Kriegsministerium）、普鲁士陆军总参谋部/德国陆军最高指挥部（Großer Generalstab der Preußischen Armee/Oberste Heeresleitung des Deutschen Heeres）、帝国海军部（Kaiserliche Admiralität）、帝国海军内阁（Kaiserliches Marinekabinett）、帝国海军办公室（Reichsmarineamt）、海军参谋本部（Admiralstab der Marine）等，档案内容主要包括上述部门所记录的中日两国军事情况、甲午战争战况报告、地图和照片等。

2. 外交部政治档案馆（Politisches Archiv des Auswärtigen Amtes, PAAA）

位于柏林，隶属于德国外交部，地址为Kurstraße 36, 10117 Berlin，网站https://archiv.diplo.de/arc-de。该馆收录了德意志帝国、联邦德国和民主德国的外交部门及驻各国使馆的有关外交资料，内容包括德国外交活动和详细记录，以及往来书信、电报和报纸等。其中与甲午战争相关的较重要的档案有《中日为朝鲜的战争》（Der chinesisch-japanische Krieg wegen Korea）共64卷，《大国在中日战争之际的获利意图》（Beabsichtigte Erwerbungen der Großmächte anlässlich des chinesisch-japanischen Krieges）共75卷。此外还包含中国、日本和朝鲜概况，中日关系，朝鲜同中国和俄国的关系，台湾岛概况，德国驻外使馆记录等。

20世纪20年代，德国外交部出版了资料汇编《1871—1914年欧洲国家内阁的重要政策》(Die Große Politik der europäischen Kabinette 1871-1914. Sammlung der diplomatischen Akten des Auswärtigen Amtes)，共40卷，其中第9卷第57章标题为"东亚三国同盟：1894—1895年德国、俄国和法国的协作"，同三国干涉还辽直接相关。1960年，中国学者孙瑞芹在此基础上整理有关甲午战争的部分资料，出版了《德国外交文件有关中国交涉史料选译》(3卷本，北京：商务印书馆，1960年)。

德国联邦档案馆利希特菲尔德分馆

R 901 Auswärtiges Amt 外交部

1. Handels-und Schifffahrtsverhältnisse zwischen den Ländern. 1822-1926（国家间贸易和航运关系，1822—1926年）

（1）Bd. 76: China-Japan. 1871-1919, Bd. 76/1: Jan. 1871-März 1896, R 901/16853.（中国—日本，1871—1919年，第76/1卷：1871年1月至1896年3月）

（2）Bd. 91: China-Korea. 1883-1900, Bd. 91/1: Feb. 1883-Mai 1900, R 901/16981.（中国—朝鲜，1883—1900年，第91/1卷：1883年2月至1900年5月）

（3）Bd. 38: Korea-Japan. 1876-1912, Bd. 38/2: Mai 1892-März 1912, R 901/16905.（朝鲜—日本，1876—1912年，第38/2卷：1892年5月至1912年3月）

2. Auswärtiges Amt, Teil: Rechtsabteilung［(1818–1884) 1885–1945］: Krieg zwischen China und Japan. 1894–1900｛外交部，法律部门部分［(1818—1884年) 1885—1945年]：中日战争，1894—1900年｝

（4）Bd. 1: Aug. 1894–Sept. 1894, R 901/33718.（第1卷：1894年8月至1894年9月）

（5）Bd. 2: Okt. 1894–Nov. 1894, R 901/33719.（第2卷：1894年10月至1894年11月）

（6）Bd. 3: Okt. 1894–Jan. 1895, R 901/33720.（第3卷：1894年10月至1895年1月）

（7）Bd. 4. Feb. 1895–März 1895, R 901/33721.（第4卷：1895年2月至1895年3月）

（8）Bd. 5: Apr. 1895–März 1896, R 901/33722.（第5卷：1895年4月至1896年3月）

3. Auswärtiges Amt, Teil: Handelspolitische Abteilung (1869–1920), Band 1–Jahresberichte der Konsulate (1887–1906)–China［外交部，贸易政策部分(1869—1920年)第1卷—领事馆年度报告(1887—1906年)—中国］

（9）Canton Canton. 1887–1906, Bd. 5: Jan. 1894–Sept. 1894, R 901/54125.（广东，1887—1906年，第5卷：1894年1月至1894年9月）

（10）Canton. 1887–1906, Bd. 6: Okt. 1894–Juni 1896, R 901/54126.（广东，1887—1906年，第6卷：1894年10月至1896年6月）

（11）Schanghai. 1887–1906, Bd. 4: Dez. 1892–Dez. 1895, R 901/54133.（上海，1887—1906年，第4卷：1892年12月至1895年12月）

（12）Tientsin. 1887–1906, Bd. 2: Apr. 1892–Feb. 1904, R 901/54139.（天津，1887—1906年，第2卷：1892年4月至1904年2月）

（13）Tschifu. 1887–1906, Bd. 2: Okt. 1891–Apr. 1895, R 901/54142.（芝

罘，1887—1906年，第2卷：1891年10月至1895年4月）

（14）Tschifu. 1887–1906, Bd. 3: Mai 1895–Dez. 1901, R 901/54143.（芝罘，1887—1906年，第3卷：1895年5月至1901年12月）

（15）Amoy. 1887–1906, Bd. 3: Sept. 1891–Juni 1895, R 901/54148.（厦门，1887—1906年，第3卷：1891年9月至1895年6月）

（16）Amoy. 1887–1906, Bd. 4: Juli 1895–Dez. 1901, R 901/54149.（厦门，1887—1906年，第4卷：1895年7月至1901年12月）

（17）Niutschwang. 1887–1905, Bd. 1: Juni 1887–Dez. 1904, R 901/54151.（牛庄[①]，1887—1905年，第1卷：1887年6月至1904年12月）

（18）Swatau. 1887–1906, Bd. 2: Jan. 1893–Dez. 1899, R 901/54154.（汕头，1887—1906年，第2卷：1893年1月至1899年12月）

（19）Hankau. 1890–1906, Bd. 1: Sept. 1890–Mai 1904, R 901/54158.（汉口，1890—1906年，第1卷：1890年9月至1904年5月）

（20）Kiungtschou. Apr. 1887–Apr. 1902, R 901/54157.（琼州[②]，1887年4月至1902年4月）

（21）Futschau. Apr. 1887–Nov. 1905, R 901/54160.（福州，1887年4月至1905年11月）

（22）Tamsui. Apr. 1887–Apr. 1894, R 901/54161.（淡水，1887年4月至1894年4月）

4. 其他

（23）Nachrichten aus und über China. März 1890–März 1906, R 901/33119.（来自和关于中国的消息，1890年3月至1906年3月）

---

① 今营口。
② 今海口。

（24）Deutsche Beschwerden über asiatische Zollbehörden. Okt. 1863–Dez. 1902, R 901/63452.（德国对亚洲海关提出的意见，1863年10月 至1902年12月）

德国联邦档案馆弗赖堡军事档案馆

1. PH 2 Preußisches Kriegsministerium（普鲁士战争部）

（1）Berichte der deutschen Gesandten in Japan und China. 1891–1898, PH 2/412.（德国公使在日本和中国的报告，1891—1898年）

内容包括：Die militärische Lage in Japan; Besetzung der Insel Formosa durch japanische Truppen, u.a. Übergabe durch China, Befestigungen, stationierte Truppenteile; Berichte über Manöver der japanischen Armee; Bitte der chinesischen Regierung, deutsche Generalstabsoffiziere für die Ausbildung der Truppen zur Verfügung zu stellen; Eisenbahnbau in Korea; Debatte zur Neubewaffnung der japanischen Feldartillerie mit Geschützen durch die Firma Krupp; Bericht über den Besuch einer japanischen Kriegsschule（日本的军事状况；日本军队占领"福摩萨岛"[①]，包括中国的割让、防御工事、驻扎部队；关于日本军队演习的报告；应中国政府请求，派出德国总参谋部的官员来训练部队；朝鲜的铁路建设；关于克虏伯公司为日本野战炮兵重新配备火炮的讨论；关于参观一所日本战争学校的报告）

2. PH 3 Großer Generalstab der Preußischen Armee/Oberste Heeresleitung des Deutschen Heeres（普鲁士陆军总参谋部/德国陆军最高指挥部）

（2）PH 3/636. Japanisch–chinesischer Krieg von 1894–1895. Juli 1895,

---

① 即台湾岛。

PH 3/636.（1894—1895年中日战争，1895年7月）

内容包括：Übersicht über den Kriegsverlauf; Berichte zu den Kampfereignissen; Bilder von gesunkenen chinesischen Schiffen; Vertrag von Tientsin, 18. Apr. 1885; Druckvorschriften zum japanischen und chinesischen Heerwesen; personelle Besetzung des japanischen Großen Hauptquartiers; Kriegsgliederungen der I. und II. japanischen Armee; Skizzen zur Seeschlacht von Hai-gun-tau, Bl. 124 ff; die japanische und chinesische Flotte; Friedensvertrag von Shimonoseki; Übersicht über Kriegsmateriallieferungen der Firma Krupp; Karten von Port-Arthur, Schang-tung und Randgebiete des Gelben Meeres（战争进程概述；关于战役事件的报告；被击沉的中国军舰的图片；1885年4月18日《天津条约》；关于日本和中国陆军的印刷条例；日本司令部的人员配置；日本陆军第一军和第二军的作战部门；海洋岛海战[①]概要，124页及如下各页；日本和中国的舰队；《下关和约》[②]；克虏伯公司的战争物资运送概况；亚瑟港[③]、山东和黄海周边地区的地图）

3. RM 1 Kaiserliche Admiralität und Vorgängerbehörden in Preußen帝国海军部及其在普鲁士的前身当局

（3）Japanische Marine. Jan. 1875-Feb. 1900, RM 1/2178.（日本海军，1875年1月至1900年2月）

4. RM 2 Kaiserliches Marinekabinett（帝国海军内阁）

（4）Persönliche Angelegenheiten des Kaisers und anderer fürstlicher Personen-Persönliche Angelegenheiten von Kaiser Wilhelm II. Konzepte Kaiser Wilhelm II. zum Vortrag vom 8. Feb. 1895. 1894-

---

① 即黄海海战。
② 即《马关条约》。
③ 即旅顺。

1895, RM 2/115.（皇帝及其他皇室人员的个人事务—德皇威廉二世的个人事务—德皇威廉二世1895年2月8日演讲的草稿，1894—1895年）

内容包括：Berichtigung des japanischen Admirals Ito zur Seeschlacht von Hai-gun-tau (Yalu) am 17. Sept. 1894. [日本海军大将伊东祐亨关于1894年9月17日海洋岛（鸭绿江）海战①的勘误]

（5）Kolonialangelegenheiten und Schutztruppe-Kriegerische Aktionen im Ausland (Berichte mit handschriftlichen Randbemerkungen Kaiser Wilhelm II. sowie Fotos und Kartenskizzen). 1889-1914. Bd. 1: Mai 1889-Nov. 1897, RM 2/1854. [殖民地事务和保护部队—1889—1914国外的战争行动（含德皇威廉二世手写旁注的报告，以及照片和地图草图），1889—1914年，第1卷：1889年5月至1897年11月]

内容包括：Eingreifen von SMS, Iltis" zum Schutze eines deutschen Dampfers in Tamsui/Formosa (Bericht des Kaiserl. Konsuls in Tamsui, Abschrift), 7. Juni 1895; Folgerungen aus den japanisch-chinesischen Seekämpfen für Kriegsschiffbau und-armierung (Vervielfältigung), o. Dat.; Zustände in der nordchinesischen Flotte und ihre Tätigkeit während der ersten Hälfte des japanisch-chinesischen Krieges (Bericht, Umdruck), 14. Okt. 1897. [德皇陛下军舰"伊尔蒂斯"号为保护"福摩萨"淡水的一艘德国汽船而进行的干涉（驻淡水帝国领事的报告，副本），1895年6月7日；从日中海战中得出的关于军舰建造和军备的结论（副本），无日期；华北舰队的状况及其在日中战争前半期的活动（报告，转印），1897年10月14日]

---

① 即黄海海战。

5. RM 3 Reichsmarineamt（帝国海军部）

（6）Zentralabteilung–Besondere Aufgaben des Staatssekretärs, Immediatvorträge, Besprechungen, Korrespondenz. Denkschriften. um 1895–1923, RM 3/80.（中央部门—国务秘书的特殊任务、直接报告、会议、通信—备忘录，约1895—1923年）

内容包括：Folgerungen aus den japanisch–chinesischen Seekämpfen für Kriegsschiffbau und–armierung (ohne Verfasser; Vervielfältigung), o. Dat.［对日中海战军舰建造和军备的结论（无作者；复印件），无日期］

（7）Allgemeines Marine–Departement–Kriege zwischen verschiedenen Staaten (1895 bis 1914), Krieg zwischen Japan und China. 1895–1896, Bd. 2. 1895–1896, RM 3/4691.（海军部一般事务—各国间战争，1895至1914年—日中战争，1895—1896年，第2卷，1895—1896年）

6. RM 5 Admiralstab der Marine/Seekriegsleitung der Kaiserlichen Marine（海军参谋本部/帝国海军海战领导机构）

（8）Kriegführung zwischen China und Japan. 1894–1905, Bd. 1: Juni–Nov. 1894, RM 5/5594.（中国同日本的交战，1894—1895年，第1卷：1894年6—11月）

（9）Kriegführung zwischen China und Japan. 1894–1905, Bd. 2: Nov. 1894–Febr. 1895, RM 5/5595.（中国同日本的交战，1894—1895年，第2卷：1894年11月至1895年2月）

（10）Kriegführung zwischen China und Japan. 1894–1905, Bd. 2 a: 1894–1895 (Kartenanlagen), RM 5/5595K.［中国同日本的交战，1894—1895年，第2a卷：1894—1895年（地图附件）］

（11）Kriegführung zwischen China und Japan. 1894–1905, Bd. 3: (Nov.–Dez. 1894) Febr.–Mai 1895 (Die Seeschlacht von Haiyang,

17.9.1894. Englischer Druck, um 1895), RM 5/5596.〔中国同日本的交战，1894—1895年，第3卷：（1894年11—12月）1895年2—5月（1894年9月17日海洋海战①，英国出版物，约1895年）〕

（12）Kriegführung zwischen China und Japan. 1894-1905, Bd. 3 a: 1895 (Kartenanlagen), RM 5/5596K.〔中国同日本的交战，1894—1895年，第3a卷：1895年（地图附件）〕

（13）Kriegführung zwischen China und Japan. 1894-1905, Bd. 4: März-Nov. 1895, RM 5/5597.〔中国同日本的交战，1894—1895年，第4卷：1895年3—11月〕

（14）Kriegführung zwischen China und Japan. 1894-1905, Bd. 4 a: 1895 (Kartenanlagen), RM 5/5597K.〔中国同日本的交战，1894—1895年，第4a卷：1895年（地图附件）〕

（15）Kriegführung zwischen China und Japan. 1894-1905, Bd. 5: (Sept.) Nov. 1895-1905, RM 5/5598.〔中国同日本的交战，1894—1895年，第5卷：1895年（9月）11月至1905年〕

外交部政治档案馆

1. RZ 201 Abteilung IA（第一甲司②）

（1）Die Beziehungen zwischen Russland und Japan. Bd. 1: 1. Nov. 1886-28. Febr. 1900, RZ 201/11014.（俄国与日本间的关系，第1卷：1886年11月1日至1900年2月28日）

---

① 即黄海海战，"海洋"指海洋岛。
② 德意志第二帝国的外交部起初分为两个司：第一司（Abteilung I）负责政治事务，第二司（Abteilung II）负责商务、法律和领事事务。1879年，从第二司分离出负责人事和行政的部门——第一乙司（Abteilung IB）。为同该司区别，第一司被称为第一甲司（Abteilung IA）。

（2）Militär-und Marineangelegenheiten Chinas. Bd. 4: 1. Jan. 1891-7. Aug. 1893, RZ 201/17883.（中国的军事和海军事务，第4卷：1891年1月1日至1893年8月7日）

（3）Militär-und Marineangelegenheiten Chinas. Bd. 5: 8. Aug. 1893-31. Dez. 1895, RZ 201/17884.（中国的军事和海军事务，第5卷：1893年8月8日至1895年12月31日）

（4）Das Verhältnis Chinas zu Deutschland. Bd. 1: 1. Dez. 1885-31. Juli 1896, RZ 201/17972.（中国同德国的关系，第1卷：1885年12月1日至1896年7月31日）

（5）Das Verhältnis Chinas zu Deutschland. Bd. 1: 1. Jan. 1890-31. Mai 1918, RZ 201/17988.（中国同德国的关系，第1卷：1890年1月1日至1918年5月31日）

（6）Chinas Verhältnis zu Russland. Bd. 2: 1. Juni 1888-31. Dez. 1895, RZ 201/17990.（中国同俄国的关系，第2卷：1888年6月1日至1895年12月31日）

（7）Diplomatische Vertretung Chinas im Ausland. Bd. 1: 1. Jan. 1886-31. Dez. 1896, RZ 201/18025.（中国在外国的外交代表，第1卷：1886年1月1日至1896年12月31日）

（8）Verhältnis Chinas zu Frankreich. Bd. 2: 1. Jan. 1893-31. Dez. 1908, RZ 201/18038.（中国同法国的关系，第2卷：1893年1月1日至1908年12月31日）

（9）Der chinesisch-japanische Krieg wegen Korea. Bd. 1: 23. Juli-15. Aug. 1894, RZ 201/18091.-Bd. 64: 1. Jan. 1897-30. Sept. 1916, RZ 201/18154.［中日为朝鲜的战争，共64卷（1894年7月23日至1916年9月30日），第1卷：1894年7月23日至8月15日—第64卷：1897年1月1日至1916年9月30日］

（10）Der chinesisch-japanische Krieg wegen Korea-Telegrammwechsel zwischen dem ehemaligen kaiserlichen Gesandten von Brandt und Herrn Detring in Tientsin. Bd. 1: 9.-23. Apr. 1895, RZ 201/18155.（中日为朝鲜的战争—前帝国公使冯·巴兰德和驻天津德璀琳先生的电报往来，第1卷：1895年4月9—23日）

（11）Beabsichtigte Erwerbungen der Großmächte anlässlich des chinesisch-japanischen Krieges. Bd. 1: 3. Nov. 1894-28. Febr. 1895, RZ 201/18156.-Bd. 75: 1. Jan. 1912-31. Okt. 1917, RZ 201/18231.［大国在中日战争之际的获利意图，共75卷（1894年11月3日至1917年10月31日），第1卷：1894年11月3日至1895年2月28日—第75卷：1912年1月1日至1917年10月31日］

（12）Allgemeine Angelegenheiten Japans. Bd. 10: 30. Juni 1892-31. Juli 1896, RZ 201/18611.（日本的一般事务，第10卷：1892年6月30日至1896年7月31日）

（13）Militär-und Marineangelegenheiten Japans. Bd. 3: 1. Jan. 1894-31. Jan. 1898, RZ 201/18626.（日本的军事和海军事务，第3卷；1894年1月1日至1898年1月31日）

（14）Die diplomatische Vertretung Japans im Ausland. Bd. 1: 1. Jan. 1886-31. Dez. 1900, RZ 201/18665.（日本在国外的外交代表机构，第1卷：1886年1月1日至1900年12月31日）

（15）Das diplomatische Corps in Tokio. Bd. 2: 1. Jan. 1894-31. Dez. 1900, RZ 201/18670.（在东京的外交使团，第2卷：1894年1月1日至1900年12月31日）

（16）Beziehungen Japans zu China. Bd. 1: 1. Okt. 1886-31. Dez. 1894, RZ 201/18695.（日本同中国的关系，第1卷：1886年10月1日至1894年12月31日）

（17）Beziehungen Japans zu China. Bd. 2: 1. Jan. 1895-31. Dez. 1899, RZ 201/18696.（日本同中国的关系，第2卷：1895年1月1日至1899年12月31日）

（18）Beziehungen Japans zu Frankreich. Bd. 1: 1. Okt. 1893-30. Sept. 1919, RZ 201/18741.（日本同法国的关系，第1卷：1893年10月1日至1919年9月30日）

（19）Die Insel Formosa. Bd. 1: 7. Jan.-15. Sept. 1896, RZ 201/18743.（"福摩萨岛"，第1卷：1896年1月7日至9月15日）

（20）Die Insel Formosa. Bd. 2: 16. Sept. 1896-31. Jan. 1898, RZ 201/18744.（"福摩萨岛"，第2卷：1896年9月16日至1898年1月31日）

（21）Die Insel Formosa. Bd. 3: 1. Febr. 1898-30. Sept. 1899, RZ 201/18745.（"福摩萨岛"，第3卷：1898年2月1日至1899年9月30日）

（22）Die Insel Formosa. Bd. 4: 1. Okt. 1899-15. Dez. 1910, RZ 201/18746.（"福摩萨岛"，第4卷：1899年10月1日至1910年12月15日）

（23）Allgemeine Angelegenheiten Koreas. Bd. 14: 1. Jan.-14. Juli 1894, RZ 201/18914.（朝鲜的一般事务，第14卷：1894年1月1日至7月14日）

（24）Allgemeine Angelegenheiten Koreas. Bd. 15: 15. Juli-12. Aug. 1894, RZ 201/18915.（朝鲜的一般事务，第15卷：1894年7月15日至8月12日）

（25）Allgemeine Angelegenheiten Koreas. Bd. 16: 13.-25. Aug. 1894, RZ 201/18916.（朝鲜的一般事务，第16卷：1894年8月13日至25日）

（26）Allgemeine Angelegenheiten Koreas. Bd. 17: 26. Aug.-31. Dez.

1894, RZ 201/18917.（朝鲜的一般事务，第17卷：1894年8月26日至12月31日）

（27）Allgemeine Angelegenheiten Koreas. Bd. 18: 1. Jan.–18. Okt. 1895, RZ 201/18918.（朝鲜的一般事务，第18卷：1895年1月1日至10月18日）

（28）Allgemeine Angelegenheiten Koreas. Bd. 19: 19. Okt.–31. Dez. 1895, RZ 201/18919.（朝鲜的一般事务，第19卷：1895年10月19日至12月31日）

（29）Beziehungen Koreas zu Russland und China. Bd. 3: 1. Apr. 1893–31. Aug. 1901, RZ 201/18944.（朝鲜同俄国和中国的关系，第3卷：1893年4月1日至1901年8月31日）

2. RZ 602 IB Rep. I Diplomatische Vertretungen（外交部第一乙司第一储藏库，外交机构）

（30）Maßregeln zum Schutz der Deutschen in China während des chinesisch-japanischen Krieges. 1894, RZ 602/131793.（中日战争期间保护在华德国人的措施，1894年）

（31）Die Japanische Gesandtschaft in Berlin. Bd. 10: 1892–1896, RZ 602/250992.（日本驻柏林公使馆，第10卷：1892—1896年）

（32）Gesandtschaft in Japan. Bd. 5: 1889–1894, RZ 602/261050.（驻日本公使馆，第5卷：1889—1894年）

（33）Gesandtschaft in Japan. Bd. 6: 1894–1904, RZ 602/131725.（驻日本公使馆，第6卷：1894—1904年）

（34）Gesandtschaft in Tokio. Bd. 1: 1895–1899, RZ 602/131728.（驻东京公使馆，第1卷：1895—1899年）

（35）Der Militärattaché bei der Japanischen Gesandtschaft in Berlin. Bd. 1: 1875–1900, RZ 602/251024.（日本驻柏林公使馆武官，第1卷：

1875—1900年）

3. RAV 152 Botschaft London（伦敦大使馆）

（36）Korea (As K) (u.a. chinesisch-japanischer Krieg. Friede von Schimonoseki). 5. Jan. 1889-29. Aug. 1894, RAV 152/334.（朝鲜，此外还包括中日战争、《下关和约》，1889年1月5日至1894年8月29日）

（37）Formosa; Japan; Togo; Italien/Österreich; Ostasien. Apr.-Mai 1895, RAV 152/1160.（"福摩萨"；日本；多哥；意大利/奥地利；东亚，1895年4—5月）

4. RAV 204-1 Botschaft Paris I（巴黎大使馆第一部分）

（38）Japan. Bd. 1: Jan. 1885-Nov. 1896, RAV 204-1/176.（日本，第1卷：1885年1月至1896年11月）

（39）Japan. Bd. 2: 1883-1896; Japan, Sonderheft: 1) Handelsverträge mit Japan. 1883-1893; Japan, Sonderheft: 2) japanisch-chinesischer Krieg. Jul. 1894-Apr. 1895, RAV 204-1/177A.（日本，第2卷：1883—1896年；日本，特刊：1）同日本的贸易条约，1883—1893年；日本，特刊：2）日中战争，1894年7月至1895年4月）

（40）Japan, Sonderheft: 3) japanisch-chinesische Friedensverhandlungen. Mrz.-Jun. 1895; Japan, Sonderheft: 4) chinesische Anleihe. Mai-Jul. 1895; Japan, Sonderheft: 5) Intervention der Mächte bei japanisch-chinesischen Friedensverhandlungen, Apr.-Aug. 1895; Japan, Sonderheft: 6) Formosa. Apr.-Jul. 1895, RAV 204-1/177B.（日本，特刊：3）日中和平谈判，1895年3—6月；日本，特刊：4）中国的贷款，1895年5—7月；日本，特刊：5）强国干涉日中和平谈判，1895年4—8月；日本，特刊：6）"福摩萨"，1895年4—7月）

5. RAV 205-2 Botschaft Peking II（北京大使馆第二部分）

（41）Chinesisch-japanischer Konflikt, Zustände auf Formosa. Bd. 1: Mrz. 1882-Dez. 1900, RAV 205-2/94.（中日冲突，"福摩萨"的状况，第1卷：1882年3月至1900年12月）

（42）Chinesisch-japanischer Krieg, vom Fehlschlagen der Friedensvermittlung und der Verlegung des Kriegsschauplatzes auf chinesisches Gebiet an. Bd. 1: Okt. 1894-Nov. 1894, RAV 205-2/97.-Bd. 12: Jul. 1895, RAV 205-2/107.［中日冲突，从和平调解失败和战场转移到中国领土上，共11卷（1894年10月至1895年7月），第1卷：1894年10—11月—第12卷：1895年7月］

（43）Schutz neutraler Interessen während des chinesisch-japanischen Krieges, insbesondere Schließung und Sicherung chinesischer Häfen, Schutz Neutraler, Durchsuchung neutraler Schiffe, Verbot chiffrierter Telegramme. Bd. 1: Jul. 1894-Aug. 1894, RAV 205-2/108.（在中日战争期间保护中立国的利益，特别是关闭和保护中国港口、保护中立国、搜查中立国船只、禁止加密电报，第1卷：1894年7—8月）

（44）Schutz neutraler Interessen während des chinesisch-japanischen Krieges, insbesondere Schließung und Sicherung chinesischer Häfen, Schutz Neutraler, Durchsuchung neutraler Schiffe, Verbot chiffrierter Telegramme. Bd. 2: Aug. 1894-Sep. 1894, RAV 205-2/109.（在中日战争期间保护中立国的利益，特别是关闭和保护中国港口、保护中立国、搜查中立国船只、禁止加密电报，第2卷：1894年8—9月）

（45）Schutz neutraler Interessen während des chinesisch-japanischen Krieges, insbesondere Schließung und Sicherung chinesischer Häfen,

Schutz Neutraler, Durchsuchung neutraler Schiffe, Verbot chiffrierter Telegramme. Bd. 3: Aug. 1894–Dez. 1894, RAV 205-2/110.（在中日战争期间保护中立国的利益，特别是关闭和保护中国港口、保护中立国、搜查中立国船只、禁止加密电报，第3卷：1894年8—12月）

（46）Schutz neutraler Interessen während des chinesisch-japanischen Krieges, insbesondere Schließung und Sicherung chinesischer Häfen, Schutz Neutraler, Durchsuchung neutraler Schiffe, Verbot chiffrierter Telegramme. Bd. 4: Jan. 1895–Okt. 1895, RAV 205-2/111.（在中日战争期间保护中立国的利益，特别是关闭和保护中国港口、保护中立国、搜查中立国船只、禁止加密电报，第4卷：1895年1—10月）

（47）Korea. Bd. 14: Nov. 1893–Mai 1894, RAV 205-2/142.（朝鲜，第14卷：1893年11月至1894年5月）

（48）Korea. Bd. 15: Jun. 1894–Jul. 1894, RAV 205-2/143.（朝鲜，第15卷：1894年6—7月）

（49）Korea. Bd. 16: Jul. 1894–Aug. 1894, RAV 205-2/144.（朝鲜，第16卷：1894年7—8月）

（50）Korea. Bd. 18: Aug. 1894–Sep. 1894, RAV 205-2/145.（朝鲜，第18卷：1894年8—9月）

（51）Korea. Bd. 19: Okt. 1894–Dez. 1894, RAV 205-2/146.（朝鲜，第19卷：1894年10—12月）

（52）Korea. Bd. 20: Jan. 1895–Nov. 1895, RAV 205-2/147.（朝鲜，第20卷：1895年1—11月）

（53）Zeitungswesen in China. Bd. 2: Jan. 1889–Dez. 1903, RAV 205-2/573.（中国的报业，第2卷：1889年1月至1903年12月）

6. S 1 Asservate（物证）

（54）Holzschnitt und Übersichtskarten zum Schauplatz des Chinesisch-Japanischen Krieges, 1894 (Anlage zu IA 10834/1894; in IA China 20 Bd. 10: R 18100). 1894, S 1/146. （中日战争战场的木刻和总览图，1894年）

7. V-11-JAN Japan（日本）

（55）Vereinbarung über die Freiheit der Schiffahrt im Kanal von Formosa sowie über die Nichtabtretung Formosas und der Pescadores an eine andere Macht. 19. Oktober 1895, V 11-JAN/14. （关于"福摩萨"海峡航行自由和不将"福摩萨"和澎湖列岛转让给另一大国的协议，1895年10月19日）

内容包括：① Deutsche Note (Beglaubigte Abschrift) 18.10.1895/in Nr. 21; ②Japanische Note (Urschrift, in Französisch) 19.10.1895/in Nr. 21. Japan Nr. 21 enthält außerdem u.a.:-Chinesisch japanischen Friedensvertrag vom 17.04.1895,-Chinesisch-japanische Konvention vom 08.11.1895 über die Retrozession der Halbinsel Liaotung［①德国记录（经公证的副本），1895年10月18日（在第21卷中；②日本记录（原件在法国），1895年10月19日（在第21卷中）；日本，第21卷，此外还包括：1895年4月17日《中日和约》、1895年11月8日中日关于归还辽东半岛的协议］

西班牙档案*

国家历史档案馆（AHN）

国家历史档案馆（Archivo Histórico Nacional，简称AHN）位于马德里，创建于1866年，汇集了西班牙在18世纪至20世纪的大部分行政文献，以及中世纪以来公共组织和私人收集的大量文献，是世界第四大档案馆。其馆藏档案文献不仅可供研究人员使用，而且可供所有来访公民使用。该档案馆的部分档案目录可分别通过https://pares.cultura.gob.es/inicio.html（西班牙档案门户网）进行检索，其中部分档案原件已实现电子化，可通过该网站在线查阅或下载，而尚未电子化的档案则需读者到馆查阅拍摄。

1. Mº_EXTERIOR H 1448–1894.该档案为西班牙驻华公使在1894年与西班牙外务大臣的通信信件，其中记载了西班牙驻华公使就甲午战争、当时清朝的形势以及列强在华态势对外务大臣所做的汇报。

2. Mº_EXTERIOR H 1448–1895.该档案为西班牙驻华公使在1895年与西班牙外交大臣的通信信件，其中记载了西班牙驻华公使就当时清朝的形势以及列强在华态势对外务大臣所做的汇报。

---

* 本部分内容由山东大学外国语学院助理研究员田小龙撰写。

3. Mº_EXTERIOR H 1925-1894.该档案为西班牙驻香港领事馆在1894年与西班牙外交部的通信信件,其中记载了西班牙驻香港领事馆就当时清朝的形势以及列强在华态势对外务大臣所做的汇报。

4. Mº_EXTERIOR H 1925-1895.该档案为西班牙驻香港领事馆在1895年与西班牙外交部的通信信件,其中记载了西班牙驻华公使就当时清朝的形势以及列强在华态势对外务大臣所做的汇报。

5. Mº_EXTERIOR H 2063-1894.该档案为西班牙驻上海领事馆在1894年与西班牙外交部的通信信件,其中记载了西班牙驻香港领事馆就甲午战争、当时清朝的形势以及列强在华态势对外务大臣和西班牙驻华公使所做的汇报。

6. Mº_EXTERIOR H 2063-1895.该档案为西班牙驻上海领事馆在1895年与西班牙外交部的通信信件,其中记载了西班牙驻香港领事馆就当时清朝的形势以及列强在华态势对外务大臣和西班牙驻华公使所做的汇报。

7. Mº_EXTERIOR H 2367.该档案为西班牙外交部、西班牙海外部在1894年对西班牙驻华外交机构发布的文件、命令等。

8. Mº_EXTERIOR H 2368-1895.该档案为西班牙外交部、西班牙海外部在1895年对西班牙驻华外交机构发布的文件、命令等。

9. ULTRAMA, 5328, Exp.19.派往菲律宾的西班牙巡洋舰"唐·胡安·德·奥地利"号和"唐·安东尼奥·德·乌略亚"号得知甲午战争爆发,《马关条约》签订后,台湾岛被割让给日本,使西班牙驻台湾岛的传教士处境堪忧。

10. ULTRAMA, 5339, Exp.46.国务部向外交部表示,菲律宾当地政府需要承担西班牙驻中国和日本公使馆产生的电报费用。因为有关甲午战争的信息,必须先将电报发送给菲律宾总督,以便其了解相关信息,进而呈报西班牙中央政府。

三　史料汇编

中文

1. 《绘图扫荡倭寇纪要初集》，清光绪二十年（1894）刊。

2. 《刘渊亭大帅大事记》，务实斋1895年石印本。

3. 寰宇义民校印：《刘大将军平倭战纪》，1895年石印本。

4. 寄啸山房主人陈耀卿编：《时事新编》，清光绪乙未年（1895）刊。

5. 《谏止中东和议奏疏》（4卷），香港：香港书局，1895年石印本。

6. 王炳耀辑：《中日战辑》（6卷），上海：上海书局，1896年。①

7. 陈湜：《东征要电佚存》，清光绪二十五年（1899）刊。

8. 吴汝纶编：《李文忠公全书》（165卷），清光绪三十一年（1905）、三十四年（1908）刊。②

9. 翁同龢：《翁文恭公日记》（40册），民国十四年（1925）。③

10. 翁同龢：《翁松禅致张啬庵手书》（1册），上海：有正书局，1926年。④

11. 北平故宫博物院编印：《清光绪朝中日交涉史料》（88卷），1932年。

12. 左舜生选辑：《中国近百年史资料初编》《中国近百年史资料续编》，北京：中华书局，1933年。

---

① 1966年由台北文海出版社再版。
② 后部分收录于《中国近代史资料丛刊·中日战争》。
③ 其中331篇收录于《中国近代史资料丛刊·中日战争》。
④ 其中11篇手书收录于《中国近代史资料丛刊·中日战争》，1938年由商务印书馆再版。

13. 参谋本部第二厅第六处编：《甲午中日战争纪要》，1935年。①

14. 罗香林辑校：《刘永福历史草》，正中书局，1936年。②

15. 阿英编校：《近代外祸史》，上海：潮锋出版社，1941年。③

16. 刘永福口述，黄海安记录：《刘永福历史草》，民国三十六年（1947）排印。④

17. 中国史学会主编，邵循正等编：《中日战争》（7卷本），上海：新知识出版社，1956年。⑤

18. 阿英编：《甲午中日战争文学集》，北京：中华书局，1958年。⑥

19. 《马关议和中之李伊问答》，台北：台湾银行，1959年。

20. 《甲午战时东北清军一览表》，《近代史资料》1962年第3期。

21. 佚名辑：《中日战争资料》，台北：文海出版社，1967年。

22. 王炳耀辑：《中日战辑选录》，台北：台湾银行，1969年。

23. 李书春等撰：《李文忠公鸿章年谱》《黄陶楼先生年谱》《曾忠襄公年谱》（合刊本），台湾：广文书局，1971年。

24. "中央研究院"近代史研究所编：《清季中日韩关系史料》（1—10册），台北："中央研究院"近代史研究所，1972年。

25. 杨家骆主编：《中国近代史文献汇编之一·甲午战争文献汇编》，台北：鼎文书局，1973年。

26. 佚名编：《刘大将军（永福）平倭战记》（《近代中国史料丛刊续编》第23种），台北：文海出版社，1975年。

27. 孙穆：《甲午中日战争的一则史料——介绍〈大清敕建锦州毅军昭忠

---

① 1935年初版，2017年由山东画报出版社再版。
② 1947年、2015年再版。
③ 1941年初版，1951年再版。
④ 后部分收录于《中国近代史资料丛刊·中日战争》。
⑤ 1956年初版，1957年、1961年由上海人民出版社再版。
⑥ 1948年北新书局初版。

祠碑记〉》，《辽宁大学学报（哲学社会科学版）》1980年第6期。

28. 广雅出版公司编辑部编印：《甲午中日战争文学集》，1982年。①

29. 张侠等编：《清末海军史料》，北京：海洋出版社，1982年。

30. （台北）故宫博物院文献馆编印：《清光绪朝中日交涉史料选辑》，台北：大通书局，1984年。

31. 顾廷龙、叶亚廉主编：《李鸿章全集》（电稿），上海：上海人民出版社，1985年。

32. 王晓波编：《台胞抗日文献选编》，台北：帕米尔书店，1985年。

33. 曲传林、王洪恩主编：《旅顺万忠墓》，北京：文物出版社，1986年。

34. 张一志编：《山东问题汇列》（《近代中国史料丛刊三编》第16辑），台北：文海出版社，1986年。

35. 总理海军衙门编：《大清北洋海军章程》（《近代中国史料丛刊三编》第27辑），台北：文海出版社，1987年。

36. 关捷、刘志超编：《沉沦与抗争：甲午中日战争》，北京：文物出版社，1991年。

37. 柯平编著：《威海甲午战争遗址》，北京：文物出版社，1991年。

38. 谢忠岳编：《北洋海军资料汇编·丁汝昌海军函稿》，全国图书馆文献缩微复制中心，1994年。

39. 李生辉、刘镇伟选注：《甲午战争诗歌选注》，大连：大连出版社，1994年。

40. 张本义、吴青云主编：《甲午旅大文献》，大连：大连出版社，1998年。

41. 中国第一历史档案馆：《军机处电报档》（第9—14册），中国人民大学出版社，2005年。

42. 林伟功、米庆余：《日藏甲午战争秘录：〈征讨清国策案〉与〈甲午海

---

① 内容基本同阿英所编《甲午中日战争文学集》。

战记事〉》，澳门：中华出版社，2007年。

43. 戚其章辑校：《李秉衡集》，北京：中华书局，2013年。

44. 中国第一历史档案馆：《中日甲午战争档案选》，《历史档案》2014年第3期。

45. 翁万戈辑：《翁同龢文献丛编·甲午战争》，上海：上海远东出版社，2014年。

46. 辽宁省档案馆编：《中日甲午战争档案汇编》，辽宁人民出版社，2014年。

47. 辽宁省档案馆编研展览处：《甲午战争中吉林将军长顺签发的咨文》，《兰台世界》2014年第29期。

48. 辽宁省档案馆编研展览处：《甲午战争中盛京将军裕禄为举办团练事给前复州城守尉盛恒等的札文》，《兰台世界》2014年第35期。

49. 辽宁省档案馆编研展览处：《甲午战争中岫岩城守尉嘉善上报岫岩失守的禀文》，《兰台世界》2014年第35期。

50. 中国第一历史档案馆：《甲午战争期间中日平壤之战档案》，《历史档案》2014年第4期。

51. 王彦威，王亮点校整理：《清季外交史料》，长沙：湖南师范大学出版社，2015年。①

52. 季平子、齐国华著，陈旭麓等编：《盛宣怀档案资料》第1卷《甲午中日战争》（上下），上海：上海人民出版社，2016年。②

53. 戚俊杰编著：《丁汝昌年谱》，济南：山东大学出版社，2016年。

54. 中国第一历史档案馆：《清宫甲午战争档案汇编》（50册），线装书局，2016年。

---

① 初版为1934年影印本。
② 初版于1980—1982年陆续出版。

55. 李国俊：《日本侵华甲午大屠杀全纪录》，北京：中国文史出版社，2017年。

56. 查屏球编著：《甲午日本汉诗选录》（上下），南京：凤凰出版社，2017年。

57. 赵省伟编：《遗失在西方的中国史：海外史料看甲午》（上下），沈宏、邱丽媛译，重庆：重庆出版社，2018年。

58. 邹荫辛编：《悲歌：甲午战争史诗选》，南京：江苏人民出版社，2018年。

59. 王宏斌汇编、点校：《清代近海管辖权资料长编》，上海：上海古籍出版社，2019年。

60. 赵省伟编：《遗失在西方的中国史：英国画报看甲午战争》，张维懿、兰莹译，北京：中国画报出版社，2020年。

61. 伍媛媛：《北洋大臣李鸿章为优恤黄海海战阵亡将士事奏折》，《历史档案》2021年第1期。

62. 张宪文主编：《日本侵华图志》（1894—1905）第2卷《甲午战争至日俄战争》，济南：山东画报出版社，2023年。

63. ［日］日本旧参谋本部：《甲午战争：日本官方战争纪实》，何建军、王建英译，上海：上海远东出版社，2023年。

日文

1. 日清戰史編纂委員會, 日清海戰史凡例目次概要, 海軍軍令部.

2. 谷嘉夫, 日清戰役ニ於ケル我帝國開戰準備實情, 陸軍大學校.

3. 陸軍衛生事蹟編纂委員会, 明治二十七八年役陸軍衛生事蹟, 陸軍省医務局.

4. 大原嘉吉訳編, 日清戰争歐米評論, 林莊太郎, 1894.

5. 柿島正夫編, 征清公文集, 温故堂, 1895.

6. 第一軍軍医部, 明治二十七年、二十八年役第一軍軍醫部報告, 1895.

7. 第二軍軍医部, 明治二十七年、二十八年役第二軍軍醫部報告, 1895.

8. 有賀長雄, 日清戰役國際法論: 全, 陸軍大學校, 1896.

9. 広島陸軍予備病院, 明治二十七、八年役廣島陸軍豫備病院衛生業務報告, 1896.

10. 海軍省医務局, 日清戰役海軍衛生史, 1898.

11. 大本営野戰衛生長官部, 明治二十七八年戰役陸軍衛生紀事摘要, 1898.

12. 広島県, 廣嶋臨戰地日誌, 日新舍, 1899.

13. 明治二十七八年戰役統計, 1902.

14. 参謀本部, 明治二十七八年日清戰史, 東京印刷, 1904.

15. 警察協会, 明治二十七八年事件（日清事件）ノ際清國使節李鴻章遭難事件顛末, 1930.

16. 広島県, 明治二十七・八年戦役廣島大本營誌, 1934.

17. 司法省調査部, 明治二十八年三月二十四日清國李欽差頭等全權大臣鴻章ヲ狙撃シタル小山豊太郎ニ對スル謀殺未遂被告事件ノ公訴記録, 1937.

18. 大藏大臣官房財政經濟調査課, 日清日露兩戦役及世界大戦に於ける我が戦時財政, 千倉書房, 1937.

19. 大藏大臣官房財政經濟調査課, 日清日露兩戦役及び世界大戦に於ける我が戦時財政, 1938.

20. 中田敬義, 特輯: 日清戦爭ノ前後, 外務省調査部第一課, 1938.

21. 金正明編・神川彦松監修, 日韓外交資料集成 第4巻: 日清戦争編, 巌南堂書店, 1967.

22. 四街道市史編纂委員会, 日清戦争後十五年の密月時代の追跡: 浙江武備学堂日本人教師・三宅報告による, 四街道市史, 1981.

23. 広島県, 廣嶋臨戦地日誌, 渓水社, 1984.

24. 明治期外交資料研究会, 日清媾和始末; 露独仏三国干渉要概他, 明治期外務省調書集成/日清講和関係調書集, クレス出版, 1994.

25. 明治期外交資料研究会, 機密外交彙報, 明治期外務省調書集成/日清講和関係調書集, クレス出版, 1994.

26. 明治期外交資料研究会, 通常外交彙報, 明治期外務省調書集成/日清講和関係調書集, クレス出版, 1994.

27. 明治期外交資料研究会, 外交文書彙纂, 明治期外務省調書集成/日清講和関係調書集, クレス出版, 1994.

28. 参謀本部, 明治二十七八年日清戦史, ゆまに書房, 1998.

29. 陸軍省, 日清戦争統計集: 明治二十七・八年戦役統計, 海路書院, 2005.

30. 東京都, 都史資料集成 第1巻: 日清戦争と東京, 全2冊, 1998.

31. 伊藤博文編・平塚篤校訂, 秘書類纂・朝鮮交渉資料, 秘書類纂刊行會, 1936.

32. 伊藤博文編, 秘書類纂1: 機密日清戦争, 原書房, 1967.

33. 伊藤博文関係文書研究会, 伊藤博文関係文書, 塙書房, 1979.

34. 伊藤博文, 伊藤公演説全集, 博文館, 1910.

35. 大山梓, 明治百年史叢書16: 山縣有朋意見書, 原書房, 1966.

36. 外務省, 日本外交文書, 日本国際連合協会, 1953至今.

37. 宮内省臨時帝室編修局, 明治天皇紀, 全13冊, 吉川弘文館, 1968-1977年.

英文

1. Foreign relations of United States, 1894 Appendix I 1894, Chinese-Japanese war.（美国对外关系文件集，FRUS）

2. Jules Davids, *American Diplomatic and Public Papers—the United States and China: series III, the Sino-Japanese War to the Russo-Japanese War*, 1894–1905. Scholarly Resources, 1981.

3. British Documents on Foreign Affairs: Reports and Papers from the Foreign Office Confidential Print. Part *I*, from the mid-nineteenth century to the First World War, Series E, Asia, 1860–1914, *v.* 4. *Sino-Japanese War, 1894*, University Publications of America, 1989.

4. British Documents on Foreign Affairs: Reports and Papers from the Foreign Office Confidential Print. Part *I*, from the mid-nineteenth century to the First World War, Series E, Asia, 1860–1914, *v.* 5. *Sino-Japanese War and triple intervention, 1894–1895*, University Publications of America, 1989.

四　图像类资料

1. 蔡床旧主：《刘大帅百战百胜图说》，赐书堂，1895年石印本。

2. ［日］小川一真编辑：《日清战争写真图》，1895年。

3. 良友图书印刷公司编辑部编：《甲午中日战争摄影集》，上海：良友图书印刷有限公司，1931年。

4. 地图出版社历史图编绘室编绘：《甲午中日战争形势图》，北京：地图出版社，1958年。

5. 林声主编：《甲午战争图志》，沈阳：辽宁人民出版社，1994年。

6. 宗泽亚：《清日甲午战争写真集》，香港：商务印书馆，2014年。

7. 威海市博物馆编：《旧影留证　新照甲午：1895—2014威海陆路战场》，济南：山东画报出版社，2015年。

8. 中国人民抗日战争纪念馆编：《甲午影像志》，北京：华文出版社，2016年。

9. 中国甲午战争博物院：《物鉴甲午：中国甲午战争博物院藏甲午文物选粹》，北京：故宫出版社，2021年。

五 日记、传记、回忆录

中文著作

1. 孔广德（鲁阳生）编：《普天忠愤集》（14卷），清光绪二十一年（1895）。①

2. 文廷式：《闻尘偶记》（1卷），清光绪二十一年（1895）抄本。

3. 冤海述闻客：《冤海述闻》（1卷），清光绪二十一年（1895）刊印。

4. 易顺鼎：《盾墨拾余》，清光绪二十二年（1896）。②

5. 姚锡光：《东方兵事纪略》（5卷），清光绪二十二年（1896）刊印。③

6. 马建忠：《适可斋记言记行》（10卷），清光绪二十四年（1898）石印本。

7. 《马忠武公行述》，清宣统三年（1901）石印本。

8. 聂士成著，李宝森校：《东征日记》，1904年。④

9. 余思诒：《楼船日记》（2卷），清光绪三十年（1904）上海重印航海琐记本。

10. 洪弃父：《台湾战纪》（2卷，又名《瀛海偕亡记》），清光绪三十二年（1906）铅印本。⑤

11. 池仲祐：《西行日记》（2卷），北京：商务印书馆，清光绪三十四年

---

① 后收录于《中国近代史资料丛刊·中日战争》。
② 后收录于《中国近代史资料丛刊·中日战争》。
③ 后收录于《中国近代史资料丛刊·中日战争》《中国近代史文献汇编之一·中日战争文献汇编》。
④ 后收录于《中国近代史资料丛刊·中日战争》
⑤ 后收录于《中国近代史资料丛刊·中日战争》《甲午中日战争文学集》。

（1908）。

12. 刘坤一：《刘忠诚公遗集》（66卷），清宣统元年（1909）刊。[1]

13. 吴涑：《抑抑堂集》（15卷），民国十二年（1923）刊。[2]

14. 李秉衡：《李忠节公奏议》（16卷），辽宁作新印刷局，1930年。

15. 李鼎芳：《乙未威海卫战事外纪》，《大公报》1935年5月3日，第11版。

16. 陈德震：《甲午之战时辽居忆录》，《大公报》1937年6月11日，第12版。

17. 袁青萍选辑：《中东战纪辑要》（《国难》丛书第1辑），1937年。

18. 刘兆青：《乙未参与台湾独立战争的回忆》，《回民言论》1939年第2期。

19. 太史平：《台湾割让时的一幕小插曲》，《读书月刊》1946年第2期。

20. 丘琳辑：《丘逢甲信稿》，《近代史资料》1958年第3期。

21. 王可举：《甲午之战日军在荣成湾登陆攻陷威海军港事略》，《山东省志资料》1958年第1期。

22. 赵泮馨：《甲午战争志略》，《山东省志资料》1958年第1期。

23. 思痛子著，台湾银行经济研究室编印：《台海思恸录》，1959年。

24. 台湾银行经济研究室编印：《割台三记》，1959年。

25. 威海市志编辑委员会：《甲午战争期间威海军民的抗日斗争》，《山东省志资料》1960年第4期。

26. 长顺：《长顺函稿》，《近代史资料》1962年第3期。

27. 陆壮游辑：《张荫桓等致翁同龢函》，《近代史资料》1962年第3期。

28. 吴质卿：《台湾战争记》，《近代史资料》1962年第3期。

29. 徐庆璋：《辽阳防守日记》，《近代史资料》1962年第3期。

30. 恽祖祁：《厦门日租界交涉案公牍》，《近代史资料》1962年第3期。

31. 叶昌炽：《缘督庐日记》，台湾：学生书局，1964年。

---

[1] 后收录于《中国近代史资料丛刊·中日战争》。
[2] 后收录于《中国近代史资料丛刊·中日战争》。

32. 易顺鼎著，台湾银行经济研究室编印：《魂南记》，1965年。

33. 马建忠等：《东行三录》，台北：广文书局，1967年。[1]

34. 梁华璜：《光绪乙未台湾的交割与保台》，台湾：庚子出版社，1974年。

35. 池仲祐、罗淳矗著，阙名编：《海军大事记》（附甲申、甲午战事记），《中法、中日兵事本末》《中日议和记略》（《近代中国史料丛刊续编》第18辑），台北：文海出版社，1975年。

36. 吴德功：《让台记》，《近代史资料》1981年第1期。

37. 周馥：《醇亲王巡阅北洋海防日记》，《近代史资料》1982年第1期。

38. 思恢复生编：《中倭战守始末记》（附《中俄交涉》《中法交涉》各1卷，《近代中国史料丛刊三编》第32辑），台北：文海出版社，1987年。[2]

39. 张荫桓著，任青、马忠文整理：《张荫桓日记》，上海：上海书店出版社，2004年。

40. 陈悦主编，吉辰译注：《龙的航程：北洋海军航海日记四种》，济南：山东画报出版社，2013年。

41. 卢毓英等著，孙建军整理校注：《北洋海军官兵回忆辑录》，济南：山东画报出版社，2017年。

---

[1]　1983年由上海书店再版。
[2]　1895年初版。

中文译著

1. ［美］林乐知、蔡尔康编著：《中东战纪本末》，上海广学会译，上海：上海图书集成局，1896年。

2. ［英］爱特华斯：《中东战史》，史悠明、程履祥译，上海：美华书馆，1903年。

3. ［德］弗朗克（O. Franke）：《三国干涉还辽秘闻》，王光祈译，上海：中华书局，1929年。[①]

4. ［英］泰莱著，张荫麟译：《甲午中日海战见闻记》，《东方杂志》1931年第6号。

5. ［日］小泉八云著，张荫麟译：《甲午战后在日见闻记》，《国闻周报》1934年第28期。

6. ［法］A.施阿兰：《使华记（1893—1897）》，袁传璋、郑永惠译，北京：商务印书馆，1989年。[②]

7. ［日］龟井兹明：《血证：甲午战争亲历记》，高永学、孙常信译，北京：中央民族大学出版社，1997年。

8. ［英］詹姆斯·艾伦：《在龙旗下：中日战争目击记》，费青、费孝通

---

① 1933年再版。
② 法文版为1918年出版。

译，上海：上海人民出版社，2014年。

9. ［日］桥本海关著，吉辰校注：《清日战争实记》，济南：山东画报出版社，2017年。

10. ［日］陆奥宗光著，［日］中塚明校注：《蹇蹇录——甲午战争外交秘录》，赵戈非、王宗瑜译，北京：生活·读书·新知三联书店，2018年。

日文著作

1. 征清台之役凱旋土産：全，［出版者不明］.

2. 渡辺紘良，日清戦争従軍兵□の日記，［出版者不明］.

3. 歌川小國政，川上音二郎戦地見聞日記，福田熊次郎，1894.

4. 川上音二郎，戦地見聞日記：第二拾葉，市村座，1894.

5. 亀井玆明，從軍日乘：伯爵龜井玆明遺著，龜井玆常，1899.

6. 吉倉汪聖，清藤幸七郎，天佑俠，新進社，1903.

7. 川村篠枝，征清日誌，佐野隆三郎，1932.

8. 杉村濬，明治廿七八年在韓苦心録，杉村陽太郎，1932.

9. 伊藤博文，平塚篤，金子堅太郎，秘書類纂：日清事件，秘書類纂刊行会，
   1933.

10. 陸奥宗光，蹇蹇録，岩波書店，1933.

11. 古谷忠造，古谷忠造先生経歴談，［出版者不明］，1936.

12. 加部東常七，日清戦役従軍手記，啓農社，1936.

13. 帝国在郷軍人会上賀茂分会，回顧録，1936.

14. 陸奥宗光，蹇蹇録，岩波書店，1941.

15. 保々五郎，日清戰爭實記，日清戦争実記刊行会，1960.

16. 黒田清輝，黒田清輝日記，中央公論美術出版，1966.

17. 伊藤博文，明治百年史叢書：機密日清戦争，1967.

18. 向野堅一, 向野晋, 向野堅一従軍日記: 明治二十七・八年戦役余聞, 1967.

19. 浜本利三郎, 地主愛子, 日清戦争従軍秘録: 80年目に公開する、その因果関係, 青春出版社, 1972.

20. 山形市史編集委員会, 日清戦争関係資料: 日清戦争日誌・征台従軍日記, 山形市史編集資料, 1972.

21. 萩原延寿, 陸奥宗光, 中央公論社, 1973.

22. 野沢武三郎等, 明治二十七・八年戦役従軍紀: 野沢武三郎手記, 野島出版, 1974.

23. 宗方小太郎等, 宗方小太郎文書: 近代中国秘録, 原書房, 1975.

24. 福田町遺族会, 福田町従軍者, 國のいしずえ, 1978.

25. 吉倉汪聖, 清藤幸七郎, 天佑侠, 長陵書林, 1981.

26. 遠藤堅吾, 従軍征清日記, 徳島県出版文化協会, 1981.

27. 渡辺奎二, 筆の運びは拙いが: 日清・日露出征兵士の手紙, 越書房, 1982.

28. 陸奥宗光, 中塚明, 蹇蹇録, 岩波書店, 1983.

29. 戸川猪佐武, 松方正義と日清戦争の砲火, 講談社, 1983.

30. 萩原延寿, 陸奥宗光, 中央公論社, 1984.

31. 榎本留吉, 榎本新逸, 日清戦争実記: 充員召集一下士の日記, 1985.

32. 浅井忠, 千葉県立美術館, 明治廿七年従軍画稿: 浅井忠日清戦争従軍日記. 千葉県立美術館研究資料, 1987.

33. 座間市立図書館市史編さん係, 日清戦争従軍記, 座間市史資料叢書, 1988.

34. 後藤兼文, 戦争, 勁草書房, 1988.

35. 佐藤七太郎, 廿七八年役日記, 佐藤三男, 1988.

36. 大石汎, 日清戦争中の森鷗外, 門土社総合出版, 1989.

37. 荒尾精, 媾和締盟ニ對スル鄙見, 靖亜神社先覚志士資料出版会, 1989.

38. 中根環堂, 田淵友彦, 矢津昌永, 鮮滿見聞記・韓國新地理・朝鮮西伯利紀行, 景仁文化社, 1989.

39. 亀井玆明, 日清戦争従軍写真帖: 伯爵亀井玆明の日記, 柏書房, 1992.

40. 明治期外交資料研究会, 蹇々録, クレス出版, 1994.

41. 町田政吉, 町田政吉の記録: 農村青年 徴兵—日清戦争—復員, 町田政寿1994.

42. 久野甚太郎, 日清戦争従軍日誌, 近代文芸社, 1995.

43. 大鳥圭介等, 幕末明治中国見聞録集成: 長城遊記・支那実見録・台湾視察報告書・実歴清国一斑・台湾視察談, ゆまに書房, 1997.

44. 原田藤一郎, 幕末明治中国見聞録集成: 亜細亜大陸旅行日誌并清韓露三国評論, ゆまに書房, 1997.

45. 尾崎行雄, 高橋謙, 中村作次郎, 幕末明治中国見聞録集成: 遊清記・支那時事・支那漫遊談, ゆまに書房, 1997.

46. 西岡香織編, 坊城俊章日記・記録集成, 芙蓉書房, 1998.

47. 広瀬順晧等, 近代未刊史料叢書: 中田敬義・内田定槌・石井菊次郎, ゆまに書房, 2000.

48. 朝鮮総督府, 杉村濬, 韓国併合史研究資料: 朝鮮の群衆・明治廿七八年在韓苦心録, 龍渓書舎, 2003.

49. 伊藤博文, 機密日清戦争, 原書房, 2004.

50. 黒田清輝, 黒田清輝日記, 中央公論美術出版, 2004.

51. 陸奥宗光, 中塚明, 蹇蹇録: 日清戦争外交秘録, 岩波書店, 2005.

52. 末延芳晴, 森鷗外と日清・日露戦争, 平凡社, 2008.

53. 桧山幸夫, 伊藤博文文書研究会, 伊藤博文文書: 日清事件, ゆまに書房, 2008.

54. 山口裂裟治, 宮本美津枝, 山口裂裟治日清・日露戦争従軍日誌, 信毎書籍出版センター, 2012.

55. 陸奥宗光, 萩原延寿, 蹇蹇録, 中央公論新社, 2015.

56. 石光真清, 石光真人, 城下の人, 中央公論新社, 2017.

57. 竹内正策, 韓地従征日記, 竹内正策古文研究会, 2017.

58. 春畝公追頌會, 伊藤博文伝, 統正社, 1940.

59. 林董, 後は昔の記他——林董回顧録, 平凡社, 1970.

韩文著作

1. 金允植撰：《续阴晴史》（上·下），國史編纂委員會，1960年。

2. 黃玹著：《梅泉野錄》，國史編纂委員會，1955年。

3. 尹致昊撰：《尹致昊日記》（共11册），國史編纂委員會，1973-1989年。

4. 鄭喬著：《韓國季年史》（上·下），國史編纂委員會，1957年。

5. 池圭植著，首尔特別市史編纂委員會編著：《（國譯）荷齋日記》（1-8卷），首尔特別市史編纂委員會，2005-2009年。

六　报刊

中文报刊

1. 《申报》（1872—1949）

2. 《新闻报》（1893—1949）

3. 《字林沪报》（1882—1899）

4. 《直报》（1895—1900）

5. 《香港华字日报》（1895—1940）

6. 《点石斋画报》（1884—1898）

7. 《万国公报》（1868—1907）

8. 《益闻录》（1878—1911）

9. 《时务报》（1896—1898）

10. 《新民丛报》（1902—1907）

11. 《东方杂志》（1904—1948）

日文报纸

1. 官報（1883年7月2日—现在）

2. 日本（1889年2月11日—1914年12月31日）

3. 自由新聞（1893年7月1日　1897年1月）

4. 東京日日新聞（1872年2月21日—1942年12月31日）

5. 時事新報（1882年3月1日—1936年12月25日）

6. 大阪毎日新聞（1888年11月20日—1942年12月31日）

7. 大阪朝日新聞（1889年1月3日—1940年8月31日）

8. 東京朝日新聞（1888年7月10日—1940年8月31日）

9. 郵便報知新聞（1872年6月1日—1894年12月25日）

10. 報知新聞（1894年12月26日—1942年8月5日）

11. 読売新聞［東京］（1874年11月2日—1942年8月5日）

12. 中外商業新報（1889年1月27日—1942年10月31日）

13. 都新聞（1889年2月1日—1942年9月30日）

14. 国民新聞（1890年2月1日—1942年9月30日）

15. 毎日新聞（1886年5月1日—1906年6月30日）

16. 中央新聞（1891年8月16日—1940年12月31日）

17. 萬朝報（1892年11月1日—1940年10月1日）

18. 二六新報（1893年10月26日—1904年4月14日）

19. やまと新聞（1886年10月7日—1900年10月31日）

日文期刊

1. 国民之友（1887年2月—1898年8月）

2. 団々珍聞（1877年3月—1907年7月）

3. 六合雑誌（1880年10月—1921年2月）

4. 日本人（1888年4月—1906年12月）

5. 自由党党報（1891年10月—1898年6月）

6. 立憲改進党党報（1892年12月—1896年1月）

7. 日清交戦録（1894年8月—1895年5月）

8. 交詢雑誌（1880年2月—1901年4月）

9. 婦人衛生雑誌（1887年—？）

10. 偕行社記事（1888年7月—1945年5月）

11. 水交社記事（1890年6月—1944年12月）

12. 日清戦争実記（1894年8月—1896年1月）

13. 風俗画報（1889年2月—1916年3月）

英文报刊*

1. 《字林西报》(*North China Daily News*)(1850—1951)

2. 《北华捷报》(*North China Herald and Supreme Court and Consular Gazette*)(1850—1941)

3. 《教务杂志》(*The Chinese Recorder*)(1867—1941)

4. 《德臣西报》(*China Mail*)(1866—1961)

5. 《香港周报》(*Hong Kong Weekly Press*)(1895—1909)

6. 《香港孖剌沙西报》(*Hong Kong Daily Press*)(1864—1941)

7. 《士蔑西报》(*Hong Kong Telegraph*)(1881—1951)

8. 《纽约时报》(*The New York Times*)(1851至今)

9. 《泰晤士报》(*The Times*)(1785至今)

10. 《伦敦新闻画报》(*Illustrated London News*)(1842—2003)

---

* 此处收录的，主要以甲午战争时期在华英文报刊和世界著名报纸为主。刘文明教授的专著《全球公共空间中的甲午战争：以英美报刊舆论为中心的考察》一书参考文献部分刊列了大量曾报道过甲午战争的英美英文报刊名录，此处不再赘述。详见：刘文明：《全球性公共空间中的甲午战争：以英美报刊舆论为中心的考察》，商务印书馆，2024年。

法文报刊

1. 《费加罗报》(*Le Figaro*)(1826 至今)

2. 《时报》(*Le Temps*)(1861—1942)

3. 《小巴黎人报》(*Le Petit Parisien*)(1876—1944)

4. 《公共财产报》(*Le Bien Public*)(1868 至今)

5. 《插图周刊》(*L'Illustration*)(1843—1944)

6. 《世界画报》(*Le Monde Illustré*)(1857—1956)

7. 《小日报：插图增刊》(*Le Petit Journal: Supplément Illustré*)(1884—1920)

德文报刊

1. 《汉堡通讯》(Hamburgischer Correspondent)(1731—1934)

2. 《汉堡外国报》(Hamburger Fremdenblatt)(1828—1945)

3. 《北德总汇报》(Norddeutsche allgemeine Zeitung)(1731)

4. 《莱比锡日报》(Leipziger Tageblatt)(1807—1925)

5. 《科隆日报》(Kölnische Zeitung)(1798—1945)

6. 《汉诺威信使报》(Hannoverscher Kurier)(1854—1945)

7. 《柏林交易所报》(Berliner Börsen-Zeitung)(1855—1944)

8. 《柏林每日小报和商业日报》(Berliner Tageblatt und Handels-Zeitung)
   (1872—1939)

9. 《施瓦本水星报》(Schwäbischer Merkur)(1785—1941)

10. 《西德意志报》(Westdeutsche Zeitung)(1887至今)

11. 《德累斯顿日报》(Dresdner Journal)(1848—1914)

12. 《亚琛日报/过去的回声》(Aachener Anzeiger/Echo der Gegenwart)
    (1848—1935)

13. 《波恩人民报》(Bonner Volkszeitung)(1882—1906)

14. 《传教与宗教研究杂志》(Zeitschrift für Missionskunde und
    Religionswissenschaft)(1886—1939)

西班牙报刊

1. 《马德里官方日报》(Diario oficial de avisos de Madrid)(1847—1917)

2. 《时代报》(La época)(1849—1936)

3. 《西班牙信报》(La Correspondencia de España)(1860—1925)

4. 《公正报》(El imparcial)(1867—1933)

5. 《伊比利亚报》(La Iberia)(1868—1898)

6. 《自由报》(El liberal)(1879—1939)

7. 《日报》(El día)(1881—1908)

8. 《军事邮报》(El correo militar)(1883—1901)

9. 《王朝报》(La dinastía)(1883—1904)

10. 《国家报》(马德里版)(El país, Madrid)(1887—1921)

11. 《国家报-晨版》(哈瓦那版)(El país, mañana, Havana)(1888—1895)

12. 《正义报》(La justicia)(1888—1897)

13. 《马德里先锋报》(El heraldo de Madrid)(1890—1939)

14. 《西班牙邮报》(El correo español)(1892—1921)

15. 《预备役报》(El reservista)(1892—1895)

16. 《国家报-下午版》(哈瓦那版)(El país, tarde, Havana)(1894—1895)

17. 《战争部：西班牙战争部作战研究中心对外国军事期刊及报刊发表的最重要的新闻与文章所做摘录》(Depósito de Guerra, "Extracto

del resumen formado por este centro, de las noticias y artículos más importantes que publican las revistas y periódicos militares extranjeros")

（1894—1901）

七　研究著作

中文著作

1. 王钟麟：《中日战争》，上海：商务印书馆，1930年。[①]

2. 吴兆名：《日本帝国主义与中国》，上海：商务印书馆，1934年。

3. 王信忠：《中日甲午战争之外交背景》，北京：国立清华大学出版事务所，1937年。[②]

4. 陈诚著，国民政府军事委员会政治部编印：《中日战争之始末与教训》，重庆：青年书店，1938年。

5. 曾毓钊，江梦生辑：《中日血债》(第1辑)，重庆：北新书局，1938年。

6. 朱国定：《甲午之战》，重庆：正中书局，1938年。

7. 钱安毅：《甲午战争的教训》，重庆：正中书局，1939年。

8. 万耀煌：《甲午中东战事之回溯及余评》，中央陆军军官学校教育处图书馆，1943年。

9. 陆军大学：《甲午中日战争简史》，1946年。

10. 群联出版社编：《甲午中日战争》，台湾：群联出版社，1951年。

11. 历史教学月刊社辑：《中日甲午战争论集》，北京：五十年代出版社，1954年。

[①]　1930年初版，1933年第一版，1939年第二版，2011年由岳麓书社再版。

[②]　1937年初版，台北文海出版社分别于1964年、1987年再版。

12. 贾逸君等：《甲午中日战争》，上海：新知识出版社，1955年。

13. 孙毓棠：《中日甲午战前外国资本在中国经营的近代工业》，上海：上海人民出版社，1955年。

14. 周继仁编：《甲午中日战争》，北京：通俗读物出版社，1955年。

15. 纯西：《甲午战争》，上海：上海人民出版社，1956年。

16. 郑昌淦：《中日甲午战争》，北京：中国青年出版社，1957年。

17. 中国近代经济史资料丛刊编委会主编：《中国海关与中日战争》，北京：科学出版社，1958年。[①]

18. 陈伟芳：《朝鲜问题与甲午战争》，北京：生活·读书·新知三联书店，1959年。

19. 黄嘉谟：《甲午战前之台湾煤务》，台北："中央研究院"近代史研究所，1961年。

20. 戚其章：《中日甲午威海之战》，济南：山东人民出版社，1962年。

21. 章回编：《甲午战争》，上海：上海人民出版社，1962年。

22. 戴逸：《北洋海军》，北京：中华书局，1963年。[②]

23. 文廷式等：《中日甲午战争》（上下），台北：广文书局，1967年。

24. 《中国近代史丛书》编写组编：《甲午中日战争》，上海：上海人民出版社，1973年。

25. 方遒：《百年英烈传之二——英法联军与甲午战争》，香港：朝阳出版社，1973年。

26. 郑天杰、赵梅卿：《中日甲午海战与李鸿章》，台北：华欣文化事业中心，1979年。

27. 王芸生编著：《六十年来中国与日本》（第1卷），北京：生活·读书·新

---

① 1983年由北京中华书局再版。

② 1978年重印。

知三联书店，1979年。

28. 王芸生编著：《六十年来中国与日本》（第2卷），北京：生活·读书·新知三联书店，1980年。

29. 王芸生编著：《六十年来中国与日本》（第3卷），北京：生活·读书·新知三联书店，1980年。

30. 陈伟芳：《台湾乙未战纪》，南宁：广西人民出版社，1981年。

31. 戚其章：《北洋舰队》，济南：山东人民出版社，1981年。

32. 孙克复、关捷编：《甲午中日海战史》，哈尔滨：黑龙江人民出版社，1981年。

33. 戚其章：《中日甲午战争史论丛》，济南：山东教育出版社，1983年。

34. 孙克复编：《辽宁大学学术论文选编·甲午中日战争史论集》，辽宁大学科研处，1984年。

35. 孙克复、关捷编著：《甲午中日陆战史》，哈尔滨：黑龙江人民出版社，1984年。

36. 孙克复、关捷主编：《甲午中日战争人物传》，哈尔滨：黑龙江人民出版社，1984年。

37. 杨东梁：《气壮山河的甲午海战》，北京：书目文献出版社，1985年。

38. 戚其章主编：《甲午战争九十周年纪念论文集》，济南：齐鲁书社，1986年。

39. 吴宏聪、张磊主编：《丘逢甲研究》，广州：广东人民出版社，1986年。

40. 沈云龙主编：《中日交涉纪事本末》，台北：文海出版社，1987年。

41. 戚其章主编：《中日战争》（1—5册），北京：中华书局，1989年。

42. 孙克复编著：《甲午中日战争外交史》，沈阳：辽宁大学出版社，1989年。

43. 周军、杨雨润主编：《李鸿章与中国近代化》，合肥：安徽人民出版社，1989年。

44. 戚其章：《甲午战争与近代社会》，济南：山东教育出版社，1990年。

45. 戚其章：《甲午战争史》，上海：上海人民出版社，1990年。[①]

46. 张炜主编：《甲午海战与中国近代海军》，北京：中国社会科学出版社，1990年。

47. 张晞海、王翔编著：《中国海军之谜》，北京：海洋出版社，1990年。

48. 乔还田、马宗平：《马关奇耻》，北京：中国华侨出版社，1991年。

49. 林伟功、黄国盛主编：《中日甲午海战中方伯谦问题研讨集》，北京：知识出版社，1993年。

50. 戴逸、杨东梁、华立编著：《甲午战争与东亚政治》，北京：中国社会科学出版社，1994年。

51. 戚其章：《甲午战争国际关系史》，北京：人民出版社，1994年。

52. 孙洁池等主编：《甲午英烈》，济南：山东大学出版社，1994年。

53. 中国甲午战争博物馆、北京图书馆阅览部编：《中日甲午战争研究论著索引（1894—1993）》，济南：齐鲁书社，1994年。

54. 常熟市人民政府中国史学会合编：《甲午战争与翁同龢》，北京：中国人民大学出版社，1995年。

55. 海军军事学术研究所、中国军事科学学会办公室主编：《甲午海战与中国海防：纪念甲午海战一百周年学术研讨会论文集》，北京：解放军出版社，1995年。

56. 李国祁等著，台湾师范大学历史研究所历史学系编印：《甲午战争一百周年纪念学术研讨会论文集》，台湾师范大学历史研究所历史学系，1995年。

57. 戚其章、王如绘主编：《甲午战争与近代中国和世界：甲午战争一百周年国际学术讨论会文集》，北京：人民出版社，1995年。

---

① 2005年再版。

58. 杨念群主编：《甲午百年祭：多元视野下的中日战争》，北京：知识出版社，1995年。

59. 逢甲大学人文社会研教中心编：《丘逢甲与台湾历史文化学术研讨会论文集》1996年。

60. 关捷主编：《海峡两岸〈马关条约〉百周年学术研讨会论文集》，大连：大连海事大学出版社，1997年。

61. 关捷：《觉醒：甲午风云与近代中国》，北京：中央民族大学出版社，1997年。

62. 郭铁桩：《恨海：甲午大连之战》，北京：中央民族大学出版社，1997年。

63. 韩俊英等编著：《史鉴：甲午战争研究备要》，北京：中央民族大学出版社，1997年。

64. 石泉：《甲午战争前后之晚清政局》，北京：生活·读书·新知三联书店，1997年。①

65. 吴宏聪、李鸿生主编：《丘逢甲研究：1984年至1996年专集》，广州：广东人民出版社，1997年。

66. 杨惠萍、穆景元、郑学元：《国殇：从甲午战争至甲辰战争》，北京：中央民族大学出版社，1997年。

67. 中国人民政治协商会议辽宁省鞍山市委员会学习宣传和文史委员会编：《鞍山文史资料选辑》第10辑《中日甲午陆战辽海战事纪》，1997年。

68. 唐德刚：《晚清七十年》第3卷《甲午战争与戊戌变法》，台北：远流出版社，1998年。

---

① 1948年完成，1997年出版。

69. 戚俊杰、刘玉明主编：《北洋海军研究》，天津：天津古籍出版社，1999年。

70. 中国史学会编著：《中日战争》（12册），上海：上海人民出版社，2000年。

71. 戚其章：《国际法视角下的甲午战争》，北京：人民出版社，2001年。

72. 孙占元等：《甲午战争的和战之争》，天津：天津古籍出版社，2004年。

73. 关捷等主编：《中日甲午战争全史》（全6卷），长春：吉林人民出版社，2005年。

74. 刘玉明、戚俊杰：《辩证看"甲午"》，北京：海洋出版社，2005年。

75. 乔洪明：《甲午海战》，北京：中国文史出版社，2007年。

76. 雪珥：《绝版甲午：从海外史料揭秘中日战争》，上海：文汇出版社，2009年。

77. 陈悦：《沉没的甲午》，南京：凤凰出版社，2010年。

78. 寇伟：《甲午战争史话》，北京：社会科学文献出版社，2012年。

79. 戚俊杰、郭阳主编：《甲午纵横》第5辑（上下），北京：华文出版社，2012年。

80. 宗泽亚：《清日战争》，北京：世界图书出版公司，2012年。

81. 冯学荣：《从甲午到七七：日本为什么侵华》，香港：中华书局，2013年。

82. 邢超：《致命的倔强：从洋务运动到甲午战争》，北京：中国青年出版社，2013年。

83. 丁一平主编：《甲午战争》（上下），北京：海潮出版社，2014年。

84. 吉辰：《昂贵的和平：中日马关议和研究》，北京：生活·读书·新知三联书店，2014年。

85. 姜鸣主编：《甲午两甲子：忆与思》，北京：社会科学文献出版社，2014年。

86. 姜鸣：《龙旗飘扬的舰队：中国近代海军兴衰史（甲午增补本）》，北京：生活·读书·新知三联书店，2014年。①

87. 林亨芬：《从封贡到平行：甲午战争前后的中韩关系》，台北：致知学术出版社，2014年。

88. 刘声东、张铁柱主编：《甲午殇思》，上海：上海远东出版社，2014年。

89. 马勇：《甲午战争十二讲——温情敬意看历史》，北京：华文出版社，2014年。

90. 马勇、寇伟编著：《甲午战争简史》，北京：中国社会科学出版社，2014年。

91. 万国报馆编著：《甲午：120年前的西方媒体观察》，北京：生活·读书·新知三联书店，2014年。

92. 许华：《再见甲午：蓝色视角下的中日战争》，北京：人民出版社，2014年。

93. 张海鹏、崔志海、高士华、李细珠编：《甲午战争的百年回顾——甲午战争120周年学术论文选编》，北京：中国社会科学出版社，2014年。

94. 威海诗词楹联学会选编：《甲午战争120年诗词选》，北京：中华书局，2014年。

95. 刘文明编：《西方人亲历和讲述的甲午战争》，杭州：浙江大学出版社，2015年。

96. 杨东梁：《甲午较量：中日近代史上第一次大比拼》，北京：中国青年出版社，2015年。

97. 王鼎杰：《复盘甲午：重走近代中日对抗十五局》，上海：上海人民出版社，2016年。

98. 王如绘：《近代中日关系与朝鲜问题》，北京：中国社会科学出版社，2016年。

---

① 1991年由上海交通大学出版社初版。

99. 侯德云：《天鼓：从甲午战争到戊戌变法》，上海：上海社会科学院出版社，2017年。

100. 郭阳、王记华主编：《甲午战争与东亚近代历史进程：甲午战争120周年国际学术研讨会文集》（上中下），北京：社会科学文献出版社，2018年。

101. 戴旭：《戴旭讲甲午战争：从晚清解体透视历代王朝的政治败因》，北京：人民日报出版社，2018年。

102. 陈悦：《中日甲午黄海大决战》，北京：台海出版社，2018年。

103. 唐德刚等：《从甲午到抗战：对日战争总检讨》，北京：台海出版社，2019年。

104. 茶乌龙编：《知日·甲午海战再认识》，武汉：长江文艺出版社，2019年。

105. 陈占彪编：《甲午五十年（1895—1945）：媾和·书愤·明耻》，北京：生活·读书·新知三联书店，2019年。

106. 刘洋、韩庆、王大鹏：《甲午黄海海战浅说》，北京：中国民主法制出版社，2019年。

107. 戚俊杰：《守望甲午忆英贤》，济南：山东大学出版社，2019年。

108. 戚俊杰、郭阳主编：《甲午纵横》第7辑，北京：华龄出版社，2019年。

109. 赵恺：《淮军征战史》，北京：团结出版社，2019年。

110. 董继兵：《晚清战争词研究》，成都：四川大学出版社，2019年。

111. 戚俊杰、王建松主编：《甲午纵横》第8辑，济南：山东大学出版社，2020年。

112. 戚俊杰、王建松主编：《甲午纵横》第9辑：济南：山东大学出版社，2020年。

113. 张海荣：《思变与应变：甲午战后清政府的实政改革（1895—1899）》，北京：社会科学文献出版社，2020年。

114. 张黎源：《泰恩河上的黄龙旗：阿姆斯特朗公司与中国近代海军》，北京：生活·读书·新知三联书店，2020年。

115. 关捷：《新编甲午中日战争史》，香港：中华书局，2021年。

116. 关捷：《中日甲午战争史鉴》，沈阳：辽宁教育出版社，2021年。

117. 李英全：《甲午中日战争陆战研究》，武汉：华中师范大学出版社，2021年。

118. 熊淑娥：《明治时期日本人的对外认识》，北京：知识产权出版社，2021年。

119. 中国甲午战争博物院编：《物鉴甲午：中国甲午战争博物院藏甲午文物选粹》，北京：故宫出版社，2021年。

120. 王玉强、李广：《甲午战争期间日本民间的战争认知研究》，北京：光明日报出版社，2022年。

121. 徐丽卿：《甲午之鉴》，北京：中共中央党校出版社，2022年。

122. 刘鸿亮：《落后就要挨打——甲午战争时期中日军事技术对比》，济南：山东科学技术出版社，2023年。

123. 徐圣言编著：《清朝的涉外战争》，北京：新华出版社，2023年。

124. 张仕荣：《甲午战争与台湾百年命运》，北京：九州出版社，2023年。

125. 黄顺力：《重返海洋：晚清中国海洋思想研究》，厦门：厦门大学出版社，2024年。

126. 朱昆：《近代辽宁全史（政治卷）》，沈阳：东北大学出版社，2024年。

127. 马骏杰：《铁血甲午——用文物还原甲午海战真相》，北京：文津出版社，2024年。

128. 刘文明：《全球性公共空间中的甲午战争：以英美报刊舆论为中心的考察》，北京：商务印书馆，2024年。

中文译著

1. ［日］田保桥法：《甲午战前日本挑战史》，王仲廉译，上海：南京书店，1932年。

2. ［日］鹿岛守之助：《三国干涉之检讨》，吴宿光译，南昌：内外通讯社，1934年。

3. ［日］誉田甚八：《日清战史讲授录》，训练总监部军学编译处译，1936年。①

4. ［苏］提亚加伊：《1893—1895年朝鲜农民起义》，何晓译，北京：生活·读书·新知三联书店，1950年。

5. ［日］藤村道生：《日清战争》，米庆余译，上海：上海译文出版社，1981年。

6. ［日］井上清：《日本军国主义》（全4册），尚永清译，北京：商务印书馆，1985年。

7. ［日］信夫清三郎：《甲午日本外交内幕》，于时化译，北京：中国国际广播出版社，1994年。

8. ［日］井上晴树：《旅顺大屠杀》，朴龙根译，大连：大连出版社，2001年。

9. ［日］中塚明：《还历史的本来面目：日清战争是怎样发生的》，于时

---

① 1976年由台北文海出版社再版。

化译，天津：天津古籍出版社，2005年。

10. ［日］原田敬一：《日清·日俄战争》，徐静波译，香港：香港中和
出版社，2016年。

11. ［意］弗拉基米尔：《甲午战争：一个意大利人的记述》，孔祥文译，
北京：商务印书馆，2018年。

12. ［日］陈舜臣：《甲午战争:不能遗忘的历史殇思》，李长声译，北京：
文化发展出版社，2018年。

13. ［日］大谷正：《甲午战争》，刘峰译，北京：社会科学文献出版社，
2019年。

14. ［日］伊藤之雄：《伊藤博文：近代日本奠基人》，张颖译，北京：
社会科学文献出版社，2021年。

日文著作

1. 信夫清三郎, 日清戰爭: その政治的・外交的觀察, 1934: 福田書房.

2. 煙山專太郎, 日清日露の役. 岩波講座日本歷史, 1934: 岩波書店.

3. 信夫清三郎, 陸奧外交: 日清戰爭の外交史的研究, 1935: 叢文閣.

4. 海妻玄彦, 日清日露開戰法理論の史的回顧, 1936: 有斐閣.

5. 小泉信三, 支那事變と日清戰爭, 1937: 慶應出版社.

6. 矢野仁一与東方文化學院京都研究所, 日清役後支那外交史: 東方文化學院京都研究所研究報告, 1937: 東方文化學院京都研究所.

7. 渡邊幾治郎, 日清戰役時代: 大日本國民史, 1937: 太陽閣.

8. 渡辺幾治郎, 日清・日露戰爭史話, 1937: 千倉書房.

9. 我妻東策, 日清・日露戰時の農業政策, 1938: 育生社.

10. 細川嘉六, 日清・日露兩役の現時局への教訓, 1938: 創美社.

11. 松下芳男, 日清戰爭前後: 近代日本歷史講座, 1939: 白揚社.

12. 仲小路彰, 日清戰爭: 世界興廢大戰史, 1939: 戰爭文化研究所, 世界創造社.

13. 深谷博治, 日清戰爭と陸奧外交. ラジオ新書, 1940: 日本放送出版協會.

14. 柏井象雄, 日清戰爭に於ける清朝の財政政策, 1941: 東亞經濟研究所.

15. 田保橋潔, 日清戰役外交史の研究, 1951: 東洋文庫.

16. 沢村東平, 李朝末期、綿製品輸入の社會經濟的條件: 日清戰爭より日韓合併まで,1953: 私製.

17. 日本国際政治学会, 日清・日露戦争:国際政治,1962: 日本国際政治学会.

18. 田保橋潔, 日清戦役外交史の研究,1965: 東洋文庫.

19. 松下芳男, 日清戦争:近代の戦争,1966: 人物往来社.

20. 下村富士男, 日清・日露戦争. 日本歴史シリーズ. 1967: 世界文化社.

21. 中塚明, 日清戦争の研究,1968: 青木書店.

22. 藤井松一, 日清・日露戦争:国民の歴史: カラー版,1969: 文英堂.

23. 鹿島守之助与鹿島平和研究所, 日清戦争と三国干渉: 日本外交史,1970: 鹿島研究所出版会.

24. 信夫清三郎与藤村道生, 日清戦争: その政治的・外交的観察,1970: 南窓社.

25. 大浜徹也, 明治の墓標:「日清・日露」——埋れた庶民の記録. 歴史図書館,1970:秀英出版.

26. 橋川文三等, 日清・日露の戦役:現代日本記録全集,1970: 筑摩書房.

27. 犬丸義一与中村新太郎, 日清・日露戦争から米騒動まで,1970: 新日本出版社.

28. 藤村道生, 日清戦争: 東アジア近代史の転換点,1973: 岩波書店.

29. 宇野俊一, 日清・日露:日本の歴史,1976: 小学館.

30. 小西四郎, 日清戦争:錦絵幕末明治の歴史,1977: 講談社.

31. 外山三郎, 日清・日露・大東亜海戦史,1979: 原書房.

32. 市川正明, 日清戦争. 明治百年史叢書,1979: 原書房.

33. 近代日本研究会, 近代日本と東アジア. 年報・近代日本研究,1980: 山川出版社.

34. 下村寅太郎, 東郷平八郎,1981:講談社.

35. 朴宗根, 日清戦争と朝鮮,1982:青木書店.

36. 鹿野政直与由井正臣, 近代日本の統合と抵抗,1982: 日本評論社.

37. 田中康夫,戦争史:日本資本主義發達史講座,1982:岩波書店.

38. 西川宏,ラッパ手の最後:戦争のなかの民衆,1984:青木書店.

39. 辛亥革命研究会与菊池貴晴,中国近現代史論集:菊池貴晴先生追悼論集,1985:汲古書院.

40. 片山邦雄,日清戦争前における日本海運の近海進出:領事報告に見る諸相,1985:神戸商科大学経済研究所.

41. 五百簾頭眞,日本政治外交史,1985:放送大学教育振興会,日本放送出版協会.

42. 酒井忠康与清水勲,日清戦争期の漫画:G= ビゴー・田口米作.近代漫画,1985:筑摩書房.

43. 藤間生大,壬午軍乱と近代東アジア世界の成立,1987:春秋社.

44. 阿部洋,中国の近代教育と明治日本,1990:福村出版.

45. 大浜徹也,明治の墓標:庶民のみた日清・日露戦争.河出文庫,1990:河出書房新社.

46. 遠山茂樹,明治維新と天皇,1991:岩波書店.

47. 矢沢康祐,朝鮮人民の反日抵抗:日清戦争以前から続けられたたたかい.教科書裁判(第三次訴訟控訴審)の証言「意見書」.1991:教科書検定訴訟を支援する全国連絡会.

48. 高橋秀直,日清戦争開戦過程の研究.神戸商科大学研究叢書,1992:神戸商科大学経済研究所.

49. 海野福寿,日清・日露戦争.日本の歴史:集英社版.1992:集英社.

50. 井口和起,日清・日露戦争,1994:吉川弘文館.

51. 大谷正・原田敬一編,日清戦争の社会史,1994:フォーラムA.

52. 近現代史研究所,日清戦争・甲午農民戦争100年の歴史的意味.アリラン文化講座.1994:文化センター・アリラン.

53. 又吉盛清,台湾支配と日本人:日清戦争一〇〇年,1994:同時代社.

54.　中塚明,日清戦争の研究,1995:青木書店.

55.　鈴木亮与笠原十九司,15年戦争への道:1894(明治27)年〜1931(昭和6)年.写真記録日中戦争,1995:ほるぷ出版.

56.　藤村道生,日清戦争前後のアジア政策,1995:岩波書店.

57.　久野甚太郎,日清戦争従軍日誌,1995:近代文芸社.

58.　髙橋秀直,日清戦争への道,1995:創元社.

59.　安岡昭男,明治前期日清交渉史研究,1995:巖南堂書店.

60.　猪木正道,軍国日本の興亡:日清戦争から日中戦争へ.中公新書,1995:中央公論社.

61.　日清戦争と東アジア世界の変容:1995年国際シンポジウム報告論文集,1995:「日清戦争と東アジア世界の変容」国際シンポジウム実行委員会.

62.　北原スマ子,資料新聞社説に見る朝鮮:征韓論‐日清戦争.1995:緑蔭書房.

63.　桑田悦与奥村房夫,日清・日露戦争.近代日本戦争史.1995:同台経済懇話会,紀伊國屋書店.

64.　1895・1945・1995:日清戦争からの100年:特集.木野評論,1995:京都精華大学.

65.　銭鴎与富士ゼロックス小林節太郎記念基金,日清戦争直後における対中国観及び日本の自己意識:『太陽』第一巻を通して,1996:富士ゼロックス小林節太郎記念基金.

66.　丹尾安典与河田明久,イメージのなかの戦争:日清・日露から冷戦まで.岩波近代日本の美術,1996:岩波書店.

67.　比較史比較歴史教育研究会与東アジア歴史教育シンポジウム,黒船と日清戦争:歴史認識をめぐる対話,1996:未來社.

68.　東アジア近代史学会,日清戦争と東アジア世界の変容,1997:ゆまに書房.

69. 崔碩莞,日清戦争への道程,1997:吉川弘文館.

70. 山本茂,条約改正史.アジア学叢書,1997: 大空社.

71. 中塚明,歴史の偽造をただす: 戦史から消された日本軍の「朝鮮王宮占領」,1997: 高文研.

72. 檜山幸夫,日清戦争:秘蔵写真が明かす真実,1997:講談社.

73. 三谷太一郎.近代日本の戦争と政治,1997:岩波書店.

74. 吉岡吉典,日清戦争から盧溝橋事件,1998:新日本出版.

75. 大江志乃夫,東アジア史としての日清戦争,1998:立風書房.

76. 小笠原幹夫,えがかれた日清戦争.文学と歴史学のはざまで,1998:ふくろう出版.

77. 歴史教科書教材研究会,条約改正と日清戦争.歴史史料大系.1998:学校図書出版.

78. 岡崎久彦,陸奥宗光とその時代,1999:PHP研究所.

79. 柳永益,日清戦争期の韓国改革運動——甲午更張研究,2000:法政大学出版局.

80. 井上清.日本現代史(新装版)1:明治維新,2001:東京大学出版会.

81. 檜山幸夫,近代日本の形成と日清戦争:戦争の社会史,2001:雄山閣出版.

82. 小沢健志,写真明治の戦争.2001:筑摩書房.

83. 黒沢文貴等,国際環境のなかの近代日本.2001:芙蓉書房出版.

84. 毛利敏彦,明治維新政治外交史研究,2002:吉川弘文館.

85. 大日方純夫,開国から日清・日露まで.はじめて学ぶ日本近代史.2002:大月書店.

86. 古川万太郎,日清戦争からシベリア出兵まで: 朝鮮・中国へ勢力拡大した日本.婦人之友社・明日の友シリーズ.2002:婦人之友社.

87. 白羽祐三,日清・日露戦争と法律学.日本比較法研究所研究叢書.

2002: 中央大学出版部.

88. 斎藤聖二,日清戦争の軍事戦略,2003:芙蓉書房出版.

89. 楊素霞,富士ゼロックス小林節太郎記念基金,日本国内の大手新聞に見る日清戦争中における台湾領有観. 2003: 富士ゼロックス小林節太郎記念基金.

90. 保田与重郎,絶対平和論/明治維新とアジアの革命,2003:新学社.

91. 大浜徹也,庶民のみた日清・日露戦争:帝国への歩み. 刀水歴史全書. 2003: 刀水書房.

92. 戴逸/楊東梁/岩田誠一/高美蘭,日清戦争と東アジアの政治,译者: 華立/岩田誠一/高美蘭,2003:大阪経済法科大学出版部.

93. 海野福寿,伊藤博文と韓国併合,2004:青木書店.

94. 明治維新史学会,明治維新と文化,2005:吉川弘文館.

95. 李升熙,富士ゼロックス小林節太郎記念基金,日清・日露戦争期における日本軍の軍用電信線強行架設問題: 韓国派遣「臨時憲兵隊」を中心に. 2006: 富士ゼロックス小林節太郎記念基金.

96. 大谷正,兵士と軍夫の日清戦争:戦場からの手紙をよむ,2006:有志舎.

97. 中塚明,『蹇蹇録』の世界. 2006: みすず書房.

98. 安川寿之輔, 福沢諭吉の戦争論と天皇制論: 新たな福沢美化論を批判する. 2006: 高文研.

99. 原田敬一,日清・日露戦争:シリーズ 日本近現代史3,2007:岩波書店.

100. 坂野 潤治,未完の明治維新,2007:筑摩書房.

101. 岡本隆司. 馬建忠の中国近代,2007:京都大学学術出版会.

102. 一ノ瀬俊也, 旅順と南京: 日中五十年戦争の起源. 2007: 文藝春秋.

103. 森富, 日清戦争と軍医森鴎外:『明治二十七八年役陣中日誌』を中心として. 2008: 鴎出版.

104. 原田敬一, 日清戦争. 戦争の日本史. 2008: 吉川弘文館.

105. 樋口覚, 日清戦争異聞: 萩原朔太郎が描いた戦争. 2008: 青土社.

106. 岡本隆司, 世界のなかの日清韓関係史: 交隣と属国、自主と独立. 講談社選書メチエ. 2008: 講談社.

107. 犬塚孝明. 明治外交官物語: 鹿鳴館の時代, 2009: 吉川弘文館.

108. 加藤陽子, それでも、日本人は「戦争」を選んだ, 2009: 朝日出版社.

109. 佐谷眞木人, 日清戦争:「国民」の誕生. 講談社現代新書. 2009: 講談社.

110. 由井正臣, 軍部と民衆統合: 日清戦争から満州事変期まで, 2009: 岩波書店.

111. 高木不二, 日本近世社会と明治維新, 2009: 有志舎.

112. 豊田泰, 日清・日露戦争. 日本の対外戦争. 2009: 文芸社.

113. 毛利敏彦, 明治維新の再発見, 2010: 吉川弘文館.

114. 岡崎久彦, 小村寿太郎とその時代, 2010: PHP研究所.

115. 稲葉千晴, 日清日露戦争. イラスト図解: 見てわかる読んで納得!!!. 2010: 日東書院本社.

116. 遠藤芳信, 日本陸軍の戦時動員計画と補給・兵站体制構築の研究: 1894年兵站勤務令の成立と日清戦争開戦前までの兵站体制構築. 科学研究費補助金（基盤研究C）研究成果報告書. 2010:［遠藤芳信］.

117. 中塚明, 安川寿之輔与醍醐聡, NHKドラマ「坂の上の雲」の歴史認識を問う: 日清戦争の虚構と真実. 2010: 高文研.

118. 千代田明子, 戦争未亡人の世界: 日清戦争から太平洋戦争へ, 2010: 刀水書房.

119. 馮青, 中国海軍と近代日中関係, 2011: 錦正社.

120. 岡本隆司, 李鴻章 東アジアの近代, 2011: 岩波書店.

121. 戸高一成, 海戦からみた日清戦争. 角川oneテーマ21. 2011: 角川書店.

122. 末延芳晴, 正岡子規、従軍す. 2011: 平凡社.

123. 片山慶隆, 小村寿太郎: 近代日本外交の体現者, 2011: 中央公論新社.

124. 萩原朔太郎/山城正忠/宇野千代等,日清日露の戦争,2011:集英社.

125. 半藤一利/秦郁彦/原剛/松本健一/戸高一成,徹底検証日清・日露戦争,2011:文藝春秋.

126. 山崎善啓,明治の軍事機密文書を読む: 日清・日露戦争と軍事郵便. 2011: 四国地方郵便史研究会.

127. 坂本 一登,伊藤博文と明治国家形成——「宮中」の制度化と立憲制の導入,2012:講談社.

128. 北岡伸一,大正・明治帝国外交の光と影: なぜ、欧米列強とならぶ「一等国」になりえたか. NHK さかのぼり日本史. 2012: NHK出版.

129. 宇野俊一,明治立憲体制と日清・日露. 2012: 岩田書院.

130. 井上祐子,日清・日露戦争と写真報道: 戦場を駆ける写真師たち. 歴史文化ライブラリー. 2012: 吉川弘文館.

131. 木村勝美,韓国併合 小村寿太郎の外交信念,2012: イースト・プレス.

132. 谷口光徳,日清戦争から学ぶこと: 尖閣諸島領有権問題を考える,2012:彩流社.

133. 青山忠正,明治維新,2012:吉川弘文館.

134. 三谷博,明治維新を考える,2012:岩波書店.

135. 石井寛治,日本の産業革命——日清・日露戦争から考える,2012:講談社.

136. 外山三郎,日本海軍史,2013: 吉川弘文館.

137. 田中宏巳,東郷平八郎,2013: 吉川弘文館.

138. 劉傑,中国の強国構想—日清戦争後から現代まで,2013:筑摩書房.

139. 中塚明,歴史の偽造をただす: 戦史から消された日本軍の「朝鮮王宮占領」. 2013: 高文研.

140. Kennedy, T. L.与細見和弘, 中国軍事工業の近代化: 太平天国の乱から日清戦争まで. 2013: 昭和堂.

141. 趙景達等, 文明と伝統社会: 19世紀中葉〜日清戦争. 講座東アジアの知識人. 2013: 有志舎.

142. 坂野潤治, 西郷隆盛と明治維新, 2013: 講談社.

143. 木下直之, 戦争という見世物: 日清戦争祝捷大会潜入記, 2013: ミネルヴァ書房.

144. 吉岡吉典, 日韓基本条約が置き去りにしたもの: 植民地責任と真の友好, 2014: 大月書店.

145. 大谷正, 日清戦争: 近代日本初の対外戦争の実像, 2014: 中央公論新社.

146. 岡本隆司等, 宗主権の世界史: 東西アジアの近代と翻訳概念. 2014: 名古屋大学出版会.

147. 渡辺惣樹, 朝鮮開国と日清戦争: アメリカはなぜ日本を支持し、朝鮮を見限ったか, 2014: 草思社.

148. 小栗祐美等, 浮世絵・雑誌・絵はがきに見る幕末・明治の戦争イメージ. 2014: 北海道教育大学: スマートシティはこだて.

149. 平田哲男, 近代天皇制権力の創出, 2014: 大月書店.

150. 原朗, 日清・日露戦争をどう見るか: 近代日本と朝鮮半島・中国. NHK出版新書. 2014: NHK出版.

151. 平野龍二, 日清・日露戦争における政策と戦略:「海洋限定戦争」と陸海軍の協同, 2015: 千倉書房.

152. 吉本貞昭, 世界史から見た日清・日露大戦争―侵略の世界史を変えた日清・日露大戦争の真実, 2015: ハート出版.

153. 柳英武, 東アジアにおける近代条約関係の成立. 2015: 龍溪書舎.

154. 描かれた日清戦争: 久保田米僊『日清戦闘画報』影印・翻刻版, 2015: 創元社.

155. 伊藤之雄, 伊藤博文――近代日本を創った男, 2015: 講談社.

156. 有山輝雄, 情報覇権と帝国日本: 東アジア電信網と朝鮮通信支配,2016: 吉川弘文館.

157. 本間九介, C. W. A. Szpilman, 朝鮮雑記: 日本人が見た1894年の李氏
朝鮮,2016: 祥伝社.

158. 飯塚一幸,日清・日露戦争と帝国日本,2016: 吉川弘文館,.

159. 小田部雄次,大元帥と皇族軍人（明治編）,2016: 吉川弘文館.

160. 河田宏,日清戦争は義戦にあらず: 秩父困民党から軍夫へ,2016:彩
流社.

161. 安岡昭男,陸奥宗光:人と思想,2016:清水書院.

162. 李穂枝,朝鮮の対日外交戦略:日清戦争前夜（1876–1893）,2016:法
政大学出版局.

163. 嵯峨隆, アジア主義と近代日中の思想的交錯,2016: 慶應義塾大学
出版会.

164. 関誠,日清開戦前夜における日本のインテリジェンス: 明治前期の
軍事情報活動と外交政策. MINERVA日本史ライブラリー. 2016: ミ
ネルヴァ書房.

165. 坂井誠,二人の近代:諭吉と襄,2016: 大学教育出版.

166. 中川未来,明治日本の国粋主義思想とアジア,2016: 吉川弘文館.

167. 古結諒子,日清戦争における日本外交: 東アジアをめぐる国際関係
の変容,2016:名古屋大学出版会.

168. 関周一,日朝関係史,2017: 吉川弘文館.

169. 宮古文尋,清末政治史の再構成: 日清戦争から戊戌政変まで,2017:
汲古书院.

170. 安藤優一郎,幕臣たちの明治維新,2017:講談社.

171. 猪瀬直樹/磯田道史,明治維新で変わらなかった日本の核心,2017:PHP
研究所.

172. 金栄,金富子,植民地遊廓:日本の軍隊と朝鮮半島,2018: 吉川弘文館.

173. 神谷大介,幕末の海軍:明治維新への航跡,2018:吉川弘文館.

174. 佐々木雄一,陸奥宗光:「日本外交の祖」の生涯,2018:中央公論新社.

175. 大澤博明,陸軍参謀川上操六:日清戦争の作戦指導者,2019:吉川弘文館.

176. 安田浩,天皇の政治史:睦仁・嘉仁・裕仁の時代,2019:吉川弘文館.

177. 原田伊織,知ってはいけない明治維新の真実,2020:SB クリエイティブ.

178. 原田敬一,日清戦争論:日本近代を考える足場. "本の泉社" 転換期から学ぶ歴史書シリーズ.2020: 本の泉社.

179. キャロル・グラック,川島真,有馬学,等.明治維新を問い直す:日本とアジアの近現代,2020.九州大学出版会.

180. 北岡伸一,明治維新の意味,2020:新潮社.

181. 大日方純夫,世界の中の近代日本と東アジア:対外政策と認識の形,2021:吉川弘文館.

182. 伊藤陽平,日清・日露戦後経営と議会政治:官民調和構想の相克.2021:吉川弘文館.

183. 戸高一成,日本海軍戦史:海戦からみた日露、日清、太平洋戦,2021:KADOKAWA.

184. 猪木正道,軍国日本の興亡:日清戦争から日中戦争へ. 中公文庫.2021:中央公論新社.

185. 三宅紹宣,幕末維新の政治過程,2021:吉川弘文館.

186. 大澤博明,明治日本と日清開戦:東アジア秩序構想の展開.2021:吉川弘文館.

187. 関口哲矢,強い内閣と近代日本:国策決定の主導権確保へ,2021:吉川弘文館.

188. 佐々木雄一,リーダーたちの日清戦争,2022:吉川弘文館.

189. 桧山幸夫,日清戦争の研究,2022:ゆまに書房.

190. 渡辺延志, 日清・日露戦史の真実:『坂の上の雲』と日本人の歴史観. 筑摩選書. 2022: 筑摩書房.

191. 小林惇道, 近代仏教教団と戦争: 日清・日露戦争期を中心に,2022: 法藏館.

192. 井上祐子, 日清・日露戦争と写真報道: 戦場を駆ける写真師たち. 歴史文化ライブラリー,2022: 吉川弘文館.

193. 吉野誠与林雄介, 攘夷と開化: 一八六〇年代から日清戦争まで. 原典朝鮮近代思想史,2022: 岩波書店.

韩文著作

1. 허황도:《동학농민운동이 청일전쟁에 미치는 영향》, 대구: 영남대학교교육대힉원, 1983.

2. 韓國精神文化研究院 歷史研究室:《清日戰爭을 前後한 韓國과 列强》, 성남: 韓國精神文化研究院, 1984.

3. 韓國史研究會:《清日戰爭과 韓日關係: 日本의 對韓政策形成에 관한 研究》, 서울: 一潮閣, 1985.

4. 韓國史研究會:《清日戰爭과 韓日關係: 日本의 對韓政策形成에 관한 研究》, 서울: 一潮閣, 1985.

5. 經濟史學會:《甲午改革의 社會經濟史的 意義: 甲午改革 百周年 紀念 學術大會》, 서울: 經濟史學會, 1994.

6. 崔玄植:《甲午東學革命史》, 전주: 新亞出版社, 1994.

7. 한국정치외교사학회, 동북아문화연구원, 한국일보 주최:《김옥균암살, 갑오개혁, 청일전쟁 100주년 학술대회》, 서울, 1994.（甲午战争百周年纪念学术大会）

8. 朴宗根 著, 朴英宰 譯:《清日戰爭과 朝鮮: 外侵과 抵抗》, 서울: 一潮閣, 1995.（《日清戰爭と朝鮮》, 靑木書店, 1982）

9. 한국정치외교사학회:《한국 근대정치사의 쟁점: 청일전쟁・갑오개혁・김옥균 암살》, 서울: 집문당, 1995.

10. 한국정치외교사학회:《한국 근대정치사의 쟁점: 청일전쟁·갑오개혁·김옥균 암살》, 서울: 집문당, 1995.

11. 金基赫:《淸日戰爭의 再照明》, 춘천: 한림대학교 아시아문화연구소, 1996.

12. 陳偉芳 著, 權赫秀 譯:《淸.日 甲午戰爭과 朝鮮》, 서울: 백산자료원, 1996.①

13. 邊勝雄:《淸日戰爭後 日本의 對韓敎育侵略에 關한 小考》, 서울: 建國大學校 史學會, 1997.

14. 柳永益:《甲午更張研究》, 서울: 一潮閣, 1997.

15. 柳永益:《東學農民蜂起와 甲午更張: 淸日戰爭期(1894-1895) 朝鮮人 指導者들의 思想과 行動》, 서울: 一潮閣, 1998.

16. 국사편찬위원회:《청일전쟁과 갑오개혁》, 과천: 국사편찬위원회, 1999.

17. 한국정신문화연구원:《東學農民戰爭關係資料集》, 서울: 선인, 2000.

18. 愼鏞廈:《甲午改革과 獨立協會運動의 社會史》, 서울: 서울대학교 출판부, 2001.

19. 심헌용:《러시아의 한반도 군사관계사: 영토확장·청일전쟁·러일전쟁을 중심으로》, 서울: 국방부 군사편찬연구소, 2002.

20. 국사편찬위원회:《갑오개혁 이후의 사회·경제적 변동》(《한국사.44》), 서울: 탐구당, 2003.

21. 申相俊:《韓國財務行政의 近代化過程: 甲午改革-韓日合倂期(1894-1910年)》, 제주: 韓國福祉行政研究所, 2005.

22. 왕현종:《한국 근대국가의 형성과 갑오개혁》, 서울: 역사비평사, 2005.

---

① 译自陈伟芳著:《朝鲜问题与甲午战争》, 三联书店, 1959年。

23. 인하대학교출판부:《한국 근대국가의 형성과 갑오개혁》, 인천: 인하
    대학교출판부, 2005.

24. 고영자:《청일전쟁과 대한제국: 대한제국의 몰락을 주도한 일본의 교
    란책》, 서울: 탱자출판사, 2006.

25. 역사학회:《전쟁과 동북아의 국제질서》, 서울: 일조각, 2006.

26. 신복룡:《동학사상과 갑오농민혁명》, 서울: 선인, 2006.

27. 김영수:《동북아시아의 갈등과 대립: 청일전쟁에서 한국전쟁까지》,
    서울: 동북아역사재단, 2008.

28. 趙景達 著, 박맹수 譯:《이단의 민중반란: 동학과 갑오농민전쟁 그리
    고 조선 민중의 내셔널리즘》, 서울: 역사비평사, 2008. (《異端の民
    衆反亂: 東學と甲午農民戰爭》)

29. 왕현종:《청일전쟁기 한·중·일 삼국의 상호 전략》, 서울: 동북아역
    사재단, 2009.

30. 제노네 볼피첼리 著, 유영분 譯:《(구한말 러시아 외교관의 눈으
    로 본) 청일 전쟁: 조선 땅에서 벌어진 서양문명과 동양문명의 충
    돌》, 파주: 살림출판사, 2009. (Zenone Volpicelli: *China-Japan war:
    compiled from Chinese, Japanese and foreign sources*)

31. 메리 V. 팅글리 로렌, 제임스 앨런 著, 손나경, 김대륜 譯:《미 외교관
    부인이 만난 명성황후·영국 선원 앨런의 청일전쟁 비망록》, 파주:
    살림, 2011. (Lawrence, Mary Viola Tingley: *A Diplomat's helpmate: how
    Rose F. Foote, wife of the first U. S. minister and envoy extraordinary to
    Korea, served her country in the far east* & James Allan: *Under the dragon
    flag: my experiences in Chino-Japanese war*)

32. 동학농민혁명기념재단, 김제동학농민혁명기념사업회:《(김제) 동
    학농민혁명 유적지 현황과 활용방안》, 정읍: 동학농민혁명기념재단;
    김제: 김제동학농민혁명기념사업회, 2011.

33. 박맹수:《개벽의 꿈, 동아시아를 깨우다: 동학농민혁명과 제국 일본》, 서울: 모시는 사람들, 2011.

34. 전북사학회:《동학농민혁명의 기억과 역사적 의의》, 전주: 전북사학회, 2011.

35. 김양식:《충북하늘 위에 피어난 녹두꽃: 충북동학농민혁명사》, 청주: 직지, 2011.

36. 동학농민혁명기념재단:《동학농민혁명의 진실을 찾아가다: 일본군 후비보병 제19대대장 미나미 고시로의 수집문서를 통해 본 동학농민운동혁명: 동학농민혁명기념관 특별전》, 정읍: 동학농민혁명기념재단, 2012.

37. 하라다 게이이치 著, 최석완 譯:《청일·러일전쟁》, 서울: 어문학사, 2012. (《日淸·日露戰爭》)

38. 이윤섭:《동학농민 전쟁과 청일전쟁》, 서울: 교보문고, 2012. (전자자료)

39. 장흥동학농민혁명기념사업회:《이야기 장흥동학농민혁명: 갑오년, 장흥 어느 무명 농민군의 기록》, 장흥군: 장흥동학농민혁명기념사업회, 2013.

40. 국사편찬위원회:《청일전쟁과 갑오개혁》(《한국사. 40》), 서울: 국사편찬위원회, 2013.

41. 전쟁기념관:《청일·러일전쟁의 기억과 성찰》, 서울: 전쟁기념관, 2014.

42. 전쟁기념관:《청일·러일전쟁과 위기에 선 대한제국》, 서울: 전쟁기념관, 2014.

43. 국립순천대학교 지리산권문화연구원:《지리산권 동학농민혁명》, 서울: 선인, 2014.

44. 신정일:《갑오동학농민혁명답사기: 신정일의 우리땅 걷기》, 고양:

푸른영토, 2014.

45. 동학학회:《충청도 예산 동학농민혁명》, 서울: 모시는사람들, 2014.

46. 淸州古印刷博物館:《(1894) 갑오개혁의 꿈: 근현대 인쇄출판 특별
전》, 청주: 淸州古印刷博物館, 2014.

47. 독립기념관 한국독립운동사연구소:《1894·5년의 역사상과 동아시
아의 역사교육: 동학농민운동 120년 청일전쟁 120년 기념 국제학술
회의 역사교육》, 목천읍: 독립기념관 한국독립운동사연구소, 2014.

48. 부산대학교 도서관:《120년전 청일전쟁을 통해 본 동아시아: 박종근
박사 기증문고설치 기념 학술대회 자료집》, 부산: 부산대학교 도서
관, 2014.

49. 동학농민혁명기념재단, 전국동학농민혁명유족회, 천도교 주최:《동
학농민혁명 평화·화해·상생의 시대를 열다: 동학농민혁명 120주
년 기념 국제학술대회》, 정읍: 동학농민혁명기념재단, 2014.

50. 나카츠카 아키라(中塚明), 이노우에 가쓰오(井上勝生), 박맹수 著, 한
혜인 譯:《동학농민전쟁과 일본: 또 하나의 청일전쟁》, 서울: 모시는사람
들, 2014. (《東学農民戦争と日本: もう一つの日淸戦争》)

51. 조광환:《전봉준과 동학농민혁명: 우리나라 최고의 아고라, 발로 찾
아 쓴 동학농민혁명 이야기》, 서울: 살림터, 2014.

52. 육군군사연구소:《청일전쟁: 1894~1895》, 계룡: 육군군사연구소, 2014.

53. 당진역사문화연구소:《동학농민혁명: 동학농민혁명은 오늘을 살아
가는 우리들에게 어떤 의미인가》, 당진: 당진문화원, 2015.

54. 하라 아키라 지음, 김연옥 옮김:《청일·러일전쟁 어떻게 볼 것인가:
동아시아 50년전쟁(1894~1945) 다시 보기》, 파주: 살림, 2015.
(《日淸·日露戦争をどう見るか: 近代日本と朝鮮半島·中国》)

55. 박맹수, 정선원:《공주와 동학농민혁명: 육성으로 듣는 공주와 우금
티의 동학 이야기》, 서울: 모시는사람들, 2015.

56. 최민자:《전라도 남원 동학농민혁명》, 서울: 모시는사람들, 2015.

57. 愼鏞廈:《東學과 甲午農民戰爭研究》, 서울: 일조각, 2016.

58. 신순철:《강원도 홍천 동학농민혁명》, 서울: 모시는사람들, 2016.

59. 한국민족운동사학회, 국제한국사학회:《동학농민혁명의 세계화와 과제》, 서울: 선인, 2016.

60. 동학학회:《경상도 구미 동학농민혁명》, 서울: 모시는사람들, 2016.

61. 박지동:《청일·러일전쟁 이기고 조선강토를 식민지로 정복·수탈》(《일본의 조선 침략사. 2》), 서울: 아침, 2016.

62. 동학학회:《경상도 김천 동학농민혁명》, 서울: 모시는사람들, 2017.

63. 이이화:《경기도 수원 동학농민혁명》, 서울: 모시는사람들, 2017.

64. 동학학회:《충청도 청주 동학농민혁명》, 서울: 모시는사람들, 2017.

65. 황태연:《갑오왜란과 아관망명》, 파주: 청계, 2017.

66. 김경록:《청일전쟁과 일제의 군사강점》, 서울: 국방부 군사편찬연구소, 2018.

67. 역사와교육학회:《동학농민혁명특별법과 교과서 서술》, 서울: 선인, 2018.

68. 차종환, 김종용:《동학농민혁명 운동 이야기》, 서울: 프라미스, 2018.

69. 동학학회:《충청도 영동 동학농민혁명》, 서울: 모시는사람들, 2018.

70. 남원향토박물관:《남원의 동학과 동학농민혁명 특별전: 동학의 성지, 남원》, 남원: 남원향토박물관, 2018.

71. 김태웅:《어윤중과 그의 시대: 근대 재정개혁의 설계자》, 파주: 아카넷, 2018.

72. 오타니 다다시 지음, 이재우 옮김:《청일전쟁, 국민의 탄생: 근대 일본의 첫 대외 전쟁의 실상》, 파주: 오월의봄, 2018. (《日清戦争: 近代日本初の対外戦争の実像》)

73. 가토 요코 著, 윤현명, 이승혁 譯:《그럼에도 일본은 전쟁을 선택했다:

청일전쟁부터 태평양전쟁까지》, 파주: 서해문집, 2018.(《それでも、日本人は「戦争」を選んだ》)

74. 탁양현:《일본 역사: 근대: 미일화친조약 샷초동맹 보신전쟁 메이지 유신 청일전쟁 러일전쟁》, 서울: 퍼플, 2019.

75. 성주현:《동학과 동학농민혁명》, 서울: 선인, 2019.

76. 동학학회:《강원도 원주 동학농민혁명》, 서울: 모시는사람들, 2019.

77. 동학학회:《전라도 전주 동학농민혁명》, 서울: 모시는사람들, 2019.

78. 임희택:《동학농민군 편지/동학농민혁명 관련 고문서/춘당록/》, 정읍: 동학농민혁명기념재단, 2019. (《春塘录》)

79. 동학농민혁명기념재단:《동학농민혁명 현재와 미래, 어떻게 할 것인가: 2019 동학농민혁명기념재단 정기학술대회》, 정읍: 동학농민혁명기념재단, 2019.

80. 안용식, 유년근:《갑오개혁이후 병합전 한국인 관리》, 서울: 연세대학교 공공문제연구소, 2019. (上下卷)

81. 동북아역사재단 한일역사문제연구소:《청일전쟁과 근대 동아시아의 세력전이》, 서울: 동북아역사재단, 2020.

82. 탁양현:《동학운동 청일전쟁 러일전쟁 한일합병: 일제시대 일제강점기 대일항쟁기 역사》, 서울: 퍼플, 2020.

83. 성강현:《충청도 옥천 동학농민혁명》, 서울: 모시는사람들, 2020.

84. 이이화:《이이화의 동학농민혁명사》, 파주: 교유당, 2020.

85. 강진동학농민혁명기념사업준비위원회:《강진 1894: 갑오년 동학농민혁명 참여자들에 관한 기록》, 광주: 심미안, 2020.

86. 만국보관 編, 이창주 譯:《갑오: 120년 전 뉴스 일러스트로본 청일 전쟁》, 서울: 서해문집, 2020.[①]

---

① 译自: 万国报馆:《甲午: 120年前的西方媒体观察》, 三联书店, 2014年。

87. 무쓰 무네미쓰 著, 나카쓰카 아키라 校註; 이용수 譯:《건건록: 일본의 청일전쟁 외교비록》, 서울: 논형, 2021.[①]

88. 동학농민혁명유족회 30년사 편찬위원회:《동학농민군 명예회복운동 30년사: 동학농민혁명 유족회 30년의 발걸음》, 서울: 동학농민혁명유족회, 2021.

89. 이성환:《청일전쟁: 근대 동아시아 문제의 기원》, 파주: 살림출판사, 2021.

90. 이성환:《청일전쟁: 근대 동아시아 문제의 기원》, 파주: 살림, 2021. (전자자료)

91. 신복룡:《한국사에서의 전쟁과 평화》, 서울: 선인, 2021.

92. 동학학회:《충청도 태안 동학농민혁명》, 서울: 모시는사람들, 2021.

93. 김남은:《청일전쟁으로 가는 길》(《조약으로 본 일본근대사.1》), 서울: 트리펍, 2021.

94. 동학농민혁명기념재단:《동학농민혁명 2차 봉기와 동학농민군 서훈》, 정읍: 동학농민혁명기념재단, 2020. (《동학농민혁명 학술총서》)

95. 동학농민혁명기념재단:《반일항쟁을 지향한 동학농민혁명 2차 봉기와 농민군 서훈: 2021년 동학농민혁명기념재단 정기학술대회》, 정읍: 동학농민혁명기념재단, 2021.

96. 김선웅:《동학농민운동과 청일전쟁》(《본격 한중일 세계사. 15》), 서울: 위즈덤하우스, 2022.

97. 동학농민혁명기념재단:《동학농민혁명 미래의 중심이 되다: 2022 동학농민혁명기념재단 네트워크 포럼북》, 정읍: 흐름출판사, 2022.

98. 동학농민혁명기념재단, 동학농민혁명박물관:《1894년 그날의 혁

---

① 译自: 陆奥宗光著, 中冢明校注:《蹇蹇录》。

명을 다시 세우다: 동학농민혁명박물관 건립 기념 개관 상설전시 도록》, 정읍: 동학농민혁명박물관, 2022.

99. 김용삼:《조선을 침몰시킨 청일전쟁》(《세계사와 포개 읽는 한국 100년 동안의 역사. 6》), 파주: 백년동안, 2022.

100. 김진기:《제국의 건설과 전쟁: 청일 전쟁에서 아시아·태평양전쟁 까지》, 파주: 이담북스, 2023.

英文著作

1. Asada K, Ono G. *Expenditures of the Sino-Japanese War*, Oxford University Press, American Branch, 1922.

2. Lin T C. *Li Hung-chang: His Korea Policies, 1870-1885*, Chinese Soc. & Pol. Sci. Rev., 1935.

3. Dotson L O. *The Sino-Japanese war of 1894-1895: a study in Asian power politics*, Yale University, 1951.

4. Kuo S. *Chinese reaction to foreign encroachment: with special reference to the first Sino-Japanese War and its immediate aftermath*, Columbia University, 1953.

5. McLaren, Walter Wallace. *Political History of Japan During the Meiji Era, 1867-1912: During the Meiji Era, 1867-1912,* London: Taylor & Francis Group, 1966.

6. Backus Rankin, Mary. *"Public Opinion" and Political Power: "Qingyi" in Late Nineteenth Century China,* Journal of Asian Studies; Ann Arbor, Mich., etc. Vol. 41, Iss. 3, 1982.

7. Marius B. Jansen and Gilbert Rozman, *Japan in Transition: From Tokugawa to Meiji,* Princeton: Princeton University Press, 1986.

8. Beasley W. G. *Japanese Imperialism, 1894-1945*, Oxford University Press,

1987.

9. Satsuma G. *Japanese immigrant patriotism during the Sino-Japanese and Russo-Japanese wars, 1894-1905*, University of Hawai'i at Manoa, 1990.

10. Chu, Samuel C; Liu, Kwang-Ching. *Li Hung-Chang and China's Early Modernization,* Florence: Taylor & Francis Group, 1993.

11. Lone, S. *Japan's First Modern War: Army and Society in the Conflict with China, 1894-5,* London: Palgrave Macmillan Limited, 1994.

12. Liu, Kwang-Ching Samuol C. Chu, *Li Hung-chang and China's early modernization*, ME Sharpe, 1994.

13. Yukihiko, Motoyama. *Proliferating Talent: Essays on Politics, Thought, and Education in the Meiji Era,* Honolulu: University of Hawaii Press, 1997.

14. Judge, Joan. *Print and Politics: 'Shibao' and the Culture of Reform in Late Qing China,* Redwood City: Stanford University Press, 1997.

15. Wang, Tay-sheng. *Legal Reform in Taiwan under Japanese Colonial Rule, 1895-1945: The Reception of Western Law,* Seattle: University of Washington Press, 1999.

16. Mudd S. E. *Sino-Japanese War Prints: The Effects of Visual Propaganda on Culture in Meiji Japan*, University of Hawai'i at Manoa, 1999.

17. Perez L. G. *Japan Comes of Age: Mutsu Munemitsu and the Revision of the Unequal Treaties*, Fairleigh Dickinson Univ Press, 1999.

18. Lone, S. *Army, Empire and Politics in Meiji Japan: The Three Careers of General Katsura Tar?* London: Palgrave Macmillan Limited, 2000.

19. Swale, Alistair. *The Political Thought of Mori Arinori: A Study of Meiji Conservatism,* Independence: Taylor & Francis Group, 2000.

20. Wright D. *Yan Fu and the Tasks of the Translator*, Brill, 2001.

21. S. C. M. Paine, *The Sino-Japanese War of 1894-1895: Perceptions,*

Power, and Primacy, Cambridge University Press, 2002.

22. Schmid, Andre. *Korea Between Empires, 1895–1919,* New York: Columbia University Press, 2002.

23. Keene, Donald. *Emperor of Japan: Meiji and His World, 1852–1912,* New York: Columbia University Press, 2002.

24. Woo, X. L. *Empress Dowager Cixi: China's Last Dynasty,* New York: Algora Publishing, 2002.

25. Rebecca E. Karl and Peter Zarrow, *Rethinking the 1898 Reform Period: Political and Cultural Change in Late Qing China,* Cambridge, MA: Harvard University Asia Center, 2002.

26. Buruma, Ian. *Inventing Japan: 1853–1964,* Westminster: Random House Publishing Group, 2003.

27. Laidler, Keith. *The Last Empress: The She–Dragon of China,* New York: John Wiley & Sons, Incorporated, 2003.

28. Hough K. C. *"Brazen throat of war": The California press reaction to the Sino–Japanese War and the growth of Japanese militarism, 1894–1895,* California State University, Fullerton, 2004.

29. M. Low, *Building a Modern Japan: Science, Technology, and Medicine in the Meiji Era and Beyond,* New York: Palgrave Macmillan, 2005.

30. Schencking, J. Charles. *Making Waves: Politics, Propaganda, and the Emergence of the Imperial Japanese Navy, 1868–1922,* Palo Alto: Stanford University Press, 2005.

31. Yi H., Rhee H. B. *Asian millenarianism: An interdisciplinary study of the Taiping and Tonghak rebellions in a global context,* Cambria Press, 2006.

32. Wippich, R. H. *Japanese–German Relations, 1895–1945.* Routledge, 2006.

33. Otte, T. G. *The China Question: Great Power Rivalry and British Isolation,*

1894−1905, Oxford: Oxford University Press, Incorporated, May 31, 2007.

34. Paine S. C. M. *The First Sino-Japanese War: Japanese Destruction of the Beiyang Fleet, 1894−95*, Naval Blockades and Seapower. Routledge, 2007.

35. Kim, Kyu Hyun. *The Age of Visions and Arguments: Parliamentarianism and the National Public Sphere in Early Meiji Japan,* Cambridge, MA: Harvard University Asia Center, Mar 30, 2008.

36. Urs Matthias Zachmann, *China and Japan in the Late Meiji Period: China Policy and the Japanese Discourse on National Identity, 1895−1904,* London: Taylor & Francis Group, Jun 9, 2009.

37. Craig, Albert M. *Civilization and Enlightenment: The Early Thought of Fukuzawa Yukichi,* Harvard University Press, Jan 15, 2009.

38. Gordon, Leonard H. D. Lanham, *Confrontation over Taiwan: Nineteenth-Century China and the Powers,* MD: Lexington Books, 2009.

39. Zachmann, Urs Matthias. *China and Japan in the Late Meiji Period: China Policy and the Japanese Discourse on National Identity, 1895−1904,* London: Taylor & Francis Group, Jun 9, 2009.

40. Anonymous, *The Foochow Arsenal, and Its Results, from the Commencement in 1867, to the End of the Foreign Directorate, on the 16th February, 1874.* Nabu Press, 2010.

41. Tikhonov, Vladimir. *Social Darwinism and Nationalism in Korea: the Beginnings (1880s−1910s): Survival As an Ideology of Korean Modernity,* BRILL, Jul 14, 2010.

42. Wu, Guo. *Zheng Guanying, Merchant Reformer of Late Qing China and His Influence on Economics, Politics, and Society,* Amherst: Cambria Press, May 1, 2010.

43. Clements, Jonathan. *Admiral Togo: Nelson of the East,* London: Haus

Publishing, 2010.

44. Zachmann U. M. *China and Japan in the late Meiji period: China policy and the Japanese discourse on national identity, 1895–1904*, Routledge, 2010.

45. Larsen, Kirk W. *Tradition, Treaties, and Trade: Qing Imperialism and Chosŏn Korea, 1850–1910.* Cambridge, MA: Harvard University Asia Center, 2011.

46. Anderson, Marnie S. *A Place in Public: Women's Rights in Meiji Japan,* Cambridge, MA: Harvard University Asia Center, Jan 3, 2011.

47. Hayter-Menzies, Grant. *Empress and Mrs. Conger: The Uncommon Friendship of Two Women and Two Worlds,* Hong Kong: Hong Kong University Press, 2011.

48. Harrell, Paula. *Asia for the Asians: China in the Lives of Five Meiji Japanese,* Portland: MerwinAsia, Aug 1, 2012.

49. Zarrow, Peter. *After Empire: The Conceptual Transformation of the Chinese State, 1885–1924,* Redwood City: Stanford University Press, Mar 28, 2012.

50. Cassel, Pär Kristoffer. *Grounds of Judgment: Extraterritoriality and Imperial Power in Nineteenth-Century China and Japan,* New York: Oxford University Press, Incorporated, 2012.

51. Chang, Jung. *Empress Dowager Cixi: The Concubine Who Launched Modern China,* New York: Random House of Canada, Oct 29, 2013.

52. Buck, Pearl S. *Imperial Woman: The Story of the Last Empress of China,* Open Road Integrated Media, Inc, 2013.

53. Flaherty, Darry E. *Public Law, Private Practice: Politics, Profit, and the Legal Profession in Nineteenth-Century Japan,* Cambridge, MA: Harvard University Asia Center, Aug 19, 2013.

54. Jowett, Philip. *China's Wars: Rousing the Dragon 1894–1949,* London: Bloomsbury Publishing Plc, Nov 20, 2013.

55. Louis G. Perez, *Japan at War: An Encyclopedia,* ABC–CLIO, 2013.

56. Nish I. *Japanese foreign policy 1869–1942: Kasumigaseki to Miyakezaka,* Routledge, 2013.

57. Piotr Olender, *Sino–Japanese Naval War 1894–1895,* MMPBooks, 2014.

58. Kazuhiro, Takii. *Itō Hirobumi, Japan's First Prime Minister and Father of the Meiji Constitution,* London: Taylor & Francis Group, Jan 20, 2014.

59. Hans Lengerer, Lars Ahlberg, *The Yamato Class and Subsequemt Planning: Capital Ships of the Imperial Japanese Navy (1868–1945),* Nimble Books LLC, 2014.

60. Young C. *Eastern Learning and the Heavenly Way: The Tonghak and Chondogyo Movements and the Twilight of Korean Independence,* University of Hawaii Press, 2014.

61. Hwang, Kyung Moon. *Rationalizing Korea: The Rise of the Modern State, 1894–1945,* Berkeley: University of California Press, Dec 29, 2015.

62. Walthall, Anne; Steele, M William. *Politics and Society in Japan's Meiji Restoration: A Brief History with Documents,* New York: Bedford/Saint Martin's, Dec 30, 2016.

63. Bruce Taylor, *The World of the Battleship: The Design and Careers of Capital Ships of the World's Navies, 1880–1990,* Havertown: Pen & Sword Books Limited, Feb 28, 2016.

64. Murata, Tadayoshi; Li, Yanling. *Origins Of Japanese-chinese Territorial Dispute, The: Using Historical Records To Study The Diaoyu/senkaku Islands Issue,* Singapore: World Scientific Publishing Company, 2016.

65. Chen M. *The Sino–Japanese war and youth literature: Friends and foes on*

the battlefield, Routledge, 2016.

66. Trans Pacific Press, *The Boundaries of 'the Japanese': Volume 2: Korea, Taiwan and the Ainu 1868–1945,* Portland: Trans Pacific Press, Apr 17, 2017.

67. Kayloe, Tjio. *The Unfinished Revolution: Sun Yat-Sen and the Struggle for Modern China,* SG: Marshall Cavendish International (Asia) Private Limited, Sep 27, 2017.

68. Alsford, Niki. *Transitions to Modernity in Taiwan: The Spirit of 1895 and the Cession of Formosa to Japan,* London: Taylor & Francis Group, Jul 26, 2017.

69. Chan, Robert Kong. *Korea-China Relations in History and Contemporary Implications,* Cham: Springer International Publishing AG, Sep 11, 2017.

70. Ravina, Mark. *To Stand with the Nations of the World: Japan's Meiji Restoration in World History,* Oxford: Oxford University Press, Incorporated, Oct 13, 2017.

71. Shan, Patrick Fuliang. *Yuan Shikai: A Reappraisal,* Vancouver: UBC Press, Sep 15, 2018.

72. Sagers, John H. *Confucian Capitalism: Shibusawa Eiichi, Business Ethics, and Economic Development in Meiji Japan,* Cham: Springer International Publishing AG, Aug 6, 2018.

73. Shinichi, Kitaoka. *The Political History of Modern Japan: Foreign Relations and Domestic Politics,* Milton: Taylor & Francis Group, Sep 1, 2018.

74. Lai, Benjamin. *Chinese Battleship vs Japanese Cruiser: Yalu River 1894,* London: Bloomsbury Publishing Plc, Feb 21, 2019.

75. Elleman, Bruce A. *The Making of the Modern Chinese Navy: Special Historical Characteristics,* London: Anthem Press, Aug 31, 2019.

76. Hwang, Minhyuk. *Fukuzawa Yukichi's Bourgeois Liberalism: The Betrayal of the East Asian Enlightenment,* Cham: Springer International Publishing

AG, Aug 1, 2019.

77. Vogel, Ezra F. *China and Japan: Facing History.* Cambridge: Harvard University Press, Jul 30, 2019.

78. Ericson, Steven J. Ithaca: *Financial Stabilization in Meiji Japan: The Impact of the Matsukata Reform,* Cornell University Press, Feb 15, 2020.

79. Brusadelli, Federico. *Confucian Concord: Reform, Utopia and Global Teleology in Kang Youwei's Datong Shu,* BRILL, Jul 2, 2020.

80. Suzuki, Yu. Milton: *Britain, Japan and China, 1876–1895: East Asian International Relations Before the First Sino–Japanese War,* Taylor & Francis Group, Dec 30, 2020.

81. Frank Jacob and Sepp Linhart, *War and Stereotypes: The Image of Japan's Military Abroad,* BRILL, May 8, 2020.

82. Elleman, Bruce A. *A History of the Modern Chinese Navy, 1840–2020,* Milton: Taylor & Francis Group, May 10, 2021.

83. Wan, Zhaoyuan. *Science and the Confucian Religion of Kang Youwei (1858–1927): China Before the Conflict Thesis,* BRILL, Nov 18, 2021.

84. Huang, Max Ko–wu. *The Meaning of Freedom: Yan Fu and Origins of Chinese Liberalism,* Hong Kong: The Chinese University of Hong Kong Press, Sep 1, 2021.

85. Timothy Amos and Akiko Ishii, *Revisiting Japan's Restoration: New Approaches to the Study of the Meiji Transformation,* Milton: Taylor & Francis Group, Nov 30, 2021.

86. Roberts, Christoph. *British Extraterritoriality in Korea 1884–1910: A Comparison with Japan,* Folkestone: Amsterdam University Press, May 20, 2021.

87. David B. Sicilia and David G. Wittner, *Strands of Modernization: The*

Circulation of Technology and Business Practices in East Asia, 1850–1920, University of Toronto Press, Nov 8, 2021.

88. Wang, Hsien-ch'un. *Western Technology and China's Industrial Development: Steamship Building in Nineteenth-Century China, 1828–1895,* New York: Palgrave Macmillan, May 24, 2022.

89. Clements, Jonathan. *Japan at War in the Pacific: The Rise and Fall of the Japanese Empire in Asia: 1868–1945,* La Vergne: Tuttle Publishing, May 10, 2022.

90. Esposito, Gabriele. *Armies of the First Sino-Japanese War 1894–95,* London: Bloomsbury Publishing Plc, 2022.

91. Bu Ping and Shinichi Kitaoka, *The History of China-Japan Relations: From Ancient World to Modern International Order,* Singapore: Palgrave Macmillan, 2023.

法文著作

1. Cosseron de Villenoisy, François. *La guerre sino-japonaise et ses conséquences pour l'Europe*. Paris et Limoges. Henri Charles-Lavauzelle, 1895.(《中日战争及其对欧洲的影响》)

2. Depping, Guillaume. *Le Japon* (*3ᵉ édition*). Paris: Combet & Cie, 1895. [《日本（第3版）》]

3. École supérieure de guerre. *Guerre sino-japonaise*. Paris: Éditeur scientifique, 1895.(《中日战争》)

4. Ariga, Nagao. *La guerre sino-japonaise au point de vue du droit international*. Paris: A. Pédone, 1896.(《国际法视角下的中日战争》)

5. Huet, Auguste (Victor-Marie-Pierre-Auguste). *Quelques réflexions sur la guerre navale sino-japonaise*. Paris: Berger-Levrault, 1896.(《关于中日海战的几点思考》)

6. Mahé de la Bourdonnais, Alexandre. *Voyage en Chine et en Tartarie de l'Ambassade de Lord Macartney: La Chine il y a cent ans et aujourd'hui. Tome premier*. Paris: Imprimerie Adolphe Reiff, 1896.(《马戛尔尼勋爵的中国内地和鞑靼之旅：百年前的中国和今日的中国》第1卷）

7. Sauvage, Maxime Joseph Marie (Le Lieutenant Sauvage). *La Guerre Sino-Japonaise 1894-1895*. Paris: Librairie Militaire de L. Baudoin, 1897.（《甲

午中日战争1894—1895》）

8. Ariga, Nagao. *La Croix-Rouge en Extrême Orient: exposé de l'organisation et du fonctionnement de la Société de la Croix-Rouge du Japon*. Paris: A. Pédone, 1900.（《远东红十字会：日本红十字会的组织和运作情况》）

9. Pinon, René & Marcillac, Jean de. *La Chine qui s'ouvre: ouvrage accompagné d'une carte de l'Extrême-Orient, des plans de Chang-hai et de Hong-Kong et augmenté d'appendices et de documents*. Paris: Perrin et Cie, 1900.（《开放的中国：附远东地图、上海和香港平面图，并增添附录和文件》）

10. Labroue, Émile. *Le Japon contemporain*. Limoges: Marc Barbou, 1901.（《现代日本》）

11. *Le service de secours de la Société de la Croix-Rouge du Japon pendant l'intervention des puissances en Chine (1900-1901)*. Paris: A. Pedone, 1902.［《联军侵华时期日本红十字会的救援服务（1900—1901）》］

12. Villetard de Laguérie, Raoul Charles. *La Corée, indépendante, russe ou japonaise*. Paris: Hachette, 1904.（《独立的朝鲜，俄国或日本的朝鲜》）

13. Halot, Alexandre. *L'Extrême-Orient. Études d'hier-événements d'aujourd'hui*, Paris: Félix Alcan, 1905.（《远东：昨日的研究—今日的事件》）

14. Boulfray, M. *Les deux Sièges de Port-Arthur 1894-1904*. Paris: Henri Charles-Lavauzelle, 1906.（《旅顺港的两次围攻1894—1904》）

15. Driault, Édouard. *La question d'Extrême-Orient*. Paris: Félix Alcan, 1908.（《远东问题》）

16. Gérard, Auguste. *Ma mission en Chine (1893-1897)*. Paris: Plon-Nourrit et Cie, 1918.［《使华记（1893—1897）》，有中文译本，商务印书馆，1989年］

17. Renouvin, Pierre. *La Question d'Extrême-Orient 1840-1940*, Paris: Hachette, 1946.(《远东问题1840—1940》)

18. Lung, Chang. *La Chine à l'aube du XXe siècle: les relations diplomatiques de la Chine avec les puissances depuis la guerre sino-japonaise jusqu'à la guerre russo-japonaise*. Paris: Nouvelles Editions Latines, 1962.(《20世纪初的中国：从中日战争到日俄战争时期中国与列强的外交关系》)

19. Wang, Nora. *L'Asie orientale du milieu du XIXe siècle à nos jours*, Paris: Armand Colin, 1993.(《19世纪中叶至今的东亚地区》)

20. Delissen, Alain, et al. *L'Asie orientale et méridionale aux XIXe et XXe sièclcs*, Paris: Puf, 1999.（《19世纪和20世纪的东亚和南亚》）

21. Babicz, Lionel. *Le Japon face à la Corée à l'ère Meiji*, Paris: Maisonneuve et Larose, 2002.（《明治时期的日本和朝鲜》）

22. S. Kim, Samuel. *Les deux Corées et les grandes puissances*. Cambridge University Press, 2006.（《两个朝鲜与列强》）

23. Piotr, Olender. *Guerre navale sino-japonaise 1894-1895*, MMP Books, 2014.（《中日海战1894—1895》）

24. *Le Japon: de l'Empire conquérant à la puissance économique:* (*1868-1989*). Paris: Prisma Media, 2017.（《日本：从征服帝国到经济强国：1868—1989》）

25. Sénat Fleury, Jean. *Le désastre de l'Empire Japonais*. Éditions universitaires européennes, 2021.（《日本帝国的灾难》）

26. Sénat Fleury, Jean. *Première guerre sino-japonaise* (*1894-1895*). Editions universitaires européennes, 2023.［《甲午中日战争（1894—1895）》］

俄文著作

1. Айрапетов О. Р.: Внешняя политика Российской империи 1801-1914, Москва: изд-во Европа, 2006. (艾拉佩托夫:《俄罗斯帝国的对外政策 1801—1914》)

2. Болдырев Г. И.: Финансы Японии, Москва: Госфиниздат, 1946. (波尔迪列夫:《日本财政史》)

3. Борзунов В. Ф.: Транссибирская магистраль в мировой политике великих держав, Москва, 2001. (波尔祖诺夫:《大国世界政治下的沿西伯利亚铁路枢纽》)

4. Виноградов К. Г., Молодякова Э. В. и др. (ред.): Внешняя политика Японии. История и современность, Москва: изд-во Вост. лит., 2008. (维诺格拉多夫、莫洛杰亚科娃:《日本对外政策：历史与当代现状》)

5. Верисоцкая Е. В.: Вестернизация, национальная идея и реалии японской политики в эпоху Мэйдзи, Владивосток: изд-во Дальневосточного университета, 2005. (维里索茨卡娅:《西化：明治时代日本国家理想和现实》)

6. Горшенин И. С.: Манчжурия и угроза японо-американской войны, Москва: Парт. изд-во, 1933. (戈尔舍宁:《满洲地区与日本—美国战争的危机威胁》)

7. Дацышен В. Г.: История российско-китайских отношений в конце XIX-начале XX вв., Москва: изд-во Директ-Медиа, 2014. （达茨申：《19世纪末至20世纪初俄—中关系史》）

8. Дацышен В. Г.: Новая история Японии, Москва: изд-во Direct Media, 2014. （达茨申：《日本新史》）

9. Дацышен В. Г. (ред.): Четыреста лет истории русско-китайских отношений. Сборник статей, Ч. 1, Москва, Берлин: изд-во Директ-Медиа, 2014. （达茨申主编：《俄—中关系400年史·论文集》，第一部分）

10. Дацышен В. Г.: История русско-китайских отношений (1618-1917 гг.), Красноярск: РИО ГОУ ВПО КГПУ, 2004. [达茨申：《俄—中关系史（1618—1917年）》]

11. Елизарьев В. Н.: Подлинная история Курильских островов и Сахалина XVII-XX вв., Москва: изд-во Алгоритм, 2007. [叶里扎列耶夫：《千岛群岛和萨哈林岛的历史溯源（17—20世纪）》]

12. Ефимов Г. В.: Внешняя политика Китая. 1894-1899 гг., Москва: Госполитиздат, 1958. [叶菲莫夫：《中国对外政策史（1894—1899年）》]

13. Канторович А. Я.: Америка в борьбе за Китай//под ред. П. Лапинского и Института мирового хозяйства и мировой политики Комакадемии, Москва: Госсоцэкониздат, 1935. （康托罗维奇：《美国争夺中国》）

14. Киселёв Д. В.: Побежденный дракон. Китайский флот в войне против Японии (1894-1895 гг.), Москва: изд-во Яуза: Эксмо, 2016. [奇谢廖夫：《被击败的巨龙：中国海军对抗日本的战争（1894—1895年）》]

15. Коростовец И. Я.: Китайцы и их цивилизация: религии и суеверия, Японо-китайская война (1894-1895), изд. 2-е, Москва: изд-во URSS, 2014. [科罗斯托维茨：《中国人及其文明：宗教与迷信，日本—中国战争（1894—1895年）》]

16. Кравцев И. Н.: Японская разведка на рубеже XIX–XX веков//под общ. ред. В. А. Попова. Москва: Карпов, 2004.（克拉夫采夫：《19世纪末至20世纪的日本间谍侦察活动》）

17. Кутузов М. А.: Японо-китайская война 1894–1895 гг. Неуслышанная война, Москва: изд-во Яуза, 2018.［库图佐夫：《日本—中国战争（1894—1895年）》］

18. Куланов А. Е. и др. (ред.): Россия и Япония: имиджевые войны, Москва: изд-во ACT, 2007.（库兰诺夫：《俄罗斯与日本：外表的战争》）

19. Лиф Ш. Б.: Война и экономика Японии, Москва, Ленинград: Политиздат, 1940.（里夫：《日本经济与战争》）

20. Мотылев В. Е.: Тихоокеанский узел второй империалистической войны, Москва: Госсоцэкониздат, 1940.（莫铁列夫：《第二次帝国主义战争中的太平洋航道》）

21. Нозиков Н. Н.: Японо-китайская война 1894–1895 гг., Москва: Воениздат, 1939.［诺兹科夫：《日本—中国战争（1894—1895年）》］

22. Пак Б. Д.: Россия и Корея, 2-е издание, дополненное, Москва: ИВ РАН, 2004.（朴鲍里斯：《俄罗斯和朝鲜》）

23. Пак Б. Б.: Российская дипломатия и Корея, Москва: ИВ РАН, 1998.（朴贝娜：《俄罗斯外交与朝鲜》）

24. Пискулова Ю. Е.: Российско-корейские отношения в середине XIX– начале XX вв., Москва: Восточная литература РАН, 2004.（皮斯库洛娃：《19世纪中叶至20世纪初的俄罗斯—朝鲜关系》）

25. Рейснер И. М., Рубцов Б. К. (ред.): Новая история стран зарубежного Востока, в 2-х томах, Москва: изд-во Московского университета, 1952.（莱伊斯涅尔、鲁布佐夫：《远东国家新史》）

26. Ржевуский И. В.: Японско-китайская война 1894–1895 гг., Санкт-

Петербург: М. М. Ледерле, 1896. [勒热伍斯基：《日本—中国战争（1894—1895年）》]

27. Сладковский М. И.: Китай и Япония, Москва: изд-во Наука, 1971.（斯拉德科夫斯基：《中国与日本》）

28. Сладковский М. И.: Китай и Англия, Москва: изд-во Наука, 1980.（斯拉德科夫斯基：《中国与英国》）

29. Сидорова М. М.: Геополитическая дилемма России в конце XIX-начале XX вв., Москва: изд-во МАКС Пресс, 2003.（斯多罗娃：《19世纪末至20世纪初的俄罗斯的地缘政治困境》）

30. Совастсев D. D.: Геополитика Японии с древнейших времен до наших дней, Владивосток: изд-во Дальневосточного университета, 2009.（索瓦斯捷耶夫：《自古至今的日本地缘政治》）

31. Тихвинский С. Л.: Избранные произведения, в 5 книгах, Москва: изд-во Наука, 2006.（齐赫文斯基：《齐赫文斯基选集》）

32. Тужилин А. В.: Современный Китай, Т. 1–2, Санкт-Петербург: тип. Училища глухонемых (М. Аленевой), 1910.（图日林：《当代中国》）

33. Тягай Г. Д.: Крестьянское восстание в Корее 1893–1985 гг., Москва: изд-во АН СССР, 1953. [佳盖伊：《朝鲜农民起义（1893—1985年）》]

34. Фурсенко А. А.: Борьба за раздел Китая и американская доктрина открытых дверей. 1895–1900, Москва, Ленинград: изд-во АН СССР, 1956. [富尔先科：《美国门户开放政策及其对中国的抢夺（1895—1900）》]

35. Чудодеев Ю. В.: Накануне революции в 1911 г. в Китае, Москва: изд-во Наука, 1966.（楚多杰耶夫：《中国在1911年革命的前夜》）

36. Шишов А. В.: Россия и Япония: История военных конфликтов, Москва: изд-во Вече, 2000.（希溯夫：《俄罗斯与日本：军事冲突史》）

德文著作

1. Brandt, M. von: Drei Jahre Ostasiatischer Politik 1894–1897, Stuttgart: Strecker & Moser, 1898.［《三年东亚政策（1894—1987年）》］

2. Fleury, Jean Sénat: Erster Chinesisch-Japanischer Krieg (1894–1895), Verlag Unser Wissen, 2023.［《第一次中日战争（1894—1895年）》］

3. Jnouye, Jukichi: Der Japanisch-chinesische Krieg in kurzgefasster Darstellung, Dresden und Leipzig: Verlag von Carl Reissner, 1895.（《日中战争简述》）

4. Müller, Alfred: Der Krieg zwischen China und Japan: 1894 und 1895, Greifswald: MV-Military, 2022.（《中日战争：1894年和1895年》）

5. Müller, von: Der Krieg zwischen China und Japan,1894/95: Auf Grund authentischer Quellen, Berlin: Liebelsche Buchhandlung, 1895.（《中日战争：1894/95年》）

6. Schwentker, Wolfgang: Geschichte Japans, München: C. H. Beck, 2022.（《日本史》）

7. Seitz, Konrad: China: eine Weltmacht kehrt zurück. Berlin: Berliner Taschenbuch Verlag, 2003.（《中国：世界强国的回归》）

8. Unschuld, Paul U.: Chinas Trauma Chinas Stärke: Niedergang und Wiederaufstieg des Reichs der Mitte, Berlin: Springer Vieweg, 2016.（《中

国创伤、中国力量：中央帝国的衰落与崛起》）

9. Zöllner, Reinhard: Geschichte Japans: Von 1800 bis zur Gegenwart, Stuttgart: UTB GmbH, 2022.（《日本史：1800年至今》）

西班牙文著作

Tenorio Y Rebollo, G.,"La guerra chino-japonesa, 1894-1895", Madrid: Imprenta y Litografía del Depósito de la Guerra, 1901.［特诺里奥·伊·雷波略:《甲午战争（1894—1895）》］

八　研究论文

中文论文*

1. 张汇文：《威海卫问题》，《清华周刊》第27卷，1927年第13—14期。

2. 吴景贤：《甲午战争中国失败的原因》，《学风》1931年第9期。

3. 惜阴：《光绪甲申朝局之变更》，《人文》第2卷，1931年第5期。

4. 晨园：《晨园漫录（甲午战役轶闻）》，《海事》第5卷，1932年第7—8期。

5. 问渔：《读书提要·甲午战前日本挑战史》，《人文》第3卷，1932年第9期。

6. 陈烈甫：《甲午以前的中日邦交》，《新亚细亚》1934年第3期。

7. 唐陶华：《王钟麒著中日战争》，《图书评论》1934年第6期。

8. 归与：《中日黄海海战纪略（附图表）》，《海事》第8卷，1934年第5期。

9. 张荫麟：《甲午中国海军战迹考》，《清华大学学报（自然科学版）》1935年第1期。

10. 黄秋岳：《酉令风杂缀（王伯恭纪甲午战争）》，《中华月报》第3卷，1935年第5期。

11. 冯节：《甲午战争之检讨》，《新亚细亚》1935年第6期。

12. ［英］贺伦比：《黄海海战评论》，《海事》第9卷，1935年第12期。

13. ［美］马鸿：《黄海海战评论》，《海事》第9卷，1935年第12期。

---

* 含译作。

14. 归与：《中日海战史料》，《海事》第9卷，1935年第6—10期。

15. 王信忠：《甲午战前之中日外交政策概说》，《社会科学》第2卷，1936年第1期。

16. 王企澄记：《蒋廷黻先生讲：甲午战争在中国近代史上之重要性》，《国立四川大学周刊》1936年第38期。

17. 归与：《中日海战史料》，《海事》第9卷，1936年第12期。

18. 归与：《中日海战评论提要》，《海事》第10卷，1936年第1—3期。

19. 马吉芬：《黄海海战评述》，《海事》第10卷，1936年第3期。

20. 魏建猷：《朝鲜问题与甲午战争》，《国专月刊》第5卷，1937年第4期。

21. 林立耕：《甲午之耻辱（中日战史之一段）》，《军事月刊》第2卷，1937年第1期。

22. 归与：《中日威海战役纪略》，《海事》第10卷，1937年第9期。

23. 归与：《中日威海战役纪略（续）》，《海事》第10卷，1937年第10期。

24. 归与：《中日威海战役纪略》，《海事》第10卷，1937年第11期。

25. 宋云彬：《甲午战争失败的教训》，《国民公论》1939年第1期。

26. 于炳然：《甲午战争的教训》，《反攻》1939年第4期。

27. 杨松：《论第一次中日战争》，《群众周刊》1940年第18期。

28. 杰：《甲午之战中国失败的原因》，《中美周刊》1940年第29期。

29. 陈伯元：《甲午海战之详实史料新发见》，《大风半月刊》1941年第100期。

30. 陈辛慕：《甲午之役的教训——"清宫外史"读后》，《新华日报》1943年3月21日，第4版。

31. 刘熊祥：《甲午战前李鸿章的海防建设》，《中国青年》1944年第4期。

32. 翦伯赞：《论中日甲午之战》，《群众周刊》1945年第2期。

33. 非久：《甲午之役》，《新台湾》1946年第1期。

34. 海垒社资料室：《甲午之战（海军史料）》，《军事与政治》第8卷，1946年第10期。

35. 郭寿生：《论甲午中日之海军》，《新海军》1946年第1期。

36. 郭寿生：《"九·二三"与甲午之战》，《海校校刊》第1卷，1948年第8—9期。

37. 蒋孟引：《美国夺取台湾的第一个阴谋》，《新华月报》1950年2月号。

38. 尚钺：《田中义一奏章的主要内容是什么？所谓大陆政策为什么是侵略的政策？它和今天美帝侵华政策有没有本质的不同？》，《新建设》第3卷，1950年第3期。

39. 宋云彬：《从甲午中日战争说起》，《新建设》1950年第3期。

40. 周一良：《东学党——朝鲜的反帝反封建斗争》，《历史教学》1951年第1期。

41. 王芸生：《日本侵华史的回忆》，《大公报》1951年2月24日。

42. 周一良：《东学党——朝鲜的反帝反封建斗争（续上期）》，《历史教学》1951年第2期。

43. 李光璧：《甲午战争后领导台湾人民抗日的爱国主义者——徐骧、刘永福》，《历史教学》1951年第3期。

44. 孙毓棠：《中日甲午战争赔款的借款》，《历史教学》1951年第3期。

45. 也石：《旅顺人民的血仇》，《旅大人民日报》1951年4月7日。

46. 缪楚黄：《五十年前台湾人民的抗日游击战争》，《新建设》1951年第4期。

47. 洪静渊：《从历史上看日本帝国主义对朝中的文化侵略》，《大公报》1951年6月26日。

48. 司绶延：《第一次中日战争（1894—1895）——中国近代史讲课记录》，《历史教学》1951年第12期。

49. 来新夏：《中日马关条约之际的反割台运动》，《大公报》1952年1月18日。

50. 司绶延：《第一次中日战争（1894—1895）——中国近代史讲课记录

（续）》，《历史教学》1952年第1期。

51. 柳树人：《美国初期侵略朝鲜简记——从组织"远征朝鲜舰队"到"韩美条约"的订立》，《历史教学》1952年第2期。

52. 李鸿举：《一八七一年的美国侵朝战争》，《历史教学》1952年第4期。

53. 魏建猷：《甲午战争中日寇对华暴行》，《解放日报》1953年3月16日。

54. 李鸿举：《美帝国主义侵略朝鲜史上的重要一页——1882年的朝美条约》，《历史教学》1953年第6期。

55. 胡思庸：《朝鲜东学党运动的阶级性质如何》，《新史学通讯》1952年第8期。

56. 吴文灿：《甲午战争前夕，朝鲜政府请中国政府出兵代为平乱，日本声称依据日韩济物浦条约和中日天津条约亦出兵朝鲜，此两条约各因何事何时成立？其内容如何？》，《新史学通讯》1953年第8期。

57. 《甲午战争前夕朝鲜政府乞请中国出兵代为平乱》，《新史学通讯》1953年第8期。

58. 《日韩济物浦条约和中日天津条约的内容》，《新史学通讯》1953年第8期。

59. 赵捷民：《中日甲午战争"济远"舰先逃与方伯谦问题》，《新史学通讯》1953年第8期。

60. 胡滨：《1895年俄德法三国干涉日本退还辽东的内幕》，《光明日报》1953年12月12日。

61. 来新夏：《中日甲午战争后台湾人民抗日始末》，《历史教学》1953年第12期。

62. 王德昭：《甲午援韩原由辨》，《中兴评论》第1卷，1954年第2期。

63. 吴相湘：《甲午年的回顾与展望》，《中兴评论》1954年第1期。

64. 胡如雷：《甲午以前的军需工业》，《光明日报》1954年4月29日。

65. 孙毓棠：《中日甲午战争前外国资本在中国经营的近代工业》，《历史研究》1954年第5期。

66. 张国光:《中国人民为开发建设和保卫台湾而斗争的历史》,《光明日报》1954年9月30日。

67. 陈文彬:《台湾人民的爱国主义和革命传统》,《新建设》1954年第10期。

68. 黄苗子:《不屈的台湾人民——读五十九年前点石斋画报的台湾时事画》,《新观察》1954年第21期。

69. 宁答:《中日甲午战争失败的原因及其影响怎样?》,《历史教学》1954年第44期。

70. 金冲及:《论1895年至1900年英国和沙俄在中国的矛盾》,《复旦学报(人文科学版)》1955年第2期。

71. 毛健予:《一八六四年到一八九四年间中国广大人民反帝国主义和封建主义的斗争》,《新史学通讯》1955年第7期。

72. 周一良:《中国与朝鲜的历史关系》,《新建设》1955年第10期。

73. 《〈第一次中日战争〉导论》,《中国近代史丛刊》1956年第1辑第6册卷首。

74. 陈东:《评介贾逸君著〈甲午中日战争〉》,《光明日报》1956年2月2日。

75. 贾逸君:《关于"甲午中日战争"的几个问题(并答陈东同志)》,《光明日报》1956年3月15日。

76. 王德昭:《甲午战前中国处理"壬午事变"之经过》,《中国近代史论丛》1956年第1辑第6册。

77. 萧一山:《中日战役》,《中国战史论集》第2册,台北:中华文化出版事业委员会,1956年。

78. 徐培根:《甲午战争》,《中国近代史丛刊》1956年第1辑第6册。

79. 徐义生:《甲午中日战争前清政府的外债》,《经济研究》1956年第5期。

80. 严启祥:《中日甲午战争前中日在朝鲜的矛盾和斗争》,《史学集刊》1957年第1期。

81. 徐义生：《从甲午战争到辛亥革命时期清政府的外债（上）》，《经济研究》1957年第4期。

82. 郭毅生、汤池安：《论甲午黄海大战与中国北洋海军》，《文史哲》1957年第6期。

83. 来新夏：《日帝侵略台湾后的统治者——总督》，《历史教学》1957年第6期。

84. 徐义生：《从甲午战争到辛亥革命时期清政府的外债（下）》，《经济研究》1957年第6期。

85. 郭浒：《黄海大战中北洋舰队的队形是否正确》，《文史哲》1957年第10期。

86. 苑书义：《试论中日甲午战争的性质》，《河北天津师范学院学报》1958年第1期。

87. 王绳祖：《批判陈著"中国近代史"关于日本侵占台湾琉球问题的错误论点》，《史学战线》1958年第2期。

88. 张世永：《对郑昌淦著"中日甲午战争"的几点意见》，《史学月刊》1958年第3期。

89. 解虚：《科士达和台湾》（上下），《新民晚报》1958年9月24、25日。

90. 曹锡珍：《美国侵略台湾近百年史实》，《文汇报》1958年9月25、26日。

91. 李时岳：《甲午战前三十年间反洋教运动》，《历史研究》1958年第6期。

92. ［日］井上清著，华山译：《论中日甲午战争的本质》，《文史哲》1958年第8期。

93. 李时岳：《甲午战争期间辽东人民的抗日斗争》，《光明日报》1958年9月15日。

94. 柳树人：《中日甲午战争爆发以后朝鲜农民军的抗日斗争》，《中学历史教学》1958年第11期。

95. 邓潭洲：《十九世纪末湖南的维新运动》，《历史研究》1959年第1期。

96. 林星：《甲午战争后到辛亥革命期间帝国主义在东三省的铁路争夺》，《历史教学问题》1959年第1期。

97. 陈诗启：《中日甲午战争中国际资本主义在中国的干涉活动和矛盾斗争》，《厦门大学学报（社会科学版）》1960年第1期。

98. 陈李田：《高山族人民反对日寇的革命斗争史略》，《民族研究》1960年第3期。

99. 知非：《什么是甲午战争》，《人民日报》1960年10月27日。

100. 中原：《怀念甲午海战的民族英雄——访邓世昌长孙》，《新民晚报》1961年1月7日。

101. 廉成烂：《左宝贵生平调查》，《北京日报》1962年2月22日。

102. 胡昭曦：《从甲午战争到辛亥革命时期帝国主义对四川的经济侵略》，《历史教学》1961年第11—12期。

103. 戚其章：《摩天岭纪行》，《烟台大众》1962年8月25日。

104. 祁龙威：《从〈张謇日记〉看中日战争时的帝后党争》，《江海学刊》1962年第9期。

105. 金纯泰：《甲午战争旅顺抗日轶闻》，《辽宁日报》1963年1月7日。

106. 李鼎文：《评介甘肃举人〈请废马关条约呈文〉及其他》，《甘肃师大学报》1963年第1期。

107. 谷南：《略论中日甲午战争中的美帝国主义》，《学术研究》1963年第4期。

108. 孙克复：《美国在中日甲午战争中玩弄的和平骗局》，《史学月刊》1965年第9期。

109. 海垒社资料室：《甲午之战》，《军事与政治》1965年第10期。

110. 马幼垣：《甲午战役前旅顺威海卫大连等地之经营》，《近代史研究论集》，1967年。

111. 李守孔：《三国干涉还辽之交涉》，《大陆杂志》第29卷，1967年7—

9期。

112. 王家俭：《清季的海防论》，《师大学报》1967年第12期。

113. 李国祁：《三国干涉还辽后中德租借港湾的洽商与德璀琳上德政府建议书》，《"中央研究院"近代史研究所集刊》1969年第1期。

114. 梁中英：《甲午战争前中日天津条约背景探原》，《复兴岗学报》1969年第6期。

115. 李毓澍：《日本东京有关中国近代史资料的收藏及近代中日关系史研究的概况》，《"中央研究院"近代史研究所集刊》1969年第8期。

116. 孙启瑞：《朝鲜壬午军乱时的中日交涉》，《大陆杂志》第34卷，1970年第9期。

117. 王德昭：《论甲午援韩》，《新亚学报》第10卷，1971年第1期。

118. 林勇民：《甲午战役占台湾后父老谈〈日本上山〉及其他》，《华侨日报》1972年5月11日。

119. 何博元：《甲午痛史读后》，《中外杂志》1973年第5期。

120. 王家俭：《清季的海军衙门》，《史学集刊》1973年第5期。

121. 沈云龙：《中日甲午战争八十周年感言》，《东方杂志》1974年第2期。

122. 王家俭：《清末海军留英学生的派遣及其影响》，《历史学报》1974年第2期。

123. 梁华璜：《光绪乙未台湾的交割与保台（下）》，《"国立"中央图书馆馆刊》第7卷，1974年第2期。

124. 黄秀政：《中日马关议和的割地问题》，《台湾文献》第25卷，1974年第3期。

125. 梁嘉彬：《李鸿章外交与中日间朝鲜交涉》，《史学集刊》1975年第7期。

126. 程文华：《赫德与中国近代外交之关系》，《"国立"政治大学学报》1975年第31期。

127. 梁嘉彬：《李鸿章与中日甲午战争》，《大陆杂志》第51卷，1975年第4期。

128. 林子候：《甲午战败后对和约的反应》，《台湾风物》第26卷，1976年第3期。

129. 王家俭：《旅顺建港始末》，《"中央研究院"近代史研究所集刊》1976年第5期。

130. 陈朝阳：《甲午战前日本大陆政策之研究》，《嘉义师专学报》1976年第7期。

131. 王家俭：《中日"长崎事件"之交涉（1887—1888）》，《历史学报》1976年第7期。

132. 戚其章：《甲午中日黄海大战始末》，《烟台师专学报》1977年创刊号。

133. 庄吉发：《清季南北洋海防经费的筹措》，《大陆杂志》第55卷，1977年第5期。

134. 董蔡时：《也论应该正确评价刘步蟾》，《江苏师院学报》1978年第1期。

135. 施联朱：《台湾各族人民反抗外国侵略者的光荣斗争史略》，《中央民族学院学报》1978年第3—4期。

136. 承烈：《甲午战争中威海人民抗敌资料一则》，《齐鲁学刊》1978年第5期。

137. 林子候：《马关议和后"台湾抗日政府"辩正》，《台湾风物》第28卷，1978年第4期。

138. 孙克复、关捷：《再论应该正确评价刘步蟾——兼答董蔡时同志》，《辽宁大学学报（哲学社会科学版）》1979年第1期。

139. 吴如嵩：《谈谈中日甲午黄海海战北洋舰队的战斗队形》，《江苏师院学报》1979年第1—2合刊。

140. 吕万和：《甲午战争中清政府的密电码是怎样被破译的》，《历史教学》1979年第2期。

141. 米庆余：《沙俄在甲午战争中充当了什么角色》，《历史研究》1979

年第8期。

142. 孙克复：《甲午丰岛海战始末》，《历史教学》1979年第11期。

143. 陈旭麓：《中国近代史上的爱国与卖国问题》，《光明日报》1980年1
    月8日。

144. 戚其章：《威海与甲午之战》，《知识与生活》1980年第2期。

145. 任茂棠：《试论甲午中日战争时期的帝党》，《晋阳学刊》1980年第2期。

146. 孙克复：《丁汝昌与甲午中日战争》，《史学月刊》1980年第3期。

147. 季平子：《丰岛海战》，《历史研究》1980年第4期。

148. 章开沅：《翁张交谊与晚清政局》，《近代史研究》1981年第1期。

149. 郑云山：《洋务运动中的北洋海军》，《历史教学》1981年第2期。

150. 董蔡时：《有关甲午中日黄海海战的两种史籍记载的考释——再论刘
    步蟾在海战中的表现》，《江苏师院学报》1981年第2期。

151. 戚其章：《甲午黄海海战始末》，《历史教学》1981年第2期。

152. 陈璟梅：《周芋农海城日记序》，《社会科学辑刊》1981年第3期。

153. 吴密察：《综合评介有关"台湾事件（1871—74）"的日文研究成
    果》，《史学评论》1981年第3期。

154. 吴如嵩：《略谈甲午海战北洋舰队的议定队形》，《江苏师范学院学
    报》1981年第3期。

155. 陈士聪、曲传林：《日寇在花园口登陆的前前后后》，《辽宁师院学
    报》1981年第4期。

156. 孙克复：《试论甲午鸭绿江防之战》，《齐齐哈尔师院学报（哲学社会
    科学版）》1981年第4期。

157. 孙克复：《甲午平壤之战》，《辽宁大学学报（哲学社会科学版）》
    1981年第4期。

158. 吴廷桢、何玉畴：《试论甲午战争中和战之争的性质》，《西北师大
    学报（社会科学版）》1981年第4期。

159. 卢骅：《甲午战争的史实不容歪曲》，《江淮论坛》1981年第5期。

160. 金基凤：《关于中日甲午战争的起因问题》，《世界历史》1981年第6期。

161. 鲁海：《章高元应基本肯定》，《东岳论丛》1981年第6期。

162. 戚其章：《方伯谦被杀是一桩冤案吗？——与季平子同志商榷》，《历史研究》1981年第6期。

163. 禹冬：《甲午中日战争》，《人民日报》1981年9月7日。

164. 杨效平：《甲午痛史》，《青海日报》1981年9月9日。

165. 沈奕巨：《评〈台湾乙未战记〉》，《广西日报》1981年10月8日。

166. 郑云山：《翁同龢》，《历史教学》1981年第10期。

167. 林其泉：《试析一八九五年的"台湾民主国"》，《厦门大学学报》1981年增刊。

168. 曹平：《甲午黄海海战的几个问题》，《光明日报》1982年1月5日。

169. 沐兰：《章高元抗敌爱国应该肯定》，《光明日报》1982年1月12日。

170. 关捷：《甲午战争前中日海军力量之对比》，《东北师大学报》1982年第1期。

171. 戚其章：《关于甲午黄海海战的几个问题》，《史学月刊》1982年第1期。

172. 郭墨兰：《中国近代史研究的一项可喜成果——评介戚其章的〈北洋舰队〉》，《社会科学情报》1982年第2期。

173. 吕万和：《甲午海城之役与日本的军事冒险主义》，《近代史研究》1982年第2期。

174. 戚其章：《洋务运动与中国近代海军》，《齐鲁学刊》1982年第2期。

175. 戚其章：《刘步蟾黄海战绩考》，《北京师范大学学报》1982年第2期。

176. 戚其章：《三十年来甲午战争史研究概况及争论问题》，《南京大学学报》1982年第3期。

177. 戚其章：《英人泰莱〈甲午中日海战见闻记〉质疑——兼与董蔡时同志商榷》，《近代史研究》1982年第4期。

178. ［日］桑田忠亲等：《甲午中日海战》，《外国问题研究》1982年第4期。

179. 戚其章：《中国海军产生的时间问题》，《史学月刊》1983年第3期。

180. 张明：《一本研究北洋舰队的专史》，《历史研究》1982年第4期。

181. 米庆余等：《一八七一年中日立约分析》，《历史档案》1982年第4期。

182. 孙克复：《永山——青年爱国将领》，《文化知识》1982年第4辑。

183. 孙克复：《甲午成欢之战》，《历史教学》1982年第6期。

184. 陈步钦：《三洋海军的由来》，《历史教学》1982年第7期。

185. 方奎：《徐骧与反割台斗争》，《湖北日报》1982年7月23日。

186. 刘佩军：《血染旅顺口》，《海洋》1982年第7期。

187. 奚根勇：《北洋水师的济远舰》，《新民晚报》1982年8月8日。

188. 黄煌等：《热血染黄海，丹心映碧波——中日甲午海战一曲爱国主义
    颂歌》，《理论与实践》1982年第8期。

189. 戚其章：《甲午风云与中国的觉醒》，《文史知识》1982年第8期。

190. 邱远猷：《甲午中日黄海之战述略》，《前线》1982年第9期。

191. 李连青等：《甲午海战战场纪行》，《长江日报》1982年9月23日。

192. 方宪堂：《试论1840—1894年中日贸易及其特征》，《学术月刊》
    1982年第12期。

193. 左城封等：《旅顺四天三夜大屠城》，《外国史知识》1982年第12期。

194. 戚其章、孙克复、关捷：《甲午黄海海战北洋舰队阵形考》，《辽宁
    大学学报（哲学社会科学版）》1983年第1期。

195. 孙克复：《近代的爱国将领——永山、寿山》，《黑河学刊》1983年
    第1期。

196. 张国权：《甲午战前的漠河金矿》，《鞍山师范学院学报》1983年第1期。

197. 张利民：《清廷挪用海军经费修筑颐和园考》，《南开学报》1983年
    第3期。

198. 边国立：《力挽狂澜劫，誓补金瓯缺—— 一八九五年台湾人民维护

祖国统一的斗争》，《理论与实践》1983年第3期。

199. 关捷：《甲午战争的几个问题》，《电大语文》1983年第3期。

200. 祁子青：《寸寸山河寸寸金——概述甲午战争中的海城战场》，《理论与实践》1983年第3—4期。

201. 季平子：《甲午战争后期的议和活动》，《社会科学战线》1983年第4期。

202. 孙承：《一八七四年日本侵略台湾述论（哲学社会科学版）》，《辽宁大学学报》1983年第4期。

203. 孙克复：《论甲午牛庄之战》，《近代史研究》1983年第4期。

204. 永石：《关于北洋舰队舰只的辩证》，《湘潭大学学报》1983年第4期。

205. 戚其章：《从甲午战争看洋务运动的性质及其失败原因》，《社会科学辑刊》1983年第5期。

206. 戚其章：《简评〈甲午中日海战史〉》，《历史知识》1983年第5期。

207. 邢福泉：《回看血泪相和流：马关条约与台湾割让》，《自由青年》第69卷，1983年第5期。

208. 何力：《威海卫和威海之战》，《历史教学》1983年第6期。

209. 宋文瑄、蒲增繁：《关于甲午战争中日军在山东的登陆地点》，《历史教学》1983年第6期。

210. 何锡荣：《清廷水师装备近代化的先声》，《社会科学》1983年第6期。

211. 沫兰：《（山东）省历史学会召开甲午战争座谈会》，《山东社联通讯》1983年第7期。

212. 王恩芳：《独向辽南树义旗——甲午战争中辽阳吉洞峪民团抗敌纪略》，《理论与实践》1983年第8期。

213. 任泽全：《日本大规模侵华的甲午战争》，《外国史知识》1983年第12期。

214. 曾迺硕：《台湾史事研究二书：乙未拒日保台运动、国父与台湾的革命运动》，《华学月刊》1983年第12期。

215. 黄汉民：《甲午战争前夕上海民族资本近代机器工业投资规模的估计》，《上海经济研究》1984年第1期。

216. 陆茂清：《爱国志士徐骧》，《中学历史教学》1984年第1期。

217. 戚其章：《甲午战争时期的爱国主义》，《东岳论丛》1984年第1期。

218. 戚其章：《高升号殉难爱国官兵人数考》，《近代史研究》1984年第2期。

219. 陈祖恩：《甲午海战与军事技术》，《社会科学》1984年第2期。

220. 孙克复：《依克唐阿与甲午战争》，《黑河学刊》1984年第2期。

221. 于家福：《略论中日甲午战争时期的聂士成》，《山东大学文科论文集刊》1984年第2期。

222. 孙克复、于晓静：《应该正确评价北洋海军》，《齐齐哈尔师范学院学报（哲学社会科学版）》1984年第2期。

223. 马景祥：《甲午之战》，《文物天地》1984年第2期。

224. 姜鸣：《北洋购舰考》，《复旦学报（社会科学版）》1984年第3期。

225. 曲传林、翟云瑞：《旅顺大坞的兴建与北洋水师根据地的形成》，《辽宁师大学报》1984年第3期。

226. 定天：《寿山与永山》，《奋斗》1984年第4期。

227. 关捷：《甲午战争期间辽宁人民自发的抗日斗争》，《历史知识》1984年第4期。

228. 关捷：《刘坤一与甲午中日战争》，《湘潭大学社会科学学报》1984年第4期。

229. 郭墨兰：《中日甲午战争中清政府上层不存在战和两派吗？——与夏冬同志商榷》，《东岳论丛》1984年第4期。

230. 戚其章：《反割台斗争中的吴汤兴》，《历史知识》1984年第4期。

231. 戚其章：《关于"台湾民主国"的评价问题》，《北方论丛》1984年第4期。

232. 戚其章：《建国以来中日甲午战争研究述评》，《近代史研究》1984

年第4期。

233. 戚其章：《甲午战争后保卫台湾之战》，《东岳论丛》1984年第4期。

234. 王如绘：《甲午战争与山东大刀会的兴起》，《东岳论丛》1984年第4期。

235. 孙克复：《甲午战争与日本间谍》，《历史知识》1984年第4期。

236. 戚其章：《甲午战争与中国人民对救国真理的探求》，《人民日报》1984年4月16日，第5版。

237. 庄维民：《论甲午战争中的清军战略》，《东岳论丛》1984年第4期。

238. 邹兆琦：《慈禧挪用海军费造颐和园史实考证》，《学术月刊》1984年第5期。

239. 文川：《〈中日甲午战争史论丛〉评介》，《东岳论丛》1984年第5期。

240. 冯天瑜：《甲午战争期间张之洞主战言行评析》，《江汉论坛》1984年第5期。

241. 李侃：《甲午冲击在思想文学领域引起的变化》，《近代史研究》1984年第5期。

242. 廖宗麟：《叶志超和平壤之役》，《历史知识》1984年第5期。

243. 廖宗麟：《甲午海战中致远舰沉没真相》，《光明日报》1984年5月16日。

244. 夏良才：《关于中日甲午战争中一起"倒清拥李"的密谋事件》，《近代史研究》1984年第6期。

245. 关捷、陈勇：《论留学生与北洋海军》，《社会科学研究》1984年第6期。

246. 曾祥铎：《有关台胞抗日的史料问题》，《中华杂志》1984年第7期。

247. 李求镕：《韩末抗日义兵与韩日政府的对应策》，《食货月刊》第14卷，1984年第3—6期。

248. 林子候：《日韩江华岛事件的检讨》，《食货月刊》第14卷，1984年第3—6期。

249. 戚其章：《北洋水师的兴灭》，《文史知识》1984年第9期。

250. 张忠林：《一些日本学者对甲午战争的若干看法》，《国外社会科学情报》1984年第9期。

251. 戚其章：《甲午九十年》，《烟台日报》1984年9月18日。

252. 戚其章：《张之洞与反割台运动》，《历史教学》1984年第10期。

253. 丛越：《甲午战争研究的新信息》，《解放日报》1984年10月17日。

254. 陆方闾：《甲午战争史学术讨论会综述》，《文汇报》1984年10月22日。

255. 马庚存：《甲午战争学术讨论会》，《人民日报》1984年11月2日。

256. 沐兰：《甲午战争九十周年学术讨论会综述》，《光明日报》1984年11月21日。

257. 李实：《如何评价抗日保台政权的性质与作用》，《南方日报》1985年1月10日。

258. 沐兰：《甲午战争九十周年学术讨论会简述》，《东岳论丛》1985年第1期。

259. 魏大柱：《从战术思想论甲午海战》，《河北学刊》1985年第1期。

260. 宋抵等：《甲午战争中的徐庆璋》，《东北地方志研究》1985年第1期。

261. 吴士英：《中日甲午战争九十周年学术讨论会综述》，《历史教学》1985年第1期。

262. 余明侠：《甲午战争宣告洋务运动"彻底破产"说辨析》，《社会科学》1985年第1期。

263. 竺柏松：《李鸿章是中日甲午战争中清方"主角"论质疑》，《江汉论坛》1985年第1期。

264. 许华：《略论清政府创建近代海军的动机》，《安徽史学》1985年第2期。

265. 宋抵等：《关于甲午战争中吉林的资料简述》，《吉林史志》1985年第2期。

266. 孔立：《台湾朱一贵起义与吴福生起义供词的比较研究》，《台湾研究集刊》1985年第2期。

267. 范启龙：《试论"台湾民主国"和台湾人民的反割台斗争》，《福建师范大学学报（哲学社会科学版）》1985年第2期。

268. 林冈：《关于"开山抚番"政策的评价问题》，《台湾研究集刊》1985年第2期。

269. 戚其章：《〈徐骧传〉订误》，《岭南文史》1985年第2期。

270. 叶芳骐：《近代爱国将领叶祖珪》，《福州师专学报》1985年第2期。

271. ［日］小林一美、吉尾宽著，于时化译：《日本关于日清战争的资料、研究、评论和国民意识的评介》，《东岳论丛》1985年第3期。

272. 廖宗麟：《建颐和园并未挪用"海军巨款"》，《学术研究》1985年第3期。

273. 常润生：《甲午海战清军失利的启示》，《学术讨论》1985年第3期。

274. 南昌龙：《日本在发动甲午战争中的阴谋活动》，《东北师大学报（哲社）》1985年第3期。

275. 郭惠青：《试论中日甲午战争爆发的原因》，《云南师范大学学报（哲学社会科学版）》1985年第4期。

276. 黄秀政：《台湾武装抗日运动：研究与史料（1895－1915）》，《思与言》1985年5月15日。

277. 群言：《关于甲午战争若干问题讨论综述》，《中学历史教学参考》1985年第5期。

278. 刘亚夫等：《甲午中日战争原因浅析》，《学习与探索》1985年第5期。

279. 廖宗麟：《龚照玙与旅顺之役》，《安徽史学》1985年第6期。

280. 戚其章：《旅顺大屠杀真相考》，《东岳论丛》1985年第6期。

281. 王洪恩：《甲午战争与日俄战争在大连》，《辽宁师范大学学报》1985年第6期。

282. 戚其章：《论甲午丰岛海战的几个问题》，《江海学刊》1985年第6期。

283. 杨志本：《黄海海战中北洋舰队战队队形浅析》，《军事卷通讯》1985年第35期。

284. 乔剑等：《吉林民团首领韩登举甲午赴辽抗日考述》，《博物馆研究》1986年第1期。

285. 戚其章：《巴山军火船事件与中英交涉》，《近代史研究》1986年第1期。

286. 钟华：《北洋舰队三访新加坡》，《广东侨报》1986年1月8日。

287. 叶志如、唐益年：《光绪朝三海工程与北洋海军》，《历史档案》1986年第1期。

288. 夏良才：《日英修约谈判与中日甲午战争》，《历史教学》1986年第2期。

289. 姜鸣：《定远和镇远铁甲舰述略》，《船史研究》1986年第2期。

290. 张墨：《甲午中日海战的历史教训》，《史学月刊》1986年第3期。

291. 梁宗其等：《两次中日战争的比较分析》，《广西民族学院学报（哲学社会科学版）》1986年第4期。

292. 戚其章：《中日甲午战争史研究述评》，《中国近代史专题研究述评》，1986年。

293. 廖宗麟：《甲午清廷备战内幕述评》，《广西社会科学》1986年第4期。

294. 孙福海：《甲午田庄台之战》，《史学月刊》1986年第4期。

295. 崔丕：《中日〈马关条约〉形成问题研究》，《近代史研究》1987年第4期。

296. 姜鸣：《北洋海军经费初探》，《浙江学刊》1986年第5期。

297. 杨应彬：《〈丘逢甲评传〉序》，《华中师范大学学报（哲学社会科学版）》1986年第5期。

298. 徐彻：《中国第一届赴欧海军留学生述略》，《社会科学辑刊》1986年第6期。

299. 顾林：《中日甲午战争中日本的军费及日军的死伤人数》，《历史教学》1986年第6期。

300. 姜鸣:《北洋舰队训练述论》,《东岳论丛》1986年第6期。

301. 黄湃:《甲午黄海之战胜负问题新议》,《报刊资料选汇(中国近代史)》1986年第8期。

302. 林子候:《论一八八五年中日朝鲜外交措施的调整》,《思与言》第24卷,1986年第3期。

303. 姜鸣:《"三洋海军"考辨——兼论清政府发展近代海军的构想和实施》,《学术月刊》1986年10月号。

304. 戚其章:《论荒尾精》,《贵州社会科学》1986年第12期。

305. 金寅永:《中日甲午开战与外交政策》,《近代中国》1986年第51期。

306. 李国辉:《黄海海战中日舰西京丸是否沉没》,《辽宁师大学报》1987年第2期。

307. 戚其章:《论甲午战争初期的帝后党争》,《山东社会科学》1987年第2期。

308. 杨志本:《甲午海战中的北洋海军战役指挥之严重失误析》,《海军杂志》1987年增刊第2期。

309. 戚其章:《甲午战争研究的发展趋势》,《史学情报》1987年第2期。

310. 黄振南:《一本值得一读的近代人物传记:评介施轩圆、吴树扬著〈刘永福〉》,《学术论坛(文史哲版)》1987年第3期。

311. 林增平:《〈丘逢甲传〉序》,《学术研究》1987年第3期。

312. 姜鸣:《北洋海军基地建设与晚清国防近代化》,《华东师大学报(哲学社会科学版)》1987年第3期。

313. 孙福海:《试论甲午营口之战》,《长春师院学报(哲学社会科学版)》1987年第3期。

314. 姜鸣:《晚清北洋海军建军过程中的主要舰艇研究》,《船史研究》1987年第3期。

315. 穆景元:《甲午威海海战北洋海军失败原因探》,《锦州师院学报(哲学社会科学版）》1987年第4期。

316. 戚其章：《甲午战争前日谍在华活动述论》，《晋阳学刊》1987年第4期。

317. 姜鸣：《中日黄海海战北洋海军的接战队形再探》，《复旦学报》1987年第4期。

318. 许华：《略论北洋海军失败的若干内部原因》，《军事史林》1987年第4期。

319. 林子候：《论甲午战前日本军国主义体制之形成》，《幼狮学志》第19卷，1987年第3期。

320. 何若钧：《甲午战争时期的"清议"》，《历史教学》1987年第6期。

321. 徐彻：《中国第 · 支近代海军略论》，《社会科学辑刊》1987年第6期。

322. 戚其章：《乙未反割台斗争中的吴彭年》，《历史教学》1987年第9期。

323. 戚其章：《近代风云与山东》，《文史知识》1987年第10期。

324. 林子候：《甲午日韩战争与中国在朝鲜宗主权的结束》，《"国立"编译馆馆刊》1987年第2期。

325. 孔祥吉：《甲午战争中一件重要史实订正》，《光明日报》1988年1月20日。

326. 景广学：《对清末海军学堂师资聘请、培养、使用制度的初探》，《太原师专学报（哲学社会科学版）》1988年第1期。

327. 廖宗麟：《谈甲午战争中的刘铭传——和姚永森同志商榷》，《安徽史学》1988年第1期。

328. 黄国盛等：《中国近代海军初创时期洋务派造船与买船得失浅探》，《内蒙古大学学报（哲学社会科学版）》1988年第1期。

329. 孙福海：《甲午辽河战役为宋庆辩》，《社会科学战线》1988年第1期。

330. 蔡国梁：《甲午战争的重现——〈中东大战演绎〉》，《河北大学学报》1988年第2期。

331. 杨志本等：《近代海军作战的阵法与战法述论》，《历史档案》1988

年第2期。

332. 刘恩格:《试论甲午战争期间沙俄对日本的基本态度》,《近代史研究》1988年第3期。

333. 冯培兰:《浅析九十年代日本加速发动甲午战争的几个因素》,《天津教育学院学报》1988年第4期。

334. 李国华:《论清海军战略思想——兼与日美海军战略思想比较》,《军事历史研究》1988年第4期。

335. 戚其章:《论日本大陆政策与朝鲜"七·二三"事件》,《山东社会科学》1988年第4期。

336. 廖宗麟:《〈刘永福历史草〉的史料价值》,《历史研究》1988年第5期。

337. 梁义群:《甲午战争与清廷财政》,《学术月刊》1988年第5期。

338. 黄顺力:《重议海塞防之争》,《福建论坛(文史哲版)》1988年第6期。

339. 戚其章:《〈章高元禀〉的发现与甲午盖平之战研究》,《社会科学辑刊》1988年第6期。

340. 林子候:《甲午朝鲜东学农民军起义之探讨》,《大陆杂志》第77卷,1988年第1—2期。

341. 王建华:《论清军的装备、训练、战术与甲午陆战的失败》,《历史教学》1988年第9期。

342. 戚其章:《北洋海军历史的启示》,《人民日报》1988年11月14日。

343. 洪邮生:《英国在中日甲午战争中的立场》,《历史教学》1988年第12期。

344. 林子候:《甲午中日朝鲜出兵之检讨》,《"国立"编译馆馆刊》1988年第2期。

345. 戚其章:《甲午成欢之战述论》,《齐齐哈尔师院学报》1989年第1期。

346. 许华:《清末北洋海军作战阵法》,《舰船知识》1989年第1期。

347. 曾明:《近代中日关系研究的新史料——〈中国近代史资料丛刊续

编·中日战争〉出版》,《日本研究》1989年第1期。

348. 曾明:《评叶志超甲午平壤溃围》,《近代史研究》1989年第1期。

349. 戚其章:《甲午金州保卫战述论》,《辽宁师范大学学报(社科版)》1989年第1期。

350. 林子候:《论甲午年中日之朝鲜撤兵谈判》,《思与言》第27卷,1989年第1期。

351. 林子候:《甲午战争前列强之调停与动向》,《"国立"编译馆馆刊》1989年第1期。

352. 丁进军:《北洋新军初期武备情形史料》,《历史档案》1989年第2期。

353. 戚其章:《谈北洋海军的阵法问题》,《历史档案》1989年第2期。

354. 戚其章:《章高元与甲午盖平之战》,《安徽史学》1989年第2期。

355. 廖宗麟:《实事求是地评价平壤之役中的叶志超》,《安徽史学》1989年第3期。

356. 戚其章:《论北洋海军战役指挥问题》,《近代史研究》1989年第3期。

357. 戚其章:《中日甲午战争的结局及其影响》,《东岳论丛》1989年第4期。

358. 南昌龙:《甲午战争与朝鲜问题》,《社会科学战线》1989年第4期。

359. 周育民:《甲午战后清朝财政研究(1894—1899)》,《中国经济史研究》1989年第4期。

360. 戚其章:《颐和园工程与北洋海军》,《社会科学战线》1989年第4期。

361. 戚其章:《论张、邵东渡与日本广岛拒使》,《齐鲁学刊》1989年第5期。

362. 王琰:《丰岛海战面面观》,《海洋世界》1989年第8期。

363. 王植伦:《闽人与中国近代海军》,《理论学习月刊》1989年第9期。

364. 郭廷以:《甲午战前的台湾经营——沈葆桢、丁日昌与刘铭传》,《史联杂志》1989年第14期。

365. 陈崇桥:《中国近代军事后勤史的几个问题》,《军事历史研究》1990年第1期。

366. 姚锦祥:《十九世纪中晚期中日两国近代海军军制之比较》,《南京师大学报（社会科学版）》1990年第1期。

367. 王冷一:《北洋海军后勤建设述论》,《军事历史研究》1990年第1期。

368. 戚其章:《甲午战争中最大的一桩冤案——卫汝贵被杀案考析》,《安徽史学》1990第1期。

369. 张瑞泉:《清朝末年海军经费的筹集》,《军事经济研究》1990年第1期。

370. 中国社科院近代史所图书资料室:《北洋武备学堂学规》,《历史档案》1990年第2期。

371. 刘志坚:《论军粮供给与甲午战争》,《福建论坛（文史哲版）》1990年第2期。

372. 吴心伯:《甲午战争至戊戌变法前清廷朝局初探》,《安徽史学》1990年第2期。

373. 林子候:《甲午战争前日本开战军略之探讨（上）》,《大陆杂志》第80卷，1990年第2期。

374. 林子候:《甲午战争前日本开战军略之探讨（下）》,《大陆杂志》第80卷，1990年第3期。

375. 陈志奇:《论清日甲午朝鲜撤兵交涉》,《政治科学论丛》1990年第1期。

376. 戚其章:《甲午缸瓦寨之战试探》,《辽宁师大学报（社科版）》1990年第3期。

377. 吴士莱:《洋务派筹办新式海军二题刍议》,《山东大学学报（哲学社会科学版）》1990年第3期。

378. 廖宗麟:《清政府加强北洋舰队的努力及失败》,《军事历史研究》1990年第4期。

379. 韩行方:《甲午旅顺大屠杀有关问题浅探》,《辽宁师大学报》1990年第5期。

380. 李国华：《清末海洋观与海军建设》，《历史研究》1990年第5期。

381. 戚其章：《中日甲午战争中的海军战略问题》，《东岳论丛》1990年第5期。

382. 申春生：《评甲午战争中的速胜论和持久战思想》，《东岳论丛》1990年第5期。

383. 郭墨兰：《戚其章与甲午战争史研究》，《山东社会科学》1990年第6期。

384. 马俊杰等：《从中日甲午海战看北洋舰队官兵的心理素质》，《军事史林》1990年第6期。

385. 戚其章：《论甲午战争后期的帝后党争》，《山东社会科学》1990年第6期。

386. 徐彻：《中国第一所近代海军学校》，《社会科学辑刊》1990年第6期。

387. 孙克复：《海军史研究的可喜成果——评介〈中国近代海军史〉》，《人民日报》1990年7月30日。

388. 王琰：《装甲舰队间的首次决战》，《海洋世界》1990年第7期。

389. 曾文缓：《中日甲午战争》，《日本学报》1990年第10期。

390. 张俊霞：《在理性和道德的夹缝中前行——甲午战争以前中国人对世界的认知》，《社会科学》1990年第10期。

391. 蔡锐：《试论甲午战争与日本军国主义的发展》，《日本研究》1991年第1期。

392. 戴逸：《中日甲午战争的影响和意义》，《齐鲁学刊》1991年第1期。

393. 刘晓焕：《甲午战争史学术讨论会暨山东省甲午战争史研究会成立大会综述》，《东岳论丛》1991年第1期。

394. 王开玺：《帝党主战析辨》，《历史档案》1991年第1期。

395. 王国洪：《论甲午威海之战中国军队战败的原因》，《烟台师范学院学报（哲学社会科学版）》1991年第1期。

396. 漠帆：《关于中日甲午战争性质的学术论争》，《现代日本经济》

1991年第2期。

397. 张瑞泉：《清末海军军事经济思想的几个闪光点》，《军事经济研究》1991年第2期。

398. 朱皓：《谈甲午海战中的几个问题》，《安庆师院社会科学学报》1991年第2期。

399. 戚其章：《中日甲午战争研究四十年》，《历史教学》1991年第2期。

400. 刘志坚：《后勤体制与甲午战争》，《福建论坛（文史哲版）》1991年第3期。

401. 孙占元：《十年来中日甲午战争史研究的回顾与展望》，《社会科学研究》1991年第3期。

402. 戚其章：《论"英中联合海军舰队"事件》，《社会科学辑刊》1991年第3期。

403. 高乐才：《评陆奥关于旅顺事件的声明》，《东北师大学报》1991年第3期。

404. 苏小东、马骏杰：《试论海军、海战在中日甲午战争中的地位和影响》，《福建论坛（文史哲版）》1991年第5期。

405. 敬木：《是冤杀，还是罪有应得——"甲午战争中之方伯谦问题研讨会"综述》，《福建论坛（文史哲版）》1991年第6期。

406. 戚其章：《近代中国造船工业的创建与发展》，《东岳论丛》1991年第6期。

407. 戚其章：《甲午战争——民族觉醒的转折点》，《社会科学报》1991年7月11日。

408. 潘茂忠等：《日谍与甲午金州之战》，《辽宁师大学报》1992年第1期。

409. 孙克复：《甲午战争时期辽南抗日烈士阎世开考略》，《方志天地》1992年第1期。

410. 戚其章：《论依克唐阿》，《北方论丛》1992年第1期。

411. 戚其章：《论甲午战争期间的中外关系》，《烟台大学学报（哲学社会科学版）》1992年第2期。

412. 姜铎：《评〈甲午战争史〉：兼论开展"百年祭"活动的意义》，《东岳论丛》1992年第2期。

413. 李振国：《四十年来李鸿章与近代中国外交研究述评》，《高校社科情报》1992年第2期。

414. 崔运武：《晚清的水师学堂》，《文史知识》1992年第3期。

415. 刘光永：《甲午战争史研究的开拓之作〈甲午战争史〉评介》，《中国社会科学》1992年第3期。

416. 乔还田：《提炼与升华：〈甲午战争史〉读后》，《近代史研究》1992年第3期。

417. 林子候：《甲午中日开战之探讨》，《大陆杂志》第84卷，1992年第3期。

418. 苏小东：《试论黄海海战在中日甲午战争中的地位和影响》，《北方论丛》1992年第4期。

419. 郭毅生：《科学的爱国主义的信史：戚其章与〈甲午战争史〉》，《文史哲》1992年第4期。

420. 关捷：《满族在甲午战争中的抗日活动》，《中南民族学院学报》1992年第6期。

421. 刘远图：《落后挨打的外交总结，辛勤耕耘的丰硕成果：评孙克复〈甲午中日战争外交史〉》，《社会科学辑刊》1992年第6期。

422. 陈贞寿等：《"济远"舰炮械损毁考》，《福建论坛（文史哲版）》1993年第1期。

423. 程镇芳：《从北洋舰队的平时训练和素质看甲午海战失利的原因》，《福建论坛》1993年第1期。

424. 徐绍清：《论甲午战争前后中日危机意识的变化》，《清史研究》

1994年第1期。

425. 林伟功：《"济远"舰是早归并非"先逃"》，《福建论坛（文史哲版）》1993年第1期。

426. 朱玉彪：《甲午战后在华基督教发展原因探析》，《锦州师院学报（哲学社会科学版）》1993年第1期。

427. 王银春：《甲午战争前后英国远东政策的变化》，《宁夏大学学报（社会科学版）》1993年第1期。

428. 陈崇桥：《清末甲午战后重建海军述略》，《辽宁大学学报》1993年第2期。

429. 皮明勇：《甲午战争前对西方海军建设理论和情况的译介及其影响》，《军事历史研究》1993年第2期。

430. 张礼恒：《评甲午战争前清政府的对朝政策》，《安徽史学》1993年第2期。

431. 戚其章：《论日本发动甲午侵华战争的外交策略》，《烟台大学学报（哲学社会科学版）》1993年第4期。

432. 张红军：《论甲午战争期间的盛宣怀》，《山东社会科学》1993年第6期。

433. 张红军：《论甲午战争前后的清军兵制》，《福建论坛（文史哲版）》1994年第1期。

434. 林其昌：《甲午中日战争国际背景初探——为甲午中日战争100周年而作》，《广西教育学院学报》1994年第1期。

435. 史滇生：《甲午战争和中国海军的近代化》，《军事历史研究》1994年第1期。

436. 苏生文：《甲午战争前后李鸿章和伊藤博文的比较研究》，《中国历史博物馆馆刊》1994年第1期。

437. 戚其章：《翁同和与甲午和战之争》，《山东社会科学》1994年第2期。

438. 黄顺力：《甲午战争与近代社会思潮的转型》，《厦门大学学报（哲学社会科学版）》1994年第3期。

439. 刘大可：《湘军与甲午战争》，《扬州师院学报（社会科学版）》1994年第3期。

440. 史滇生：《甲午海战中两个问题之我见》，《安徽史学》1994年第3期。

441. 张振国：《论甲午战争前后日本对华经济扩张——以棉纺织业为例》，《日本问题研究》1994年第3期。

442. 张志宇：《甲午战争的背景及其对中日关系的影响》，《日本问题研究》1994年第3期。

443. 正平：《甲午战争与翁同和学术研讨会综述》，《清史研究》1994年第4期。

444. 张一文：《试论清军甲午战败的军事原因》，《清史研究》1994年第4期。

445. 史滇生：《洋务运动的军事自强和中日甲午战争》，《史学月刊》1994年第4期。

446. 陈锦谷：《甲午战争与中国近代知识分子的觉醒》，《福建论坛（文史哲版）》1994年第4期。

447. 董蔡时、王建华：《论甲午战争时期帝党和言官的"倒李"斗争》，《清史研究》1994年第4期。

448. 刘志坚：《甲午战争清廷筹款考析》，《福建论坛（文史哲版）》1994年第4期。

449. 彭明：《浅谈甲午战争与港台问题》，《清史研究》1994年第4期。

450. 戚俊杰、王记华：《甲午战争一百周年国际学术讨论会综述》，《清史研究》1994年第4期。

451. 董建中、黎烈军：《北京市中日甲午战争100周年学术研讨会综述》，《清史研究》1994年第4期。

452. 董建中、黎烈军：《甲午战争的历史影响·北京》，《抗日战争研究》1994年第4期。

453. 胡绳武：《甲午战争的历史地位》，《清史研究》1994年第4期。

454. 龚书铎：《翁同和与甲午战争》，《清史研究》1994年第4期。

455. 李侃：《回首百年说甲午》，《清史研究》1994年第4期。

456. 戚其章：《甲午战争与孙中山革命思想的形成》，《社会科学战线》
1994年第4期。

457. 戚其章：《甲午战争与中国近代社会思潮的发展》，《东岳论丛》
1994年第4期。

458. 李文海、康沛竹：《甲午战争与日本间谍》，《清史研究》1994年第4期。

459. 黄兴涛：《甲午战争时期主战舆论三题》，《清史研究》1994年第4期。

460. 林庆元：《甲午黄海战役的结局及其在近代海战史上的意义》，《福
建论坛（文史哲版）》1994年第4期。

461. 林庆元：《甲午战争研究·台北》，《抗日战争研究》1994年第4期。

462. 林子年：《李鸿章的战略思想与甲午之败》，《福建论坛（文史哲
版）》1994年第4期。

463. 戚其章：《再论甲午战争中的李鸿章》，《清史研究》1994年第4期。

464. 沈渭滨：《甲午战争与翁同和的士大夫本色》，《清史研究》1994年
第4期。

465. 苏双碧：《历史应有的启示》，《清史研究》1994年第4期。

466. 沈雨梧：《甲午战争与浙江近代工业》，《清史研究》1994年第4期。

467. 杨东梁：《略论甲午战争中的主战与主和》，《清史研究》1994年第4期。

468. 尹福庭：《甲午战争的启示与教训》，《清史研究》1994年第4期。

469. 玉明、沫兰：《甲午战争与近代中国和世界·威海》，《抗日战争研
究》1994年第4期。

470. 张凤翔：《甲午战争中的翁同龢》，《内蒙古大学学报（哲学社会科学
版）》1994年第4期。

471. 朱金甫：《也论翁同和在甲午战争中的作用与责任》，《清史研究》

1994年第4期。

472. 张炜、方坤：《甲午海战与中国海防·北京》，《抗日战争研究》
1994年第4期。

473. 王道成：《中日甲午战争与慈禧太后》，《清史研究》1994年第4期。

474. 吴廷嘉：《甲午百年祭》，《清史研究》1994年第4期。

475. 郑守正：《方伯谦与丰岛海战》，《史学月刊》1994年第5期。

476. 周启乾：《甲午战对近代日本的影响》，《日本学刊》1994年第5期。

477. 王守中：《甲午战争与教育改革》，《山东社会科学》1994年第5期。

478. 施亚英：《中国的觉醒与甲午战争——中日甲午战争研究综述》，
《世界历史》1994年第5期。

479. 龚书铎：《甲午战争期间的社会舆论》，《北京师范大学学报（社会科
学版）》1994年第5期。

480. 李少军：《论甲午战争前夕中日统治者对形势的认识和判断》，《武
汉大学学报（哲学社会科学版）》1994年第5期。

481. 张一文：《甲午战争中清廷战略决策评议》，《军事历史》1994年第5期。

482. 王楚良、施渡桥：《甲午战争中清军败北原因探析》，《军事历史》
1994年第5期。

483. 陈宇：《纪念甲午战争100周年学术研讨会述略》，《军事历史》1994
年第6期。

484. 李文海：《甲午战争与灾荒》，《历史研究》1994年第6期。

485. 戚其章：《论乙未割台的历史背景》，《历史研究》1994年第6期。

486. 孙占元：《甲午战争100周年国际学术讨论会综述》，《历史研究》
1994年第6期。

487. 吴乃华：《甲午战争与康有为近代化观的演变》，《山东社会科学》
1994年第6期。

488. 余明侠：《李鸿章和甲午战争前后的铁路建设——兼论洋务运动在甲

午战后的新发展》，《江苏社会科学》1994年第6期。

489. 戴逸：《中日甲午战争的前因与后果》，《历史教学》1994年第7期。

490. 戚其章：《甲午战争研究一百年的回顾》，《历史教学》1994年第7期。

491. 刘光永：《甲午战争一百周年国际学术讨论会综述》，《历史教学》1994年第12期。

492. 李文海：《纵横天下事　风雨百年心——甲午战争的历史启示》，《求是》1994年第15期。

493. 苏梅芳：《甲午战争至八国联军时期（1894—1901）李鸿章自强理念之探讨》，《“国立”成功大学历史学报》第20期，1994年。

494. 戴逸、杨东梁：《甲午战争与东亚政治格局的演变》，《抗日战争研究》1995年第1期。

495. 邵雍：《唐景崧与甲午战争》，《上海师范大学学报（哲学社会科学版）》1995年第1期。

496. 傅玉能：《论甲午战争前日本对华政策的演变》，《近代史研究》1995年第1期。

497. 关捷：《清朝政体与甲午战败之教训》，《日本研究》1995第1期。

498. 戚其章：《从甲午战争的开始时间看日本侵朝侵华的战争责任问题》，《抗日战争研究》1995年第1期。

499. 李伟：《甲午战争与中国近代改良运动》，《山东师大学报（社会科学版）》1995年第2期。

500. 米庆余：《再论沙俄与甲午战争的关系》，《南开学报》1995年第2期。

501. 刘世龙：《甲午战争、日俄战争与清末政治》，《史林》1995年第2期。

502. 皮明勇：《晚清海战理论及其对甲午海战的影响》，《安徽史学》1995年第2期。

503. 董蔡时、王建华：《关于甲午陆战中清军的武器装备》，《江海学刊》1995年第3期。

504. 刘学照:《"甲午战争与近代中国和世界"国际学术讨论会综述》，《学术月刊》1995年第3期。

505. 蒋为清:《从甲午战争到〈马关条约〉——日本强占台湾始末》，《台湾研究》1995年第3期。

506. 王晓秋:《从甲午战争到抗日战争——两次中日战争比较研究》，《北京大学学报(哲学社会科学版)》1995年第4期。

507. 马敏:《甲午战争前夕李鸿章对局势的判断论析》，《社会科学研究》1995年第5期。

508. 戚其章:《甲午战争与近代中国人认识世界》，《东岳论丛》1995年第5期。

509. 桑兵:《甲午战后台湾内渡官绅与庚子勤工运动》，《历史研究》1995年第6期。

510. 李国祁:《中日甲午战争与马关条约签订的时代意义》，《海峡评论》1995年第53期。

511. 张礼恒:《论巨文岛事件与甲午战前的远东国际局势》，《东岳论丛》1995年增刊。

512. 冒荣:《两种自强与"天朝大国"的文化惰性——甲午中日战争的教训和启示》，《南京大学学报(哲学·人文科学·社会科学版)》1996年第1期。

513. 林子候:《甲午战争一百年学术讨论会纪实》，《汉学研究通讯》1996年第2期。

514. 忻平:《甲午战争:中国早期现代化进程的重要转折点与加速器》，《历史教学问题》1996年第3期。

515. 赵丕强:《信息闭塞与清朝甲午惨败》，《社会科学辑刊》1996年第3期。

516. 郭铁桩:《甲午战争时期大连人民的抗日斗争》，《辽宁师范大学学报》1996年第4期。

517. 谢俊美：《张謇与中日甲午战争》，《贵州社会科学》1996年第4期。

518. 张国辉：《甲午战争后日本资本掠夺、经营抚顺、烟台煤矿》，《中国经济史研究》1996年第4期。

519. 俞辛：《甲午战争与孙中山——兼评孙中山的革命战略和策略》，《首都师范大学学报（社会科学版）》1996年第5期。

520. 赵福超、白陀碧：《福泽谕吉与甲午战争》，《贵州文史丛刊》1996年第6期。

521. 周松青：《甲午战争与士大夫心态》，《学术月刊》1996年第12期。

522. 郭世佑：《甲午中国战败琐议》，《社会科学战线》1997年第1期。

523. 金在善：《甲午战争以前中朝宗藩关系和中朝日对朝鲜藩属问题的争论》，《四川师范大学学报（社会科学版）》1997年第1期。

524. 李喜所：《甲午战后50年间留日学生的日本观及其影响》，《社会科学研究》1997年第1期。

525. 徐伟民：《郑孝胥的甲午战争观》，《安庆师院社会科学学报》1997年第2期。

526. 赵兴元：《从〈申报〉看甲午战后国人心态》，《求是学刊》1997年第2期。

527. 李坚：《甲午战争时期报刊舆论与社会变迁》，《华东师范大学学报（哲学社会科学版）》1997年第2期。

528. 高启荣、冯晓琴：《试论中日甲午战争与英日同盟的建立》，《延安大学学报（社会科学版）》1998年第3期。

529. 周榘良：《甲午战争前后的周馥》，《安徽史学》1997年第3期。

530. 田久川：《甲午战争赔款与日本经济近代化》，《日本学刊》1997年第3期。

531. 宁刚：《甲午战争至五四运动期间中国人的日本观》，《人文杂志》1997年第6期。

532. 刘少雪：《甲午战争前中国教育改革探析》，《厦门大学学报（哲学社会科学版）》1998年第1期。

533. 龙汉武：《略论甲午战争陆路战场清军后勤问题》，《延边大学学报（哲学社会科学版）》1998年第1期。

534. 施渡桥：《清政府在甲午战争中作战指导思想的失误》，《军事历史研究》1998年第1期。

535. 戚其章：《甲午战争赔款问题考实》，《历史研究》1998年第3期。

536. 田玉洪：《甲午战争时期中国政府反间活动简论》，《山东教育学院学报》1998年第3期。

537. 徐卫国：《论甲午战后清政府经济政策的变化》，《历史教学》1998年第3期。

538. 穆良平：《从经济史的角度考察中日甲午战争》，《天府新论》1998年第4期。

539. 苏小东：《张之洞在甲午战争中的海军作战方略》，《贵州社会科学》1998年第5期。

540. 张红军：《甲午战争中日双方海军战略比较考察》，《齐鲁学刊》1998年第5期。

541. 车维汉：《甲午战争对日本经济的影响》，《社会科学辑刊》1998年第6期。

542. 熊宗仁：《甲午战争与维新运动》，《贵州文史丛刊》1998年第6期。

543. 黄敏：《试论甲午战争中的西太后集团和抗日战争中的蒋介石集团》，《惠州大学学报（社会科学版）》1999年第1期。

544. 柯平、海莹：《也谈为方伯谦翻案问题——兼评郑守正的翻案文章：〈再论方伯谦被杀是冤案〉》，《齐鲁学刊》1999年第1期。

545. 李坚：《甲午战争时期的新闻舆论》，《河北学刊》1999年第1期。

546. 肖平：《中日甲午战争前后日本佛教教团的动态》，《中山大学学报

（社会科学版）》1999年第1期。

547. 孙洪波：《军事对比：中日甲午陆战清军败因探略》，《社会科学辑刊》1999年第1期。

548. 商鸣臣：《甲午战争是日本推行"大陆政策"的重要步骤》，《山东大学学报（哲学社会科学版）》1999年第2期。

549. 赵丕强：《论甲午战争中李鸿章"主和"的原因》，《广东职业技术师范学院学报（社会科学版）》1999年第2期。

550. 朱浒：《甲午战争以前清政府的铁路政策》，《清史研究》1999年第2期。

551. 苏小东：《北洋海军管带群体与甲午海战》，《近代史研究》1999年第2期。

552. 熊秋良、李玉：《甲午战争前长沙民众心态特征研究》，《湖南师范大学社会科学学报》1999年第3期。

553. 王德泰、刘华：《论甲午战争期间"倒李"斗争中的安维峻》，《甘肃高师学报》1999年第3期。

554. 徐士绍：《试析甲午战争中旅大地区清军兵力的配置》，《昌潍师专学报》1999年第3期。

555. 林岚：《日本女作家樋口一叶与甲午战争》，《日本研究》1999年第4期。

556. 金普森：《中日甲午战争与中国外债》，《东南学术》2000年第1期。

557. 戚其章：《中日甲午战争史研究的世纪回顾》，《历史研究》2000年第1期。

558. 关捷、关伟：《甲午清军五复海城失败原因新探》，《大连民族学院学报》2001年第1期。

559. 戚其章：《甲午开战与"陆奥外交"——以日本"六·二出兵"为中心》，《山东社会科学》2001年第1期。

560. 戚其章：《日本"征清"方策的陆续发现是对甲午战争偶发说的否定》，《历史教学》2001年第1期。

561. 杨光：《甲午战争前日本近代东亚国际体系观的演变》，《济南大学学报》2001年第1期。

562. 张林、黄湛：《论甲午战争前后东北亚国际关系格局的形成》，《北华大学学报（社会科学版）》2001年第1期。

563. 邵雍：《甲午战争前后的会党问题》，《历史档案》2001年第2期。

564. 李娟芳、钟林：《甲午"高升"号事件经过情形考辨》，《学术论坛》2001年第2期。

565. 高强：《甲午战前清韩宗藩关系的强化及其后果》，《宝鸡文理学院学报（社会科学版）》2001年第2期。

566. 刘庆：《重评清廷在甲午战争中的"海守陆攻"战略》，《安徽史学》2001年第3期。

567. 孙建国：《甲午战争前西文中译与西学传播问题探讨》，《史学月刊》2001年第3期。

568. 陈英：《聂士成与中日甲午战争》，《安徽史学》2000年第3期。

569. 曾凡炎：《甲午战争对科举制度的撞击》，《贵州师范大学学报（社会科学版）》2000年第3期。

570. 何家伟、龚松柏：《交通运输与中日甲午战争》，《安徽大学学报》2001年第4期。

571. 王中茂：《甲午之后清政府对外出租土地的价税政策及特点》，《史学月刊》2001年第4期。

572. 郑师渠：《〈万国公报〉与中日甲午战争》，《近代史研究》2001年第4期。

573. 叶文郁：《甲午战争时期英日地位的变换》，《扬州大学学报（人文社会科学版）》2001年第5期。

574. 孔祥吉：《甲午战争中北洋水师上层人物的心态——营务处总办罗丰禄家书解读》，《近代史研究》2000年第6期。

575. 宝成关、田毅鹏：《从"甲午"到"庚子"——论晚清华夷观念的崩溃》，《吉林大学社会科学学报》2002年第1期。

576. 陈晓东：《甲午战争中的丰岛海战》，《苏州科技学院学报（社会科学版）》2002年第4期。

577. 李洪锡：《甲午战争时期延边"越垦韩民"团练及其反对日本奸细的斗争》，《延边大学学报（社会科学版）》2002年第1期。

578. 屈春海：《光绪年间中英"高升"轮索赔案述要》，《历史档案》2002年第2期。

579. 张劲松：《甲午战争前后东北亚铁路形成述论》，《日本研究》2002年第4期。

580. 黎仁凯、王姗萍：《甲午战争时期张之洞的保台活动》，《历史教学》2002年第4期。

581. 周志初、吴善中：《甲午战争前清政府财力研究》，《扬州大学学报（人文社会科学版）》2002年第5期。

582. 黄尊严、陈德金：《明治天皇与甲午战争》，《文史哲》2002年第6期。

583. 廖宗麟：《试论甲午清廷最高统治集团中的主战派》，《天中学刊》2002年第6期。

584. 祝天智、黄汝娟：《甲午战争与近代中国政治文化的转型》，《中国矿业大学学报（社会科学版）》2002年第11期。

585. 高强：《试论甲午战争前夜中、日、朝三国关系》，《宝鸡文理学院学报（社会科学版）》2003年第1期。

586. 戚其章：《〈翁同龢文献〉与中日甲午战争研究》，《广东社会科学》2003年第1期。

587. 张登德：《清流派与甲午战争》，《苏州科技学院学报（社会科学版）》2003年第1期。

588. 张锡科：《甲午战争清政府的军事外债问题初探》，《青岛职业技术学院学报》2003年第2期。

589. 刘国军：《甲午战争前中国先进分子关于社会变革道路的探索》，《求是学刊》2003年第2期。

590. 宋卫忠：《甲午战争至五四运动间近代建筑与社会心理》，《北京科技大学学报（社会科学版）》2003年第2期。

591. 戚其章：《关于旅顺大屠杀的几个问题——答日本千叶大学秦郁彦教授》，《河北学刊》2003年第3期。

592. 戚其章：《西方人眼中的旅顺大屠杀》，《社会科学研究》2003年第4期。

593. 吴丽华、邢丽雅、周彦：《甲午战争期间日本财界的"对外志向论"》，《学术交流》2003年第4期。

594. 王琰：《甲午序战——丰岛海战》，《红河学院学报》2003年第5期。

595. 周德喜：《甲午战争前后日本在上海创办的学校述论》，《广东社会科学》2003年第6期。

596. 王双印：《甲午战后中国海军近代化建设述论（1896—1911）》，《中国社会科学院研究生院学报》2003年第6期。

597. 杨全顺：《李鸿章和局思想与甲午中国战败》，《广西社会科学》2003年第7期。

598. 陈鹏仁：《甲午战争后中国民族主义的形成》，《历史月刊》第190期，2003年。

599. 徐碧薇：《张之洞与中日甲午战争》，《延安大学学报（社会科学版）》2004年第1期。

600. 韩小林：《〈申报〉对研究中日甲午战争的史料价值》，《天府新论》2004年第2期。

601. 罗绪安、方新兵：《论中国近代军事后勤体制建设——从鸦片战争到甲午战争》，《军事历史研究》2004年第2期。

602. 马庚存：《章高元与中日甲午战争——兼论章高元在胶州湾事件中的

表现》,《安徽史学》2004年第2期。

603. 戚其章:《日本"董狐"笔下的甲午战争真相——中塚明教授与日清战争研究》,《河北学刊》2004年第2期。

604. 史滇生:《北洋海军和甲午战争前的中国军事变革》,《军事历史研究》2004年第3期。

605. 徐建平:《甲午战争时期的天津〈直报〉及其对战后的舆论导向》,《历史档案》2004年第3期。

606. 张淑香:《甲午战争时期日本军制改革与战时大本营》,《辽宁大学学报(哲学社会科学版)》2004年第4期。

607. 刘超:《1894—1898年间吕海寰活动述略》,《湘南学院学报》2005年第4期。

608. 韩小林:《从〈申报〉资料看中日甲午战争前国民的社会心理》,《江西师范大学学报》2004年第5期。

609. 谢俊美:《甲午战败再反思》,《广东社会科学》2004年第6期。

610. 韩小林:《论甲午中日战争时期的国民心理防卫》,《求索》2004年第7期。

611. 孙洪军、王国平:《浅议甲午战争中的"禁米出洋"政策》,《福建论坛(人文社会科学版)》2004年第8期。

612. 马洪林:《甲午战争与康有为世界观的重组》,《探索与争鸣》2004年第8期。

613. 戚俊杰、刘玉明:《勿忘甲午　鉴古知今——纪念甲午战争110周年学术研讨会综述》,《探索与争鸣》2004年第11期。

614. 林文仁:《派系因素与甲午战争——对战前决策过程的观察》,《辅仁历史学报》第15期,2004年。

615. 周雪莉:《近十年来甲午战败原因研究综述》,《南京政治学院学报》第20卷,2004年。

616. 苏小东、陈美慧：《甲午战争110周年学术讨论会综述》，《学术界》2005年第1期。

617. 苏小东、陈美慧：《北洋海军在甲午战争中的后路保障》，《军事历史研究》2005年第3期。

618. 邓立勋：《甲午战争和马关条约》，《湖南科技大学学报（社会科学版）》2006年第3期。

619. 彭平一、夏明涛：《论甲午战争与英俄远东政策》，《株洲师范高等专科学校学报》2005年第4期。

620. 谢俊美：《甲午战争前后日本在东亚的侵略活动——写在〈马关条约〉签订110周年之际》，《江西师范大学学报》2005年第4期。

621. 曾超洪：《论甲午战争后知识分子的心理嬗变》，《学术论坛》2005第7期。

622. 高强：《试论甲午战争期间的满汉矛盾》，《宝鸡文理学院学报（社会科学版）》2006年第2期。

623. 孙昉、禚柏红：《晚清中国在巨文岛事件中的外交斡旋（1885—1886）》，《淮阴工学院学报》2006年第2期。

624. 刘青峰、金观涛：《19世纪中日韩的天下观及甲午战争的爆发》，《思想》2006年第3期。

625. 杨惠萍、单保国：《论甲午盖平之战》，《大连近代史研究》第3卷，2006年。

626. 臧运祜：《甲午战争与近代日本的亚太政策》，《社会科学研究》2006年第3期。

627. ［日］桧山幸夫：《东亚近代史中的中日甲午战争》，《日本研究》2007年第3期。

628. 张颖：《中日甲午战争期间美国对华外交政策之探析》，《西南农业大学学报（社会科学版）》2006年第4期。

629. 林和生：《甲午战争前夕中日两国政局之比较》，《山西师大学报（社会科学版）》2006年第4期。

630. 林盈君：《甲午海军失败的责任问题——李鸿章与海军经费的挪用》，《新北大史学》2006年第4期。

631. 戚其章：《陆奥宗光与"陆奥外交"》，《历史教学问题》2006年第5期。

632. 苑爽：《试析甲午战争与东亚宗藩体系的解体》，《河南师范大学学报（哲学社会科学版）》2006年第6期。

633. 邱凯彬：《甲午战后清政府的联俄外交》，《中兴史学》第12期，2006年。

634. 马骏杰：《姚锡光在甲午战争前后的军事思想及活动》，《军事历史研究》2007年第1期。

635. 湛贵成：《浅析甲午战争后十余年间中日关系的特征》，《历史档案》2007年第1期。

636. 李喜所：《"强敌"成为榜样：梁启超在甲午战争后对日本的反思》，《历史教学（高校版）》2007年第4期。

637. 冯超：《甲午战争时期中国电报局的作用》，《安徽教育学院学报》2007年第5期。

638. 郭渊：《近代国际法视野下的中日丰岛海战》，《东北史地》2007年第5期。

639. 迟金光：《甲午战争期间蓬莱事件初探》，《兰台世界》2008年第20期。

640. 刘岳兵：《甲午战争的日本近代思想史意义》，《日本学论坛》2008年第1期。

641. 郭海燕：《从朝鲜电信线问题看甲午战争前的中日关系》，《近代史研究》2008年第1期。

642. 盛海生：《试探甲午中日战争前后日本间谍情况》，《乐山师范学院学报》2008年第1期。

643. 孙洪军：《浅议甲午战争中的汉奸》，《广西师范大学学报（哲学社会科学版）》2008年第2期。

644. 吴丽华：《福泽谕吉与甲午战争》，《历史教学（高校版）》2008年第2期。

645. 冯超、高峻：《试论甲午战争时期中国电报局的作用》，《重庆邮电大学学报（社会科学版）》2008年第2期。

646. 孔祥吉：《甲午战争后康有为变法条陈述考》，《福建论坛（人文社会科学版）》2008年第5期。

647. 袁野：《略论甲午中日战争对近代中国东北的影响》，《东北史地》2008年第6期。

648. 丁文：《甲辰年间的"甲午记忆"——〈东方杂志〉创刊前后的话语空间与人员聚合》，《学术界》2008年第6期。

649. 翁有为：《国际关系演变视角下的甲午战争与中国对东西方世界之认知》，《史学月刊》2008年第11期。

650. 周石峰：《甲午战争后刘坤一外交方略解析》，《兰台世界》2008年第20期。

651. 王家俭：《十九世纪英国远东海军的战略布局及其"中国舰队"在甲午战争期间的态度》，《台湾师大历史学报》第40期，2008年。

652. 关捷：《奕訢在甲午战争期间外交活动的考察》，《满族研究》2009年第1期。

653. 潘向明：《甲午黄海之役北洋海军缺乏炮弹说质疑——兼论其失利原因问题》，《清史研究》2009年第1期。

654. 王铁军：《日本的中日甲午战争研究》，《日本研究》2009年第1期。

655. 张秀强：《甲午战争中近代日本文人的战争观》，《东北师大学报（哲学社会科学版）》2009年第2期。

656. 陈肖寒：《"高升"号事件中英国政府态度转变原因新论》，《河北师范大学学报（哲学社会科学版）》2009年第3期。

657. 孙洪军：《论甲午战争中清军的战地救护》，《江苏科技大学学报（社会科学版）》2009年第3期。

658. 王林：《〈中东战纪本末〉与甲午中日战争》，《福建论坛（人文社会科学版）》2009年第4期。

659. 戴东阳：《中国驻日使团与金玉均——兼论金玉均被刺与甲午战争爆发之关系》，《近代史研究》2009年第4期。

660. 谢海涛、杨宝杰：《书生报国：甲午战争中"后清流"的活动》，《求索》2009年第9期。

661. 姜峰：《北洋海军在甲午战争中惧战的心态及表现》，《黑龙江史志》2009年第24期。

662. 谢海涛、杨宝杰：《甲午战争中"后清流"提出的御敌方略初探》，《青海民族研究》2010年第1期。

663. 蒋立文：《甲午战争赔款数额问题再探讨》，《历史研究》2010年第3期。

664. 田雪梅：《甲午战争与近代日本国民的形成——近代媒体的发展与作用》，《外国问题研究》2010年第3期。

665. 史桂芳：《甲午战争与东亚国际格局的变动》，《中日关系史研究》2010年第3期。

666. 徐磊：《简析甲午战前的"征日论"》，《东北师大学报（哲学社会科学版）》2010年第4期。

667. 潘家德：《关于中日甲午战争赔款数目的再探讨》，《西华师范大学学报（哲学社会科学版）》2010年第5期。

668. 王铁军：《日军战俘政策历史述论》，《社会科学战线》2010年第6期。

669. 惠翔宇：《乙未保台斗争和"台湾民主国"的成立》，《黑龙江教育学院学报》2010年第7期。

670. 沈瑜：《甲午战争后日本运用赔款方式与影响》，《新北大史学》

2010年第8期。

671. 陈名实:《甲午战争后台湾儒生的政治认同》,《教育评论》2011年第1期。

672. 赖骏楠:《十九世纪的"文明"与"野蛮"——从国际法视角重新看待甲午战争》,《北大法律评论》2011年第1期。

673. 胡文生、徐博东:《甲午战争以来台湾民众民族国家意识的演变》,《台湾研究》2011年第1期。

674. 刘念:《甲午中日可有一战?——一个经济学视野的解读》,《史林》2011年第1期。

675. 惠翔宇:《论"台湾民主国"成立的历史背景》,《哈尔滨学院学报》2011年第2期。

676. 郭华清、朱西学:《丘逢甲筹组台湾义军抗日期间书信考论》,《五邑大学学报（社会科学版）》2011年第2期。

677. 陆玉芹:《甲午战争中的翁同龢与徐用仪》,《盐城师范学院学报（人文社会科学版）》2011年第2期。

678. 王莲英:《张荫桓与甲午中日战争谈判探微》,《北京科技大学学报（社会科学版）》2011年第2期。

679. 崔志海:《美国政府与中日甲午战争》,《历史研究》2011年第2期。

680. 陈忠纯:《张之洞"援外保台"思路演变及其与"台湾民主国"关系考论》,《台湾研究集刊》2011年第3期。

681. 周颂伦:《关乎中日甲午战争性质定位的两个话题——正义与仁爱》,《抗日战争研究》2011年第3期。

682. 曹雯:《日本早期的对华策略:甲午战争前后日本对东北地区的调查状况》,《江海学刊》2011年第4期。

683. 周增光:《奕劻与甲午战争》,《满族研究》2011年第4期。

684. 安成日、刘艳:《试论中日甲午战争与东亚宗藩朝贡体系的解体》,

中国国际关系学会:《"十二五"的中国外交:创新与发展——中国国际关系学会2011年年会论文集》,四川成都,2011年11月。

685. 张剑:《卫汝贵是被冤杀的吗?》,《探索与争鸣》2011年第12期。

686. 林亨芬:《甲午战后清朝对朝鲜政策研究——以1896年遣使议约为例》,《史耘》第15卷,2011年。

687. 林亨芬:《近四十年来有关"甲午战后清韩关系史"的研究回顾》,《历史教育》2011年第18期。

688. 李强:《盛宣怀与甲午战争中的电报通讯保障》,《兰台世界》2011年第28期。

689. 简珺:《甲午战争期间盛宣怀谋改换门庭始末》,《大连近代史研究》2011年。

690. 王美平:《甲午战争前后日本对华观的变迁——以报刊舆论为中心》,《历史研究》2012年第1期。

691. 〔澳〕雪珥:《"高升号事件"国人不会忘却》,《北京档案》2012第1期。

692. 吴松芝:《从〈马关条约〉看中日甲午战争爆发的原因》,《求索》2012年第2期。

693. 陈伟、盖玉彪:《甲午战争与中国近代军事法转型》,《军事历史研究》2012年第3期。

694. 周秀梅:《甲午战争前清政府的日本观——从决策者的知觉与错误知觉角度分析中国甲午战败的成因》,《佳木斯教育学院学报》2012年第3期。

695. 陈先松:《甲午战前20年南洋海防经费收数考》,《中国经济史研究》2012年第4期。

696. 杨国强:《甲午战争:在宗藩关系的历史重负与日本咄咄逼来之间的一路踉跄(上)》,《历史教学问题》2012年第4期。

697. 杨国强：《甲午战争：在宗藩关系的历史重负与日本咄咄逼来之间的一路踉跄（下）》，《历史教学问题》2012年第5期。

698. 王双印：《"中体西用"思想的制约与甲午之败》，《吉林师范大学学报（人文社会科学版）》2012年第6期。

699. 汪海洪、柴红梅：《近代日本文学中的殖民地意识——甲午战争与日本文学》，《日语知识》2012年第12期。

700. 刘艳、安成日：《试论中日甲午战争与东亚宗藩朝贡体系的解体》，《朝鲜·韩国历史研究》2012年。

701. 盖玉彪、陈伟：《甲午战争中国失败根本原因的新思考——基于战前中日战争准备的对比分析》，《军事历史研究》2013年第1期。

702. 朱文瑜、刘钝：《张之洞与南阳海军》，《清华学报》第43卷，2013年第2期。

703. 葛夫平：《法国与中日甲午战争》，《中国社会科学》2013年第3期。

704. 郭海燕：《巨文岛事件与甲午战争前中日关系之变化》，《文史哲》2013年第4期。

705. 焦润明：《甲午战前中国文人的日本观——以"琉球事件"为中心》，《日本研究》2013年第4期。

706. 宋茜茜：《醒梦之间：1895年后中国人日本观的变化》，《历史教学问题》2013年第5期。

707. 陶祺谌：《甲午战争中地方督抚之间及与清廷的备战交往——以刘坤一、张之洞为中心》，《北京社会科学》2013年第5期。

708. 卢昱、陈巨慧：《邓世昌：粤闽锻才　挽歌北洋》《林则徐翁婿的船政梦》，《大众日报》2013年5月11日，第6版。

709. 卢昱、陈巨慧：《舰殒星沉大东沟》《北洋船坞：舰船的后方生命线》，《大众日报》2013年5月18日，第6版。

710. 卢昱、陈巨慧：《千古艰难威海卫》《丁汝昌之死》，《大众日报》

2013年5月25日，第6版。

711. 卢昱、陈巨慧：《300死士最后的冲锋》《内外交困，悲情丁汝昌》《棘手的军煤与炮弹》《穿越时空的甲午》，《大众日报》2013年7月23日，第9、10、11版。

712. 王双印：《李鸿章"和戎"外交与甲午之败》，《江西社会科学》2013年第10期。

713. 王木：《高升号事件：中日甲午战争的导火索》，《湖北档案》2013年第11期。

714. 刘兵：《甲午中日战争以后汉族知识分子的民族认同转变》，《黑龙江史志》2013年第12期。

715. 李俊：《浅析甲午战争时期朝鲜政府的第一次对清乞兵论议》，《黑龙江史志》2013年第19期。

716. 王贺雨、姜海燕：《甲午中日战争失败原因溯源》，《兰台世界》2013年第21期。

717. 黄建江：《北洋舰队覆亡的历史根源探讨》，《兰台世界》2013年第24期。

718. 吉辰：《近20年日本的甲午战争研究》，《大连近代史研究》2013年。

719. 石建国：《西方传教士视域下的甲午中日战争"平壤战役"——以〈朝鲜丛报〉为中心》，《韩国研究论丛》2014年第1期。

720. 刘江永：《甲午战争以来东亚战略格局演变及启示——兼论120年来的中日关系及未来》，《日本学刊》2014年第1期。

721. 褚静涛：《钓鱼岛与甲午战争》，《台湾历史研究》第2辑，2014年。

722. 王铁军：《甲午战争与近代东亚国际关系体系》，《东北亚外语研究》2014年第2期。

723. 王禹浪、许盈：《中日甲午战争近三十年国内研究综述》，《大连大学学报》2014年第2期。

724. 盛波：《甲午战争期间华侨民族意识的觉醒——以〈叻报〉为视点》，《抗战史料研究》2014年第2期。

725. 汪帅东、李腾龙：《甲午战后日语翻译人才培养机制探寻》，《东北亚外语研究》2014年第2期。

726. 白纯、吴俊希：《近十年来中国大陆甲午战争研究述评》，《军事历史》2014年第3期。

727. 段廷志、方刚营：《当代日本学者眼中的"甲午战争"》，《军事历史》2014年第3期。

728. 关捷：《甲午清军陆战评价的几个问题》，《军事历史研究》2014年第3期。

729. 黄征辉：《甲午海战史（上）》，《海军学术双月刊》2014年第3期。

730. 李元鹏、钟少异、曲爱国：《晚清近代化军事改革的悲歌——甲午战争清军惨败的历史思考》，《军事历史》2014年第3期。

731. 刘江永：《钓鱼岛之争的历史脉络与中日关系》，《东北亚论坛》2014年第3期。

732. 邵雍：《甲午战争时期的上海反应》，《历史教学问题》2014年第3期。

733. 张炜：《略论日本的甲午战争准备及启示》，《军事历史》2014年第3期。

734. 张弘：《从鸦片战争到甲午惨败》，《博览群书》2014年第4期。

735. 张经纬：《日本的甲午战争研究与"二元外交论"问题》，《史学理论研究》2014年第4期。

736. 马勇：《列强对日本的纵容及其限度：以"干涉还辽"为中心的探讨》，《文化学刊》2014年第4期。

737. 李治亭：《痛定思痛，沉思再思考——甲午战争120年祭》，《文化学刊》2014年第4期。

738. 李长莉：《甲午战争前日本人看中国社会》，《社会科学战线》2014年第4期。

739. 陈巍：《甲午战争前日本海军军备过程述论》，《南京政治学院学报》2014年第4期。

740. 戴鞍钢：《日本与甲午战争后的沪苏杭》，《安徽史学》2014年第4期。

741. 戴东阳：《中塚明教授的中日甲午战争史研究》，《史学理论研究》2014年第4期。

742. 李泉：《技术转移对晚清海军建设及甲午海战的影响》，《军事历史》2014年第4期。

743. 雷颐：《甲午战争的"前因"与"后果"》，《博览群书》2014年第4期。

744. 雷颐：《甲午战争与现代国家建构》，《文化学刊》2014年第4期。

745. 田雪梅：《从征兵制到甲午战争——媒体视野下的近代日本民众国家意识的变迁》，《日本侵华史研究》2014年第4期。

746. 黄征辉：《甲午海战史（下）》，《海军学术双月刊》2014年第4期。

747. 郭海燕：《甲午战争前后日本构筑朝鲜电信网的军事行动与对外交涉》，《抗日战争研究》2014年第4期。

748. 江沛、姬丽萍：《甲午之战：中日近代化进程的折射镜》，《南京政治学院学报》2014年第4期。

749. 李国荣：《清宫甲午战争档案的系列开发和深度挖掘》，《历史档案》2014年第4期。

750. 马勇：《甲午战争：近代中国历史转折》，《博览群书》2014年第4期。

751. 姜秀玉：《中日甲午战争与东北亚国际关系的变化》，《当代韩国》2014年第4期。

752. 中国第一历史档案馆编选：《甲午战争期间中日平壤之战档案》，《历史档案》2014年第4期。

753. 周峰：《世界体系视域下的甲午战争再反思》，《东南学术》2014年第4期。

754. 廖敏淑：《〈中日修好条规〉与甲午战争——以修约交涉为中心》，

《抗日战争研究》2014年第4期。

755. 王贤钟、权赫秀：《韩国的甲午战争研究——日本侵略主义、甲午改革及亚洲民众的视角》，《抗日战争研究》2014年第4期。

756. 徐志民：《甲午战后中国留日热潮的日本因素》，《江苏师范大学学报（哲学社会科学版）》2014年第4期。

757. 殷昭鲁、张生：《甲午战争前后日本窥伺窃取钓鱼岛述论》，《南京政治学院学报》2014年第4期。

758. 翟新：《甲午战争后日本亚洲主义演变的两个特征》，《安徽史学》2014年第4期。

759. 杨宗鸣：《近代旅顺口的海防炮台遗址》，《兰台世界》2014年4月增刊。

760. 杨栋梁：《甲午战争后日本对华知行的演变（1895—1905）》，《东北亚论坛》2014年第5期。

761. 徐泽龙：《甲午海战中双方火炮射速及威力的浅析》，《黑龙江史志》2014年第5期。

762. 尤淑君：《甲午战争后的中朝关系》，《山东社会科学》2014年第5期。

763. 廖志伟：《甲午至戊戌前议改武科探析》，《中山大学学报（社会科学版）》2014年第5期。

764. 宋成有：《中日甲午战争：日本历史的拐点与东亚国际格局》，《日本学刊》2014年第5期。

765. 张晓刚、沈岑：《甲午战争对当代中日关系的影响——"甲午战争以来的中日关系"学术研讨会侧记》，《日本问题研究》2014年第5期。

766. 张礼恒：《甲午战争前朝鲜人眼中的日本陆军——以1881年"朝士视察团"的记录为中心》，《山东社会科学》2014年第5期。

767. 张海鹏：《甲午战争与中日关系——战争爆发120年后的反思与检讨》，《聊城大学学报（社会科学版）》2014年第6期。

768. 张晓刚、国宇：《围绕朝鲜半岛的日清、日俄矛盾与甲午战争》，《武汉大学学报（人文科学版）》2014年第6期。

769. 郑毅：《近代日本西化的路径选择与中日甲午战争》，《深圳大学学报（人文社会科学版）》2014年第6期。

770. 随清远：《甲午战争赔款与日本》，《南开学报（哲学社会科学版）》2014年第6期。

771. 马勇：《甲午前清政府"朝鲜方略"再检讨》，《社会科学辑刊》2014年第6期。

772. 田庆立、宋志艳：《甲午战争对近代以来中日两国的影响》，《武汉大学学报（人文科学版）》2014年第6期。

773. 关捷：《甲午战争前日本的战备及其战略计划——兼驳"甲午战争突发论"》，《山东社会科学》2014年第6期。

774. 李金强：《甲午战争时期（1894—1895）香港的反应》，《南开学报（哲学社会科学版）》2014年第6期。

775. 王琰：《甲午战争中国战败原因之悖论》，《深圳大学学报（人文社会科学版）》2014年第6期。

776. 吴茂刚：《19世纪末中日军人意识初探——以甲午战争为个案》，《历史教学问题》2014年第6期。

777. 习贤德：《甲午战争割台与日本殖民统治遗毒》，《南开学报（哲学社会科学版）》2014年第6期。

778. 徐碧君：《论甲午中日战争国际法研究的紧迫性和重要性》，《清华大学学报（哲学社会科学版）》2014年第6期。

779. 侯杰、王小蕾：《李鸿章对甲午战争的反思——以1896年欧美之行为例》，《南开学报（哲学社会科学版）》2014年第6期。

780. 金立昕、李新伟：《北洋海军将领之再认识》，《军事历史》2014年第6期。

781. 张冬冬：《甲午战争前后日本女性地位考察》，《日本问题研究》2014年第6期。

782. 董顺擘：《论福泽谕吉对旅顺大屠杀事件的评论》，《社科纵横》2014年第7期。

783. 关捷：《日本蓄谋已久挑起甲午战争——驳日本发动甲午战争是"非计划的、非预谋的事件"》，《社会科学战线》2014年第8期。

784. 李细珠：《清末日本侵台与国人反割台运动研究述评》，《兰州学刊》2014年第9期。

785. 赵增越：《慈禧六十庆辰与中日甲午战争》，《中国档案》2014年第9期。

786. 周新国、周隽：《日本"皇国史观"思想的演进与甲午战争》，《学术界》2014年第10期。

787. 郭海燕：《有关甲午战争宣战前日本报刊对中国报道的研究——以〈朝日新闻〉报道李鸿章及清军动向为中心》，《社会科学战线》2014年第10期。

788. 阚延华、付津：《甲午战争中的舆论较量及影响》，《新闻与传播研究》2014年第10期。

789. 林辉锋、付婷婷：《民国时期中学国史教科书中的甲午战争》，《理论界》2014年第10期。

790. 刘悦斌：《从中日两国近代化的不同看甲午战争的结局》，《学术界》2014年第10期。

791. 刘文明：《甲午战争中的英美特派记者与旅顺大屠杀报道》，《社会科学战线》2014年第10期。

792. 李兵：《晚清腐败与中日甲午战争中清军战败的关系》，《重庆科技学院学报（社会科学版）》2014年第11期。

793. 徐立刚：《甲午战争期间清廷政治斗争的内耗》，《档案与建设》2014年第11期。

794. 张晓刚、邹圣婴：《甲午战争对近代中国、日本及东亚的影响——"甲午战争以来的中日关系"学术研讨会综述》，《哈尔滨学院学报》2014年第12期。

795. 阚延华：《甲午战争"历史宿命"观三大谬误》，《人民论坛》2014年第13期。

796. 左玉河：《洋务运动、甲午战争与中国早期现代化的顿挫》，《红旗文稿》2014年第14期。

797. 张海鹏：《甲午战争的历史教训与现实思考》，《求是》2014年第14期。

798. 雷颐：《甲午战争："天朝"的最后崩溃》，《世界知识》2014年第16期。

799. 王娜：《甲午战争后清政府第一次政治大借款的意图与困境》，《黑龙江史志》2014年第20期。

800. 吉辰：《一个日本村庄的甲午战争——以新潟县粟生津村长善馆资料为中心》，《珞珈史苑》2014年。

801. 刘景瑜：《近代日本"海军强国"的铸成过程分析——以甲午、日俄战争为中心》，《大连近代史研究》2014年。

802. 刘亚洲：《制度·战略·信仰·国运——由甲午战争谈起》，《大连近代史研究》2014年。

803. 孙军：《甲午战争与近代中国民族意识的觉醒》，《大连近代史研究》2014年。

804. 汪旻：《甲午战争旅顺土城子战斗的几点质疑》，《大连近代史研究》2014年。

805. 袁晓春：《甲午战争辽东统帅宋庆碑刻辑》，《碑林集刊》2014年。

806. 戴东阳：《甲午战争爆发后日本驻华使领馆撤使与情报人员的布留》，《近代史研究》2015年第1期。

807. 关捷、杨惠萍：《甲午战争辽东半岛陆战研究》，《日本侵华史研究》2015年第1期。

808. 杜颖：《试论甲午战争后日本蔑华观的形成——以福泽谕吉的"脱亚论"为中心》，《日本侵华史研究》2015年第1期。

809. 胡锋、朱正业：《"爱国"还是"卖国"——以甲午战争时期的李鸿章为考察中心》，《山西大同大学学报（社会科学版）》2015年第1期。

810. 胡澎：《甲午战争以来日本妇女团体的演变与启示——从官方妇女团体到妇女非营利组织》，《日本侵华史研究》2015年第1期。

811. 吉辰：《甲午中日议和中的全权证书问题——国际法视角下的考察》，《史林》2015年第1期。

812. 董顺擘：《试析甲午战争前福泽谕吉的朝鲜政略论》，《北华大学学报（社会科学版）》2015年第1期。

813. 刘功成：《甲午战争爆发前北洋海军的两次会校述略》，《日本侵华史研究》2015年第1期。

814. 吕朋、周怡：《〈字林沪报〉对甲午战争的报道》，《青年记者》2015年第1期。

815. 马杰、华启航、刘慧芳：《甲午战争清廷外交政策的失败及其教训》，《黑龙江史志》2015年第1期。

816. 秦海侠、张传江：《从法律战视角看甲午战争时期日本对国际法的运用》，《日本侵华史研究》2015年第1期。

817. 邢丽雅、韩鹏：《甲午战争前后李鸿章的"联俄"外交》，《珠江论丛》2015年第1期。

818. 吴昌稳：《整军与筹饷——甲午战后清政府军队改革的尝试》，《北方论丛》2015年第1期。

819. 郑大华：《甲午战争与"中华民族复兴"思想之萌发》，《中国文化研究》2015年第1期。

820. 徐静波：《甲午战争时期日本舆论对中日两国和战争的认识》，《日本侵华史研究》2015年第1期。

821. 王琰：《再论丰岛海战》，《大连大学学报》2015年第2期。

822. 史桂芳：《甲午战争对东亚格局的影响》，《日本侵华史研究》2015年第2期。

823. 乔林生：《甲午战争与钓鱼岛争端的源起》，《日本侵华史研究》2015年第2期。

824. 马陵合、王平子：《克萨借款考辩——兼论甲午战争时期的地方外债》，《社会科学研究》2015年第2期。

825. 梁云祥：《甲午战争历史对目前中日关系的影响》，《日本侵华史研究》2015年第2期。

826. 李育民：《甲午战争暨〈马关条约〉与中外条约关系的变化》，《抗日战争研究》2015年第2期。

827. 冯志阳：《中国之道的转折点：严复对甲午海战的观察与反思》，《国家航海》2015年第2期。

828. 孔祥吉：《甲午战争与中国近代报刊的初兴》，《广东社会科学》2015年第2期。

829. 李凡：《中日甲午战争与钓鱼岛问题》，《聊城大学学报（社会科学版）》2015年第2期。

830. 江新凤：《关于甲午战争失败原因的反思及启示》，《日本侵华史研究》2015年第2期。

831. 韩东育：《朱舜水"拜官不就"与"明征君"称号——兼涉"甲午战争"前后的"复明"舆论》，《中国史研究》2015年第2期。

832. 崔金柱：《甲午战争期间日本的军费筹支》，《世界历史》2015年第2期。

833. 张丽：《甲午战争与俄国远东外交政策之选择——对甲午战争的再反思》，《深圳大学学报（人文社会科学版）》2015年第2期。

834. 张晓刚、邹圣婴：《中国近30年来甲午战争研究综述》，《深圳大学学报（人文社会科学版）》2015年第2期。

835. 张晓川：《言路与后勤：甲午平壤战役再研究》,《四川师范大学学报（社会科学版）》2015年第3期。

836. 徐乃为：《张謇总办通海团练参与甲午战争》,《历史教学问题》2015年第3期。

837. 许赛锋：《人种意识与日本的甲午开战逻辑》,《日本侵华史研究》2015年第3期。

838. 包树芳：《两次中日战争以及战争遗留问题》,《历史教学问题》2015年第3期。

839. 蔡雅蕾：《甲午战争前后的西学翻译之对比》,《长春教育学院学报》2015年第3期。

840. 陶祺谌：《甲午战争后张之洞聘用日本军人考》,《历史档案》2015年第3期。

841. 臧运祜、赵秀宁：《1930—40年代中国学界的甲午战争史研究》,《民国档案》2015年第3期。

842. 臧运祜：《甲午战争与近代中日关系的转折》,《历史教学（下半月刊）》2015年第4期。

843. 张德明：《战火中的福音：基督教传教士与1895年中日山东战事》,《史林》2015年第4期。

844. 张公政：《甲午中日战争时期的东北海疆危机》,《中国边疆史地研究》2015第4期。

845. 孙占元：《甲午战争与中华民族复兴的历程》,《河北学刊》2015年第4期。

846. 郭海燕：《甲午战争宣战前日本报刊中的中国海军》,《历史教学（上半月刊）》2015年第4期。

847. 李来容：《中西新旧之间：甲午战后十年的思想嬗变与文化革新》,《历史教学（下半月刊）》2015年第4期。

848. 李若愚：《甲午战争烙印与当前日本的历史修正主义现象》，《亚太安全与海洋研究》2015年第4期。

849. 马勇：《"朝鲜内政改革"：甲午战争的起点》，《历史教学（下半月刊）》2015年第4期。

850. 王敦琴：《甲午战争前后张謇对日本的认识及其主体态度》，《南通大学学报（社会科学版）》2015年第4期。

851. 王健：《近代大运河的军事国防价值——大运河衰败对两次鸦片战争、甲午战争的影响》，《中原文化研究》2015年第4期。

852. 苏小东：《甲午战争前后东亚海权与海防的较量及其影响》，《安徽史学》2015年第4期。

853. 孙波：《日本舆论界的北洋舰队"威胁论"及其影响》，《怀化学院学报》2015年第4期。

854. 马军：《事迹与文献：甲午黄海海战北洋水师中的洋员》，《军事历史研究》2015年第4期。

855. 欧阳红：《德国与中日甲午战争》，《安徽史学》2015年第4期。

856. 张经纬：《甲午战争的历史定位及中国的路径选择》，《东北亚学刊》2015年第5期。

857. 陈慈玉：《甲午战争与台北李春生家族》，《社会科学研究》2015年第5期。

858. 尚小明：《洪述祖甲午"丑史"辩诬》，《史林》2015年第5期。

859. 刘锋：《论甲午战争中清军的军纪问题》，《赤峰学院学报（汉文哲学社会科学版）》2015年第5期。

860. 李新伟：《甲午战争时期日本对华谍报活动述评》，《长江论坛》2015年第5期。

861. 徐磊：《甲午战前驻日使团情报收集失败原因探析》，《日语学习与研究》2015年第5期。

862. 王鹏辉：《近五年来中国大陆甲午战争研究综述》，《内蒙古农业大学学报（社会科学版）》2015年第6期。

863. 陈伟：《甲午战前中日社会生活、思想文化、军事之比较》，《北方论丛》2015年第6期。

864. 曹雯：《日本于甲午海战所展示的情报侦探优势——以日本明治期间文书的解读为中心》，《清华大学学报（哲学社会科学版）》2015年第6期。

865. 侯中军：《甲午战前中日外交话语权之争》，《社会科学研究》2015年第6期。

866. 刘红、余文都：《甲午战后中国留学生教育翻译活动兴起探因》，《教育研究与实验》2015年第6期。

867. 李育民：《近代中外战争与条约关系（上）》，《社会科学研究》2015年第6期。

868. 杨永亮：《论甲午战争中内藤湖南的文化使命》，《社会科学战线》2015年第8期。

869. 郭俊强：《从甲午中日战争看李鸿章的外交》，《黑龙江史志》2015年第9期。

870. 韩小林、冯君：《甲午战争期间〈申报〉对日本的报道综述》，《嘉应学院学报》2015年第9期。

871. 刘利军、曹霞：《北洋海军官兵甲午战败的心理因素分析》，《社科纵横》2015年第11期。

872. 茅海建：《甲午战争之后的远东国际关系与中日关系（1895—1905）》，《北京论坛（2015）文明的和谐与共同繁荣——不同的道路和共同的责任》论文集，中国北京，2015年11月。

873. 米斌斌、曹卫东、张宇豪等：《严复对甲午战争的认识研究》，《军事交通学院学报》2015年第12期。

874. 汪蕊、路彩霞：《平壤战役对于清末政局的影响窥探》，《兰台世界》2015年第13期。

875. 高天枢：《甲午战争后中国对西方英语教科书的编译》，《兰台世界》2015年第25期。

876. 马维英：《简析甲午战争前日本在朝鲜的经济渗透》，《学理论》2015年第26期。

877. 李学成、丁美艳、孟月明：《昭忠祠碑与甲午白发将军宋庆》，《兰台世界》2015年第27期。

878. 《甲午战争与中国梦的觉醒——甲午战争120周年学术研讨会综述》，《上海社联年鉴》，上海：上海人民出版社，2015年。

879. 关国磊：《旅顺日俄监狱旧址博物馆藏"念植林"残碑考证》，《大连近代史研究》，2015年。

880. 吉辰：《〈清日战争实记〉编纂考》，《大连近代史研究》，2015年。

881. 孙颖：《日军登陆花园口之史料辨析》，《大连近代史研究》，2015年。

882. 杨国强：《国耻激生的思想不变——甲午战争120年再思》，上海市社会科学界联合会：《上海学术报告（2014）》，上海：上海人民出版社，2015年。

883. 于海：《徐邦道生卒年及甲午战争诸事考》，《大连近代史研究》2015年。

884. 钟淑惠：《从图像看日本对甲午战争的宣传》，《"国立"政治大学历史学报》2015年第43期。

885. 周彦：《对甲午战争的几点再认识》，《大连近代史研究》2015年。

886. 陈力：《甲午时李鸿章"一人敌一国"之说辨析》，《沈阳大学学报（社会科学版）》2016年第1期。

887. 陈偲聪、周彦：《晚清政治斗争与甲午战争的失败》，《理论观察》2016年第1期。

888. 贺怀锴、冯巧霞：《遗忘与铭记：王文韶与甲午战后北洋舰队重建》，《忻州师范学院学报》2016年第1期。

889. 李少军：《甲午战争后六年间长江流域通商口岸日租界设立问题述论》，《近代史研究》2016年第1期。

890. 李炜：《甲午战争前后日本知识阶层的"天职论"》，《社会科学研究》2016年第1期。

891. 刘锋：《甲午战争前后日本在华间谍活动方式探究》，《理论观察》2016年第1期。

892. 罗永明：《甲午战争期间日本的摄影报道活动——以中国国家博物馆馆藏〈日清战争写真帖〉为中心的考察》，《中国国家博物馆馆刊》2016年第1期。

893. 秦海侠、徐初波：《甲午战争中日本舆论宣传历史考察及启示》，《日本侵华史研究》2016年第1期。

894. 孙洪军、高廷爱：《论日本的粮食安全与甲午战争》，《江苏科技大学学报（社会科学版）》2016年第1期。

895. 祝婷婷：《甲午战争与张之洞的日本认识》，《东北师大学报（哲学社会科学版）》2016年第1期。

896. 张志勇：《赫德与中日甲午战争》，《安徽史学》2016年第2期。

897. 庞嘉咏、何少伟、陈永祥：《试论丁汝昌在甲午海战中的过失》，《广州广播电视大学学报》2016年第2期。

898. 陈兆肆：《"九一八事变"后学人对甲午战争的探究热潮（1931—1945）——基于学术心态的考察》，《安徽史学》2016年第2期。

899. 古帅、李玉敏：《甲午战争与日本再次侵华的内在联系探析》，《广西社会科学》2016第2期。

900. 董灏智：《日本发动甲午战争的历史远因考察》，《外国问题研究》2017年第2期。

901. 张绪忠：《甲午战争与晚清知识分子价值观的异动》，《广西社会科学》2016年第3期。

902. 张卫明：《甲午战后拒割台湾的国际法运用》，《历史档案》2016年第3期。

903. 闫桂林：《中日甲午战争中的宽甸大捷》，《党史纵横》2016年第3期。

904. 陈力：《甲午时南洋水师"见死不救"问题探析》，《广东技术师范学院学报》2016年第4期。

905. 刘亚南、谭笑：《甲午战争与中国海权》，《湖南行政学院学报》2016年第4期。

906. 王浩：《胡燏棻与甲午新军计划探微》，《巢湖学院学报》2016年第4期。

907. 董顺擘：《甲午战争后日本知识界人士的台湾论述——以福泽谕吉为例》，《统一论坛》2016年第5期。

908. 王小玲：《美国在甲午战争中偏袒日本的经济原因》，《现代经济信息》2016年第5期。

909. 许华：《东亚海权：甲午败局之历史检讨》，《军事历史》2016年第5期。

910. 葛业文：《甲午战争清朝失败的主要军事原因及现实启示》，《军事历史》2017年第5期。

911. 张峰：《恩格斯论甲午海战及其启示》，《大连海事大学学报（社会科学版）》2016年第6期。

912. 刘俊玲、孙仙红、黄祎：《甲午海战中北洋舰队的筹建、构成和覆灭原因解析》，《传承》2016年第7期。

913. 董顺擘：《试析甲午战争后福泽谕吉的中国认识》，《社科纵横》2017年第7期。

914. 孙涛、庞宝庆：《甲午战争时期日本战时军费体系初探》，《赤峰学院学报（汉文哲学社会科学版）》2016年第8期。

915. 董顺擘：《论甲午战争后福泽谕吉的朝鲜观》，《社科纵横》2016年第8期。

916. 葛静波：《从装备角度看甲午清军陆战战场失败的原因》，《宜宾学院学报》2016第10期。

917. 徐沛、周丹：《清末民国画报上的战争叙事与国家神话——以中日军事冲突的图像表征为例》，《新闻与传播研究》2016年第10期。

918. 易建萍：《从〈日清战争实记〉看甲午战争中日军事对比》，《文物天地》2016年第12期。

919. 金成镐：《甲午战争前后50年间朝鲜"中国观"的嬗变历程》，《朝鲜·韩国历史研究》2016年。

920. 王兴：《甲午战争中的中国基督教》，《基督教思想评论》2016年总第21辑。

921. 关捷、韦苇：《试论甲午战争中的聂士成》，《明清论丛》2017年第1期。

922. 郭海燕：《日本学术界的甲午战争研究》，《聊城大学学报（社会科学版）》2017年第1期。

923. 寇振锋：《甲午战争与日本军用汉语热探究——以日本军用汉语教科书出版为中心》，《抗日战争研究》2017年第1期。

924. 李育民：《近代中外战争与条约关系（下）》，《社会科学研究》2017年第1期。

925. 李元鹏：《甲午战败与战后中国的反思》，《管子学刊》2017年第1期。

926. 张登德：《甲午战争前后陈炽的日本认识》，《苏州科技大学学报（社会科学版）》2017年第1期。

927. 张少利：《甲午战争对晚清湖南慈善事业发展的"拐点"作用分析》，《湖南科技学院学报》2017年第1期。

928. 徐小斌：《甲午战争辽东统帅宋庆碑刻考略》，《文物天地》2017年第2期。

929. 王刚：《甲午战争中的督办军务处》，《军事历史研究》2017年第2期。

930. 李晓丹：《背离与回归：甲午战争爆发前的美国对朝政策》，《北华大学学报（社会科学版）》2017年第2期。

931. 马天、刘曦、穆赤·云登嘉措等：《左宝贵力守平壤对甲午中日战局内外的影响》，《回族研究》2017年第2期。

932. 施正锋：《日本由甲午战争到一次大战的国际情势》，《台湾国际研究季刊》第13卷，2017年第2期。

933. 刘传标：《甲午战争中国战败的原因再探》，《福建论坛（人文社会科学版）》2017年第3期。

934. 邱涛：《关于甲午陆战研究中几个问题的辨析》，《北京师范大学学报（社会科学版）》2017年第3期。

935. 马步云、邢永凤：《甲午战争期间日本的舆论动员和战时宣传——以随军摄影师龟井兹明为个案》，《日本侵华史研究》2017年第3期。

936. 陶祺谌：《甲午战争期间日本对张之洞的情报活动概述》，《理论月刊》2017年第3期。

937. 周忆君：《浅谈甲午战争中李鸿章的功过问题》，《理论观察》2017年第3期。

938. 尹媛萍：《中美学界关于甲午战争起因的早期争论——以蒋廷黻与魁特为例》，《史学史研究》2017年第4期。

939. 戴海斌：《"两收海军余烬"：甲午、庚子时期沈瑜庆事迹钩沉》，《福建师范大学学报（哲学社会科学版）》2018年第4期。

940. 任勇胜：《作为媒体行为的朝鲜特派员——甲午战争前期朝日新闻通讯报道的媒介研究》，《汉语言文学研究》2017年第4期。

941. 孙科志：《韩国中学历史教科书与中日甲午战争叙述》，《历史教学问题》2017年第4期。

942. 石晏州：《论甲午战争前中日国情之差异》，《哈尔滨学院学报》2017年第10期。

943. 韩煦：《〈远东之战〉：西方视角下的中日甲午海战》，《大连城市历史文化研究》2017年。

944. 李庆辉、张玉平：《甲午战争前的日本军事改革》，《大连城市历史文化研究》2017年。

945. 宋建忠：《历史、考古与水下考古——由致远舰发现谈起》，《水下考古》2017年。

946. 王珍仁：《甲午战争中的旅顺土城子战斗》，《大连城市历史文化研究》2017年。

947. 谷惠萍、张雨轩：《日本军队歌曲〈元寇〉与甲午战争日军精神动员》，《抗日战争研究》2018年第1期。

948. 李洋：《甲午战争前日本海军对中国军事情报的搜集——以1889年、1894年两次中国海军会操为中心》，《海洋史研究》2018年第1期。

949. 孙立祥：《从〈蹇蹇录〉看日本侵华的诡秘逻辑》，《华中师范大学学报（人文社会科学版）》2018年第1期。

950. 刘本森：《甲午战后日本占领威海卫（1895—1898）》，《暨南史学》2018年第2期。

951. 沈思越：《甲午战败后的北洋大臣王文韶》，《上海地方志》2018年第2期。

952. 李英全、李辉：《论李秉衡在甲午山东战役中的努力及其战略失误》，《近代史学刊》2018年第2期。

953. 王茹仪、王茹月、吴昊：《甲午战争日本宣传战的舆论研究》，《中国报业》2018年第2期。

954. 王琦、韩剑尘：《"清军胁持高升号"说质疑——以新发现的汉纳根证言中译本为中心》，《苏州科技大学学报（社会科学版）》2018年第2期。

955. 天彬：《节烈芳魂：甲午战争金州"曲氏井"题咏诗话》，《文化学刊》2018年第3期。

956. 王万涛：《甲午金旅之战与金州曲氏井》，《文化学刊》2018年第3期。

957. 李伟明：《乙未割台刺激下的华夷之辨与国家意识》，《太原理工大学学报（社会科学版）》2018年第3期。

958. 冯高峰、师嘉林：《美国驻华公使田贝与甲午中日议和》，《四川师范大学学报（社会科学版）》2018年第3期。

959. 张章：《论中日甲午战争期间李鸿章对日外交思想》，《哈尔滨学院学报》2018年第3期。

960. 寇振锋：《甲午战争时期日军〈兵要支那语〉探究》，《日本侵华南京大屠杀研究》2018年第3期。

961. 付忠信：《谈甲午海战清军失败的根源》，《辽宁师专学报（社会科学版）》2018年第4期。

962. 何兰萍、王磊：《甲午战争前外商在华工业扩张及其效应分析——以上海为中心》，《郑州大学学报（哲学社会科学版）》2018年第4期。

963. 马忠文：《甲午至庚子时期的荣禄与李鸿章》，《聊城大学学报（社会科学版）》2018年第6期。

964. 邓德花：《甲午中日战争中的宣传战探究》，《新闻研究导刊》2018年第9期。

965. 卢昱：《邓世昌："忠心报国就是大孝"》《"致远"舰上的实习生》，《大众日报》2018年10月27日，第6版。

966. 杨玉荣、龚耘：《甲午风云中的晚清外交——基于甲午战争前后清政府外交实践的考察》，《黑龙江史志》2018年第11期。

967. 蒋建国：《甲午前后的报刊地理、新闻呈现与读者阅读的回想》，《学术月刊》2018年第12期。

968. 吉辰：《"中央外交"与"地方外交"之间：甲午战争期间王之春出使述论》，《"国立"政治大学历史学报》2018年第50期。

969. 王立伟：《千山甲午战争碑刻考》，《大连近代史研究》2018年。

970. 邝智文：《"他们有点怕英国提督"：皇家海军中国区舰队与甲午战争，1894～1895》，《国家航海》2019年第1期。

971. 李洋：《甲午战争前后日本海军侵华战略的演变》，《日本侵华南京大屠杀研究》2019年第1期。

972. 苏艳：《甲午战争后晚清翻译界对国民"军人意识"的培养》，《外语教学》2019年第1期。

973. 徐碧君：《中日甲午高升号事件的国际法分析》，《求是学刊》2019年第1期。

974. 王逸峰：《甲午战争前北洋舰队添置快炮探析》，《军事史林》2019年第1—2期合刊。

975. 李静、闫朝华：《日本明治文人甲午战争的汉诗书写——〈征清诗史〉的历史剖析》，《宝鸡文理学院学报（社会科学版）》2019年第2期。

976. 余露：《变动中的紧张：甲午前后中国人的"世界"意象》，《暨南史学》2019年第2期。

977. 廉德瑰：《关于甲午战争后钓鱼列岛归属问题的国际法分析》，《亚太安全与海洋研究》2019年第2期。

978. 陈祥：《地图与战争：甲午战争前日本对中国的侦察与盗绘》，《军事历史》2019年第3期。

979. 刘文明：《"文明"话语与甲午战争——以美日报刊舆论为中心的考察》，《历史研究》2019年第3期。

980. 寇振锋：《甲午战争前及战时日军汉语翻译的培养》，《日本侵华南京大屠杀研究》2019年第3期。

981. 梁君健：《视觉媒介与中国近代图像新闻中的时空观念——基于对〈点石斋画报〉中日甲午战争图片报道的分析》，《新闻与传播研究》2019年第3期。

982. 孙洪军：《论甲午战争中有线电报的困境及其对策》，《江苏科技大学学报（社会科学版）》2019年第4期。

983. 汪振兴：《甲午战争辽阳东路攻防战研究》，《甘肃广播电视大学学报》2019年第6期。

984. 王鹤：《甲午战争前后日本对北洋海军评价的变化——基于情报调查和舆论报道的视角》，《军事历史》2019年第6期。

985. 杨大炜：《回顾甲午战争田庄台之战》，《兰台世界》2019年第7期。

986. 卢昱：《定远舰：折戟沉沙铁未销》，《大众日报》2019年9月28日，第15版。

987. 黄阳阳：《甲午战争时期聂士成功过刍议》，《军事史林》2019年第11期。

988. 张腾煜、丁文静：《甲午战争前至日俄战争时期旅顺陆防工事述论》，《军事史林》2019年第12期。

989. 李刚、魏多：《甲午战争析木城之战所涉地名考》，《大连近代史研究》，2019年。

990. 刘晨：《从交通运输看清军在中日辽东战役的失败》，《西部学刊》2019年第22期。

991. 寇振锋：《甲午战争时期日军参谋本部编〈日清会话〉探究》，《云南师范大学学报（对外汉语教学与研究版）》2020年第1期。

992. 李颖：《甲午中日战争中中日两国出兵朝鲜的决策过程研究》，《日本学研究》2020年第1期。

993. 王铁军：《甲午战争时期日本的战俘政策研究》，《军事历史》2020年第1期。

994. 冯高峰、师嘉林：《"美国与甲午战争"研究中的若干史料辩正——"美国驻华公使田贝"还是"参赞署理全权事务大臣田夏礼"？》，《历史教学问题》2020年第2期。

995. 李英全、王玉：《守势与攻势：甲午中日战争中国出兵朝鲜的军事战略》，《北华大学学报（社会科学版）》2020年第2期。

996. 黄飞、金光耀：《"着鞭"之争：从中日涉朝外交看甲午战前李鸿章因应之误》，《韩国研究论丛》2020年第2期。

997. 寇振锋：《甲午战争时期日军汉语翻译的需求》，《日本侵华南京大屠杀研究》2020年第2期。

998. 吉辰：《甲午战争期间浙江京官上书恭亲王考》，《西部史学》2020年第2期。

999. 沈晓飞：《试论甲午战争时期张謇的对日作战主张》，《江苏工程职业技术学院学报》2020年第2期。

1000. 寇振锋：《甲午战争时期日军汉语翻译的需求》，《日本侵华南京大屠杀研究》2020年第2期。

1001. 张腾煜、丁文静：《甲午战争至日俄战争时期旅顺海防工事初探》，《军事史林》2020年第3期。

1002. 梁山：《日本视野下的近代中外关系史研究的嬗变与述评（2010—2015）》，《国际汉学》2020年第3期。

1003. 王鹤：《甲午战前日本海军对北洋舰队的窥觑——基于日本海军"情报资料"的考察》，《日本侵华南京大屠杀研究》2020年第3期。

1004. 杨潜：《烟台谍踪：清末日谍宗方的疯狂活动与逃脱》，《春秋》2020年第3期。

1005. 胡君丽：《甲午战争前后的翁李之争》，《炎黄春秋》2020年第4期。

1006. 刘啸虎：《"困惑"下的"忠实"记录——英国战地记者维利尔斯眼中的旅顺大屠杀》，《大连大学学报》2020年第4期。

1007. 戴东阳：《高升号事件爆发后两位英国国际法学者的舆论宣传》，《中南大学学报（社会科学版）》2020年第4期。

1008. 吉辰：《〈明治二十七八年日清战史〉编纂问题再考——兼论日本

官修战史的编纂》，《世界历史评论》2020年第4期。

1009. 戚庆雨：《严复对甲午战争的若干看法》，《文山学院学报》2020年第5期。

1010. 张翕喆：《"高升"号事件英方对中方索赔原因综论》，《兰台世界》2020年第5期。

1011. 张凡、孙立春：《樋口一叶与甲午中日战争研究综述》，《文学教育（下）》2020年第5期。

1012. 代先祥：《甲午战争前后皖籍留日学生述论》，《安徽理工大学学报（社会科学版）》2020年第6期。

1013. 姚若琦：《1895年以前中日的几次交锋——中国是如何一步步走向甲午战争的下风？》，《理论观察》2020年第6期。

1014. 李庆华：《甲午战争与鲁西社会》，《兰台世界》2020年第6期。

1015. 王宝华：《以礼密臣为代表的"文明观"视域下的甲午战争》，《西部学刊》2020年第8期。

1016. 郑洋坤：《威海刘公岛甲午战争纪念地之东泓炮台建筑特征及文物价值研究分析》，《人文天下》2020年第8期。

1017. 周建波、李军：《官民同向：晚清华北口岸日商经营活动刍议》，《学习与探索》2020年第9期。

1018. 赖雅琼：《近代日本知识分子视野下的甲午战争——以新闻记者德富苏峰为对象》，《西部学刊》2020年第12期。

1019. 张斯元、甘桂琴：《清朝甲午战败原因再论》，《西部学刊》2020年第12期。

1020. 赵宽子：《东亚体制变革与甲午战争和日俄战争：作为"思想课题"的历史认识》，《思想》2020年第41期。

1021. 翟金懿：《慈禧万寿庆典与甲午战败关联性政治记忆的塑造与诠释——从慈禧太后六旬万寿庆典经费谈起》，《中国国家博物馆馆刊》2021年第1期。

1022. 瞿亮、李佳乐《近代以来日本的文明论与国家走向——文明论视域下的"东洋"与"西洋"》,《日本学刊》2021年第1期。

1023. 何国璠:《甲午战后中国海图编译的转变(1869—1914年)》,《近代中国》2022年第1期。

1024. 马丁、赵颖霞:《直隶总督王文韶与甲午战后督直举措述论》,《保定学院学报》2021年第2期。

1025. 李文君:《甲午前后的长沙——以吴大澂致汪鸣銮信札为依据的考察》,《长沙大学学报》2021年第3期。

1026. 马步云、邢永凤:《日本教育界眼中的甲午战争与晚清中国——以〈教育时论〉杂志为中心(1894—1895)》,《东北亚外语研究》2021年第4期。

1027. 石光日:《从朝贡到条约:甲午战争前后中日对朝贸易比较》,《东北财经大学学报》2021年第4期。

1028. 冯国林:《甲午战争前朝鲜华商同顺泰号的人参走私贸易》,《中国经济史研究》2021年第5期。

1029. 刘峰:《甲午战争以前日本的对华协调政策——以1876—1894年的朝鲜问题为例》,《安徽史学》2021年第5期。

1030. 罗桂生:《甲午战争中张之洞的外债备战策略与实践——兼评张之洞早期外债思想》,《荆楚学刊》2021年第5期。

1031. 王玉强、庄苗苗:《近代日本马政及其对外扩张》,《史学集刊》2021年第5期。

1032. 李自然:《甲午战争中对光绪帝的六次打击》,《黑龙江民族丛刊》2021年第5期。

1033. 陈代湘、杨扬:《刘坤一在中日甲午战争中的"持久战"战略思想》,《南开学报(哲学社会科学版)》2021年第6期。

1034. 胡天舒：《"双重中国认知"的演绎经纬与事实定位——对近代日本来华知识人"中国体验"的再观察》，《东北师大学报（哲学社会科学版）》2021年第6期。

1035. 熊剑平：《甲午战争前后日本对华间谍活动》，《文史天地》2021年第7期。

1036. 卢昱：《日记中的甲午年》，《大众日报》2021年9月15日，第16版。

1037. 戴海斌：《"痛史当年待补删"——重读〈甲午战争前后之晚清政局〉》，《读书》2021年第10期。

1038. 王琦：《甲午战争中新加坡华媒对旅顺大屠杀的报道与评论》，《大连城市历史文化研究》2021年。

1039. 许翔云：《美国媒体对甲午战争的多样化报道》，《世界历史评论》2022年第1期。

1040. 王国华：《日本建设海洋国家的思想溯源——以福泽谕吉和吉田茂为中心》，《北华大学学报（社会科学版）》2022年第1期。

1041. 张登德：《俄修西伯利亚铁路在晚清中国的反应》，《东方论坛》2022年第1期。

1042. 袁博：《困境中前行：近代中国国民海洋观念的觉醒与深化》，《齐齐哈尔大学学报（哲学社会科学版）》2022年第1期。

1043. 顾建娣：《改隶之悲：乙未割台后台籍士子的选择（1895—1897）》，《台湾历史研究》2022年第1期。

1044. 刘苏：《从伐谋伐交伐兵角度谈李鸿章甲午战争战前决策之失》，《孙子研究》2022年第2期。

1045. 王格格：《甲午战争时期日军军事医疗析论》，《抗日战争研究》2022年第2期。

1046. 郭蓓：《台湾诗人洪弃生的甲午悲吟》，《古典文学知识》2022年第3期。

1047. 周强：《甲午战后日本对威海湾北洋海军沉舰的打捞》，《历史档案》2022年第3期。

1048. 陈菁晶、胡积：《甲午战前日本在华情报活动——以福州为例》，《哈尔滨师范大学社会科学学报》2022年第3期。

1049. 吉辰：《古结谅子〈日清战争中的日本外交：围绕东亚国际关系的转变〉简评》，《抗日战争研究》2021年第3期。

1050. 王玢、陈光：《清末东北边疆危机与梁启超民族主义思想建构》，《黑龙江民族丛刊》2022年第5期。

1051. 王立本、潘是辉：《中国近代海权思想的建构与发展初探（1848—1900）》，《军事历史》2022年第5期。

1052. 韩祥：《甲午战后全国性钱荒危机的爆发及其对城乡社会的冲击》，《中国经济史研究》2022年第6期。

1053. 杨雄威：《〈求己录〉与甲午战后的和战反思》，《安徽史学》2022年第6期。

1054. 韩祥：《甲午战后全国性钱荒危机的爆发及其对城乡社会的冲击》，《中国经济史研究》2022年第6期。

1055. 卢昱：《魂安英伦的北洋水兵》，《大众日报》2022年6月30日，第8版。

1056. 冯国林：《甲午战争后朝鲜华商同顺泰商业策略的转变（1895—1905）》，《华人研究国际学报》第14卷，2022年第2期。

1057. 杨霖：《〈征清诗史〉对甲午"战争影像"的建构与其"诗史"特征》，《宝鸡文理学院学报（社会科学版）》2023年第1期。

1058. 杨冬：《清末时事战斗版画视觉叙事小议》，《文艺争鸣》2023年第1期。

1059. 冯国林：《甲午战争前朝鲜华商同顺泰的经营形态》，《八桂侨刊》2023年第2期。

1060. 刘青梅：《森鸥外的日俄战争观考述——从小说〈鼠坂〉展开》，《军事文化研究》2023年第2期。

1061. 冯国林：《日俄战争前后清政府在朝鲜的商业危机与官商合作》，《当代韩国》2023年第3期。

1062. 郭循春：《日本陆军与中国——日本学界关于陆军对华政策史研究》，《日本侵华南京大屠杀研究》2023年第3期。

1063. 崔志海：《美国与晚清中国（1894—1911）》，《近代史研究》2023年第3期。

1064. 苏艳：《甲午战争后晚清翻译界对国民尚武精神的培养》，《解放军外国语学院学报》2023年第3期。

1065. 孙德彪：《从"亡国史"系列作品看梁启超对近代朝鲜的关注》，《北华大学学报（社会科学版）》2023年第3期。

1066. 卢昱：《甲午海战北洋海军的战时旗舰》，《大众日报》2023年3月15日，第12版。

1067. 刘豫杰：《甲午战前日本陆军的"直隶决战"与对华情报活动》，《历史教学（下半月刊）》2023年第4期。

1068. 张礼恒：《强权战胜公理：中英"巴山"号事件研究》，《南开学报（哲学社会科学版）》2023年第4期。

1069. 卢昱：《千古艰难丁汝昌》，《大众日报》2023年5月13日，第7版。

1070. 冯晨曦：《台湾问题必将随着民族复兴而终结——评〈甲午战争与台湾百年命运〉》，《统一论坛》2023年第5期。

1071. 郭金海：《民国初期日本对中国中学数学教科书的影响》，《枣庄学院学报》2023年第5期。

1072. 王珍仁：《旅顺"万忠墓"研究新解二则》，《大连大学学报》2023年第6期。

1073. 孙青：《从"劝忠之典"到"千秋论定"：关于甲午战争阵亡将领

官修传稿的制度脉络及其转型》,《复旦学报(社会科学版)》2023年第6期。

1074. 周晓霞:《甲午战争前后日本知识分子的世界历史认识》,《南开学报(哲学社会科学版)》2023年第6期。

1075. 韩策:《北洋南洋一线牵:甲午战后围绕直督与江督的政争》,《福建论坛(人文社会科学版)》2023年第7期。

1076. 魏建:《刘公岛甲午战争纪念地——北洋海军基地后勤保障设施的维修与利用》,《文物鉴定与鉴赏》2023年第10期。

1077. 陈明亮:《甲午战时张之洞与粤军调防江南研究》,《中国国家博物馆馆刊》2023年第11期。

1078. 梁嘉添:《回首,挥手——观"纪念台湾光复七十八周年"暨"不屈与抗争——台湾人民的抗日斗争"图片展有感》,《台声》2023年第24期。

1079. 范祥银:《孙宝瑄的西学接受史——以孙宝瑄日记为中心的考察》,《新楚文化》2023年第27期。

1080. 马忠文:《国家图书馆藏翁同龢存札册〈倭韩新事〉〈倭韩近事〉考略》,《收藏家》2024年第1期。

1081. 刘威、姚宇菲:《审势与攻心:日本在甲午战争中的媒体宣传》,《大连大学学报》2024年第2期。

1082. 王锐:《"文明等级论"与近代殖民史》,《中华民族共同体研究》2024年第2期。

1083. 徐春景、刘威:《甲午战争后〈独立新闻〉英文版对清朝的舆论构建》,《新闻前哨》2024年第2期。

1084. 王媛元:《从清末到民国的民族救亡运动——评〈辛亥革命的前前后后〉》,《中国教育学刊》2024年第3期。

1085. 梁艺馨、董灏智:《从"膺惩清国"到"东亚兴隆"——德富苏峰的对华论策与生成逻辑》,《历史教学（下半月刊）》2024年第3期。

1086. 李金飞:《甲午战后"四万万"话语的救亡意蕴》,《人文杂志》2024年第4期。

1087. 孙青:《甲午战争阵亡将领官修传稿的制度脉络及其转型》,《社会科学文摘》2024年第4期。

1088. 吉辰:《从几个侧面看日本的甲午、日俄战争军事史研究》,《日本侵华南京大屠杀研究》2023年4期。

1089. 潘振鲁:《日俄战争前伊藤博文的对朝政策》,《西部学刊》2024年第9期。

1090. 卢昱:《北洋水手记忆中的来远舰》,《大众日报》2024年7月7日,第7版。

1091. 卢昱:《"海不扬波"却"扬波"》,《大众日报》2024年7月23日,第12版。

1092. 卢昱:《弹丸之地,无奈"胜利"》,《大众日报》2024年7月28日,第7版。

日文论文

1. 渡邊光重,日清戰後の銀行濫設.社会経済史学,1936.6(7):第870-887页.

2. 塚原仁,日清・日露兩戰役と我國人口動態.商業と經濟,1939.19(2):第95-123页.

3. 隈元謙次郎,黒田清輝と日清戦役.美術研究,1939.88:第7-17页.

4. 柏井象雄,日清戦争に於ける清朝の財政政策.東亞經濟論叢,1941.1(2):第404-423页.

5. 堀江保藏,日清戰爭後の外資輸入.經濟論叢,1944.58(6):第683-697页.

6. 堀江保藏,日清戰後經營と農商工高等會議.經濟論叢,1944.58(5):第648-654页.

7. 宮本又次,防穀令事件と日清戰爭.經濟學研究,1945.13(1):第89-107页.

8. 野村兼太郎,戰爭と金融:日清戰役における金融情勢.三田学会雑誌,1947.40(2):第51(1)-68(18)页.

9. 宮本又次,日清戰爭の戰後經營と貿易擴張策.經濟學研究,1947.13(2):第27-70页.

10. 佐藤三郎,日清戦争の中国に及ぼした影響について——当時の中国人の時局論を中心として.山形大学紀要.人文科学,1950.1(1):第65-80页.

11. 小野暢三,日清役前後.Kazi:ヨット、モーターボートの雑誌,1950.

16(2): 第12-15页.

12. 南とし子, 日清戦争と朝鮮貿易. 歴史学研究, 1951(149): 第43-46页.

13. 中山治一, 日清戦争と帝政ドイツの極東政策. 名古屋大学文学部研究論集, 1952(2): 第243-257页.

14. 前島省三, 天皇制と日清戦争——明治中期における国家主義の展開. 立命館法學, 1953(3): 第47-89页.

15. 松隈芳男, 日清戦前の労働運動. 法経論集, 1953. 2(1): 第71-94页.

16. 澤村東平, 李朝末期、綿製品輸入の社會經濟的條件: 日清戦争より日韓併合まで. 社会経済史学, 1953. 19(2-3): 第165-188页.

17. 衛藤瀋吉, 田保橋潔「日清戦役外交史の研究」. アジア研究, 1954. 1(1): 第128-131页.

18. 岡義武, 日清戦争と当時における対外意識-1-. 国家学会雑誌, 1954. 68(3・4): 第101-129页.

19. 佐藤三郎, 日清日露戦争の性格. 歴史教育, 1954. 2(2): 第90-96页.

20. 岡義武, 日清戦争と当時における対外意識-2-. 国家学会雑誌, 1955. 68(5・6): 第223-254页.

21. 高橋誠, 日清戦争「戦後経営」の財政史的意義. 経済志林, 1955. 23(1): 第85-109页.

22. 高橋誠, 日清戦争「賠償金」の一研究. 経済志林, 1955. 23(2): 第68-96页.

23. 安岡昭男, 日清間琉球案件交渉の挫折. 法政史学, 1955. 7: 第57-69页.

24. 渡辺幾治郎, 日清日露戦役と日本. 経済時代, 1956. 21(11): 第55-57页.

25. 岩井忠熊, 日清戦争後の政治過程. 日本史研究, 1957(32).

26. 安岡昭男, 琉球所属を繞る日清交渉の諸問題. 法政史学, 1957. 9: 第107-116页.

27. 田中惣五郎, 日清戦争当時の青年の思想——地方小都市の回覧誌をめぐつて. 歴史評論, 1958(92): 第58−66頁.

28. 藤村禅, 日清戦争の本質. 藝林, 1958.9(4).

29. 山脇悌二郎, 長崎における正徳元年の日清貿易——取引数量を中心として. 東方學, 1959(19): 第108−130頁.

30. 原田勝正, アジア連帯主義についての研究ノート——日清戦争にいたる段階における. 歴史評論, 1959(102).

31. 岸井守一, 神戸の学校体育について——明治初年から日清戦争まで. 神戸商船大学紀要. 第1類, 文科論集, 1960(8).

32. 林正和, 間島問題に関する日清交渉の経緯. 駿台史學, 1960(10): 第181−199頁.

33. 上野実義, 中国歴史教科書にあらわれたる「甲午中日戦争」(日清戦争) について(研究発表, 第7回研究大会). 社会科教育論叢, 1961.6.7.8(0): 第57頁.

34. 竹内実, 舞台における「日清戦争」——帝国主義対中国人民の反帝闘争の「矛盾」を描く. 文學界, 1961.15(3).

35. 安岡昭男, 日清戦争前の大陸政策. 国際政治, 1962. 1962(19): 第15−30頁.

36. 阿部光蔵, 日清講和と三国干渉. 国際政治, 1962. 1962(19): 第52−70頁.

37. 小木曽照行等, 日清・日露戦争の研究史. 国際政治, 1962. 1962(19): 第151−169頁.

38. 申国柱, 東学党問題と日清開戦. 国際政治, 1962. 1962(19): 第31−51頁.

39. 拝司静夫, 銀行の土地抵当貸付に関する若干の問題: 日清戦争前後における一資料の分析(続). 弘前大学人文社会, 1963.29: 第64−86頁.

40. 朴宗根, 日清戦争と朝鮮の甲午改革——とくに軍国機務処を中心として. 国際政治, 1963. 1963(22): 第50−68, L4頁.

41. 金教鉉, 日清開戦と甲午内政改革. 国際政治, 1963. 1963(22): 第35−

49, L4頁.

42. 香原一勢, 左宝貴将軍——日清戦争における満洲軍勇将. 日本歴史, 1964(189): 第46-48頁.

43. 小野一一郎, 日清戦争賠償金の領収と幣制改革——日本における金本位制の成立(3). 經濟論叢, 1964. 94(3): 第166-182頁.

44. 岡保生, 日清戦争と文壇——正岡子規の場合. 國文學: 解釈と教材の研究, 1964. 9(12): 第13-16頁.

45. 大川政三, 日清戦後の財政政策: 清国賠償金処分と地租増徴を中心にして. 一橋大学研究年報. 経済学研究, 1964. 8: 第31-87頁.

46. 林房雄, 大東亜戦争肯定論——日清戦争と三国干渉. 中央公論, 1964. 79(5).

47. 安岡昭男, 日清間の琉球帰属問題. 歴史教育, 1965. 13(1): 第68-74頁.

48. 猪俣敬太郎, 陸奥宗光——日清戦争の処理と三国干渉を応接せる陸奥外交——特集・三代の外交と外相. 日本及日本人, 1965. 16(2): 第54-59頁.

49. 萩原延寿, 陸奥宗光と日清戦争. 中央公論, 1965. 80(5): 第343-349頁.

50. 海川はるよ, 国分アイ与涌井治子, 看護学校のあゆみ 日赤女子短期大学・2 戦時救護時代・日清戦役. 看護教育, 1965. 6(4): 第53-58頁.

51. 越智治雄,「威海衛陥落」論——日清戦争劇を観る. 国語と国文学, 1965. 42(11).

52. 志村寿子, 戊戌変法と日本——日清戦争後の新聞を中心として. 東京都立大学法学会雑誌, 1966. 6(2): 第77-114頁.

53. 兵藤ツトム, 鉄工組合の成立とその崩壊(3・完)——日清戦争後における重工業の労資関係. 経済学論集, 1966. 32(3): 第63-94頁.

54. 吉田和起, 日英同盟と日本の朝鮮侵略——日清戦争から日露戦争への一過程. 日本史研究, 1966(84): 第1-26頁.

55. 菅原崇光, 日清戦争直前におけるロシア極東政策の基調——朝鮮問題を中心として. 西洋史研究, 1966(9): 第26-47页.

56. 植田捷雄, 日清戦役をめぐる国際関係. 東洋文化研究所紀要, 1966(41): 第1-54页.

57. 藤村道生, 明治維新外交の旧国際関係への対応——日清修好条規の成立をめぐって. 名古屋大学文学部研究論集, 1966(41): 第29-46页.

58. 中塚明, 日清戦争——近代日本の争点-46-. エコノミスト, 1967. 45(17): 第84-89页.

59. 関良一, 日清戦争と文壇——その序説. 國文學: 解釈と教材の研究, 1967. 12(11): 第27-33页.

60. 平間千可良, 日清・日露戦争をどう教えるか. 教育評論, 1967(204): 第30-33页.

61. 藤村道生, 明治初年におけるアジア政策の修正と中国——日清修好条規草案の検討. 名古屋大学文学部研究論集, 1967(44): 第3-26页.

62. 久保田収, 朝鮮問題と日清戦争. 神道史研究, 1967. 15(5・6): 第71-87页.

63. 依田憙家, 19世紀後半における日清両国の殖産政策について. 社会科学討究, 1967. 12(3): 第1-38页.

64. 那須宏, 日清戦争後の天皇制-1-. 岐阜経済大学論集, 1968. 2(1): 第27-50页.

65. 中塚明, 日清戦争の虚像と実像・一果してナショナリズムの発露であったか. 季刊社会科学, 1968(14): 第60-71页.

66. 藤井貞文, 日清戦役における山県有朋. 軍事史学, 1968(15): 第4-30页.

67. 田中直吉, 明治時代の軍制の一断面——日清・日露戦争指導. 軍事史学, 1968(15): 第60-70页.

68. 藤村道生, 明治初期における日清交渉の一断面——琉球分島条約をめぐって-上-. 名古屋大学文学部研究論集, 1968(47): 第1-8頁.

69. 越前正巳, 変法派・革命派の動向をめぐる日清関係——1890年代後半を中心として. 秋大史学, 1968(16): 第135-139頁.

70. 我部政男, 条約改正と沖縄問題——井上外交の日清交渉を中心に. 史潮, 1969(107): 第21-44頁.

71. 坂本夏男, 三国干渉に対する日本の反応. 軍事史学, 1969(16): 第72-86頁.

72. 安岡昭男, 日清戦争前の対清論策. 軍事史学, 1969(16): 第23-37頁.

73. 那須宏, 日清戦争後の天皇制-2-. 岐阜経済大学論集, 1969. 2(2): 第29-79頁.

74. 那須宏, 日清戦争後の天皇制-3-. 岐阜経済大学論集, 1969. 3(1): 第75-111頁.

75. 筒井充, 日清戦争の教訓と戦後の海軍拡張. 藝林, 1969. 20(1): 第2-26頁.

76. 稲葉正夫, 日清戦争に関する海軍資料——対清韓政略. 軍事史学, 1969(16): 第96-104頁.

77. 佐藤三郎, 日清戦争と中国. 軍事史学, 1969(16): 第4-22頁.

78. 藤村禅, 日清戦争と我が大陸政策. 軍事史学, 1969(16): 第38-71頁.

79. 戴天昭, 日清戦役三国干渉と台湾. 法學志林, 1969. 66(3): 第1-53頁.

80. 所荘吉, 日清役と村田銃. 軍事史学, 1969(16): 第105-107頁.

81. 那須宏, 日清戦争後の天皇制-4-. 岐阜経済大学論集, 1970. 3(2・3): 第29-80頁.

82. 名嘉正八郎, 日清間の沖縄所属問題. 歴史教育, 1970. 18(4): 第73-79頁.

83. 中村政則, 日清「戦後経営」論: 天皇制官僚機構の形成. 一橋論叢, 1970. 64(5): 第612-634頁.

84. 杉井六郎, 徳富蘇峰の中国観——とくに日清戦争を中心として. 人文

学報, 1970(30): 第63–84頁.

85. 大畑篤四郎, 大陸政策論の史的考察——幕末より日清戦争直後まで. 国際法外交雑誌, 1970. 68(5・6): 第55–97頁.

86. 河村一夫, 在仁川釜山元山清国専管居留地に関する日清交渉. 朝鮮学報, 1971(59): 第23–48頁.

87. 大山梓, 営口還附の日清交渉. 日本歴史, 1971(272): 第58–68頁.

88. 那須宏, 日清戦争後の天皇制–5–. 岐阜経済大学論集, 1971. 4(2): 第63–107頁.

89. 大山梓, 日清戦争と威海衛降服. 政經論叢, 1971. 40(1–2): 第1–17頁.

90. 竹内好, 日本人の中国認識 3 日清戦争前後. 朝日ジャーナル, 1971. 13(38): 第31–35頁.

91. 岡保生, 日清戦後と硯友社の変貌. 国文学: 解釈と鑑賞, 1972. 37(10): 第60–64頁.

92. 関良一, 日清戦後と近代詩の成立——「独歩吟」序にふれて. 国文学: 解釈と鑑賞, 1972. 37(10): 第64–69頁.

93. 飛鳥井雅道, 日清・日露戦争とナショナリズム. 国文学: 解釈と鑑賞, 1972. 37(10): 第32–36頁.

94. 山田博光, 日清・日露と戦争文学. 国文学: 解釈と鑑賞, 1972. 37(10): 第27–31頁.

95. 榎本隆司, 日露戦後のリアリズム精神. 国文学: 解釈と鑑賞, 1972. 37(10): 第53–58頁.

96. 土曜会歴史部会与高橋政子, 連載 日本看護婦物語補遺・3 日本赤十字社看護婦養成所–Ⅲ. 日清戦争と日赤看護婦. 看護学雑誌, 1972. 36(1): 第74–80頁.

97. 安夢弼, 東学革命と日清戦争. 東洋研究, 1972(28): 第151–180頁.

98. 藤島宇内,「満州」大虐殺の原型——日清戦争(虐殺の地「満州」

の旅から帰って-2-)(特集・日中交渉と田中内閣への疑問). 潮, 1972(159): 第146-157頁.

99. 藤村通, 日清戦争後の財政政策. 経済論集, 1973(19): 第169-184頁.

100. 広山隆恵, 大久保利通(征台問題後の日清交渉を中心に). 大正史学, 1973. 3: 第78-84頁.

101. 中村尚美, アジア侵略論と日清戦争. 社会科学討究, 1973. 19(1): 第27-59頁.

102. 崔柳吉,「日清戦争」までの韓日貿易: 貿易指数の推計試算. 一橋論叢, 1973. 69(6): 第527-538頁.

103. 中塚明, 日清戦争研究と朝鮮研究. 歴史評論, 1974(288): 第17-28頁.

104. 広瀬靖子, 日清戦争前のイギリス極東政策の一考察——朝鮮問題を中心として. 国際政治, 1974. 1974(51): 第129-154頁.

105. 森長英三郎, 李鴻章狙撃事件——日清講和談判の出鼻をくじく(史談裁判=第4集-16-). 法学セミナー, 1974(219): 第62-64頁.

106. 中村尚美, 19世紀末の極東情勢と日清戦争. 歴史評論, 1974(288): 第1-16頁.

107. 山口一之, 日清戦争後における陸羯南の外政論(1)——明治28～30年. 駒澤史学, 1975. 22: 第1頁.

108. 黒石勝, 日清戦役の軍需の一斑. 高千穂論叢, 1975. 49(1): 第123-171頁.

109. 朴宗根, 日清開戦における日本軍の朝鮮王宮占領事件の考察-上-. 歴史評論, 1975(302): 第33-53頁.

110. 朴宗根, 日清開戦における日本軍の朝鮮王宮占領事件の考察-下-. 歴史評論, 1975(304): 第74-83頁.

111. 中村尚美, 日清戦争後のアジア政策. 社会科学討究, 1976. 21(3): 第617-653頁.

112. 山口一之, 日清戦争後における陸羯南の外政論(2). 駒澤史学, 1976. 23: 第45頁.

113. 瀬川善信, 日清戦争(1894–1895)における居留民保護問題――在清公館引揚との関連において. 埼玉大学紀要. 社会科学篇, 1976(24): 第1–21頁.

114. 佐々木揚, 日清戦争後の清国の対露政策:一八九六年の露清同盟条約の成立をめぐって. 東洋学報, 1977. 59(1・2): 第67–104頁.

115. 森久男, 日清戦後経営と台湾――田口卯吉の台湾統治政策批判. アジア経済, 1977. 18(11): 第25–51頁.

116. 山下直登, 日清・日露戦間期における財閥ブルジョアジーの政策志向――有楽会の動向を中心に. 歴史学研究, 1977(450): 第12–26頁.

117. 永井良和, 日清戦争に対するフランスの態度. 海外事情, 1978. 26(1): 第57–64頁.

118. 桑原哲也, 日清戦争直後の日本紡績業の直接投資計画――東華紡織会社の事例を中心として. 経済経営論叢, 1979. 14(2): 第95–131頁.

119. 檜山幸夫, 日清戦争宣戦詔勅草案の検討――戦争相手国規定の変移を中心に–1–. 古文書研究, 1979(13): 第37–51頁.

120. 柳生悦子, 日本海軍水兵服(明治12年～日清戦争)1879–1895. 風俗: 日本風俗史学会会誌, 1979. 17(4): 第59–80頁.

121. 茶本繁正, 戦争とジャーナリズム―4–日清戦争と愛国心. 現代の眼, 1980. 21(12): 第276–285頁.

122. 檜山幸夫, 日清戦争宣戦詔勅草案の検討――戦争相手国規定の変移を中心に–2–. 古文書研究, 1980(15): 第49–62頁.

123. 佐々木揚, 日清戦争前の朝鮮をめぐる露清関係―― 一八八六年の露清天津交渉を中心として. 佐賀大学教育学部研究論文集, 1980. 28(1–1): 第148–132頁.

124. 橋本哲哉, 日清戦後の時代と「貧民論」. 金沢大学経済論集, 1980. 17: 第70-85頁.

125. 大浜徹也, 兵士にみる外国認識——日清・日露戦争を中心に. 史潮, 1980(7): 第27-40頁.

126. 三原芳一, 日清戦後教育政策の構造——就学督励をめぐって. 花園大学研究紀要, 1981(12): 第259-286頁.

127. 藤原隆男, 日清戦後の増税と酒造業. 歴史と文化, 1981: 第67-82頁.

128. 能地清, 日清・日露戦後経営と対外財政 1896～1913: 在外政府資金を中心に. 土地制度史学, 1981. 23(4): 第19-40頁.

129. 柳生悦子, 日本海軍水兵服-3-日清戦争(一八九四)～日露戦争(一九〇五). 風俗: 日本風俗史学会会誌, 1981. 20(2): 第15-30頁.

130. 野田秀雄, 近代における浄土宗教団の研究——日清戦争従軍慰問使覚書. 日本私学教育研究所紀要, 1981. 17(2): 第267-284頁.

131. 藤岡喜久男, 張謇と日清戦争. 北海学園大学法学研究, 1982. 18(2): 第237-273頁.

132. 大山梓, 日清戦争と占領地行政. 国際法外交雑誌, 1982. 80(6): 第638-653頁.

133. 太田健一, 日清戦争と塩業界の動向 塩業資本の植民地進出過程の分析. 岡山県史研究, 1982. 4: 第1-16頁.

134. 森山茂徳, 日清・日露戦争間期における日韓関係の一側面——在日朝鮮人亡命者の処遇問題. 東洋文化研究所紀要, 1982(88): 第195-221頁.

135. 松浦玲, 明治の海舟とアジア-1-勝海舟の日清戦争反対論. 世界, 1982(443): 第270-278頁.

136. 佐々木揚, ロシア極東政策と日清開戦. 佐賀大学教育学部研究論文集, 1982. 30(1-1): 第208-192頁.

137. 新谷肇一, 514 病院建築の計画史的研究: 日清戦争における陸軍予備病院について(建築計画). 日本建築学会研究報告. 九州支部. 2, 計画系, 1982(26): 第197-200頁.

138. 岩壁義光, 自由党の日清講和条約構想——森本駿の講和構想を中心として-2-. 政治経済史学, 1983(204): 第29-46頁.

139. 井ヶ田良治与I. Ryoji, 一兵士の日清戦争従軍日誌. 同志社法學, 1983. 34(5): 第137-185頁.

140. 杉井六郎与S. Mutsuro, 日清戦争とキリスト教(一)——『基督教新聞』と『福音新報』を中心として. キリスト教社会問題研究, 1983. 31: 第236-353頁.

141. 渡辺茂, 日清・日露両戦役をめぐる植村正久——その戦争理解を中心として. 六浦論叢, 1983(20): 第56-72頁.

142. 古川哲史, 泊翁(西村茂樹) と「日清戦争」秘録. 日本及日本人, 1983(〔1570〕): 第134-141頁.

143. 渡部学, 壺山朴文鎬の「日史」考——日清戦時下韓国在郷処士の日常行動と思想. 武蔵大学人文学会雑誌, 1983. 14(4): 第101-140頁.

144. 檜山幸夫与H. Yukio, 伊藤内閣の朝鮮出兵決定に対する政略論的検討(上): 日清戦争前史として. 中京法學, 1984. 18(1/2): 第25-99頁.

145. 檜山幸夫与H. Yukio, 伊藤内閣の朝鮮出兵決定に対する政略論的検討(下): 日清戦争前史として. 中京法學, 1984. 18(3): 第36-135頁.

146. 磯田光一, 丸山福山町と日清戦争——「にごりえ」の近景と遠景. 國文學: 解釈と教材の研究, 1984. 29(13): 第40-46頁.

147. 檜山幸夫, 日清戦争と戦時体制の形成——戦時関係法令を中心として. 社会科学研究, 1984. 4(2): 第53-142頁.

148. 岩壁義光, 日清戦争と居留清国人問題: 明治二七年「勅令第百三十七号」と横浜居留地. 法政史学, 1984. 36: 第61-79頁.

149. 杉井六郎与 S. Mutsuro, 日清戦争とキリスト教 (二) ——『基督教新聞』と『福音新報』を中心として. キリスト教社会問題研究, 1984. 32: 第173-214頁.

150. 小峰和夫, 黎明期の日満貿易——日清戦争以前の状況. 日本大学農獣医学部一般教養研究紀要, 1984(20): 第3-22頁.

151. 堀口修,「日清通商航海条約」締結交渉について. 中央史学, 1984. 7: 第21-72頁.

152. 野田重雄, 日清戦争における政府と軍部の関係. 防衛大学校紀要. 社会科学分冊, 1985(50): 第87-124頁.

153. 池上和夫与 K. Ikegami, 日清戦後における酒税の増徴について. 商経論叢, 1985. 20(3・4): 第85-156頁.

154. 堀口修, 日清講和条約案の起草過程について-1-. 政治経済史学, 1985. 230(中旬臨増): 第33-50頁.

155. 堀口修, 日清講和条約案の起草過程について-2完-. 政治経済史学, 1985. 231(下旬通常号): 第49-70頁.

156. 武市英雄, ジャーナリスト内村鑑三の対韓観: 日清・日露両戦争を中心に. コミュニケーション研究, 1985(15): 第1-23頁.

157. 斉藤寿彦, 日清戦争以後における横浜正金銀行の資金調達——準備的考察. 金融経済, 1986(218): 第35-71頁.

158. 黒沢嘉幸, 日清戦争における野戦病院について. 日本医史学雑誌, 1986. 32(1): 第43-49頁.

159. 小峰和夫, 日清・日露戦間期の満州. 日本大学農獣医学部一般教養研究紀要, 1986(22): 第1-14頁.

160. 山崎益吉与久保千一, 柏木義円の戦争観の変容——日清戦争から日露戦争に至る過程を中心として. 高崎経済大学論集, 1986. 28(4): 第216-191頁.

161. 遠藤光正, 山本梅崖の見た日清戦争後の中国——「燕山楚水紀遊」を中心として. 東洋研究, 1987(82): 第57-88頁.

162. 長井純市, 日清修好条規締結交渉と柳原前光. 日本歴史, 1987(475): 第61-79頁.

163. 岩壁義光, 日本人女性の対清国人婚姻形態と子女就籍問題について 日清戦中戦後を中心に. 神奈川県立博物館研究報告 人文科学, 1987.13: 第1-14頁.

164. 小林英夫, 日本帝国主義下の植民地——日清・日露戦後期以降の台湾. 駒沢大学経済学部研究紀要, 1987(45): 第119-172頁.

165. 鈴木智夫与水野明, 正眼寺所蔵清軍「戦衣」の研究——日清戦争の「戦利品」をめぐる諸問題. 日本史研究, 1988(312): 第62-88頁.

166. 小峰和夫, 日清戦争後の日満貿易の成長——日満貿易成立の背景と構造. 日本大学農獣医学部一般教養研究紀要, 1988(24): 第1-17頁.

167. 安田浩, 近代天皇制研究への一視角——日清戦争前後における天皇制支配と国家意識. 歴史学研究, 1988(586): 第2-12頁.

168. 中塚明, 韓地ノ電線断絶シ, 却テ百忙中稍々一閑ヲ得ルガ如キ心地シタリ——日清戦争の開戦と陸奥宗光. 立命館文學, 1988(509): 第1407-1424頁.

169. 高橋秀直,〈論説〉一八八〇年代の朝鮮問題と国際政治: 日清戦争への道をめぐって. 史林, 1988.71(6): 第857-897頁.

170. 馮正宝, 日清戦争～辛亥革命期の宗方小太郎——「大陸浪人」の役割についての一研究. 日本歴史, 1989(494): 第62-78頁.

171. 高橋秀直, 壬午事変後の朝鮮問題. 史林, 1989.72(5): 第686-725頁.

172. 桑田悦, 戦争限定の成功と挫折——日清戦争と支那事変. 軍事史学, 1990.25(3・4): 第137-146頁.

173. 中塚明, 日清戦争と明治天皇. 歴史評論, 1990(486): 第31-45頁.

174. 平井廣一, 日清・日露戦後の台湾植民地財政と専売事業: 阿片と樟脳を中心に. 土地制度史学, 1990. 33(1): 第18-32頁.

175. 柴崎力栄, 日清戦争を契機とする徳富蘇峰の転換について——海軍力と国際情報への着目. 大阪工業大学紀要. 人文社会篇, 1991. 36(1): 第36-1頁.

176. 阿部恒久与A. Tunehisa, 日清戦後における官立高等教育機関増設問題. 1991. 42.

177. 檜山幸夫, 日清開戦と陸奥宗光の外交指導——国家意思決定問題を中心に. 政治経済史学, 1991(300): 第189-226頁.

178. 大澤博明, 伊藤博文と日清戦争への道. 社會科學研究, 1992. 44(2): 第119-173頁.

179. 鈴木俊夫与S. Toshio, 香港上海銀行と日清戦争賠償公債発行(1895-1898年)(中京大学経営学部創立記念号). 中京経営研究, 1992. 創立記念号: 第179-200頁.

180. 栗原純, 日清戦争と講和交渉. 史論, 1992. 45: 第1-20頁.

181. 佐藤俊一, 日清戦争前後における愛知県の実業家と政治家. 法学新報, 1992. 98(11・12): 第51-84頁.

182. 勝尾金称, 日清戦争と日本児童文学. 梅花女子大学文学部紀要. 児童文学篇, 1992. 27: 第1-21頁.

183. 林正子. 台南の劉永福:「奉旨剿滅倭寇」の黒旗 (東洋史特集号) 史苑, 1992, 52(2): 28-51.

184. 長志珠絵, 日清戦後における「漢字」問題の転回——帝国教育言文一致運動と漢学者懇親会をめぐって. ヒストリア, 1992(136): 第1-22頁.

185. 張啓雄, 日清互換條約において琉球の帰屬は決定されたか: 一八七四年の台湾事件に関する日清交渉の再検討. 沖縄文化研究,

1992. 19: 第95-129頁.

186. 松下孝昭, 日清・日露戦間期の鉄道国有化問題. 日本史研究, 1992(358): 第1-29頁.

187. 小林道彦, 日清戦後の大陸政策と陸海軍: 一八九五～一九〇六年. 史林, 1992. 75(2): 第248-276頁.

188. 田中宏巳. 清末における海軍の消長-2-日清戦争直前の北洋艦隊 防衛大学校紀要. 人文科学分冊/防衛大学校 編, 1992 (64): 第77-105頁.

189. 崔碩莞. 甲申政変期の井上角五郎——日本の甲申政変企図説の再検討 日本歴史/日本歴史学会編, 1992 (533): 第62-76頁.

190. 糟谷憲一. 壬午軍乱直後の閔氏政権と「善後六条」東アジア: 歴史と文化, 1992 (1): 第31-37頁.

191. 石脇好幸, 日清戦争前後の法制度-1-部隊行動に関わる戦時法制の整備とその実態. 防衛大学校紀要. 社会科学分冊, 1993(67): 第1-48頁.

192. 金鳳珍. 朝鮮の万国公法の受容-上-開港前夜から甲申政変に至るまで, 北九州大学外国語学部紀要, 1993 (78): 第41-71頁.

193. 河村一夫, 日清戦争と陸奥外交. 軍事史学, 1993. 28(4): 第39-46頁.

194. 神山恒雄, 日清戦後の外債発行. 地方金融史研究, 1993(24): 第87-106頁.

195. 大澤博明与O. Hiroaki, 日清共同朝鮮改革論と日清開戦. 熊本法学, 1993. 75: 第1-49頁.

196. 檜山幸夫, 明治天皇と日清開戦——「朕の戦争に非ず」をめぐって. 日本歴史, 1993(539): 第57-75頁.

197. 伊藤之雄. 元老制度再考——伊藤博文・明治天皇・桂太郎. 史林, 1994, 77(1): 1-31.

198. 金鳳珍. 朝鮮の万国公法の受容-下-開港前夜から甲申政変に至るまで, 北九州大学外国語学部紀要, 1994 (80): 第27-102頁.

199. 伊藤之雄, 日清戦争以後の中国・朝鮮認識と外交論. 名古屋大学文学部研究論集, 1994(119): 第263-305頁.

200. 石脇好幸, 日清戦争前後の法制度-2-将兵の処遇に関わる戦時法制の整備とその実態. 防衛大学校紀要. 社会科学分冊, 1994(68): 第69-110頁.

201. 長谷川直子. 壬午軍乱後の日本の朝鮮中立化構想. 朝鮮史研究会論文集/朝鮮史研究会編, 1994 (32): 第139-163頁.

202. 桑田悦, 日清戦争前の日本軍の大陸進攻準備説について. 軍事史学, 1994. 30(3): 第4-18頁.

203. 原剛与安岡昭男, 日清戦争関係文献目録. 軍事史学, 1994. 30(3): 第47-73頁.

204. 近藤健一郎, 日清戦争後の沖縄における「風俗改良」運動の実態——「父兄懇談会」の開始を中心に. 南島史学, 1994(44): 第60-75頁.

205. 上垣外憲一. 明治前期日本人の朝鮮観, 日本研究, 1994, 11: 第41-57頁.

206. 西岡香織, 日清戦争の大本営と侍従武官制に関する一考察. 軍事史学, 1994. 30(3): 第19-34頁.

207. 原剛, 日清戦争における本土防衛, 軍事史学, 1994. 30(3): 第35-46頁.

208. 中塚明, 日清戦争から100年, 敗戦から50年——新たに見つかった参謀本部「日清戦史」草案から考える. 前衛: 日本共産党中央委員会理論政治誌, 1994(650): 第201-210頁.

209. 檜山幸夫, 日清戦争100年 朕の戦争に非ず大臣の戦争なり. エコノミスト, 1994. 72(46): 第76-79頁.

210. 梅渓昇, 日清開戦前後における隠れたる諸事実について: 軍艦筑波の行動を中心として. 鷹陵史学, 1994. 19: 第149-212頁.

211. 曽田三郎, 日清・日露戦争と清末政治. 歴史評論, 1994(532): 第

10–22页.

212. 大谷正, 旅順虐殺事件と国際世論をめぐって. 歴史評論, 1994(532): 第44–49页.

213. 瀬古邦子, 韓国での最近の甲午農民戦争研究. 歴史評論, 1994(532): 第50–56页.

214. 重松保明. 李鴻章の対日観——同治時代を中心として, 人文論究, 1995, 45(2): 第28–42页.

215. 三好章, 戦後50年・日清戦争100年(光陰似箭). 中国研究月報, 1995(570): 第51–53页.

216. 留場端乃, 日清戦争後の中江兆民(日本史特集号), 史苑1995, 56(1): 第42–59页.

217. 小原晃, 日清戦争後の中朝関係——総領事派遣をめぐって. 史潮, 1995(37): 第45–59页.

218. 王守中与鉄山博, 日清戦争から清末までの中国の2つの改革運動の研究におけるいくつかの問題. 鹿児島経大論集, 1995. 36(2): 第123–157页.

219. 山崎勇治, 清国総税務司, ロバート・ハートから見た日清戦争と賠償金–1–北京とロンドンとの往復書簡. 商経論集, 1995. 30(3・4): 第37–72页.

220. 君塚直隆, イギリス政府と日清戦争——ローズベリ内閣の対外政策決定過程. 西洋史学, 1995(179): 第193–207页.

221. 佐々木揚, 日清戦争をめぐる国際関係:欧米の史料と研究. 近代中国研究彙報, 1996. 18: 第55–78页.

222. 歴史学会, 戦後50年・日清戦争100年関係催し・文献目録(1). 史潮, 1996(39): 第65–70页.

223. 歴史学会, 戦後50年・日清戦争100年関係催し・文献目録(2). 史潮, 1996(40): 第118–129页.

224. 伊藤一彦. 近代における東アジア 3 国関係の再構築: 日清修好条規締結交渉を中心に.宇都宮大学国際学部研究論集, 1996 (創刊号): 第119–136页.

225. 清水やすし,日清・日露期の「家」意識: 婦人雑誌『女鑑』を中心にして,法政史学,1996. 48,第105–119页.

226. 石川遼子, 東京外国語学校の再興と朝鮮語教育: 日清戦争と日露戦争のあいだ. 人間文化研究科年報, 1996. 12: 第177–184页.

227. 後藤乾一, 近代日本の南進——台湾・南洋諸島・東南アジアの比較考察. 史潮, 1996(39): 第18–30页.

228. 森山茂徳, 日清戦争時の日本軍部の対韓政策. 獨協法学, 1996(43): 第157–197页.

229. 大畑篤四郎, 日清戦争後の東アジア国際秩序の変動——不平等条約体制を中心に. 史潮, 1996(39): 第4–17页.

230. 菅野正,「割閩換遼」要求風説と湖南・禹之謨. 奈良史学, 1996(14): 第76–100页.

231. 歴史学会, 戦後50年・日清戦争100年関係催し・文献目録(3)(資料). 史潮=The Journal of history, 1997(41): 第72–99页.

232. 原田, 敬一,国権派の日清戦争:『九州日日新聞』を中心に,佛教大学文学部論集, 1997. 81,第19–39页.

233. 飯倉章. 世紀の終りと「黄禍」の誕生: カイザーとその寓意画——および三国干渉.国際文化研究所紀要, 1997, 3: 第1–23页.

234. 大谷正,憲政資料室所蔵田健治郎関係文書中の伊東巳代治書簡について——日清戦争期の情報・宣伝活動に関する一史料. 専修史学, 1997(28): 第56–76页.

235. 酒井晶代, 日清戦争後の〈遊学少年〉たち——雑誌「少年世界」を手がかりに. 愛知淑徳短期大学研究紀要, 1997(36): 第244-234頁.

236. 滝沢民夫, 日清戦争後の「豚尾漢」的中国人観の形成. 歴史地理教育, 1997(562): 第68-73頁.

237. 高蘭, 日清戦後の対清国経済進出構想——伊藤博文を中心に. 日本歴史, 1997(593): 第49-64頁.

238. 安中尚史, 日清・日露戦争における日蓮宗従軍僧についての一考察. 日蓮教学研究所紀要, 1997(24): 第1-15頁.

239. 飯野信義, 日清・日露戦争と捕虜の取扱い 併せて国際法とシベリア抑留日本人捕虜との対比. 高崎市史研究, 1997.7: 第1-30頁.

240. 細見和弘. 李鴻章と戸部. 北洋艦隊の建設過程を中心に. 東洋史研究, 1998, 56(4): 第811-838頁.

241. 大谷正, 忘れられたジャーナリスト・史論家・アジア主義者川崎三郎——日清戦争以前. 専修史学, 1998(29): 第50-74頁.

242. 滝沢民夫, 日清戦争期の「豚尾漢」的中国人観の形成(2). 歴史地理教育, 1998(577): 第70-75頁.

243. 羽賀祥二与S. Haga, 日清戦争記念碑考——愛知県を例として. 名古屋大学文学部研究論集. 史学, 1998.44: 第205-231頁.

244. 中西直樹, 日清戦争後宗教の動向——戦後世論と宗教家懇談会をめぐって. 佛教史研究, 1998(34): 第72-100頁.

245. 佐藤三郎, 日清戦争後の日本の対中国提携志向. 日本歴史, 1998(601): 第104-111頁.

246. 望月雅士, 日清戦後の宮中と政治. 東アジア近代史, 1998(1): 第3-20頁.

247. 文公輝, 錦絵・錦絵新聞にみる朝鮮・中国へのまなざし——江華島事件から日清戦争まで. 大阪人権博物館紀要, 1998(2): 第29-51頁.

248. 芝原拓自, 日清戦争前における日中両国貿易構造の対比, Review of

economics and information studies, 1999.

249. 竹村則行,清末小説『説倭伝』に全文転載された李鴻章編『中日議和紀略』をめぐって,文學研究. 1999. 96, 第15-34頁.

250. 三輪雅人,孫文思想研究:「李鴻章上書」と三民主義の萌芽,研究論集, 1999, 70: 第253-268頁.

251. 中根隆行,従軍文士の渡韓見聞録: 日清・日露戦争期の〈朝鮮〉表象と与謝野鉄幹「観戦詩人」,日本語と日本文学, 1999.

252. 周継紅,日清戦争と季鴻章の外交指導,中京大学大学院生法学研究論集, 1999.

253. 斎藤聖二,日清戦争と兵員輸送——その初期展開. シオン短期大学研究紀要, 1999(39): 第17-49頁.

254. 斎藤聖二,日清開戦時の軍事通信——釜山・ソウル間電信線架設の経緯. 茨城キリスト教大学紀要. 2, 社会・自然科学, 1999(33): 第31-49頁.

255. 鳴野雅之,清朝官人の対日認識——日清修好条規草案の検討から. 史流, 1999(38): 第1-68頁.

256. 高澤秀次, 海を越えた知識人たち 近代日本の冒険(14)有島武郎——日清戦争と新しきヒロインの誕生. 発言者, 1999(62): 第66-70頁.

257. 瀬野精一郎,「日清の後家」と「日露の後家」. 日本歴史, 1999(608): 第44-46頁.

258. 大沼正博. 日中の歴史認識の差小考 中京大学教養論叢, 2000, 40(4): 第699-718頁.

259. 巫碧秀,洋務運動研究の現状と課題: 日清戦争以前の官営軍事工業の評価を中心に,三田学会雑誌, 2000.

260. 池山弘,日清戦争が及ぼした民衆の経済的生活への影響: 愛知県愛知郡鳴海町を例として,四日市大学論集,2000.

261. 斎藤聖二,日清講和と山東半島作戦,茨城キリスト教大学紀要(0xF9C2)社会・自然科学(34),1−16,2000.

262. 横山宏章,中国の伝統的「以夷制夷」戦略−清末から現代まで,2000.

263. 井上敦,三国干渉前後の言論統制の一端.法政史学,2000(53):第12−34頁.

264. 原田敬一,戦争を伝えた人びと:日清戦争と錦絵をめぐって.文学部論集,2000.84:第1−15頁.

265. 羽賀祥二与S. Haga,戦病死者の葬送と招魂−日清戦争を例として,名古屋大学文学部研究論集.史学,2000.46:第83−112頁.

266. 馬場明,鉄道問題にみる満州に関する日清条約.栃木史学,2000(14):第144−175頁.

267. 佐藤愛,俗謡・西郷伝説・日清戦争——泉鏡花「予備兵」覚え書.芸術至上主義文芸,2000(26):第15−25頁.

268. 李秀允,日清戦争以前における朝鮮開港場をめぐる日中朝商人の確執.日本植民地研究,2000(12):第14−28頁.

269. 野邑理栄子,日清戦争後における軍事と教育の相剋——陸軍地方幼年学校廃止要求登場の歴史的意味.日本文化論年報,2000(3):第1−25頁.

270. 松本通孝,日清・日露戦争と国民の対外観の変化——明治期中学校外国史教科書の分析を通して.教育研究:青山学院大学教育学会紀要,2000(44):第47−56頁.

271. 谷渕茂樹,清末外交史から見た日清修好条規の研究.史学研究,2000(229):第85−95頁.

272. 水野明,満州をめぐる侵略と反抗への視角——日清戦争から満州事変までの時期を中心に.愛知学院大学教養部紀要,愛知学院大学

論叢,2000. 47(3): 第144-110頁.

273. 内藤千珠子,王妃と死: 日清戦争前後の「閔妃」をめぐる表象(近代部門,第二一回研究発表大会・発表要旨),日本文学,2001.

274. 姜範錫. 甲申政変の底辺にあるもの——1880 年代朝鮮国の歴史的ブロック.広島国際研究/広島市立大学国際学部・国際研究学科『広島国際研究』編集委員会編,2001, 7: 第1-31頁.

275. 巫碧秀. 清末中国における近代工業技術教育: 福州船政学堂の史的究明,三田学会雑誌,2001, 94(3): 第459(85)-478(104)頁.

276. 瀬戸利春,戦史検証 近代日本の大陸戦略の原点:日清戦争.歴史群像,2001. 10(5): 第66-80頁.

277. 鈴木研一,俗悪な優越感と史実の歪曲による愛国心の鼓吹——「新しい歴史教科書」派の日清・日露戦争論.プロメテウス: 労働の解放をめざす労働者,党理論誌,2001(42): 第33-62頁.

278. 島田昌和,渋沢栄一の経済政策提言と経済観の変化——日清・日露戦争期を中心として. 経営論集, Bunkyo Gakuin University, 2001. 11(1): 第29-47頁.

279. 五十嵐憲一郎,日清戦争開戦前後の帝国陸海軍の情勢判断と情報活動.戦史研究年報,2001(4): 第17-33頁.

280. 馮青,日清戦争後における清朝海軍の中央化. 聖心女子大学大学院論集,2001. 23: 第100-82頁.

281. 斎藤聖二,日清戦後軍拡案の成立過程.茨城キリスト教大学紀要. 2, 社会・自然科学,2001(35): 第1-21頁.

282. 五十嵐憲一郎,防衛庁からの戦史——日清開戦と高陞号事件. Securitarian, 2001(510): 第56-57頁.

283. 中山隆志,帝国ノ光栄ヲ中外ニ宣揚ス——日清戦争から日露対立への道.歴史と旅,2001. 28(10): 第30-35頁.

284. 池山弘,日清・日露戦争期における軍事物資徴発と民衆の経済的負担.四日市大学論集,2001.13(2):第87-113頁.

285. 亀掛川博正,北洋海軍の成立とその対日戦略 政治経済史学,2002 (427):第1-26頁.

286. 布和,李鴻章と日清修好条規の成立——1870年代初めの清国対日政策の再検討.桜花学園大学人文学部研究紀要,2002(5):第201-210頁.

287. 閻立,日清戦争以前における中国人の日本語観について.法政大学教養部紀要,2002(120):第1-26頁.

288. 畢可忠,日清戦後の上越線敷設運動.現代社会文化研究,2002.25:第303-314頁.

289. 森田吉彦,日清修好条規締結交渉における日本の意図,1870～1872年——藤村道生説へのいくつかの批判.現代中国研究,2002(11):第60-73頁.

290. 吉田傳,明治の人びとの気骨と頭脳——日清戦争と植民地行政のうまさ.季刊現代警察,2002.28(4):第14-20頁.

291. 大浜郁子,「琉球教育」と台湾における植民地教育:日清戦争前後の学務官僚児玉喜八の動向を中心に.沖縄文化研究,2002.28:第351-382頁.

292. 長山貴之,日清戦争直前の予算制度改革,香川大学経済論叢,2003.76(2),第221-225頁.

293. 広野好彦,三国干渉再考,大阪学院大学通信,2003,34(4):第263-277頁.

294. 佐々木揚,清末の「憲法」:日清戦争前後,九州大学東洋史論集.2003-04-30,31,第137-180頁.

295. Yusa T.清末期の「日曜日」:清末期中国における「近代」の受容,文

化共生学研究, 2003, 1(1): 第181-191頁.

296. 鈴木三郎,宋寧而,中国船員教育体制の一考察 日本航海学会論文集, 2003, 109: 第191-198頁.

297. 星野芳郎. 朝鮮人民にとって三国干渉と日英同盟とは何であった か——日本軍国主義の源流を問う第五の視点 技術と人間, 2003, 32(9): 第102-111頁.

298. 池山 弘,愛知県に於ける日清・日露戦争期の徴兵忌避の特質,四日 市大学論集,2003,15(2),第1-22頁.

299. 関礼子,日清戦争言説のジェンダー構成——近代化の一側面. 亜細 亜大学経濟學紀要, 2003. 28(1): 第107-120頁.

300. 山村健,日清戦争期韓国の対日兵站協力. 戦史研究年報, 2003(6): 第117-133頁.

301. 尾崎庸介,日清戦争期にみる領土割譲問題と日英関係——台湾領有問 題をめぐって.大阪学院大学国際学論集,2003.14(2): 第155-173頁.

302. 永江眞夫,日清戦後における旧国立銀行系地方銀行の動揺——熊 本県の事例. 福岡大学経済学論叢, 2003. 47(4): 第645-688頁.

303. 大竹聖美,明治期少年雑誌に見る朝鮮観——日清戦争(1894) ～日 韓併合(1910)前後の『頴才新誌』・『少年園』・『小国民』・『少年世 界』.朝鮮学報, 2003. 188: 第77-103頁.

304. 佐々木恵子, K. Sasaki, 横浜居留地の清国人の様相と社会的地位- 明治初期から日清戦争までを中心として,神奈川大学大学院言語と 文化論集, 2003. 10: 第213-237頁.

305. 岩根承成,高崎十五連隊二つの日清戦争『戦記』. 高崎市史研究, 2003. 18: 第85-138頁.

306. 鈴木三郎, 宋寧而. 黎明期における船員教育体制の中日比較,日本 航海学会論文集,2004, 111: 第311-316頁.

307. 池山 弘,愛知県に於ける日清戦争従軍の軍役夫,四日市大学論集,2005,18(1).

308. 福井智子,依田学海が見た清国軍人・丁汝昌-日清戦争と明治の知識人,比較文学,2004,47.

309. 談謙,清末における中国のエリート養成教育に関する一考察——近代教育制度の導入期の政策を中心に教育行財政研究,2004,30: 第72-83頁.

310. 區建英,厳復の初期における伝統批判と改革思想 新潟国際情報大学情報文化学部紀要,2004,7: 第77-103頁.

311. 福井智子,勝海舟が「海外の一知己」丁汝昌 大阪大学言語文化学,2004,13: 第35-47頁.

312. 井上泰至,副田賢二,日清戦争前後の古典出版とメディア.防衛大学校紀要.人文科学分冊,2004.88: 第13-36頁.

313. 貴志俊彦,日清戦争勃発前年の北東アジアの政治と社会-原田藤一郎『亜細亜大陸旅行日誌并清韓露三国評論』を通じて-.島根県立大学メディアセンター年報4,2004: 第2-12頁.

314. 蒲地典子,日清戦争と極東の新世界秩序.中国: 社会と文化,2004(19): 第405-417頁.

315. 中澤俊輔,日清・日露戦間期の警察改革.本郷法政紀要,2004(13): 第183-214頁.

316. 野口真広,明治維新以後の日清外交関係の変化-小田県漂流民を主な事例として-.社学研論集,2004. 3: 第109-125頁.

317. 葉偉敏,李鴻章の対日開戦に関する強硬な発言の由来について——1885年日清天津交渉の一側面.近きに在りて: 近現代中国をめぐる討論のひろば=Being nearby: discussions on modern China, 2004(46): 第26-33頁.

318. 中村勝,「他者」観念への渇きもしくは「九〇〇人の妄想家」——「台湾出兵」および日清戦争後期にみる「賊徒」の討伐と「虐待」. 名古屋学院大学論集. 社会科学篇, 2004. 41(2): 第152-103頁.

319. 胆, 紅, 陸羯南と新聞『日本』のアジア論:日清戦争まで, 国際公共政策研究. 2005. 9(2), 第321-331頁.

320. 杉渕. 北東アジアにおける西洋の衝撃:日本・中国・朝鮮の開国と軋轢 亜細亜大学学術文化紀要, 2005, 8: 第1-48頁.

321. 鄭鳳輝. 甲申政変120年——金玉均と竹添進一郎 海外事情研究, 2005, 32(2): 第21-69頁.

322. 大谷正, ある軍医の日清戦争体験と対清国観:渡辺重綱『征清紀行』を読む, 専修法学論集, 2006.

323. 福井智子, 依田学海が見た清国軍人・丁汝昌. 比較文学, 2005. 47(0): 第114-124頁.

324. コヴァルチュークマリーナ, М. Ковальчук, 日清戦争期の日本の新聞に見るA. マハンの「シー・パワー」論の展開. 大阪大学言語文化学, 2005(14): 第73-85頁.

325. 人見佐知子, 日清戦争期の婦人軍事援護団体——加東郡婦人報公会を事例として. 神戸大学史学年報, 2005(20): 第1-27頁.

326. 片岡一忠, 日清間の条約文書にみえる日清両国の官印-清朝官印制度の変化の一齣. 駒沢史学64号, 2005: 第48-63頁.

327. 斐廷鎬, 米津篤八, 韓国の親日清算論争を考える. 論座, 2005(116): 第240-246頁.

328. 川崎勝, 福澤諭吉と内村鑑三:日清戦争の評価をめぐって. 福澤諭吉年鑑, 2005. 32: 第97-115頁.

329. 名和月之介, 仏教と軍事援護事業——日清戦争における西本願寺教団の事業を端緒として. 四天王寺国際仏教大学紀要, 2005(40): 第

11−28页.

330. 薄培林,東アジア国際秩序の変容における対日新関係の模索: 日清修好条規交渉時の清朝官僚の「聯日」論,法政研究, 2006, 72(4): 第95−142页.

331. 朱憶天,康有為の明治維新受容の背景について 国際文化研究紀要, 2006, 13: 第145−166页.

332. 佐藤公彦,サトウキミヒコ与K. Sato, 一八九五年の古田教案: 斎教・日清戦争の影・ミッショナリー外交の転換. アジア・アフリカ言語文化研究, 2006. 72: 第66−123页.

333. 斎藤道彦,口中関系的歴史和現状以及未来——日清戦争110周年、日俄戦争100周年. 中央大学経済研究所年報, 2006(37): 第133−146页.

334. 大谷正,日清戦争報道とグラフィック・メディア——従軍した記者・画工・写真師を中心に. メディア史研究, 2006. 21: 第1−19页.

335. 馮青,日清戦後の清朝海軍の再建と日本の役割. 軍事史学, 2006. 42(2): 第47−65页.

336. 谷渕茂樹,日清開戦をめぐる李鴻章の朝鮮政策——李鴻章の朝鮮認識と日本. 史学研究, 2006(253): 第43−63页.

337. 菰田将司,日本から見た日清戦争後の李鴻章について. 史境, 2006(53): 第34−51页.

338. 都倉武之,明治27年・甲午改革における日本人顧問官派遣問題——後藤象二郎渡韓計画を中心に. 武蔵野短期大学研究紀要, 2006. 20: 第131−145页.

339. 川島真,関係緊密化と対立の原型−日清戦争後から二十一ヵ条要求まで. 国境を越える歴史認識(劉傑・三谷博・楊大慶編著)(東京大学出版会), 2006: 第28−50页.

340. 大谷正,ある軍医の日清戦争体験と対清国観: 渡辺重綱『征清紀行』

を読む. 専修法学論集, 2006. 96: 第39-68頁.

341. 山崎勇治,「清国総税務司ロバート・ハート」が日清戦争で果たした役割――北京とロンドンの秘密電報&書簡を通じて. 北九州市立大学国際論集, 2006(4): 第19-32頁.

342. 岡本隆司,「朝鮮中立化構想」の一考察-日清戦争以前の清韓関係に着眼して-. 洛北史学 8, 2006: 第3-27頁.

343. 内田正夫,日清・日露戦争と脚気 (研究プロジェクト 近代日本の戦争と軍隊),東西南北,2007,第144-156頁.

344. 周偉嘉, 内藤洋介. マッギフィンとその時代-新発見の上野彦馬の写真を手がかりに 産業能率大学紀要,産業能率大学紀要審査委員会編, 2007, 28(1): 第57-74頁.

345. 李修京, 朴仁植. 朝鮮王妃殺害事件の再考,東京学芸大学紀要. 人文社会科学系. I, 2007, 58: 第93-105頁.

346. 林葉子,日清戦争期の女性イメージ: 日本婦人矯風会機関誌における従軍看護婦の位置づけをめぐって,同志社法學,2007,59(2),第625-647頁.

347. 酒井裕美. 開港期朝鮮の外交主体・統理交渉通商事務衙門に関する一考察――甲申政変前における地方官庁との関係,とくに財政政策を一例として 朝鮮学報,朝鮮学会編, 2007, 204: 第35-60頁.

348. 陳敏. 清朝末の中国外交と李鴻章 立命館国際研究/立命館大学国際関係学会編, 2007, 20(1): 第125-148頁.

349. 戴煥,芥川龍之介『奇怪な再会』論: 日清戦争を背景にした中日の表象, Comparatio. 11, 第28-35頁, 2007-11-20. 九州大学大学院比較社会文化学府比較文化研究会バージョン.

350. 張秀蘭,那仁満都拉,中日両国の高校歴史教科書の比較研究: 日清戦争を中心に,広島大学大学院教育学研究科紀要. 第二部, 文化教育開発関連領域, 2007.

351. 宮古文尋, 日清戦争後の親露政策と変法運動(上智大学史学会第五十六回大会部会研究発表要旨). 上智史學, 2007. 52: 第177-178頁.

352. 戒能善春, 日清戦争における台湾作戦——戦争か治安か. 防衛学研究, 2007(37): 第91-108頁.

353. 松村正義, 日清戦争における高陞号事件と末松謙澄. メディア史研究, 2007. 22: 第1-21頁.

354. 林原和彦, 日清・日露戦争と"愛国心"の取り上げ方. 社会科教育, 2007. 44(10): 第48-51頁.

355. 秦郁彦, 近況三題「日清談判」破裂してレンタル核、体罰といじめ. 自由, 2007. 49(5): 第67-75頁.

356. 戴煥, 芥川龍之介『奇怪な再会』論: 日清戦争を背景にした中日の表象. Comparatio, 2007. 11: 第28-35頁.

357. イリゴイエン藤原バウラ, グローバル・メディアにおける日清戦争のイメージに関する予備的研究. 専修史学, 2007(42): 第35-65頁.

358. 多羅尾歩, 『暗夜』と日清戦争下の女性表象. 言語情報科学, 2007(5): 第127-146頁.

359. 佐々木揚, 最近一〇年間の中国における日清戦争史研究. 東アジア近代史, 2008(11): 第104-118頁.

360. 李其珍, 新聞論評漫画の社会的機能に関する一考察: 日清・日露戦争期における新聞漫画の内容分析から, マス・コミュニケーション研究/2008, 72, 第117-132頁.

361. 磯部敦, 日清戦争をめぐる子どもの情報環境, 明星大学研究紀要【日本文化学部・言語文化学科】第十六号, 2008.

362. 池山弘, 愛知県額田郡徴兵慰労会の活動および財政の分析: 設立から日清戦争開戦前まで, 四日市大学論集, 2008.

363. 中元崇智,日清戦争後における経済構想——金子堅太郎の「工業立国構想」と外資輸入論の展開,史林,2008,91 (3),第528-55頁.

364. 立川京一与宿久晴彦,政府及び軍とICRC等との関係——日清戦争から太平洋戦争まで(前編).防衛研究所紀要,2008.11(1): 第69-125頁.

365. 若杉温,学校から見た日清戦争後の明治社会.歴史地理教育,2008(735): 第18-21頁.

366. 関誠,日清戦争以前の日本陸軍参謀本部の情報活動と軍事的対外認識.国際政治,2008.2008(154): 第12-28頁.

367. 繁田真爾,日清戦争前後の真宗大谷派教団と「革新運動」——清沢満之「精神主義」の起源.近代仏教,2008(15): 第70-98頁.

368. 喜多義人,日本によるジュネーヴ条約の普及と適用——日清戦争における日本赤十字社の敵傷病者救護を中心として.日本法學,2008.74(2): 第347-388頁.

369. 區建英,中国のナショナリズム形成: 日清戦争後の移り変わりと辛亥革命,新潟国際情報大学情報文化学部紀要,2009.

370. 朝井佐智子,清国北洋艦隊来航とその影響.愛知淑徳大学現代社会研究科研究報告/現代社会研究科出版・編集委員会 編,2009 (4): 第57-72頁.

371. 石川徳幸,対外危機における言説と集合的記憶に関する一考察——三国干渉をめぐるメディア言説と日露開戦過程における対露強硬論を題材として.日本大学大学院法学研究年報,2009 (39): 第223-252頁.

372. 渡辺利夫,福澤諭吉 朝鮮近代化への夢と挫折 Rim: 環太平洋ビジネス情報,2009 (34): 第1-6頁.

373. 白春岩,明治初期における李鴻章の対日観 社学研論集,2009,14: 第

164–179页.

374. 馮青,北洋海軍と日本——その日本訪問を中心に (特集 日本のシー・パワー) 軍事史学, 2009, 44(4): 第116–132页.

375. 瀧井一博,準拠国ドイツの選択と脱却: 明治一四年の政変から伊藤博文の憲法調査まで 聖学院大学総合研究所紀要, 2009 (47): 第15–40页.

376. 瀬戸利春,特集 日本海軍「艦隊決戦主義」の濫觴:黄海海戦,歴史群像, 2009, 18(6): 第31–47页.

377. 尾崎庸介, 一八九〇年代におけるイギリスの東アジア政策と中国戦隊——中国戦隊司令官フリーマントルからみた日清戦争. 政治経済史学, 2009(512): 第1–33页.

378. 林春吟, 台湾出兵から日清戦争までの日本製台湾地図に関する一考察. 地域と環境, 2009(8・9): 第43–54页.

379. 成玧妸, 日清戦争に使用された朝鮮語会話書: その特徴と日本語の様相. 日本語学論集, 2009. 5: 第94–108页.

380. 土屋礼子, 日本の大衆紙における清仏戦争と日清戦争の報道. Lutèce, 2009(37): 第8–11页.

381. 杉山文彦, 清朝末期中国人の日本観——日清戦争後を中心に. 文明研究, 2009(28): 第1–14页.

382. 小倉和夫, 近代日本のアジア外交の軌跡(5)日清戦争をめぐる日中韓三国の内政と外交,歴史・環境・文明: 学芸総合誌: 季刊, 2009. 37: 第270–280页.

383. 平野龍二, 海洋限定戦争としての日清戦争——コルベットの海洋戦略の視点から. 軍事史学, 2009. 44(4): 第97–115页.

384. 李穂枝, 防穀賠償交渉(1893年) における日清韓関係. 中国研究月報, 2009. 63(6): 第1–14页.

385. 大谷正,メディアの伝える戦争——台湾出兵・西南戦争・日清戦争.宮城歴史科学研究,2009(63・64):第42-61頁.

386. 三輪公忠,「文明の日本」と「野蛮の中国」——日清戦争時「平壌攻略」と「旅順虐殺」のジェイムス・クリールマン報道を巡る日本の評判.軍事史学,2009.45(1):第85-100頁.

387. 上野陽里,明治時代初期の疾病事情——国民の疾病と日清戦争,医学史研究,2010.

388. 小林茂,渡辺理絵,山近久美子,初期外邦測量の展開と日清戦争,史林,2010,93 (4),第473-450頁.

389. 池田憲隆,日清戦争直前期における海軍軍備拡張計画と海軍省費(1890-1893年),人文社会論叢.社会科学篇,2010.

390. 後藤恵之輔,石炭からみる日清戦争黄海海戦と日露戦争日本海海戦福岡工業大学環境科学研究所所報,2010, 4: 第17-24頁.

391. 鄒双双,丁汝昌の自殺をめぐる日中両国の認識について.千里山文学論集/関西大学大学院文学研究科『千里山文学論集』編集委員会編,2010 (83): 第105-123頁.

392. 酒井裕美,統理交渉通商事務衙門の構成員分析: 甲申政変前の朝鮮における「近代」と「親清」の実態,日韓相互認識,2010 (3): 第1-32頁.

393. 月脚達彦,近代朝鮮の条約における「平等」と「不平等」——日朝修好条規と朝米修好通商条約を中心に (特集 東アジアの国際秩序と条約体制——近世から近代へ) 東アジア近代史,2010 (13): 第76-91頁.

394. 石井明,中国の琉球・沖縄政策: 琉球・沖縄の帰属問題を中心に.境界研究,2010, 1: 第71-96頁.

395. 王紅梅,清末経済官僚盛宣懐の明治日本体験,言葉と文化,2010: 17.

396. 古結諒子,日清戦後の対清日本外交と国際関係——李鴻章の政治的後退と三国干渉の決着, お茶の水史学, 2010 (54): 第 39–70 頁.

397. 服部光浩, 陸奥外交における国際情勢分析——三国干渉時における
外交官報告を事例に, 政治経済史学, 2010 (519): 第 23–44 頁.

398. 池山弘, 台湾総督府による台湾統治・建設死没者の建功神社(台北
市) 合祀問題日清戦争従軍軍役夫の処遇を中心にして, 四日市大学
論集, 2010, 23(1): 第 1–53 頁.

399. 白春岩, 小田県漂流民事件における中国側の史料紹介, 社学研論集,
2010, 15: 第 138–145 頁.

400. 山崎勇治, 日清戦争後の清国賠償金をめぐる争奪戦に果たしたロバ
ート・ハートの役割——イギリス人総税務司の北京とロンドンの
秘密書簡 & 電報を通じて, 北九州市立大学国際論集, 2010.

401. 猿渡友希, 日清戦争直前期の長崎における日本人–中国人関係–鎮西
日報の記事を手掛かりにして. 文化環境研究, 2010. 4: 第 42–51 頁.

402. 小林瑞乃, 日清戦争開戦前夜の思想状況: 金玉均暗殺事件をめぐる
一考察. 青山學院女子短期大學紀要, 2010. 64: 第 45–64 頁.

403. 宮内彩希, 日清戦争における朝鮮人人夫の動員. 日本植民地研究,
2010(22): 第 53–69 頁.

404. 渡辺千尋与 C. WATANABE, 日清戦後の居留地政策: 天津日本専管
居留地を中心に(歴史学部会報告, 第 4 回 国際日本学コンソーシア
ム). 大学院教育改革支援プログラム「日本文化研究の国際的情報伝
達スキルの育成」活動報告書, 2010. 平成 21 年度 学内教育事業編:
第 212–215 頁.

405. 井上勝生, 東学農民軍包囲懺滅作戦と日本政府・大本営——日清
戦争から「韓国併合」100 年を問う, 思想, 2010(1029): 第 26–44 頁.

406. 楊沛,「汚い」、「不規律」、「弱い」という言説——日清戦争に従
軍した兵士の中国観. 比較文明, 2010(26): 第 188–210 頁.

407. 金山泰志,日清戦争前後の児童雑誌に見る日本の中国観,史學雑誌,2011.

408. 山城智史.日清琉球帰属問題と清露イリ境界問題:井上馨・李鴻章の対外政策を中心に,沖縄文化研究,2011 (37):第41-80頁.

409. 宮古文尋,日清戦争以後の清朝対外連携策の変転過程,東洋学報,2011.

410. 古結諒子,日清戦争終結に向けた日本外交と国際関係:開戦から「三国干渉」成立に至る日本とイギリス,史学雑誌,2011,120 (9).

411. 謝薇,日清戦争前の『申報』に見る日本広告について,東アジア文化交渉研究,2011.

412. 辻千春,日中両国の報道版画──19 世紀末に現れた錦絵と年画にみる日清戦争の描き方を中心に,名古屋大学博物館報告,2011, No. 27:第17-43頁.

413. 川井裕,外国軍艦の日本訪問に関する一考察──1908 (明治41) 年の米国大西洋艦隊を対象として　戦史研究年報/防衛省防衛研究所戦史研究センター編,2011 (14):第71-100頁.

414. 岸本昌也,在英日本人表誠金献納始末──日清戦争と南方熊楠. アジア遊学,2011(144):第219-227頁.

415. 千田武志,日清戦争期の呉軍港における兵器工場の建設と生産. 軍事史学,2011.46(4):第42-60頁.

416. 小林瑞乃,日清戦争期の対外硬派:政治改革と戦争支持はどう語られたのか. 青山学院女子短期大学総合文化研究所年報,2011.18: 第19-36頁.

417. 延廣壽一,日清戦争と朝鮮民衆──電線架設支隊長の日記から見た抵抗活動. 日本史研究,2011(584):第1-29頁.

418. 岡本隆司,日本の琉球併合と東アジア秩序の転換──日清修好条規を中心に. 東北亜歴史論叢, 2011. 32: 第63-103頁.

419. 氣多恵子, 初代梅若実の日清・日露戦争: 明治二〇～三〇年代の『梅若実日記』から. 武蔵野大学能楽資料センター紀要, 2011(23): 第61-87頁.

420. 大澤博明, O. Hiroaki,『征清用兵隔壁聴談』と日清戦争研究. 熊本法学, 2011. 122: 第99-202頁.

421. 閻 立, 日清戦争後の清韓関係:清韓通商条約の締結過程をめぐって, 経済史研究, 2012, 15.

422. 李世淵, 日清・日露戦争と怨親平等, 日本仏教綜合研究, 2012, 10.

423. 人塚茂夫, 戦地のスケッチブック: 洋画家・浅井忠の日清戦争. National geographic, 2012. 18(5): 第54-61頁.

424. 松村啓一, 新聞特派員の日清戦争報道: 京都『日出新聞』特派員堀江松華の記事をめぐって. 戦争責任研究, 2012(77): 第14-22頁.

425. 宮古文尋, 受賞論文・要旨 日清戦争以後の清朝対外連携策の変転過程. 自由思想, 2012(125): 第56-61頁.

426. 野口武, 日清戦争期、山東巡撫李秉衡の黄河統治について. 中国21, 2012. 37: 第161-182頁.

427. 柴田清継, 明治期滞日清国人王治本と地方の漢詩人たち: 新潟の事例を中心に. 東アジア日本語教育・日本文化研究, 2012. 15: 第1-21頁.

428. 瀧井一博, 大元帥・明治天皇の誕生: 日清戦争. 歴史読本, 2012. 57(12): 第94-99頁.

429. 董秋艶, 日清戦争後中国女子教育普及に向けた日本教育界の働きかけ: 呉汝綸の日本教育視察(1902)をめぐって, 飛梅論集: 九州大学大学院教育学コース院生論文集, 2013, 13, 第1-14頁.

430. 吉辰, 日清講和交渉における清国全権委任状について: 国際法の観点から, 環東アジア研究センター年報, 2013.

431. 野口武,清末期山東巡撫李秉衡による「集権化」について: 日清戦争前後を中心に,大阪大学中国文化フォーラム・ディスカッションペーパー. 2013-2,第1-22頁.

432. グットマン, ティエリー, GUTHMANN, Thierry. 明治維新とフランス革命の類似: 日本史の独自性神話批判 人文論叢: 三重大学人文学部文化学科研究紀要,2013, 30: 第39-43頁.

433. 細見和弘. (翻訳)李鴻章と海軍の発展 (1875~1885).立命館経済学, 2013, 62(3): 第256-286頁.

434. 市村茉梨,日清戦争錦絵における戦争表現とその受容,文化交渉: 東アジア文化研究科院生論集,2013,2,第107-123頁.

435. 広野 好彦,日清戦争とロシア,大阪学院大学 国際学論集(INTERNATIONALSTUDIES),2013,24(1-2).

436. 横山祐馬,戦地と銃後の日清戦争: 山岡金蔵陸軍中尉の従軍記録を中心として. 文化史学,2013(69): 第29-53頁.

437. 松下佐知子,有賀長雄の対外戦争経験と「仁愛主義」:日清・日露戦争期.年報近現代史研究,2013(5): 第1-14頁.

438. 船井知美,日清戦争における軍馬の一考察:『明治二十七八年戦役統計』を手掛かりに. 文芸研究,2013(10): 第47-79頁.

439. 松村啓一,日清戦争と日本人「非戦闘員」による殺害事例. 歴史地理教育,2013(810): 第60-65頁.

440. 坂村八恵, 隅田寛与千田武志, 陸軍における脚気対策: 日清戦争期に広島陸軍予備病院で実施された治療と看護を中心として. 軍事史学, 2013.49(3): 第4-22頁.

441. 中西直樹, 朝鮮植民地化過程と日本仏教の布教活動: 日清戦争から初期の朝鮮総督府治政まで. 竜谷史壇,2013(137): 第62-110頁.

442. 市村茉梨,日清戦争写真にみられる戦争イメージとその意義,東アジア文化交渉研,2014,7,第161-179頁.

443. 山下麻衣,日清戦争以降満州事変以前における日本赤十字社の救護の変遷,京都マネジメント・レビュー,2014,25.

444. 黒沢文貴,日露戦争への道 三国干渉から伊藤の外遊まで 外交史料館報,2014,28:第33-57頁.

445. 諸洪一,近代東アジアの黎明に関する一試論:日米和親条約と日朝修好条規,札幌学院大学人文学会紀要,2014(96):第1-30頁.

446. 荻恵里子,甲申政変の収拾と清朝外政:日清交渉における総理衙門と北洋大臣李鴻章.東洋学報,2014,96(3):第55-83頁.

447. 尹虎,巨文島事件と清国の東北アジア政策.国際日本学:文部科学省21世紀COEプログラム採択日本発信の国際日本学の構築研究成果報告集,2014(11):第41-60頁.

448. 横山宏章,長崎と近代中国.同文書院記念報,2014,22:第34-42頁.

449. 勝田政治,大久保政権の朝鮮政策.国士舘史学,2014,18:第9-47頁.

450. 大坪慶之,日清講和にむけた光緒帝の政策決定と西太后,史学雑誌,2014.

451. 邱帆,李鴻章と伊藤博文との個人関係の決裂及び日清講和交渉,文学研究論集,2014.

452. 中塚明,日清戦争一二〇年・東学農民戦争一二〇年:ゆがんだ日本の「歴史認識」をどう正すのか.前衛:日本共産党中央委員会理論政治誌,2014(912):第162-173頁.

453. 徐茜,日清戦争期の戯画が描いた中国.人間文化:H&S,2014(36):第1-15頁.

454. 河村克典,日清戦争と中国近海海図の刊行.エリア山口,2014(43):第47-52頁.

455. 樋口晴彦,ヒグチハルヒコ,H. Haruhiko,旅順事件に関する事例研

究.千葉商大紀要,2014.51(2):第191–232頁.

456. 石井裕,佐藤進と李鴻章狙撃事件:日清講和談判の一局面,茨城県立
歴史館報(42),第20–57頁,2015–03.

457. 林美和,清国北洋艦隊の日本来航.研究紀要,2015,9:第41–49頁.

458. 岡田英弘,日清戦争の核心は朝鮮という災厄(総力特集いよいよ開
戦中韓との歴史戦)——(日清戦争下関条約120周年),歴史通(36),
48–59,2015–05.

459. 山城智史.1870年代における日清間の外交案件としての琉球帰属
問題.研究年報社会科学研究,2015:第95–125頁.

460. 中村彰彦,黄海海戦伊東祐亨(すけゆき)・島村速雄(はやお)がみ
せた勝利の采配(総力特集いよいよ開戦中韓との歴史戦)——(日清
戦争下関条約120周年),歴史通,2015(36):第60–72頁.

461. 古結諒子,「日清・日露」という見方について,比較日本学教育研究
センター研究年報,2015.

462. 古結諒子,華夷秩序と帝国主義,比較日本学教育研究センター研究
年報,2015,11.

463. 洪伊杓,日清・日露戦争時期(1894–1905)における韓国キリ,キリ
スト教学研究室紀要,2015,3:第57–66頁.

464. 金子佳高,芥川龍之介「首が落ちた話」論——日清戦争と語りの戦
略,文学研究論集,2015,43,第165–178頁.

465. 井之上大輔,日清戦争期における非戦論の萌芽——北村透谷と木下
尚江をめぐって,人間文化研究所年報,2015.

466. 井上琢智,添田寿一と日清・日露戦争:Economic Journal宛公開書簡
等に見る外債募集と黄禍論,甲南会計研究,2015–03.

467. 市村茉梨,《日清講和条約会談図》に描かれた国家のイメージ,文化
交渉:東アジア文化研究科院生論集,2015,4,第25–44頁.

468. 前田廉孝, 日清戦後経営期の本国・植民地間における経済政策の相克. 社会経済史学, 2015. 81(2): 第215-237頁.

469. 邱帆, 李鴻章と伊藤博文との個人関係の決裂及び日清講和交渉. 文学研究論集, 2015. 42: 第167-185頁.

470. 杨帆, 甲午战争后山东地方对外交涉机构述论(1895-1911). 愛知論叢, 2015(98): 第151-162頁.

471. 渡辺惣樹, アメリカが見た朝鮮開国と日清戦争. 歴史通, 2015(35): 第84-95頁.

472. 野口武,「日清貿易研究所」研究の整理と課題――東亜同文書院前史としての位置付けと荒尾精に関連して. 同文書院記念報, 2015. 23: 第69-89頁.

473. 吉馴 明子, 日清戦争義戦論とその変容, 明治学院大学キリスト教研究所紀要, 2016.

474. 野口武, 日清貿易研究所生一覧表の作成と『対支回顧録』編纂をめぐる若干の考察, 愛知大学国際問題研究所『OCCASIONAL PAPER』, 2016, 5.

475. 久保田哲, 伊藤博文の両院制構想. 法政論叢, 2016, 52(1): 第35-52頁.

476. 邱帆, 榎本武揚と甲申政変後の日清交渉 駿台史學, 2016, 157: 第1-21頁.

477. 王鶴, 日清戦争直前の『北洋海軍鎮辺兵船 管輪日記』: 史料解読と分析. 歴史民俗資料学研究/神奈川大学大学院歴史民俗資料学研究科編, 2016(21): 第111-128頁.

478. 王怡然,「下関条約」四口開港の理由. 歴史文化社会論講座紀要, 2016(13): 第13-28頁.

479. 平山次清. 幕末明治維新期の船事情――我が国近代造船のはじめ. 日本船舶海洋工学会講演会論文集, 日本船舶海洋工学会, 2016:

第41-45页.

480. 布施賢治,日清・日露戦争期将校養成問題をめぐる軍都と郷土の交流と置賜武官養成会の成立:仙台陸軍地方幼年学校設立における「地方」の意味と米沢教育会・米沢有為会の武官養成観をふまえて,米沢史学/米沢史学会編 (32),第97-161页,2016-10.

481. 田中友香理,日清戦争前後の「道徳法律」論:加藤弘之における進化論的国家思想の展開.史境,2016(72):第1-24页.

482. 郡司淳,日清戦争従軍兵士の自他認識.北海学園大学人文論集,2016(61):第65-72页.

483. 石田卓生,日清貿易研究所の教育について:高橋正二手記を手がかりにして.現代中国:研究年報,2016(90):第51-64页.

484. 渡邊桂子,近現代史部会 日清戦争における武官・新聞記者の従軍依頼と政府・軍による対応:外国人従軍者に対する規定からみる.日本史研究,2016(645):第82-84页.

485. 賀申杰,明治後期の川崎造船所における外国発注艦建造問題に関する一考察.史学雑誌,2017,126(7):第37-59页.

486. 河鍋楠美,(口絵解説)暁翠筆二つの戦争錦絵:『朝鮮豊島沖海戦之図』『帝国陸軍大勝利平壌之図』.暁斎:河鍋暁斎研究誌,2017 (123):図巻頭1枚,第97-98页.

487. 白石光,銘艦 HISTORIA 日本海軍と矛を交えた北洋水師の「二匹の龍」定遠級:装甲コルヴェット,歴史群像,2017,26(4):第18-21页.

488. 木村直也,日朝関係の近代的変容と境界領域:明治維新期の対馬を中心に(立教大学史学会大会特集報告)(〈特集〉近世近代移行期の海域世界と国家) 史苑,2017,77(2):第127-140页.

489. 後藤新,台湾出兵の終幕:大久保利通と西郷従道の帰国を中心として,武蔵野法学,2017,7,第131-170页.

490. 川島真，中国における甲午戦争百二十年史研究．東アジア近代史，2017(21)：第56-70頁．

491. 加藤孝男，鉄幹・晶子とその時代(19)日清戦争と歌人．歌壇，2017.31(7)：第106-111頁．

492. 向野康江，台湾における向野堅一の活動：日清戦争後の仏教布教・学校設立活動に立ち会う通訳官．アジア文化研究，2017(24)：第42-53頁．

493. 平間洋一，世界史から見た日清・日露戦争の意義．日本国史学，2017(10)：第14-24頁．

494. 渡邊桂子，日清戦争と新聞記者への従軍許可．歴史評論，2017(811)：第20-32頁．

495. 樋口大祐，日清戦争と居留清国人表象．小峯和明監修・金英順編『シリーズ 日本文学の展望を拓く』第1巻『東アジアの文学圏』，2017.1：第386-401頁．

496. 樋口大祐，日清戦争と安東(丹東)．韓国海洋大学研究叢書(仮)，2017．論文集．

497. 金永林，日清・日露戦争期の韓国インテリの情勢認識と近代日本：李承晩の『独立精神』を中心に．中央史学，2017(40)：第76-91頁．

498. 劉玲芳，「東遊日記」に描かれた日本人の身装文化：日清修好条規の調印から日清戦争の勃発までの時期を中心に．間谷論集，2017.11：第211-236頁．

499. 原田敬一，「嘗胆臥薪」論と日清戦後社会．鷹陵史学，2017.43：第99-134頁．

500. 景麗，日清戦争前後の中国の『申報』からみる天皇のイメージ，国際広報メディア・観光学ジャーナル，2018．

501. 崔貞淑．日韓併合に至るまでの国際情勢：19世紀日本の指導者の国際認識をめぐる考察21世紀社会デザイン研究, 2018, 17: 第39-51頁.

502. 藤井崇史, 近現代史部会日清～日露戦間期の経済外交と紡績業: 下関条約・日清通商黄海条約の締結と運用を中心に, 日本史研究, 2018 (669): 第90-92頁.

503. 李穎, 日清戦争観の国際比較: 日中における歴史教育を中心に, 現代社会文化研究66, 第37-54頁, 2018-03.

504. 鈴木康夫. 明治維新と近代警察制度 警察政策/警察政策学会編, 2018, 20: 第263-303頁.

505. 原田敬一, 東学農民運動と日本メディア(特集日清戦争と東学農民戦争), 人文学報, 2018.

506. 出口雄一. 東アジアの戦争と「国境」のゆらぎ: 戦後70年と明治150年(その2)桐蔭法学, 2018, 24(2): 第75-102頁.

507. 岡本真希子, 日清戦争期における清国語通訳官一陸軍における人材確保をめぐる政治過程一,『国際関係学研究』第45号(2018年),第27-39頁.

508. 向野康江, 日本への最初の中国人「留学生」: 日清戦争通訳官向野堅一による姜恒甲少年の渡日・就学支援をめぐって, アジア教育史研究, 2018.

509. 石本理彩, 日清・日露戦争における外国人記者の処遇について――従軍に関する諸規則を中心に, 交通史研究, 2018,92.

510. 長尾剛, 陸奥宗光の"交渉力": 紀州藩を救い, 条約改正, 下関条約締結を成し遂げた「カミソリ大臣」, 歴史街道, 2018 (365): 第66-71頁.

511. 末木健, 早川新太郎陸軍少将について: 日清・日露・第一次大戦を駆けた男. 甲斐, 2018(144): 第17-25頁.

512. 尾﨑庸介, 一九世紀末の東アジア国際政治とイギリス: 日清戦争後から威海衛租借までの日英関係を中心に. 政治経済史学,

2018(621): 第1–26页.

513. 石川亮太, 日清戦争前後の「朝鮮通漁」と出漁者団体の形成——朝鮮漁業協会を中心に. 今西一・飯塚一幸(編)『帝国日本の移動と動員』大阪大学出版会, 2018.–: 第21–50页.

514. 小幡尚, 日清戦争と高知県——戦没者の問題を中心に. 人文科学研究, 2018. 23: 第15–44页.

515. 穎原善徳, 日清戦後における条約の国内実施と憲法典による規制. 立命館大学人文科学研究所紀要＝立命館大学人文科学研究所紀要, 2018. 115: 第43–80页.

516. ノァンダムトム, 黄遵憲「台湾行」について. 侍兼山論叢. 文学篇, 2018. 52: 第31–43页.

517. 柴田清継, 漢文と日本人: 日清戦争漢詩をめぐって. 武庫川女子大学言語文化研究所年報, 2018(29): 第125–153页.

518. 井上勝生, 東学農民戦争, 抗日蜂起と殲滅作戦の史実を探究して——韓国中央山岳地帯を中心に. 人文學報, 2018. 111: 第1–65页.

519. 原田敬一, 東学農民運動と日本メディア. 人文學報, 2018. 111: 第163–207页.

520. 小林茂, 日清・日露戦争期の日本の気象観測網の拡大と電信線, 日本地理学会発表要旨集/2019年度日本地理学会春季学術大会.

521. 横田素子. 甲申政変後の日本における朝鮮国人の動向に関する一考察: 朴泳孝と日本軍事留学経験者たち 東アジア歴史文化研究所論文集, 2019 (2): 第73–92页.

522. 笠原英彦. 明治帝室制度の形成と伊藤博文・シュタインの「邂逅」: 井上毅・柳原前光と福澤諭吉の帝室論 法學研究: 法律・政治・社会, 2019, 92(11): 第1–33页.

523. ファンダム, トム. 黄遵憲「降將軍歌」について 待兼山論叢. 文学篇,

2019, 53: 第33-41页.

524. 土田牧子,劇音楽の表現:歌舞伎と新演劇の日清戦争劇を例に,文學藝術,2019,43,第37-49页.

525. 西村眞悟,新・歴史に学ぶ(29)今や日清日露両戦役前夜の地政学的状況だ.月刊日本,2019.23(4):第84-87页.

526. 秋月達郎,上村彦之丞 東郷平八郎の判断ミスを救った「まさかの独断専行」.歴史街道,2019(375):第58-63页.

527. 龍蕾,日清戦争前の中国における福沢諭吉認識:黄遵憲を中心に.日本思想史研究会会報,2019(35):第175-184页.

528. 岡本真希子,日清戦争期における清国語通訳官ー陸軍における人材確保をめぐる政治過程ー.国際関係学研究,2019.45:第27-39页.

529. 阿部広明,日清戦争と捕虜.えひめ近代史研究,2019(73):第1-21页.

530. 中川未来,日清戦前の朝鮮経験と対外観形成-在朝日本人・地域社会・居留地メディア.アジア民衆史研究,2019.24:第91-104页.

531. 劉玲芳,日本における中国人の身装の変遷:日清戦争後に来日した中国人男子留学生を中心に.間谷論集,2019.13:第69-90页.

532. 劉建雲,近代日本の対中国事業と中島真雄:日清貿易研究所との関係を中心に.中国研究月報,2019.73(9):第1-16页.

533. 張天恩,江華島事件をめぐる日清交渉-清末外交の二重性をめぐって-.ソシオサイエンス,2019.25:第31-50页.

534. 原剛,徹底分析 兵力・軍艦数で劣る日本が勝てた理由.歴史街道,2019(375):第26-31页.

535. 相庭達也,北海道と日清及び台湾征服戦争:戦没者とその慰霊について.道歴研年報,2019(20):第1-17页.

536. 孫東芳,日清戦争前後の下田歌子の欧州視察と文化交渉:『泰西婦女風俗』を手がかりにして,東アジア文化交渉研究,2020,13,第

509-520页.

537. 箱田恵子,琉球処分をめぐる日清交渉と仲裁裁判制度,史窓 77 (2020):
第1-23页.

538. 邱帆,興亜会のアジア主義と同会日本人会員による対東アジア外
交,2020.

539. 李穎,日清戦争開戦過程における一要因としての朝鮮政府:内政改
革と宗属問題を中心に,現代社会文化研究,2020,71:第67-83页.

540. 布和.琉球処分と 1880 年代初期の清国の朝鮮政策（Ⅰ）.桜花学園
大学学芸学部研究紀要, 2020 (12): 第1-16页.

541. 賀申杰,日清戦争以前の外国船修理問題:東京石川島造船所を中心
に.東京大学日本史学研究室紀要,2020.24: 第19-45页.

542. 古結諒子,日清戦争を再評価する:「問い」と「資料」を使った高校
「歴史総合」への教材化.世界史教育研究,2020(7): 第67-72页.

543. 加藤真生,日清戦争におけるコレラ流行と防疫問題.日本史研究,
2020(689): 第1-29页.

544. 原田敬一,内政危機のなかの日清戦争:〈宗主国意識〉の出発点.前
衛:日本共産党中央委員会理論政治誌,2020(983): 第138-151页.

545. 張天恩,琉球問題をめぐる日清交渉と国際法——清国の国際法受
容の様相.ソシオサイエンス,2020.26: 第18-39页.

546. 川島真,近現代 日清戦争、満洲事変、日中戦争…何が対立を生ん
だのか.歴史街道,2020(385): 第48-55页.

547. 工藤豊,近代日本の戦争とナショナリズム:日清戦争期までを中心
として.佛教経済研究,2020.49: 第23-44页.

548. 呉丹,国木田独歩と日清戦争–『愛弟通信』の戦争記録.日中言語
文化,2020.13(0): 第25页.

549. 金山泰志,日清戦争前後の日本の対朝鮮感情:少年雑誌を史料に,同

朋大学論叢, 2021.

550. 塚目孝紀.大宰相主義の政治指導——第一次伊藤博文内閣における陸軍紛議を中心に.史学雑誌, 2021, 130(8): 第37-61頁.

551. 平山洋.福沢健全期『時事新報』社説における海軍論.国際関係・比較文化研究, 2021, 19(2): 第87-97頁.

552. 安中尚史, 日清戦争と日蓮宗: 報国義会の活動と従軍布教.歴史評論, 2021(856): 第14-25頁.

553. 山口昌也, 日清・日露戦間期における「海軍大学の父」坂本俊篤の教育改革.國學院雑誌, 2021. 122(3): 第17-33頁.

554. 松田利彦, 日本赤十字社と朝鮮: 日清戦争期から韓国併合まで.年報朝鮮學, 2021(24): 第1-30頁.

555. 明石欽司, 国際法学における「法文化」に関する一考察:日清・日露戦争期日本人法学者による「対外発信」を題材として.『戦争と占領の法文化』(法文化叢書第18巻), 2021,第25-49頁.

556. 工藤豊, 帝国日本形成期と国民の形成: 日清・日露戦争前後の日本の状況を対象として.佛教経済研究, 2021. 50: 第33-56頁.

557. 青木然,民衆の朝鮮認識を探る史料としての錦絵: 壬午軍乱時の小林清親作品を中心に,2022.

558. 橋谷弘,壬午軍乱は民衆にどのようにして伝えられたか: 資料紹介を中心として,2022.

559. 中川未来, 田舎青年と支那保全論——日清戦後における中国関与とその主体形成.愛媛大学法文学部論集.人文学編,2022. 53:第27-51頁.

560. 鳴海邦匡, 渡辺理絵与小林茂,台湾遠征: 日清戦争期までに台湾の主要港湾について作製された英国製海図の翻訳(覆版) にみえる地名表記.地図, 2022. 60(1): 第17-35頁.

561. 佐々木雄一, 日清戦争研究史に一書を加えて.本郷, 2022(159): 第

14-16页.

562. 中西直樹, 日清戦争後の本願寺派に見る起業熱と財界連携. 龍谷大學論集, 2022. 497: 第43頁.

563. 秋田博孝, 日清戦争における軍夫救護活動. 医譚, 2022(115): 第10315-10336頁.

564. 樋口晴彦,(検証)日清戦争・黄海海戦:「大勝利」の陰に隠蔽された数々の失策. 歴史群像, 2022. 31(6): 第68-83頁.

565. 樋口晴彦, 海軍軍備から見た日清戦争——日本艦隊はなぜ黄海海戦に勝利できたのか. 歴史群像, 2022. 31(2): 第152-161頁.

566. 中川未来, 稲葉岩吉の中国経験(一九〇〇・一九〇一)——日清戦後における中国関与とその主体形成(二). 愛媛大学法文学部論集. 人文学編, 2023. 54: 第19-43頁.

韩文论文

1. 《東學思想研究資料集》, 서울: 열린문화사, 2002/2004/2006.(论文集,2006年已出版至150册)

2. 임병택:《갑오농민전쟁과 일본사회》,《동학학보》20(2010), pp.71-118.

3. 방광석:《德富蘇峰의 동아시아 인식-청일전쟁부터 한국병합 시기를 중심으로-》,《東北亞歷史論叢》,27(2010), pp.253-278.

4. 서민교:《청일전쟁기 이토 히로부미(伊藤博文) 내각의 조선(朝鮮)에 대한 군사,외교정책》,《일본역사연구》32.(2010), pp.25-48.

5. 김희신:《駐朝鮮使館의 화교 실태조사와 관리-청일전쟁 이전 漢城·仁川을 중심으로-》,《명청사연구》34 (2010), pp.205-236.

6. 윤복희:《内村鑑三論:청일, 러일 전쟁기의 一斷面》,《日本學報》,83(2010), pp.213-229.

7. 현광호:《청일전쟁 이전 시기 프랑스 외교관 플랑시의 조,청관계 인식》,《대구사학》,99(2010), pp.371-402.

8. 서영식:《司馬遼太郎의『언덕 위의 구름(坂の上の雲)』에 나타난 역사관 연구-청일전쟁의 원인을 중심으로-》,《한일군사문화연구》,12(2011), pp.179-200.

9. 김용철:《청일전쟁기 일본의 전쟁화》,《일본연구》,15(2011),pp.333-356.

10. 이종호:《청과 일본의 동아시아 패권전쟁 연구》,《한국동북아논

총》,16.1 (2011), pp.183-208.

11. 양현혜,《천황제 국가의 전쟁과 일본 개신교》,《일본학연구》,32(2011), pp.89-114.

12. 권인호:《동학사상과 갑오농민전쟁의 근대적 자주성—'人乃天'과 '斥倭斥洋' 및 倡義革命을 중심으로》,《한국민족문화》,39(2011), pp.31-70.

13. 박준형:《청일전쟁 이후 雜居地漢城의 공간재편논의와 한청통상조약》,《서울학연구》,45(2011), pp.67-104.

14. 이복임:《시바 료타로(司馬遼太郎)의 청일·러일전쟁론》,《日本文化學報》,49(2011), pp.227-244.

15. 조대연:《청일전쟁 매체사진 연구》,《AURA》,27(2012), pp.33-43.

16. 최규진:《청일전쟁기 지식인의 국제정세 인식과 세계관》,《아시아문화연구》,26(2012), pp.155-189.

17. 金泰雄:《淸日戰爭 前後 일제의 戰爭 捏造와 일본 언론의 煽動》,《역사교육》,123(2012), pp.333-352.

18. 송경섭,김광열:《開港期 朝鮮에서 死亡한 日本軍의 야스쿠니(靖國) 神社 合祀-江華島事件부터 淸日戰爭까지-》,《한일민족문제연구》24(2013), pp.5-59.

19. 우수영:《박태원『갑오농민전쟁』에서 나타난 동학농민군의 위상》,《동학학보》,27(2013), pp.29-62.

20. 채길순:《동학농민혁명 설화와 소설화 양상 연구-내포 지역 설화를 중심으로-》,《동학학보》,29(2013), pp.133-178.

21. 박정현:《청일전쟁 이후 한중 간 분쟁의 유형과 한국인의 중국인에 대한 인식》,《중국근현대사연구》,59(2013),23-43.

22. 조세현:《청프전쟁과 청일전쟁에서의 해전(海戰)-해양관련 국제법 사건을 중심으로-》,《中國史硏究》,84(2013), pp.213-248.

23. 정근식:《중국갑오전쟁박물관에서 다시 보는 동학농민혁명과 청일 전쟁》,《아시아리뷰》,4.1(2014), pp.39−71.

24. 김연지:《완충체계 이론으로 본 청일·러일전쟁과 조선의 비극》, 《평화연구》22.1(2014), pp.5−51.

25. 강효숙:《동학농민전쟁에 대한 한일 학계의 연구동향−홋카이도 대 학의 동학농민군 지도자 두개골 발견 이후 연구를 중심으로》,《南道 文化研究》,26(2014), pp.301−325.

26. 정의:《근대 일본의 서구숭배와 국수주의−메이지(明治)유신부터 청일전쟁까지를 중심으로−》,《일본사상》,27(2014), pp.277−301.

27. 이종필:《「이화전」에 나타난 임진전쟁의 기억과 상상적 존재 들의 의미: 19세기 말의 시대상을 통해 본 시론적 고찰》,《동방 학》,31(2014), pp. 165−194.

28. 최석완:《청일전쟁 개전 시기의『동경일일신문(東京日日新聞)』》, 《일본학》,38(2014), pp.213−247.

29. 이현정:《청일전쟁과 메이지 시대 소년잡지─『소년원』(少年園)을 중심으로》,《용봉인문논총》,44(2014), pp.191−209.

30. 양정현:《청일전쟁에 대한 한·일의 기억과 전승》,《역사와 세계》 46 (2014), pp.113−134.

31. 김지훈:《현대중국 역사교과서의 청일전쟁 인식》,《역사와 세 계》,46(2014), pp.135−170.

32. 홍성화:《박종근의 청일전쟁 연구와 그 위치》,《역사와 세 계》,46(2014), pp.171−207.

33. 최석완:《일본정부의 청일전쟁 개전 논의와 그 성격》,《역사와 세 계》,46(2014), pp.83−111.

34. 방광석:《러일전쟁 이전 이토 히로부미의 조선 인식과 정책》,《한일 관계사연구》,48(2014), pp.223−254.

35. 이항준:《청일전쟁 전후 러시아 연해주군무지사 운떼르베르게르의 동아시아에 대한 정책적 입장》,《梨花史學硏究》,49(2014), pp.41-77.

36. 한효,牛林杰:《기획주제: 전쟁(戰爭)과 한문학(漢文學); 『中東戰紀』의 한국적 수용에 대한 고찰》,《東方漢文學》,60 (2014), pp.199-226.

37. 강진아:《청일전쟁 시기 華商 同順泰號의 영업 활동》,《중국근현대사연구》,64(2014), pp.87-115.

38. 김희신:《화교(華僑), 화교(華僑) 네트워크와 주한사관(駐韓使館)-청일전쟁 이후 한성 지역을 중심으로-》,《中國史硏究》,89(2014), pp.285-332.

39. 김경록:《청일전쟁기 일본군의 경복궁 침략에 관한 군사사적 검토》,《군사》,93(2014) pp.233-273.

40. 구용회:《세계화현상이 청일전쟁(1894~1895)에 미친 영향에 관한 연구-국가·지역간 상호작용 및 상호연계성을 중심으로-》,《군사연구》,137(2014), pp.247-281.

41. 강진아:《在韓華商 同順泰號의 눈에 비친 淸日戰爭》,《역사학보》,224(2014), pp.267-303.

42. 하태후:《근대 일본이 수행한 전쟁 전후의 논리 고찰-아쿠타가와의 『라쇼몬』을 텍스트로 하여-》,《한일군사문화연구》,19(2015), pp.229-253.

43. 이종호:《청·일전쟁의 開戰원인과 청과 일본의 군사전략 비교연구》,《한국동북아논총》20.4(2015), pp.27-50.

44. 김원수:《한반도 전쟁과 대한제국의 헤이그 특사파견》,《역사교육연구》,21(2015), pp.215-248.

45. 박준형:《청일전쟁 이후 일본인의 평양 진출과 평양성 내에서의 "잡거" 문제-일본인 신시가의 형성 과정을 중심으로-》,《비교한국학》,23.3(2015), pp.23-56.

46. 강효숙:《일본의 전쟁 인식화-동학농민전쟁·청일전쟁 시기를 중심으로-》,《한일민족문제연구》,29(2015), pp.39-70.

47. 정선태:《'일청전쟁'이라는 재난과 문명세계의 상상-『혈의 누』를 다시 읽는다-》,《한국학논총》,43(2015), pp.271-292.

48. 사카이 히로미(酒井裕美), 배영미(번역자):《일본 역사교육 속의 청일전쟁과 조선》,《한국독립운동사연구》,50(2015), pp.243-278.

49. 김경록:《淸日戰爭 初期 朝日盟約의 강제 체결과 일본의 군사침략》,《한일관계사연구》,51(2015), pp.281-326.

50. 조재곤:《청일전쟁의 새로운 이해-한국 내에서 전개된 상황을 중심으로-》,《한국 근현대사 연구》,74(2015), pp.38-65.

51. 윤소영:《청일전쟁기 일본인의 戰爭觀과 조선인식-라프카디오 헌의 에세이와 대중매체를 통하여-》,《일본사상》,31(2016), pp.159-194.

52. 윤미영:《청일전쟁과 강유위(康有爲)의 페미니즘》,《일본사상》,31(2016), pp.133-158.

53. 김원수:《청일·러일전쟁과 영국의 동아시아 정책-영일관계를 중심으로-》,《세계 역사와 문화 연구》,38(2016), pp.83-109.

54. 비온티노 유리안:《서양인이 본 청일전쟁(1894-1895)-서양 언론 보도를 중심으로》,《동학학보》,40(2016), pp.175-210.

55. 조규태:《김천지역 동학농민군의 활동-김산·개령·지례를 중심으로》,《동학학보》,41(2016), pp.7-39.

56. 이은상:《중일전쟁(中日戰爭) 이전 시기(1912~1936) 조선의 원산화교(元山華僑)》,《人文科學》,60(2016), pp.103-147.

57. 박진홍:《청일전쟁기 조일 간의 군사 관계-양호도순무영의 설치 과정과 조선군 지휘 권한 문제를 중심으로-》,《한국 근현대사 연구》,79(2016), pp.37-72.

58. 서영희:《청일전쟁·러일전쟁-한반도에서 벌어진 국제전을 바라보

는 한국학계의 시각》,《군사》,100(2016), pp.119–146.

59. 김경리:《전쟁의 학습과 대중성 획득의 방법론-청일전쟁스고로쿠
    (絵双六)와 환등회(幻燈會)를 중심으로-》,《日本學報》,107(2016),
    pp.215–235.

60. 박정현:《중일전쟁 종전 뒤(1945~1948년) 국민정부의 만주지역 한
    인정책》,《대구사학》,123(2016), pp.209–244.

61. 유바다:《1894년 청일전쟁(清日戰爭)의 발발과 조선의 속국(屬國)
    지위 청산》,《大東文化研究》,98(2017), pp.351–382.

62. 석화정:《청일전쟁 전황(戰況)과 '조선의 독립' 문제에 대한 열강
    의 정책》,《군사》,102(2017), pp.151–185.

63. 조관자:《청일·러일 전쟁기의 사상과 동아시아의 변혁-일본
    의 아시아주의, 국수주의, 사회주의를 중심으로-》,《翰林日本
    學》,32(2018), pp.75–116.

64. 김도형:《가토 히로유키의 진화론과 전쟁인식-청일·러일전쟁 관
    련 저술분석을 중심으로-》,《일본사상》,35(2018), pp.7–37.

65. 이권희:《교육의 전쟁책임에 관한 고찰-청일·러일전쟁 시기를 중
    심으로-》,《일본사상》,35(2018), pp.69–91.

66. 이준호,이상임:《19세기 농민운동의 기후학적 원인에 대한 연구-동
    학농민운동을 중심으로》,《동학학보》,46(2018), pp.119–162.

67. 최석완:《일본정부의 청일전쟁 개전 정책과 그 성격》,《일본역사연
    구》,47 (2018), pp.107–138.

68. 채길순:《영동 지역 동학농민혁명 전개 과정과 문화콘텐츠 활용 방
    안》,《동학학보》,48(2018), pp.109–143.

69. 김준배:《청일전쟁기(清日戰爭期) 일본 신문연재소설 속 이순신(李
    舜臣)-무라이 겐사이(村井弦斎)의『조선정벌(朝鮮征伐)』과 나카
    라이 도스이(半井桃水)의『고사후쿠카제 속편(続胡砂吹く風)』을

중심으로-》,《일본학연구》,54(2018), pp.367-389.

70. 석화정:《서구의 정치풍자화에 나타난 청일전쟁과 '코리아'》,《한국근현대사연구》,84(2018), pp.79-109.

71. 박진홍:《청일전쟁기 일본 육군의 조선 내 군용 전신선 가설》,《한국근현대사연구》,84(2018), pp.41-78.

72. 장경호:《청일전쟁 직전 고종의 대미의존 심화와 美館播遷 시도》,《한국근현대사연구》,86(2018), pp.41-67.

73. 신욱희:《전이이론으로 본 청일전쟁 : 19세기 말 일본의 대 한반도 정책 목표》,《한국정치외교사논총》,41.1(2019), pp.47-68.

74. 유바다:《청일전쟁기 朝-淸 항일 연합전선의 구축과 동학농민군》,《동학학보》,51(2019), pp.305-339.

75. 김중규:《군산지역 동학농민혁명 전개과정과 특징》,《동학학보》,51(2019), pp.341-375.

76. 최인택:《평양명승 사진그림엽서 '현무문'에 얽힌 전쟁영웅담-청일전쟁 평양전투 영웅 하라다 주키치의 표상과 기억-》,《일본문화연구》,71(2019), pp.421-449.

77. 이선희:《1880년대 일본의 육군개혁과 청일전쟁》,《역사와 경계》,111(2019), pp.405-429.

78. 송호빈:《『西京稗史抄畧』과「平壤戰(爭及其前後ノ)記」-淸日戰爭 관련 기록과 漢文의 위치-》,《韓國漢文學研究》,76(2019), pp.401-436.

79. 죠마루 요이치(上丸洋一),조성환:《동학농민전쟁을 찾아서》,《원불교사상과 종교문화》,79(2019), pp.477-487.

80. 최덕규:《청일전쟁과 고승호(高陞號)사건의 국제법(1894-1903)》,《군사》,113(2019), pp.87-132.

81. 趙明哲:《일본의 대외전쟁과 대본영의 운영실태-청일, 러일전쟁을 중심으로-》,《東洋史學研究》,147(2019), pp.61-98.

82. 한승훈:《청일전쟁 직전 영국의 외교적 간섭 실패와 패권적 지위 균열 : 영국의 대조선정책과 관련해서》,《한국동양정치사상사연 구》,19.2(2020), pp.63-97.

83. 정성철:《동아시아 세력전이와 한반도 전쟁 : 19세기 청일전쟁과 21 세기 미중경쟁》,《담론201》,23.1(2020),93-118.

84. 이승환:《청일전쟁 시기 중국과 일본의 대 한반도 지정학적 인식 비 교연구-이홍장(李鴻章)과 야마가타 아리토모(山縣有朋)를 중심으 로-》,《한일군사문화연구》,30(2020), pp.147-190.

85. 안외순:《동학농민전쟁과 청일전쟁》,《동방학》,42(2020), pp.271-303.

86. 김경록.《한국학계의 청일전쟁 연구경향과 군사사적 검토》,《江原 史學》,35(2020), pp.79-114.

87. 한경희:《상주지역 동학의 문학적인 재현과 의미『-상주동학농민혁 명기념문집』을 중심으로》,《동학학보》,54(2020), pp.115-145.

88. 문영식:《1960년대 이후 태안지역 동학농민혁명 기념(선양)사업 분 석과 현대적 의의》,《동학학보》,57(2020), pp.119-159.

89. 이은상:《청일전쟁 이후 '청국차관'(淸國借款) 상환 안건 연구》, 《중국근현대사연구》,88(2020), pp.41-64.

90. 김태환:《동아시아 세력변화를 통해 본 청일전쟁의 지정학적 기원- 청과 러시아, 일본과의 영토조약을 중심으로-》,《중국지역연구》 8.4(2021), pp.139-166.

91. 우수영:《동학농민혁명과 관련된 문화 콘텐츠의 연구 동향 분석과 앞 으로의 과제-부안 백산 역사공원에서의 활용방안을 중심으로》,《동 학학보》,60(2021), pp.39-75.

92. 황의룡:《19세기 말 청일전쟁 시 양국의 군사전략 비교연구》,《한국 군사학논총》,11.3(2022), pp.25-46.

93. 김대훈:《논산 지역 동학농민혁명 연구-연산 전투, 노성 봉화산 전투,

소토산·황화대 전투를 중심으로》,《동학학보》,61(2022),pp.171–212.

94.　한승훈:《청일전쟁기 조선정부의 대영(對英) 외교교섭 연구: 고종과 흥선대원군 세력을 중심으로》,《한국사학보》,86(2022),pp.275–305.

英文论文

1. Silver D M. Charles Denby and the Sino-Japanese War, 1894-1895, *The Indiana Magazine of History,* 1956: 285 288.

2. Yim, Kwanha. Yüan Shih-k'ai and the Japanese, *Journal of Asian Studies,* Nov 1, 1964: 63.

3. Nakamura, James I. Meiji Land Reform, Redistribution of Income, and Saving from Agriculture, *Economic Development and Cultural Change*; Vol. 14, Iss. 4, (Jul 1, 1966): 428.

4. Il-ch S. Tonghak Movement and Modernization, *Korea Journal,* 1966, 6(5): 16-21.

5. Lamley, Harry J. The 1895 Taiwan Republic: A SIGNIFICANT EPISODE IN MODERN CHINESE HISTORY, *The Journal of Asian Studies,* Vol. 27, Iss. 4, (Aug 1968): 739.

6. Chong K R. The Tonghak Rebellion: Harbinger of Korean Nationalism, *Journal of Korean Studies,* 1969, 1(1): 73-88.

7. MacKinnon, Stephen R. The Peiyang Army, Yuan Shih-k'ai, and the Origins of Modern Chinese Warlordism, *The Journal of Asian Studies (pre-1986),* Vol. 32, Iss. 3, (May 1973): 405.

8. Fung E S K. Ch'ing Policy in the Sino-Japanese War, *Journal of Asian*

History, 1973, 7(2): 128−152.

9. Lew, Young I. The Reform Efforts and Ideas of Pak Yong−hyo, 1894−1895, *Korean Studies*; Vol. 1, (Jan 1, 1977): 21.

10. EDWARD I−TE CHEN. Japan's Decision to Annex Taiwan: A Study of Ito−Mutsu Diplomacy, 1894−95, *The Journal of Asian Studies (pre−1986)*, Vol. 37, Iss. 1, (Nov 1977): 61.

11. Chŏng−Gyun M O K. The Centripetal and Centrifugal functions of the Tonghak Movement: With Reference to Communication of the Tonghak Group, *Korea Journal*, 1978, 18(5): 50−53.

12. Lew Y I. The Conservative Character of the 1894 Tonghak Peasant Uprising: A Reappraisal with Emphasis on Chŏn Pong−jun's Background and Motivation, *Journal of Korean Studies,* 1990, 7(1): 149−180.

13. 宫古,文尋, An Investigation on the Coup D'etat of 1898: The Changing of the Foreign Policy of the Qing Dynasty and the Emperor Guangxu, *Journal of Fluorine Chemistry,* 1993.

14. Chien H. H. Twentieth Year of the Guangxu Emperor (1894), *The European Diary of Hsieh Fucheng: Envoy Extraordinary of Imperial China,* 1993: 189−198.

15. Ugai Masashi, The Indemnity in the Shimonoseki Treaty and the Probrem of New Treaty Ports, *Gakushuin historical review 32,* (Mar 1994), pp. 19−34.

16. Yong−ha S. Conjunction of Tonghak and the Peasant War of 1894, *Korea Journal,* 1994, 34(4): 59−75.

17. Goff, Janet. Principle, Praxis, and the Politics of Educational Reform in Meiji Japan, *Japan Quarterly*; Vol. 43, Iss. 3, (Jul−Sep 1996): 103.

18. Fung A. Testing the Self−Strengthening: The Chinese Army in the Sino−Japanese War of 1894−1895, *Modern Asian Studies,* 1996, 30(4): 1007−1031.

19. Anonymous. Japan Comes of Age: Mutsu Munemitsu and the Revision of the Unequal Treaties, *Japan Quarterly,* Vol. 47, Iss. 1, (Jan–Mar 2000): 105.

20. Zha, Daojiong. The Taiwan problem in Japan–China relations: An irritant or destroyer? *East Asia: An International Quarterly,* Vol. 19, Iss. 1/2, (Spring 2001): 205–224.

21. Aldridge, A. Owen. The Empress Dowager Ci–Xi In Western Fiction: A Stereotype For The Far East?, *Revue de Littérature Comparée*, Vol. 297, (Jan–Mar 2001): 113–122,185,189.

22. Doran, Christine. Fantasy as History: The Invention of Cixi, Empress of China, *Femspec,* Vol. 3, Iss. 2, (Jun 2002): 16.

23. Kim Eric Bettcher., Yukichi Fukuzawa, 1835–1901: The Spirit of Enterprise in Modern Japan, *Business History Review*; Vol. 78, Iss. 4, (Winter 2004): 809–811.

24. Elman B. A. Naval warfare and the refraction of China's self–strengthening reforms into scientific and technological failure, 1865–1895, *Modern Asian Studies,* 2004, 38(2): 283–326.

25. Huh, Donghyun. The Korean Courtiers' Observation Mission's Views on Meiji Japan and Projects of Modern State Building, *Korean Studies,* Vol. 29, (2005): 30–54,175.

26. Howland D. Japan's Civilized War: International Law as Diplomacy in the Sino–Japanese War (1894–1895), *Journal of the History of International Law/Revue d'histoire du droit international,* 2007, 9(2): 179–201.

27. Dai H. On Akutagawa's Strange reunion (Kikai na saikai): China and Japan against the Background of the Sino–Japanese War in 1894–1895, *Comparatio,* 2007(11): 28–35.

28. Howland, Douglas. The Sinking of the S. S. Kowshing: International Law,

Diplomacy, and the Sino-Japanese War, *Modern Asian Studies,* Vol. 42, Iss. 4, (Jul 2008): 673-703.

29. Ferretti V. 18. New Dimensions In Sino-Japanese Relations And The Memory Of The Sino-Japanese War Of 1894-95, *The Power of Memory in Modern Japan.* Global Oriental, 2008: 309-318.

30. Eberspaecher C., Kulturbesitz G. S. P. Arming the Beiyang Navy. Sino-German Naval Cooperation, *nternational Journal of Naval History*, 2009.

31. Zou Shuangshuang, What does a Losing Admiral's Suicide Mean?: Comparing the Interpretations of Ding Ruchang's Suicide, *The Senriyama bungaku ronshu,* 2010(83), 105-123.

32. Murphy, Alex. Traveling Sages: Translation and Reform in Japan and China in the Late Nineteenth Century, *Studies on Asia,* Normal Vol. Series IV, 1, Iss. 1, (Fall 2010): 29-56.

33. Kallander G. Eastern Bandits or Revolutionary Soldiers? The 1894 Tonghak Uprising in Korean History and Memory, *History Compass,* 2010, 8(10): 1126-1141.

34. Hang-seob B. Kaesŏng Uprising of 1893, *International Journal of Korean History,* 2010, 15: 93-120.

35. Alena Eskridge-kosmach, The Russian Press on Russias Chinese Policy in the Period of the Sino-Japanese War (1894-1895), *The Journal of Slavic Military Studies,* 2012(4).

36. Kim K. H. The Sino-Japanese War (1894-1895): Japanese National Integration and Construction of the Korean "Other", *International Journal of Korean History,* 2012, 17(1): 1-27.

37. Kowner R. The Sino-Japanese War and the Birth of Japanese Nationalism. By Makito Saya. Translated by David Noble. Tokyo: International House

of Japan, 2011, *The Journal of Asian Studies,* 2012, 71(4): 1153-1155.

38. Lee, Pei-Ling. All about 1895: An Ideological Analysis of TV Serials from the Two Sides of the Taiwan Strait, *Archiv Orientalni*, Vol. 81, Iss. 3, 2013.

39. JL Rawlinson, Li Hung-chang and Naval Development, 1875-1885, The Ritumeikan economic review, *the bi-monthly journal of Ritumeikan University,* (Sep 2013).

40. Chen Xian-song, A Study on the Size of Beiyang Coastal Defense Expenditures (1875-1894), *Bulletin of the Institute of History and Philology Academia Sinica,* 2013(84):557-599.

41. Watts T. See also: Mutsu Munemitsu; Oyama Iwao; Sino—Japanese War. Further Reading, *Japan at War: An Encyclopedia,* 2013: 176.

42. Rausch F. Conversion and Moral Ambiguity: An Chunggŭn, Nationalism and the Catholic Church in Late Nineteenth and Early Twentieth Century Korea, *Asia in the Making of Christianity.* Brill, 2013: 323-346.

43. Moll-Murata C, Theobald U. Military employment in Qing dynasty China, *Fighting for a Living: A Comparative Study of Military Labour,* 2013: 1500-2000.

44. Tsai, Weipin. The First Casualty: Truth, Lies and Commercial Opportunism in Chinese Newspapers during the First Sino-Japanese War, *Journal of the Royal Asiatic Society,* Vol. 24, Iss. 1, (Jan 2014): 145-163.

45. Fröhlich, Judith. Pictures of the Sino-Japanese War of 1894-1895, *War In History*, London Vol. 21, Iss. 2, (Apr 2014): 214-250.

46. Veronika Krištofová, Japan and Korea at the Turn of the 19th and 20th Century, *Prague Papers on The History of International Relations,* 2015(2).

47. Gao, Gengsong. Yan Fu's (Mis)translation of "Feudal/Feudalism",

Intertexts, Lincoln Vol. 19, Iss. 1/2, (Spring 2015): 23–38,155.

48. Zhihai C. The United States and the Sino-Japanese War of 1894–1895, *Social Sciences in China*, 2015, 36(4): 164–192.

49. Skřivan Jr A, Skřivan Sr A. Great Powers and the Sino-Japanese War 1894–1895, *Prague Papers on the History of International Relations*, 2015 (2): 16–44.

50. Fuping G. France and the First Sino-Japanese War, 1894–1895, *Social Sciences in China*, 2015, 36(4): 138–163.

51. Liwen J. The First Sino-Japanese War Indemnity Revisited, *Social Sciences in China*, 2015, 36(4): 113–137.

52. Man K. C. "They Are a Little Afraid of the British Admiral": The China Station of the Royal Navy during the First Sino-Japanese War, 1894–1895, *International Bibliography of Military History*, 2015, 35(2): 93–118.

53. He J., Liu J., Xu S., et al. A GIS-based cultural heritage study framework on continuous scales: a case study on 19th century military industrial heritage, *The International Archives of Photogrammetry, Remote Sensing and Spatial Information Sciences*, 2015, 40(5): 215.

54. Qing H. Western steamship companies and Chinese seaborne trade during the late Qing dynasty, 1840–1911, *International Journal of Maritime History*, 2015, 27(3): 537–559.

55. H Wang, From a Confucian Literati to a Military General: Li Hung Chang's Views of Western Technology (1885–1896), *Asian Culture & History*, 2016.

56. Padilla R. When precision obscures: disease categories related to cholera during the Sino-Japanese War (1894–1895), *Science, Technology, and Medicine in the Modern Japanese Empire*. Routledge, 2016: 186–196.

57. Qu J. Self-Strengthening Movement of late Qing China: an intermediate reform doomed to failure, *Asian Culture and History,* 2016, 8(2): 148-154.

58. Shih, Chih-Yu; Chang, Chihyun. The Rise of China Between Cultural and Civilizational Rationalities: Lessons From Four Qing Cases, *International Journal of Asian Studies,* Vol. 14, Iss. 1, (Jan 2017): 1-25.

59. Xu B. Re-examining the discourse of the 19th century international law: a case study of the first Sino-Japanese War 1894-1895, *HKU Theses Online (HKUTO),* 2017.

60. Yormirzaeva M M. The Role of Meiji Emperor in Modernization of Japan and Its Victory in Sino-Japanese War (1894-1895), *Успехи современной науки,* 2017, 6(1): 158-162.

61. Skřivan Sr A, Skřivan jr A. The Situation in the Far East before the First Sino-Japanese War, *Nuova Rivista Storica*: cl, 1, 2017: 83-102.

62. Greve Andrew Q. Levy Jack S. Power Transitions, Status Dissatisfaction, and War: The Sino-Japanese War of 1894-1895, *Security Studies,* 2018(1).

63. Li, Kay. Pathways to New China: Young Chinese Students Studying Abroad in the Early Twentieth Century Arranged by the Qing Government, *The International Journal of Critical Cultural Studies,* Vol. 16, Iss. 1, (2018): 33-44.

64. Nedved Gregory J., The Sino-Japanese War of 1894-1895: Partially decrypted, *Cryptologia,* 2018(2), 95-105.

65. Dong Baomin, Guo Yibei, The impact of the first Sino-Japanese war indemnity: Transfer problem reexamined, *International Review of Economics & Finance,* July 2018.

66. Mitani, Taichirō, Civilization, Modernization, Westernization: Yukichi

Fukuzawa as a leader and Masao Maruyama as a critic, *Nippon Gakushiin kiyo,* 2018.

67. Birbudak T. S. The Sino-Japanese War of 1894-1895 and the Ottoman Empire, *Tarih Araştırmaları Dergisi,* 2018, 37(63): 199-218.

68. Dong B, Guo Y. The impact of the first Sino-Japanese war indemnity: Transfer problem reexamined, *International Review of Economics & Finance,* 2018, 56: 15-26.

69. Trinh D. Listening for Echoes from the Past: Chinese Operational Design of the Sino-Japanese War (1894-1895), *US Army School for Advanced Military Studies Fort Leavenworth United States,* 2018.

70. Hans Lengerer, A Pre-History of the Sino-Japanese War 1894-1895: Introduction and Summary, *Warship international,* 2019(1), pp.47-54.

71. Chan, Ying-kit. Proto-Nationalism and Remembering Taiwan: Qiu Fengjia (1864-1912) and Modern Education in Late Qing Guangdong, *Archiv Orientalni,* Vol. 87, Iss. 1,(2019): 175-206,218.

72. Hans Lengerer. The Taiwan Expedition: Impulse to the IJN's First Expansion and Basis for the Formation of a Merchant Marine, *Warship international,* 2019(2), pp.115-136.

73. Wenming L. Who are the barbarians?: The Sino-Japanese War of 1894-1895 in the discourse of civilization, *Colonialism, China and the Chinese.* Routledge, 2019: 155-170.

74. O'Reilly S. The Noble Enemy: Bravery, Surrender and Suicide in the First Sino-Japanese War, *Journal of Chinese Military History,* 2019, 8(2): 159-190.

75. Zabrovskaia, Larisa. Qing China's Misguided Foreign Policy and the Struggle to Dominate Korea (According to the Russian Archive), *Korean Studies,* Vol. 44, (2020): 80-96,167.

76. Li, Mingyang. Building Warships and Nurturing Technical Talent at the Foochow Navy Yard during the Self-Strengthening Movement, *Chinese Annals of History of Science and Technology*; Vol. 4, Iss. 2, (2020): 1-34.

77. Hans Lengerer. The Kanghwa Affair and Treaty: A Contribution to the Pre-History of the Chinese-Japanese War 1894-95, *Warship international,* 2020(2).

78. Hans Lengerer, The 1882 Coup dEtat in Korea and the Second Expansion of the Imperial Japanese Navy: A Contribution to the Pre-History of the Chinese-Japanese War 1894-95, *Warship international*, 2020(3).

79. Park S II. The Sino-Japanese War (1894-1895), East Asia in the World. Twelve Events That Shaped the Modern International Order, 2020: 224.

80. Yifeng X. Between Dictatorial and Powerless Monarchy: Emperor Meiji's Decision in the Sino-Japanese War, *6th International Conference on Humanities and Social Science Research* (*ICHSSR 2020*). Atlantis Press, 2020: 469-472.

81. Jin X. The evolution of evolutionism in China, 1870-1930, *Isis*, 2020, 111(1): 46-66.

82. Julius Lucas Becker, 'To Grab, When the Grabbing Begins' German Foreign and Colonial Policy during the Sino-Japanese War of 1894/95 and the Triple Intervention of 1895, *The International History Review*, 2022, 44(1):1-20.

83. Du, Yue. From Dynastic State to Imperial Nation: International Law, Diplomacy, and the Conceptual Decentralization of China, 1860s-1900s, *Late Imperial China*, Vol. 42, Iss. 1, (Jun 2021): 177-220.

84. Becker J L. 'To Grab, When the Grabbing Begins' German Foreign and Colonial Policy during the Sino-Japanese War of 1894/95 and the Triple

Intervention of 1895, *The International History Review,* 2022, 44(1): 1-20.

85. Skřivan Sr A, Skřivan Jr A. The Firm Fried. Krupp in the Chinese Market prior to the First Sino-Japanese War of 1894/95, *German History,* 2022, 40(3): 361-383.

86. Zou Y. The Formation and Evolution of Yan FU's View of Japan, *2022 International Conference on Science Education and Art Appreciation (SEAA 2022).* Atlantis Press, 2022: 838-843.

法文论文

1. Zimmermann, Maurice. « Le traité de paix sino-japonais », *Annales de géographie*, 17 (1895), pp. 517-518. (《中日和约》)

2. Buret, Maurice. « La Croix-Rouge en Russie et au Japon », *Questions diplomatiques et coloniales: revue de politique extérieure*, 1904, pp. 506-509. (《红十字会在俄国和日本》)

3. Vié, Michel. « La Mandchourie et la " Question d'Extrême-Orient " 1880-1910 », *Cipango*, 18 (2011), pp. 19-78. (《满洲与 "远东问题" 1880—1910》)

4. Woo, Chulgu. « Les guerres sino-japonaise et russo-japonaise », *Hérodote*, Vol. 141, No. 2, 2011, pp. 115-133. (《中日战争与俄日战争》)

5. Roy, Dominic. « Le Japon en mal de reconnaissance internationale. Victoires militaires et paix ratées, 1895-1923 », *Cahier du CÉRIUM Working Paper*, No. 5. Centre d'études et de recherches internationales, Université de Montréal, 2015. 43 pp. (《日本在国际上缺乏认可,军事胜利与未能实现的和平,1895—1923》)

6. Gandil, Alexandre. « Une épistémologie de la " question taiwanaise ". Ce que Kinmen (Quemoy) révèle du détroit de Taiwan », *Sociétés politiques comparées*, 54, mai/août 2021. (《关于台湾问题的认识论》)

俄文论文

1. *Савельев А. Е.: Японо-китайская война 1894–1895 гг.//Вестник Краснодарского университета МВД России, 2010 № 4, С. 1–10.*（沙维利耶夫：《日本—中国战争（1894—1895年）》）

2. *Федорова Т. В.: Японо-китайская война 1894–1895 годов как один из малоизученных военных конфликтов//Восточно-европейский научный журнал, 2016 № 10, С. 54–58.*（菲多罗娃：《作为其中一个较少研究的军事冲突的1894—1895年日本—中国战争》）

德文论文

1. Anton, Sabrina: Der Japanisch-Chinesische Krieg (1894-1895)-'Wie gestalteten sich die Auswirkungen des Japanisch-Chinesischen Krieges von 1894-95 auf die Stellung Japans in der Welt?', München: GRIN Verlag, 2004.[《日中战争（1894—1895年）—1894—95年的日中战争对日本的世界地位有何影响？》]

2. Schulze, Kai: Die Außenpolitik der Meiji-Zeit, München: GRIN Verlag, 2008.（《明治时代的外交政策》）

3. Strauss, Helmut: Deutschland und der japanisch-chinesische Krieg-Das Dilema der deutschen Ostasienpolitik, München: GRIN Verlag, 2004.（《德国与日中战争—德国东亚政策的困境》）

西班牙文论文

1. Serrano Altamira, J., "La guerra chino-japonesa", *Revista técnica de infantería y caballería*, V(XII), pp.529-537.（赛拉诺·阿尔塔米拉:《甲午战争》）

2. X., "Crónica Exterior", Revista de España, CXLIX, pp.235-246.（X.:《境外新闻》）

3. Gil Pecharromán, J., "Japón humilló a China: la guerra de 1894 convirtió a Tokio en gran potencia", Historia 16, 1985, pp.67-76.（希尔·贝查罗曼:《日本羞辱了中国: 甲午战争使日本成为列强》）

4. Acosta Barros, L. M., "Actitud del gobierno y la prensa españoles ante la guerra chino-japonesa de 1894-1895", Hispania: Revista española de historia, Vol. 54, Nº 188, 1994, pp.1041-1075.（阿科斯塔·巴洛斯:《西班牙政府和新闻界对甲午战争的态度》）

5. Auñón y Villalón, R., "El combate naval de Ya-Lu entre chinos y japoneses en la Conferencia dada en el ateneo de Madrid el 13 de diciembre de 1894", 1895, pp.1-55.（拉蒙·奥尼翁·伊·比利亚隆:《中日黄海海战》）

九　学位论文

中文学位论文

1. 李庆辉：《试论甲午战争前后中日民族心态的变化》，东北师范大学硕士学位论文，1988年。

2. 刘志坚：《论清军后勤供给与甲午战争》，中国社会科学院学位论文（学位不详），1990年。

3. 潘向明：《甲午战争的战略战术问题研究》，中国人民大学博士学位论文，1992年。

4. 廖勤：《论甲午战争期间的中俄关系》，广西师范大学硕士学位论文，1993年。

5. 苏生文：《甲午战争前后李鸿章和伊藤博文外交策略之比较》，北京大学硕士学位论文，1993年。

6. 李坚：《甲午战争时期的报刊舆论》，华东师范大学硕士学位论文，1995年。

7. 王健：《甲午战争赔款及近代中日不同民族命运的研究》，东北师范大学硕士学位论文，1995年。

8. 陈世荣：《甲午战争后日本对清廷赔款用途之研究》，中国文化大学硕士学位论文，1996年。

9. 林昌期：《中日甲午战争与日俄战争之比较研究》，中国文化大学硕士学位论文，1999年。

10. 刘大钧：《甲午战争时期（1894—1895）中国知识分子思想的变化》，香港大学硕士学位论文，1999年。

11. 朱浒：《甲午战争前清廷铁路国策的确立与醇亲王奕譞》，中国人民大学硕士学位论文，1999年。

12. 朱正业：《甲午战争前近代海关收支的研究》，福建师范大学硕士学位论文，1999年。

13. 何家伟：《从两次中日战争看铁路与国防》，西南交通大学硕士学位论文，2001年。

14. 欧阳城旺：《甲午战争与美国外交》，北京大学硕士学位论文，2001年。

15. 罗绪安：《甲午战争前后军事后勤体制的变革》，华中师范大学硕士学位论文，2002年。

16. 陈健：《试论甲午战争后沙俄对中国东北的资本输出》，东北师范大学硕士学位论文，2004年。

17. 陈鹏：《甲午战争期间的〈申报〉舆论》，华东师范大学硕士学位论文，2004年。

18. 刘春明：《论甲午战争之前国人对外观念的转变》，武汉大学硕士学位论文，2004年。

19. 肖守库：《甲午战争前后捐纳舆论之考察》，河北师范大学硕士学位论文，2004年。

20. 曹静：《甲午战争至日俄战争期间日本对中国东北的经济侵略》，吉林大学硕士学位论文，2005年。

21. 宫贤鹏：《甲午战争时期清军后勤研究——以陆路战场为中心》，中国人民大学硕士学位论文，2005年。

22. 李慧：《〈申报〉对中日甲午战争的回应》，四川大学硕士学位论文，2005年。

23. 杨宝杰：《甲午战争与后清流》，中国人民大学学位论文，2005年。

24. 张颖：《试论美国与中日甲午战争（1894—1895）》，中山大学硕士学位论文，2005年。

25. 陈先松：《甲午战前的海防经费研究》，安徽师范大学硕士学位论文，2006年。

26. 樊晓敏：《从甲午到辛丑"国变"与北洋变局》，河北师范大学硕士学位论文，2006年。

27. 李敬：《甲午战争期间的〈字林沪报〉舆论》，华东师范大学硕士学位论文，2006年。

28. 罗世昌：《甲午战争前日本的中国观——以琉球、朝鲜问题为中心（1873～1984）》，台湾政治大学硕士学位论文，2006年。

29. 姚颖冲：《甲午战争期间的〈新闻报〉舆论》，华东师范大学硕士学位论文，2006年。

30. 王俊祥：《论甲午战后中朝关系演变（1895—1900）》，东北师范大学硕士学位论文，2006年。

31. 吴桂艳：《甲午战争时期日本对中国的情报活动》，吉林大学硕士学位论文，2006年。

32. 夏明涛：《甲午战争与19世纪末20世纪初中国思想文化的变迁》，中南大学硕士学位论文，2006年。

33. 徐磊：《甲午战前的"征日论"研究》，浙江大学硕士学位论文，2006年。

34. 张巍：《甲午战前英国调停过程研究（1894.5—1894.8）》，东北师范大学硕士学位论文，2006年。

35. 周秀梅：《甲午战争前清政府的日本观：从决策者的知觉与错误知觉角度分析中国甲午战败的成因》，中山大学硕士学位论文，2006年。

36. 蔡明吉：《试论甲午战争前夕围绕朝鲜的中日外交交涉》，延边大学硕士学位论文，2007年。

37. 梁吉祥：《甲午战争在山东》，新疆大学硕士学位论文，2007年。

38. 马维英：《甲午战后洋务运动的深化及影响》，吉林大学硕士学位论文，2007年。

39. 翟文栋：《清末民初文学作品中的甲午战争——以历史小说为中心》，浙江大学硕士学位论文，2007年。

40. 王者祥：《甲午战争中日伤亡比较分析》，东北师范大学硕士学位论文，2008年。

41. 杨岸昭：《论甲午战争中清日陆军鏖战平壤》，延边大学硕士学位论文，2008年。

42. 张墨琦：《论甲午战争期间日本民间右翼势力崛起及影响》，黑龙江省社会科学院硕士学位论文，2008年。

43. 林亨芬：《从封贡到平行：甲午战争前后的清韩关系（1894—1898）》，台湾师范大学硕士学位论文，2009年。

44. 唐英林：《明治日本的军事经济的研究——以甲午战争爆发前的十年为中心》，山东大学硕士学位论文，2009年。

45. 滕长江：《甲午战争后的中国社会思想转型与外来词引进》，南京农业大学硕士学位论文，2009年。

46. 翁诗怡：《英国与甲午战争》，台湾师范大学硕士学位论文，2009年。

47. 吴琼：《1886年中俄天津谈判研究：甲午战前清政府对朝政策再认识》，中国人民大学硕士学位论文，2009年。

48. 王其勇：《甲午战争时期中国寻求英国斡旋的努力》，安徽大学硕士学位论文，2009年。

49. 张新刚：《甲午战前明治政府的军费开支》，东北师范大学硕士学位论文，2009年。

50. 周政纬：《甲午战争中的方伯谦》，香港大学硕士学位论文，2009年。

51. 陈先松：《甲午战前的海防经费研究（1875—1894）：以南北洋为中

心》，北京大学博士学位论文，2010年。

52. 郭婷：《甲午战争与中日早期现代化的成败》，曲阜师范大学硕士学位论文，2010年。

53. 李晗：《甲午战争期间日军对清军战俘政策述论》，辽宁大学硕士学位论文，2010年。

54. 刘艳：《甲午战争与东亚国际体系的重构》，黑龙江大学硕士学位论文，2010年。

55. 谭皓：《甲午战后晚清国民心态研究》，云南大学硕士学位论文，2010年。

56. 叶春芳：《美国与甲午战争》，安徽大学硕士学位论文，2010年。

57. 陈长江：《甲午战后至戊戌维新前清政府的改革研究》，山东师范大学硕士学位论文，2011年。

58. 吴国栋：《甲午中日战争前后日本在朝鲜半岛政策研究》，吉林大学硕士学位论文，2011年。

59. 吴剑宇：《甲午战争对中国海权的战略启示——以海洋安全战略为视角》，吉林大学硕士学位论文，2011年。

60. 徐德根：《甲午战争前后韩国华商商业活动研究（1882—1910）》，厦门大学博士学位论文，2011年。

61. 殷欣：《从甲午战争到日俄战争：俄国远东政策的嬗变（1895—1904）》，南京大学硕士学位论文，2011年。

62. 袁森：《甲午战争后英国在华外交政策的转变（1895—1905）》，苏州大学硕士学位论文，2011年。

63. 杜志明：《罗丰禄研究》，福建师范大学硕士学位论文，2012年。

64. 李康民：《中国的新闻舆论与中日甲午战争》，山东大学硕士学位论文，2012年。

65. 谢昌旭：《战争债券与战争融资——基于中日甲午战争与美国南北战

争的研究》，复旦大学硕士学位论文，2012年。

66. 易耕：《〈申报〉视野中的甲午战争》，中国人民大学硕士学位论文，2012年。

67. 赵晓举：《甲午战争赔款对晚清财政的影响》，云南大学硕士学位论文，2012年。

68. 郭倩：《甲午战争至维新变法时期的报刊政论研究——以〈直报〉为例（1895—1899年）》，天津师范大学硕士学位论文，2013年。

69. 李芹：《李鸿章与中日甲午战争》，中国社会科学院硕士学位论文，2013年。

70. 徐毅嘉：《美国报界对中日甲午战争的报导述评——以西海岸四大报为例》，吉林大学硕士学位论文，2013年。

71. 杨伟成：《中国近代海权思想研究——以甲午海战为核心之析论》，台湾淡江大学硕士学位论文，2013年。

72. 冯晓庆：《中日甲午战争期间陆奥宗光的外交危机克服对策》，外交学院硕士学位论文，2014年。

73. 李俊：《试论甲午中日战争前朝鲜政府的外兵借入论议及其外兵撤离交涉研究》，延边大学硕士学位论文，2014年。

74. 马腾：《北洋海军战败原因的再探讨——基于后勤视角剖析》，东北师范大学硕士学位论文，2014年。

75. 王宁：《从五种"日本游记"看甲午战争前中国士人对日本的认识》，河南师范大学硕士学位论文，2014年。

76. 于雪梅：《文化遗产旅游视角下的中国甲午战争博物馆研究》，山东大学硕士学位论文，2014年。

77. 张文俊：《中日甲午战争之研究——以日方谍报网为探讨对象》，高雄第一科技大学硕士学位论文，2014年。

78. 常萌萌：《〈叻报〉对甲午战争报道的研究》，山东大学硕士学位论文，2015年。

79. 耿立伟：《甲午战争时期盛京地区清军防务研究》，辽宁大学硕士学位论文，2015年。

80. 吕志国：《东亚三国甲午中日战争叙事比较研究——以甲午战争爆发后二十年间的小说为中心》，山东大学硕士学位论文，2015年。

81. 林钰坤：《中日甲午战争澎湖古战场历史照片之研究——以日军1895年3月23日登陆后影像为例》，台北教育大学硕士学位论文，2015年。

82. 王铎：《甲午海城会战研究》，辽宁大学硕士学位论文，2015年。

83. 王煜琦：《论晚清大国均势外交——以中日甲午战争为例》，南京师范大学硕士学位论文，2015年。

84. 曾庆雪：《中日甲午战争期间〈申报〉的失实报道研究》，山东大学硕士学位论文，2015年。

85. 陈偲聪：《对甲午战争的反思与历史启示》，齐齐哈尔大学硕士学位论文，2016年。

86. 范宇亮：《中日甲午战争失败原因新探》，延边大学硕士学位论文，2016年。

87. 霍东昆：《对"陆奥宗光心理"的考察——以"功名心"和"藩阀政治"的对立为中心》，北京外国语大学硕士学位论文，2016年。

88. 李姣姣：《甲午战后中国海军重建研究（1895—1911）》，陕西师范大学硕士学位论文，2016年。

89. 马晓珍：《论刘坤一在甲午战争时期的军事思想及军事活动》，华中师范大学硕士学位论文，2016年。

90. 孙妍：《中日甲午战争时期中国知识分子的日本观》，东北师范大学硕士学位论文，2016年。

91. 李银雪：《中日甲午战争之平壤战役清军失败的原因及影响探析》，延边大学硕士学位论文，2017年。

92. 李真真：《论甲午战争前后日本蔑华思潮的演变》，黑龙江省社会科学院硕士学位论文，2017年。

93. 陈晶灿：《甲午战争在中学历史教科书中的书写变化》，华东师范大学硕士学位论文，2018年。

94. 杜娟：《中日高中历史教科书中关于"甲午、日俄和抗日战争"的比较研究》，陕西师范大学硕士学位论文，2018年。

95. 杜茂：《甲午战争奉天战场清军将领群体研究》，辽宁师范大学硕士学位论文，2018年。

96. 魏翰：《〈悉尼先驱晨报〉的甲午中日战争报道研究》，东北师范大学硕士学位论文，2018年。

97. 汪振兴：《甲午战争平壤之战研究》，兰州大学硕士学位论文，2018年。

98. 张佳玉：《甲午战争前后军机处研究》，河北师范大学硕士学位论文，2018年。

99. 曹金稳：《北洋舰队官兵视角下的黄海海战》，曲阜师范大学硕士学位论文，2019年。

100. 李辉：《甲午战争时期山东省陆军研究》，华中师范大学硕士学位论文，2019年。

101. 李健：《甲午战争前的东北军备研究》，辽宁大学硕士学位论文，2019年。

102. 栾欣：《甲午战后海军重建研究》，辽宁师范大学硕士学位论文，2019年。

103. 周颖妙：《内村鉴三战争观的考察——以甲午战争和日俄战争为中心》，广东外语外贸大学硕士学位论文，2019年。

104. 代金冶：《甲午战争诗词研究》，吉林大学硕士学位论文，2020年。

105. 薛文博：《甲午战争的创伤叙事与晚清中国的文化转型》，东南大学硕士学位论文，2020年。

106. 严永晔:《甲午战败中的北洋海军将官指挥群体因素研究》,鲁东大学硕士学位论文,2020年。

107. 陈周:《泉镜花文学与国家主义——以甲午中日战争相关小说为中心》,重庆大学硕士学位论文,2021年。

108. 牛司原:《中日甲午战争中的晚清王朝衰败研究》,中共辽宁省委党校硕士学位论文,2022年。

109. 王常浩:《甲午战争时期中日战时宣传图像研究——以平壤战争为例》,中央美术学院硕士学位论文,2021年。

110. 郑凤玉:《陆奥宗光与"高升号"事件研究》,长春师范大学硕士学位论文,2021年。

日文学位论文

1. 大谷正,近代日本の対外宣伝,博士論文,大阪大学,1994.

2. 朴羊信,陸羯南の政治認識と対外論:公益と経済的膨張,博士論文,北海道大学,1997.

3. 井口和起,日本帝国主義の形成と東アジア,博士論文,京都大学,2000.

4. 張秀蘭,近代中日教育の比較——洋務運動期と明治維新期を中心に,修士論文,鳴門教育大学,2006.

5. 姜孝叔,第2次東学農民戦争と日清戦争:防衛庁防衛研究所図書館所蔵史料を中心に,博士論文,千葉大学,2006.

6. 塩出浩之,明治初期の新聞による公論形成と東アジア国際秩序,博士論文,琉球大学,2011.

7. 延廣壽一,日清戦争における日本陸軍の兵站,博士論文,神戸学院大学,2011.

8. 牧野雅司,明治維新期における日朝関係の変容,大阪大学,2012.

9. 朝井佐智子,日清戦争開戦前夜の東邦協会:設立から1894(明治27)年7月までの活動を通して,博士論文,愛知淑徳大学,2013.

10. 古結諒子,日清戦争における日本外交:東アジアをめぐる国際関係の変容,博士論文,お茶の水女子大学,2013.

11. 平野龍二,日清・日露戦争における政策と戦略:「海洋限定戦争」の視点から,博士論文,慶應義塾大学,2013.

12. 柳英武,東アジアにおける近代条約関係の成立:日清戦争と清韓関係の再編1882-1899,博士論文,筑波大学,2013.

13. 小正展也,日清戦後における植民地台湾の領有と地方の変容,博士論文,名古屋大学,2013.

14. 野口武,日清戦争時期,山東省における主要政策過程と行政変容——清末山東巡撫李秉衡による黄河統治,輸送整備,財政改革を中心として,博士論文,愛知大学,2014.

15. 關誠,明治前期日本における情報活動と対外政策:近代日本情報史研究序説,博士論文,京都大学,2014.

16. 森万佑子,近代朝鮮における宗属関係と条約関係——対外政策と外政機構の検討から,博士論文,東京大学,2016.

17. 市村茉梨,日清戦争期における戦争表象:印刷媒体に表現されたイメージについて,博士論文,関西大学,2016.

18. 王鶴,清国海軍の近代化水準と日清戦争——航海日誌と日記の分析、日本海軍との比較から,博士論文,神奈川大学,2018.

19. 小林惇道,近代日本における戦争と仏教教団——日清・日露戦争期を中心に,博士論文,大正大学,2020.

20. Li Ying,日清戦争開戦における両国政府政策決定過程の研究,博士論文,新潟大学,2021.

21. 岩村麻里,明治維新期の藩政と国家:土佐藩を事例に,博士論文,明治大学,2022.

韩文学位论文

1. 유바다:《19세기 후반 조선의 국제법적 지위에 관한 연구(关于19世纪后期朝鲜国际法地位的研究)》, 高麗大學校大學院韓國史學科博士學位論文, 2016年12月。

2. 魏晨光:《근대 일본 병참체제의 성립과 운영-청일전쟁 시기 한반도를 중심으로-(近代日本兵站体系的成立与运营——以甲午战争时期朝鲜半岛为中心)》, 高麗大學校大學院史學科博士學位論文, 2023年8月。

3. 金壽岩:《韓國의 近代外交制度研究: 外交官署와 常駐使節을 중심으로(韩国的近代外交制度研究: 以外交官署和常驻使节为中心)》, 서울대학교 박사학위논문(首尔大学博士论文), 2000年。

4. 金正起:《1876~1894年 淸의 朝鮮政策研究》, 서울대학교 박사학위논문(首尔大学博士论文), 1994年。

5. 許黄道:《동학농민운동이 청일전쟁에 미친 영향(东学农民运动对清日战争产生的影响)》, 영남대학교 교육대학원 석사학위논문(岭南大学教育大学院硕士论文), 1984年。

6. 譚仲麟:《清日戰爭의 原因研究》, 경희대학교 경영행정대학원 석사논문(庆熙大学经营行政大学院硕士学位论文), 1973年。

7. 崔始帝:《清日戰爭을 위요한 양국의角逐(两国围绕清日战争的角

逐）》，인하대학교 교육대학원 석사논문（仁荷大学教育大学院硕士学位论文），1984年。

8. 金壽岩：《清日戰爭 原因에 관한 研究：東北亞 國際政治秩序와 日本國內政治構造와의 關聯性을 中心으로（对于清日战争原因的研究：以东北亚国际政治秩序与日本国内政治构造的关联性为中心）》，서울대학교 대학원 외교학과 석사학위논문연구（首尔大学大学院外交学科硕士学位论文），1987年。

9. 김연희：《고종 시대 근대 통신망 구축 사업（高宗时期近代通信网的构筑事业）》，서울대학교 박사학위논문（首尔大学博士论文），2006年。

10. 柳在坤：《日帝의 對韓侵略論理와 萬國公法》，한국정신문화연구원 박사학위논문（韩国精神文化研究院博士学位论文），1996年。

11. 柳栽澤：《開港期조선의 國際關係와 反從屬論》，단국대학교 박사학위논문（檀国大学博士学位论文），1993年。

12. 한성민：《乙巳條約 이후 일본의 '韓國併合' 과정 연구：日本人 실무관료의 활동을 중심으로（乙巳条约签订后日本的'韩国併和'过程研究：以日本人实务官僚的活动为中心）》，동국대학교 박사학위논문（东国大学博士学位论文），2016年。

13. 韓承勳：《19세기 후반 朝鮮의 對英정책 연구（1874～1895）：조선의 均勢政策과 영국의 干涉政策의 관계 정립과 균열（19世纪后半朝鲜的对英政策研究（1874-1895）：朝鲜均势政策与英国干涉政策关系的订立与龟裂）》，고려대학교 박사학위논문（高丽大学博士学位论文），2015年。

英文学位论文

1. Jean Yih-shu. *Pao, Yuan Shih-k'ai's rise to power—1885-1916,* M. A. Thesis, Northeast Missouri State College, 1970.

2. Dorwart J M. *The Pigtail war: the American response to the Sino-Japanese war of 1894-1895,* Ph. D. Thesis, University of Massachusetts Amherst, 1971.

3. Hough, Kenneth C. *Brazen throat of war: The California press reaction to the Sino-Japanese War and the growth of Japanese militarism, 1894-1895,* M. A. Thesis, California State University, 2004.

4. Bo Peilin, *Alliance with Japan in the Early Diplomatic Thoughts of Li Hongzhang concerning China-Japan Diplomacy,* Ph. D. Thesis, Kansai University, 2009.

5. MOK MEI FENG, *Centering the Man in the Margins: Re-examining Liu Yong-fu,* M. A. Thesis, National University of Singapore, 2010.

6. McNeill N., Li S., Wang J. Growing pains: Chinese engineering education during the late Qing Dynasty, M. A. Thesis Purdue University 2010.

7. Li M. *More than survival: domestic politics and the evolution of the Chinese navy from the Late Qing Dynasty to the Early Republic of China, 1895-1930,* Ph. D. Thesis, King's College London, 2017.

8. Trinh, David, Listening for Echoes from the Past: Chinese Operational Design of the Sino-Japanese War (1894-1895), M. A. Thesis US Army Command and Generd Staff College 2018.

法文学位论文

1. Hong, Soohn-Ho. *La question coréenne face aux conflits sino-japonais de 1894 à 1895*, Thèse de doctorat: Histoire, Université de Paris, 1968. (《1894—1895年中日冲突下的朝鲜问题》，巴黎大学历史学博士论文，1968年）

2. Lee, Chang-Hoon. *Entre les deux impérialismes: la Corée face aux conflits russo-japonais: 1895–1910*, Thèse de doctorat: Histoire, sous la direction de René Girault, Université Paris Nanterre, 1985. [《在两个帝国主义之间：朝鲜面对俄日冲突1895—1910》，巴黎楠泰尔大学（巴黎十大）历史学博士论文，1985年]

3. Moune, Hie-Sou. *La guerre sino-japonaise dans le contexte international (1894–1895)*, Thèse de doctorat: Histoire, sous la direction de Guy Pedroncini, Université Paris 1 Panthéon-Sorbonne, 1985. [《国际背景下的中日战争（1894—1895）》，巴黎一大（索邦大学）历史学博士论文，1985年]

4. Dekimpe, Arthuria. *L'intervention japonaise en Corée et les débuts de la guerre sino-japonaise vus par Le Bien Public (juin–septembre 1894 inclus)*, Université Catholique de Louvain, 2016. [《法媒 *Le Bien Public* 视野下日本对朝鲜的干预和中日战争初期（包括1894年6月至9月）》，鲁汶天

主教大学学位论文（学位不详），2016年〕

5. Gabriel, Roger-Margueritat. *Guerre et presse: la première guerre sino-japonaise (1894–1895) vue par la presse française*, Mémoire de master: Histoire, Université Grenoble Alpes, 2019. 〔《战争与媒体：法国媒体中的第一次中日战争（1894—1895）》，格勒诺布尔－阿尔卑斯大学硕士论文，2019年〕

俄文学位论文

Кузнецов А. П.: Взаимоотношения Японии с Китаем и Россией с 1894 по 1919 гг.//диссертация на соискание ученой степени кандидата исторических наук, Москва, 2013. (库兹涅佐夫:《1894—1919年间的日本和中国、俄罗斯的关系》,博士论文)

德文学位论文

Neuss, Benjamin: Der japanisch-chinesische Krieg 1894-1895: Ursachen und Folgen für Korea, Diplomarbeit, Institut für Orient-und Asienwissenschaften der Universität Bonn, 2008.（《1894—1895年日中战争：原因及对朝鲜的后果》，波恩大学学士学位论文）

十　书目及工具书

1. 吴宣易主编：《关于中日问题之中国书目》，《读书月刊》1931年第10期。

2. 近代中国研究委员会编：《李鸿章奏议目录》，1956年。

3. 林文秀主编：《中日两国外交使节表》，《近代史资料》1958年第6期。

4. 近代史资料室主编：《甲午战时东北军一览表》，《近代史资料》1962年第3期。

5. 杨家骆主编：《甲午以来中日军事外交大事纪要》，《近代中国史料丛刊续编》第9辑，台北：文海出版社，1975年。

6. 艾文博主编：《清季中日韩关系资料三十种综合分类目录》（3册），台北：成文出版社，1977年。

7. 黄宽重主编：《中韩关系中文论著目录》（1册），1987年。

8. "中央研究院"近史所档案馆编：《"中央研究院"近代史研究所外交档案目录》（2册），台北："中央研究院"近史所，1991年。

9. 王仲孚主编：《甲午战争中文论著索引》，台北：台湾师范大学历史研究所，1994年。

10. 中国甲午战争博物馆、北京图书馆阅览部编：《中日甲午战争研究论著索引（1894—1993）》，济南：齐鲁书社，1994年。

十一　相关专题网站

1. 甲午战争数字图书馆：http://www.whlib.com:8084/

2. 中国甲午战争博物馆：http://www.jiawuzhanzheng.cn/

3. 抗日战争纪念网：https://www.krzzjn.com/list-1816-1.html

4. 抗日战争与近代中日关系文献数据平台：https://www.modernhistory.org.cn

5. 日本亚洲历史资料中心与大英图书馆合办网上特展"图说甲午战争～锦绘，年画与公文书"：https://www.jacar.go.jp/english/jacarbl-fsjwar-e/index.html

6. Самсонов А. Военная катастрофа империи Цин. Как британцы столкнули Японию с Китаем, 30 июля 2019//https://topwar.ru/160669-voennaja-katastrofa-imperii-cin-kak-britancy-stolknuli-japoniju-s-kitaem.html（萨姆索诺夫：《满清帝国的军事灾难》）

7. Японо-китайская война (1894—1895)//Источник: https://mychinaexpert.ru/yapono-kitajskaya-vojna-1894-1895［《日本—中国战争（1894—1895）》］

8. Японо-китайская война 1894—1895 годов//https://dzen.ru/a/YTivE_80uQwym-vV［《日本—中国战争（1894—1895）》］